Beate Höfling: Katholische Friedensbewegung zwischen zwei Kriegen

BEATE HÖFLING

Katholische Friedensbewegung zwischen zwei Kriegen

Der »Friedensbund Deutscher Katholiken« 1917-1933

TÜBINGER BEITRÄGE
ZUR FRIEDENSFORSCHUNG UND
FRIEDENSERZIEHUNG
BAND 5

WALDKIRCHER VERLAGSGESELLSCHAFT MBH

TÜBINGER BEITRÄGE
ZUR FRIEDENSFORSCHUNG UND
FRIEDENSERZIEHUNG

BAND 5

Herausgegeben von:
Achim Battke, Wolfgang Kralewski, Hartmut Markert,
Berthold Meyer, Rainer Öhlschläger,
Bernd Sandhaas, Ulrich Storz

Postanschrift:
Verein für Friedenspädagogik e V.
Seelhausgasse 3
D 7400 Tübingen

Die vorliegende Arbeit wurde dem
Fachbereich 12 — Sozialwissenschaften —
der Joh. Gutenberg-Universität in Mainz
1977 als Dissertation vorgelegt
und angenommen.

ISBN 3-87 885-038-7

Herstellung: Waldkircher Verlagsgesellschaft mbH, 7808 Waldkirch
Printed in Germany

MEINEN ELTERN IN DANKBARKEIT

VORWORT

In der Reihe »Tübinger Beiträge zur Friedensforschung und Friedenserziehung« werden in unregelmäßigen Abständen Arbeiten veröffentlicht, die im Umfeld von Friedensforschung, Friedenspädagogik und friedenspolitischer wie -pädagogischer Praxis entstanden sind.

Ihren Ursprung hatte die Reihe in der »Arbeitsgruppe Friedensforschung« am Institut für Politikwissenschaft der Universität Tübingen und ihrem Projekt »Friedenspädagogische Handlungsforschung«, das von 1974 bis 1977 von der Deutschen Gesellschaft für Friedens- und Konfliktforschung gefördert wurde. Die mit diesem Projekt beabsichtigte Praxisorientierung friedenswissenschaftlicher und -pädagogischer Arbeit kennzeichnete auch die ersten vier Bände und das Sonderheft der »Tübinger Beiträge«. Sie wandten sich deshalb nicht nur an Wissenschaftler, sondern auch und gerade an Lehrer, Sozialpädagogen, Pfarrer und andere Personen, die in der politischen Bildung und Friedenserziehung tätig sind, wie auch an alle diejenigen, die friedenspolitisch aktiv sind.

Der vorliegende Band 5 von Beate Höfling zur Katholischen Friedensbewegung zwischen den Weltkriegen ist die erste Veröffentlichung in unserer Reihe, die nicht im Rahmen der Tübinger Friedensforschung entstanden ist. Wir haben die Arbeit in die »Tübinger Beiträge« aufgenommen, weil wir es für die Bewältigung der gegenwärtigen friedenspolitischen Aufgaben für wichtig erachten, auch die historischen Wurzeln, Erfahrungen, Erfolge und Mißerfolge zu kennen. Hierzu leistet die Autorin einen wesentlichen Beitrag.

Die Herausgeber

Tübingen, im Februar 1979

Seite

Seite

Einleitung

Politischer Katholizismus vor 1933 wird meist identifiziert mit dem im Zentrum und in der BVP politisch organisierten Katholizismus[1]. Kleinere parteipolitische Gruppierungen, wie der Katholikenausschuß in der DNVP und die CSRP werden von der historischen Katholizismusforschung mitunter als (extreme) Randerscheinungen ergänzend erwähnt[2], und meist als die 'Einheit des politischen Wollens störend' beklagt[3].

Die parteipolitische Bestimmung des politischen Katholizismus der Weimarer Zeit umfaßt jedoch nicht sein ganzes Spektrum. Denn nicht Partei-Organisationen allein, sondern auch Sozial- und Verbandskatholizismus, auch Zeitungen und Zeitschriften haben, z.T. nicht unerheblichen, Einfluß genommen auf die politische Willensbildung im deutschen Katholizismus und damit zugleich auf das politische Geschehen überhaupt. Die Definition des politischen Katho-

1) Vgl. MORSEY, Die deutsche Zentrumspartei 1928-1933, S.283; Morsey faßt politischen Katholizismus als "Umschreibung des in der Zentrumspartei (und der BVP) zusammengefaßten und organisierten politischen Gestaltungswillen deutscher Katholiken in Staat und Gesellschaft".

2) Vgl. RITTER, Die Katholisch-Soziale Bewegung, S.390 f.; MAIER, Der politische Weg, S.194; HENRICH, S.50 f.

3) TÖPNER, Der deutsche Katholizismus, S.187 f.; ders., Politische Gelehrte, S.178; RITTER, Die Katholisch-Soziale Bewegung, S.390; BUCHHEIM, Karl, Geschichte der christlichen Parteien, S.329 und 332.

lizismus als derjenigen im Kern defensiven politischen Tätigkeit, die "in erster Linie auf Sicherung bestimmter kirchlicher Rechte und Freiheiten" zielt[1], trägt dem Rechnung. Gerade auf diesem Gebiet haben die katholischen Verbände Wesentliches geleistet[2]. Ohne ihr Wirken wäre die massive Interessenvertretung des Zentrums - und auch das im großen und ganzen geschlossene Wahlverhalten[3] der deutschen Katholiken - gar nicht möglich gewesen.

Dem politischen Katholizismus in der Weimarer Republik sind darüber hinaus auch politisch orientierte Interessengemeinschaften hinzuzurechnen, wie etwa der Reichs- und Heimatbund deutscher Katholiken oder die religiösen Sozialisten, die weder Partei, noch Sozial- oder Verbandskatholizismus im traditionellen, standesmäßigen Sinne waren. In diesen Kreis politischer Bewegungen ist der Friedensbund Deutscher Katholiken (F.D.K.) einzuordnen. Quantitativ kann der F.D.K. - die größte nationale katholische Friedensbewegung jener Zeit - jedem Vergleich mit ähnlichen Gruppierungen, auch mit manchen Standesorganisationen, z.B. den Akademikerverbänden, standhalten[4]. Qualitativ, d.h. gemessen an seinen Initiativen und seiner Resonanz (ob positiv oder negativ) braucht er ebenfalls den

---

1) MAIER, Hans, Revolution und Kirche, S. 27; vgl. REPGEN, Entwicklungslinien, S. 18 ff.

2) Man denke nur an die Schulfrage (vgl. GRÜNTHAL), sowie an den Verfassungs- und Gewerkschaftsstreit (vgl. MORSEY, Deutsche Zentrumspartei 1917-1923, S. 236 ff.; RITTER, Die Katholisch-Soziale Bewegung, S. 313 ff.; JOOS, Die KAB, S. 56 ff.).

3) Vgl. SCHAUFF.

4) Zu den Daten, s. unten S. 16 ff. und 37 ff.

Vergleich nicht zu scheuen[1].

Während jedoch die beiden erstgenannten Bewegungen in Gesamtdarstellungen und Einzelstudien über den Katholizismus in der Weimarer Zeit gelegentlich erwähnt und vorgestellt werden[2], sucht man dort vergebens nach Informationen über den F.D.K.. Zwar taucht sein Name einige Male auf, aber meist nur zufällig, als Anmerkung zu einem anderen Inhalt[3]. Solche vereinzelten Hinweise können nicht darüber hinwegtäuschen, daß die historische Katholizismusforschung die katholische Friedensbewegung bislang - bis auf den 1976 erschienenen Beitrag von Riesenberger[4] - völlig ignoriert hat.

Eine biographische Sammlung beispielsweise, deren Titel verspricht, den deutschen Katholizismus des 20. Jahrhunderts in Lebensbildern vorzustellen[5], weiß nichts von einem Max-Josef Metzger, Hermann Hoffmann, Bernhard Lichtenberg oder Franziskus Maria Stratmann oder auch von Bischof Sproll[6]. Auch in der so umfangreichen Literatur über den

---

1) s. unten, die Pazifismus-Diskussion im deutschen Katholizismus, S. 70 ff. und z.B. die Aktivitäten in der deutsch-polnischen Verständigung, S. 203 ff.

2) Vgl. BREUNING, Die Vision, S. 49 ff.; RITTER, Die Katholisch-Soziale Bewegung, S. 389 f.; LANGNER, S. 46 ff.

3) Vgl. SPAEL, S. 285 f.; BREUNING, Die Vision, S. 88; MÜLLER, Hans, Katholische Kirche und Nationalsozialismus, S. 37; THIEME, S. 286; vgl. auch HOEPKE, S. 72.

4) RIESENBERGER, Die katholische Friedensbewegung in der Weimarer Republik; Zur Auseinandersetzung mit diesem Beitrag s. unten S. X ff.

5) MORSEY (Hrsg.), Zeitgeschichte in Lebensbildern.

6) Zum 'Fall' Sproll, s. unten S. 290 f.

deutschen Katholizismus im Jahr 1933 wird die katholische Friedensbewegung übergangen, obwohl (oder weil?) der F.D.K. zu den entschiedenen katholischen NS-Gegnern und Kritikern der offiziellen katholischen Annäherungstendenzen und zu den Gruppen gehörte, die bereits am 1. Juli 1933 verboten wurden. Lediglich im Zusammenhang mit der bischöflichen Erklärung vom 28.3.1933 wird als Beispiel für die enttäuschte Reaktion in der katholischen Bevölkerung und als außergewöhnliches Zeugnis, daß 'bereits' zu diesem Zeitpunkt Besorgnisse über die Behandlung der Juden bestanden[1], aus dem Brief Stratmanns, dem geistigen Führer des F.D.K., an Kardinal Faulhaber, vom 9. April 1933,zitiert[2].

Zwar scheiterte Anfang der 60er Jahre Gordon C. Zahns Versuch einer Darstellung des F.D.K. an der schlechten Quellenlage[3], aber auch ohne mühselige Nachforschungen wären zumindest skizzenhafte Informationen möglich gewesen.
Das Erbe der katholischen Friedensbewegung blieb aber bislang kleinen, von der repräsentativen Forschung meist unbeachteten (biographischen) Schriften bzw. der breit angelegten Anti-Faschismus-Forschung der DDR überlassen[4].
Angesichts dieses Tatbestands und angesichts der oft

1) Als einer der wenigen hatte Stratmann auch schon 1932 gegen die Judenhetze Stellung genommen (vgl. THIEME, S. 286; s. unten S. 38).

2) VOLK, Zur Kundgebung des deutschen Episkopats vom 28. März 1933, S. 454.

3) s. unten S. XIII ff.

4) Vgl. DROBISCH; BREITENBORN; MAMMASCH; Ein grösserer Beitrag über den F.D.K. soll dort in absehbarer Zeit veröffentlicht werden (pers. Mitteilung von Breitenborn).

stark apologetischen Tendenz der Katholizismus-Literatur[1] kann man sich kaum des Eindrucks erwehren, daß das Ausblenden eines durchaus nicht unbedeutenden Teils des deutschen Katholizismus der Weimarer Zeit nicht nur 'zufällige' Vernachlässigung, sondern Elimination bedeutet.

Ein Detail aus diesem ausgeblendeten Bereich ins Licht zu rücken und damit einen Beitrag zur Vervollständigung und Differenzierung des konturen- und nuancenreichen Gesamtbildes des deutschen, politischen Katholizismus in der Weimarer Zeit zu leisten, ist Anliegen dieser Studie. Um die unterschiedlichen Schattierungen zu verdeutlichen, werden die wesentlichen Aussagen des F.D.K. jeweils denen der führenden Repräsentanten des deutschen Katholizismus konfrontiert. Außerdem werden Vergleiche mit der nicht-katholischen Friedensbewegung angestellt, um die Position des F.D.K. auch im Umfeld des Pazifismus zu bestimmen.

Über das historiographische Anliegen hinaus wird ein politikwissenschaftliches Interesse verfolgt, nämlich die Frage nach den friedenspolitischen Vorstellungen des F.D.K. und ihrer politiktheoretischen Substanz. Sie verdienen hier umso größere Beachtung als der (deutsche) Katholizismus bis in die Zeit der bekannten Sozialenzykliken der 60er

---

1) Vgl. z.B. ADOLPH, Hirtenamt; ders., Die Katholische Kirche im Deutschland Adolf Hitlers; LUTZ, Verantwortung; TOPNER, Der Deutsche Katholizismus; SPAEL; Man denke auch an die Diskussion über den Aufsatz Böckenfördes: Der deutsche Katholizismus im Jahre 1933 (vgl. BUCHHEIM, Hans, Der deutsche Katholizismus im Jahre 1933. Eine Auseinandersetzung mit Ernst-Wolfgang Böckenförde; und: BÖCKENFÖRDE, Stellungnahme), sowie an die empfindlichen Reaktionen auf die Thesen Gordon Zahns und Amerys (vgl. ALTMEYER; VOLK, Hochhuth-Prosa).

Jahre - Mater et Magistra, Pacem in terris, Populorum Progressio - sowie des Zweiten Vatikanischen Konzils und der darauffolgenden 'politischen Theologie'- außer der Kriegslehre praktisch keinen Beitrag zur Theorie internationaler Politik geleistet hat[1].

Wenn dabei abschließend die politiktheoretischen Ansätze perspektivisch weiterentfaltet werden, so in dem Bewußtsein, daß historisch-politisches Erkenntnisinteresse (nicht nur aus der hermeneutischen Situation) immer auch auf Gegenwart und Zukunft zielt, daß es allgemeine, also theoretische und zugleich applizierbare Erkenntnisse zu gewinnen sucht. Als 'politische' Theorie sind diese eo ipso auf 'Handeln' orientiert[2], wenn auch nicht in einem vordergründigen kasuistisch rezeptierenden,"praxeologischen", sondern in einem allgemeinen, die Bedingungen und Weisen politischen Handelns überhaupt betreffenden Sinn.

In diesem weiten Verständnis will die Studie auch ein Beitrag zur(handlungsorientierten)historisch-politischen Friedens-Forschung sein[3].

Im Frühjahr 1976, als die Vorarbeiten für diese Studie bereits abgeschlossen waren, erschien die Arbeit Riesenbergers über 'Die katholische Friedensbewegung in der Weimarer Republik'. Der Autor

---

1) Vgl. CZEMPIEL, Die Christen und die Auswärtige Politik, S. 31.

2) 'Politisch' und 'Handeln' werden hier im Sinne Hannah Arendts verstanden; s. unten S. 292 ff.

3) Zur Theorie der 'historischen Friedensforschung' vgl. HUBER; KUHN; KIMMERLE; CZEMPIEL, Schwerpunkte; KRIPPENDORF; SENGHAAS; GANTZEL.

behandelt darin den F.D.K. mit Recht als einen Teil der katholischen Friedensbewegung insgesamt. Fragwürdig erscheint jedoch, daß neben dem F.D.K. die RMV und die CSRP als gleichgewichtige Träger der katholischen Friedensbewegung gewertet werden. - Andere Gruppierungen, z.B. der 'Weltfriedensbund vom Weißen Kreuz', die 'Katholische Weltjugendliga' sowie die Zeitschriften 'Das Heilige Feuer' und 'Vom Frohen Leben' dagegen werden nicht eigens aufgeführt. - Organisatorisch war nur der Friedensbund erklärtermaßen Friedensbewegung. Die CSRP stieß über die Jugendbewegung, vertreten von Ehlen, zur Friedensbewegung und spielte dort nur in den Jahren 1927-1929, also in der Zeit der allgemeinen Zentrums-Unzufriedenheit[1] eine beachtenswerte Rolle. - Der F.D.K. hat sich nie zu dieser Partei bekannt, noch ist sie von anderen ihm zugehörig apostrophiert worden.

Die RMV schließlich ist primär als Zentrumsblatt zu werten und erst in zweiter Linie als pazifistisches Blatt[2]. Trotz personeller Überschneidungen - die Redakteure der RMV haben zeitweise maßgeblich die Zeitschrift des F.D.K., den 'Friedenskämpfer' (FK) gestaltet - ist hier also zu differenzieren.
Der F.D.K. ist demnach als der Hauptträger der deutschen katholischen Friedensbewegung anzusehen.

Diese fehlende Differenzierung kommt in Riesenbergers Darstellung der "Grundfragen der katholischen Friedensbewegung", also der politischen Inhalte, zum

1) s. unten S.136 ff.

2) Diese Beurteilung wurde auch von Prof. Lenz-Medoc, dem ehemaligen Generalsekretär des Friedensbundes bestätigt (persönliche Mitteilung).

Tragen. Da der Autor sich dabei wesentlich häufiger auf die RMV und 'Das Neue Volk' (der Zeitung der CSRP) beruft, entsteht eine Akzentverlagerung, die periphere Stimmen als repräsentative Aussagen erscheinen läßt[1].

Ausführlich behandelt Riesenberger die Frühgeschichte der deutschen katholischen Friedensbewegung. Da eine Reihe historischer Details zwar für den Gesamtzusammenhang informativ, für unseren speziellen Gegenstand aber nicht wesentlich sind, wurde auf ihre erneute Darlegung verzichtet[2]. Die Aktivitäten des F.D.K. in den letzten Weimarer Jahren - die eigentlichen praktischen Leistungen des Bundes - stellt der Autor dagegen nur sehr kursorisch dar. So erfährt man beispielsweise nichts über die deutsch-französische Konferenz, 1929, über den Wehrsport-Aufruf, über das Schicksal des F.D.K. im Jahr 1933 oder über die politischen Hintergründe der beiden deutsch-polnischen Konferenzen und der Abrüstungskundgebung.
Ein Grund für den versiegenden Informationsgehalt liegt darin, daß der Autor kein unveröffentliches Archivmaterial herangezogen hat, das, trotz aller Unvollständigkeit, wichtige Informationen vermittelt.
Im Unterschied zu Riesenbergers historisch-deskriptiver Darstellung wird hier vor allem auch dem Selbstverständnis, dem Pazifismus- und Friedensbegriff, der Stellung des Bundes im Umfeld

---

1) Auf Einzelheiten wird im Text jeweils eingegangen.

2) Vgl. RIESENBERGER, S. 21 - 42.

des deutschen Katholizismus und des Pazifismus sowie den politischen und politiktheoretischen Fragestellungen - Staats- und Politikverständnis - nachgegangen.

Als Quellen dienten zunächst die Zeitschrift 'Der Friedenskämpfer', Organ des F.D.K. (1.Jg.= 'Katholische Friedenswarte'), sowie die pazifistisch orientierten katholischen Zeitschriften 'Das Heilige Feuer' und 'Vom frohen Leben'. Wertvolle Informationen konnten auch der 'Allgemeinen Rundschau', dem 'Das Neue Reich' und den 'Stimmen der Zeit' entnommen werden sowie verschiedenen Tageszeitungen[1]. Aus dem Bereich der "humanitären" Friedensbewegung wurde 'Die Friedens-Warte' herangezogen, die neben F.D.K.-Tagungsberichten vor allem Informationen über die Friedensbewegung insgesamt bereitstellte.

Im Bereich der monographischen Literatur gestaltete sich die Quellensuche äußerst mühsam, weil nur ein Bruchteil der Titel bibliographisch erfaßt ist und weil von den ermittelten Schriften nicht wenige nicht mehr auffindbar waren. Eine hilfreiche Fundgrube stellten deswegen die Bestände der Caritas-Bibliothek, Freiburg, und der Stadtbibliothek Mönchen-Gladbach (Bibliothek des Volksvereins) dar, in denen u.a. viele Broschüren und Flugschriften erhalten sind.

---

1) s. unten S. 43 f.

Der wichtigste Bestand unveröffentlichter Archivalien, die im Zentralen Staatsarchiv, Potsdam, erhaltenen Akten des F.D.K.,durfte bedauerlicherweise nicht eingesehen werden. Mehr oder weniger ertragreiche Materialien über den F.D.K. bzw. die Friedensbewegung überhaupt fanden sich in folgenden staatlichen Archiven[1]: Politisches Archiv des Auswärtigen Amtes, Bundesarchiv Koblenz, Landeshauptarchiv Koblenz, Hauptstaatsarchiv Düsseldorf, Hauptstaatsarchiv Stuttgart, Bayerisches Hauptstaatsarchiv II (Geheimes Staatsarchiv), Stadtarchiv Köln.
Von den Diözesanarchiven verfügen nur Köln und Rottenburg über ergiebiges Material. Aufschluß über die Beziehungen des F.D.K. zum deutschen Episkopat, besonders zu Kardinal Faulhaber, geben die Akten des Münchener Kardinal-Faulhaber-Archivs.
Das Archiv des Christkönig-Instituts, Meitingen, - einer Gründung Max-Josef Metzgers - enthält einige katholisch-pazifistische Zeitschriften sowie die Denkschrift des F.D.K. an den Zentrumsparteitag in Köln, 1928. Im Caritas-Archiv, Freiburg, schließlich sind einige wichtige Flugschriften und Broschüren sowie Tagungsberichte erhalten.
In den Nachlässen Friedrich Dessauer und Emil Ritter (Büro der Kommission für Zeitgeschichte in Bonn) fanden sich ebensowenig einschlägige

---

1) Nähere Angaben im Literaturverzeichnis, s. unten S. 311 ff.

Unterlagen wie im Nachlaß Stratmann, der nur persönliche Dokumente umfaßt[1].
Zusätzliche Informationen und Beurteilungshilfen konnten in Gesprächen mit Prof. Lenz-Medoc, Paris, (8.Oktober 1975 und 3.Januar 1976), Dr. Werner Becker, Leipzig, (September 1975) und Alfons Erb, Freiburg/Badenweiler,(September 1975) gewonnen werden.

---

1) Die den F.D.K. betreffenden Unterlagen waren bereits 1933 von Stratmann selbst vernichtet worden. (Schriftliche Mitteilung von P. Paulus Engelhardt, Walberberg).

I. Geschichtliche Entwicklung und Selbstverständnis

1. Einflüsse auf das Entstehen der deutschen katholischen Friedensbewegung

Entscheidend für das Entstehen der deutschen katholischen Friedensbewegung war die Erfahrung des Ersten Weltkrieges[1]. Vor allem die Endphase des Krieges, als sich das Kriegsglück Deutschlands wendete, und die eindringlichen Friedensermahnungen Benedikts XV., besonders sein Friedensappell und seine Vermittlungsbemühungen von 1917[2], förderten im deutschen Katholizismus die kritische Auseinandersetzung mit dem Krieg sowie die Überzeugung, daß die Sorge um den Frieden in der Welt auch und gerade eine christliche Aufgabe darstelle[3]. Zwar fanden die päpstlichen Friedenskundgebungen, in denen der Krieg in drastischen Worten als "Menschenschlächterei", "menschenunwürdiges Morden" und als "entsetzlicher Wahnsinn" apostrophiert wurden[4], im deutschen Katholizismus kaum posi-

---

1) STRATMANN, Kampfbereitschaft, S.1; vgl. auch SONTHEIMER, S.118 über das pazifistische und nationalistische Kriegserlebnis.

2) Vgl. STRUKER; MÜLLER, Joseph, S.461-475; SÄGMÜLLER; LAMA, Papst und Kurie; ders., Der vereitelte Friede; SPAHN; MICHAELIS; MORSEY, Zentrumspartei 1917-1923, S.61 ff.

3) Vgl. JOCHAM, Wir Christen, S.4.

4) Zitiert nach: JOCHAM, Wege, S.50 f. Diese Bezeichnungen riefen im deutschen Katholizismus heftige Kontroversen hervor. (Vgl. LUTZ, Über die Verantwortung, S.173; und JOCHAM, Papsttum und Weltfriede).

tive Resonanz[1], für die deutsche katholische Friedensbewegung waren sie jedoch von grundlegender und richtungsweisender Bedeutung.

Nicht minder beeinflußt wurden die Anfänge der katholischen Friedensbewegung von der bereits seit Ende des 19. Jahrhunderts bestehenden 'humanitären' Friedensbewegung[2]. Sie stimulierte die katholischen 'Friedensfreunde' in zweifacher Weise: zum einen diente sie als Vorbild und Ansporn, zum anderen weckte sie Abwehrkräfte gegen den vermeintlich zunehmenden Einfluß der Freimaurerei und des Sozialismus in der Friedensbewegung und im politischen Geschehen überhaupt[3]. So sprach beispielsweise Max Josef Metzger, der Begründer der katholischen Friedensbewegung im deutschsprachigen Raum, von der "Weißen Internationalen" als Pendant zur Roten Internationalen. Bestehend aus den katholischen Organisationen aller Länder, sollte sie gegen diese ein machtvolles Gegengewicht und großen Einfluß auf die Volksstimmung aller Staaten ausüben und "die Führerrolle in der Frie-

---

1) JOCHAM, Wege, S.60; Jocham klagt die katholische Presse an, nicht nur geschwiegen, sondern im Gegenteil, zu einem nicht geringen Teil dem Nationalismus gehuldigt zu haben, (S.61). Vgl. auch Bischof SPROLL, Handschriftliche Notizen zum Vortrag vor der Fuldaer Bischofskonferenz 1928, Diözesanarchiv Rottenburg, Nr.40.

2) Über die historische Entwicklung der Friedensbewegung s. FRIED, Die moderne Friedensbewegung; BARKELEY; RAUMER, Ewiger Friede; SCHLOCHAUER, Die Idee des ewigen Friedens; SCHEER, Geschichte der deutschen Friedensgesellschaft; ders., Die deutsche Friedensgesellschaft (1892-1933).

3) Die Katholische Internationale Liga sollte als "Bollwerk gegenüber dem internationalen Freimaurertum und Sozialismus" dienen. (HINZ, Zwei Weltfriedenstagungen, S.74 f.; vgl. GRUBER, Das Problem des zeitgemäßen Ausbaus der katholischen Weltorganisation, S.22 und 33).

densbewegung erstreben"[1]. Diese 'Katholische Internationale' war, nach Metzger, im Krieg "so gut wie zusammengebrochen"[2]. Daß sie im genannten Sinn überhaupt existierte, ist allerdings sehr zu bezweifeln. Zwar existierten in Frankreich und Belgien bereits einige Jahre vor dem Krieg katholische Friedensgruppen[3], mit denen auch die wenigen deutschen katholischen Pazifisten Kontakt hielten, eine wirkliche Zusammenarbeit bestand aber nicht.

2. Die Anfänge und Entwicklung bis 1923

Erste Ansätze, eine deutsche katholische Friedensbewegung ins Leben zu rufen, gab es bereits vor dem Ersten Weltkrieg.
Auf dem Friedenskongreß im Haag wurde im August 1913 die Gründung einer deutschen Sektion der Internationalen Katholischen Liga beschlossen. Mangels Unterstützung durch führende Katholiken war dieser Vereinigung jedoch kein Erfolg vergönnt[4]. Der Krieg vereitelte den weiteren Ausbau der internationalen katholischen Friedensbewegung. Ein am 11.August 1914 anberaumtes Treffen der Führer der einzelnen nationa-

---

1) METZGER, Der Völkerbund, S.28 und 34, teilweise gesperrt.

2) ebd., S.28.

3) Vgl. RIESENBERGER, S.1 - 20 und unten, S.162 ff.

4) Ihr Gründer war der französische Jurist Alfred Vanderpol. Leiter der deutschen Sektion war Pfr. Kirchesch, der damals eine Monatsschrift 'Die göttliche Liebe' - ab 1913 'Katholisch-soziale Friedensblätter', später die 'Christliche Demokratie' herausgab. (Vgl. HINZ, Die Entwicklung, S.552; SOLZBACHER, Die katholische Friedensbewegung, S.91 und KIRCHESCH, Die Stellung der deutschen Katholiken, S.4 f.).

len Sektionen beim Bischof von Lüttich, "dem man zur Erinnerung an den mittelalterlichen Gottesfrieden (Treuga Dei), der für das Bistum Lüttich zuerst verkündigt worden war, das Protektorat der Liga übertragen hatte"[1], konnte nicht mehr stattfinden.

Während des Krieges, 1916, gründete Pfarrer Max Josef Metzger[2] in Graz das 'Weltfriedenswerk vom Weissen Kreuz', den späteren 'Weltfriedensbund vom Weißen Kreuz'[3]. Nach Auskunft Metzgers hat diese Organisation, trotz kriegsbedingter Schwierigkeiten, "in ungezählten Veröffentlichungen, Vorträgen, persönlichen Vorsprachen, Denkschriften und Eingaben im Sinne des christlichen Friedensgedankens zu wirken versucht, (und) hat auch auf der Internationalen Friedenskonferenz in Bern 1917 und der Völkerbundkonferenz 1919 die Katholiken vertreten"[4]. Diese Darstellung suggeriert allerdings eine zu vorteilhafte Sicht; auf Dauer war dem Weltfriedensbund keine große Verbreitung beschieden[5].
Trotzdem bleibt es das Verdienst M.J. Metzgers, im deutschsprachigen Raum den Anfang einer organisierten katholischen Friedensbewegung gewagt und ihrer organisatorischen Weiterentwicklung entscheidende Impulse gegeben zu haben.

---

1) Vgl. SOLZBACHER, Die katholische Friedensbewegung, S.91.

2) Zur Person M.J.Metzgers s. die Biographien von BAUMEISTER; DROBISCH; MÖHRING und BECKER, Max Josef Metzger.

3) Diese Gründung und das Programm fanden durch ein päpstliches Schreiben vom 27.Juni 1917 "die wärmste Gutheißung" (GRUBER, S.17); das Programm des Weltfriedensbundes erschien im Februar 1917 und nicht, wie DROBISCH schreibt (S.22), erst im Dezember. (Vgl. METZGER, Der Völkerbund, S.30).

4) METZGER, Der Völkerbund, S.30.

5) HINZ, Charakter, S.18.

Ebenso noch während des Krieges versuchte Kaplan Magnus Jocham, Gesinnungsfreunde für eine katholische Friedensbewegung zu gewinnen. Seine 1917 erschienene Schrift, "Wir Christen und das päpstliche Friedensprogramm"[1], wurde zunächst von der Militärbehörde beschlagnahmt[2]. Dank "wiederholter Bemühungen im Hauptausschuß des Reichstages" erreichte Erzberger, der mit Jocham befreundet war, ihre Freigabe. In einem Brief an Jocham würdigte Erzberger dessen Schrift: "Sie dürfen stolz darauf sein, in diesem Toben und Treiben die richtige Parole ausgegeben zu haben. Seien wir Kampfgenossen in diesen schweren Zeiten; die Menschheit wird uns dankbar sein und unser Herrgott unsere Arbeit segnen."[3]
Nach Aussage des ersten Vorsitzenden des F.D.K., Schulrat Miller, war es sogar Erzberger selbst, der "seinen Freund und Gesinnungsgenossen, den jugendlichen idealgesinnten Kaplan Magnus Jocham aus der Diözese Rottenburg, mitten im Weltkrieg veranlaßt und ermuntert (hatte), den Friedensbund deutscher Katholiken zu gründen (1916/1917)". "Zu diesem Zweck übergab Erzberger an Jocham die damals beträchtliche Summe von 30.000 Goldmark als Grundstock, die leider der Inflation zum Opfer fiel".[4]

---

1) JOCHAM, Wir Christen.

2) Vgl. JOCHAM, Wege, S.61; SOLZBACHER, Die katholische Friedensbewegung, S.91 und KRAL: "Das Häuflein katholischer Pazifisten in Deutschland war klein, ihre Veröffentlichungen wurden unterdrückt, und leider nicht allein von weltlichen Stellen." (S.102).

3) SOLZBACHER, Die katholische Friedensbewegung, S.91.

4) Bittgesuch des Friedensbundes deutscher Katholiken an die Fuldaer Bischofskonferenz 1928, Diözesanarchiv Rottenburg, Nr.33, S.2; vgl. BREUCHA, S.3. Daß zwischen Jocham und Erzberger ein freundschaftliches Verhältnis bestand, bestätigen auch: HINZ, Die Entwicklung, S.552; HOFFMANN, Die Kirche, S.145; BREITENBORN, S.10.

Bedenkt man Erzbergers Aktivitäten im Zusammenhang mit der Friedensnote Benedikts XV. von 1917[1], so kann man sich des Eindrucks nicht erwehren, daß sein Engagement in Sachen Friedensbund nicht ganz selbstlos war [2].

Auf den ebenfalls 1917 erschienenen Aufruf Pfarrer Wolfgrubers zur Gründung eines Friedensbundes katholischer Geistlicher[3] traten mit diesem Metzger, Jocham und Josef Kral[4] in Verbindung. Welche Vorhaben dabei erwogen wurden, ist nicht belegt. Auf jeden Fall wollte man "durch Briefwechsel und gelegentliche Treffen" in Kontakt bleiben [5].
Am 14.2.1919 brachte dann die 'Augsburger Postzeitung' den Gründungsaufruf des F.D.K.[6], unterzeich-

---

1) Vgl. ERZBERGER, Der Völkerbund.

2) Vgl. BREITENBORN, S.10; Wer dabei außer Erzberger noch in Frage käme, sagt der Autor nicht. Inwieweit seine Interpretation zutrifft, daß es Erzbergers Absicht gewesen sei, "einen solchen Verein, dem er selbst angehörte, zu protegieren, um ihn dann als Sprachrohr seiner Politik zu gebrauchen", sei dahingestellt.

3) Vgl. WOLFGRUBER, Selig sind die Friedensstifter, und SOLZBACHER, Die katholische Friedensbewegung, S.91; MÖHRING, S.55.

4) Kral war damals Redakteur der 'Deutschen Kirchenzeitung', München.

5) Vgl. HINZ, Die Entwicklung, S.552.

6) Vgl. KRAL, S.108.

net von Kral, Jocham und Mielert[1]. Der Text enthielt folgendes Programm:

"1. Verständigungsfrieden im Sinne Wilsons und der Papstnote. 2. Kampf gegen die Machtpolitik und deren Ersetzung durch die Grundsätze des Christentums. 3. Förderung aller Bestrebungen zur Annäherung der Völker, Erziehung und Erhaltung des Weltfriedens. 4. Schaffung einer katholischen Friedensinternationale."

Die Motive für die Gründung eines eigenen deutschen katholischen Friedensbundes - statt beispielsweise nur eine Sektion des bestehenden "Weltfriedensbundes vom Weißen Kreuz" zu bilden - wurde begründet mit der "besonderen Aufgabe, für die Ausbreitung und Vertiefung des christlichen Friedensgedankens unter den deutschen Katholiken tätig zu sein"[2]. Trotzdem lehnte sich der F.D.K. organisatorisch zunächst noch eng an den Weltfriedensbund an; im wesentlichen übernahm er von ihm die Rahmensatzungen.

---

1) Diese personelle Besetzung spiegelt das für die Anfangszeit des F.D.K. auffallende Zusammenwirken von Esperanto-Bewegung und katholischer Friedensbewegung: Kral und Mielert (Breslau) waren Mitglieder der Esperanto-Bewegung und Redakteure von Esperanto-Zeitschriften, Kral bei 'Espero Katolica' und Mielert bei 'Blanka Kruco'. Bezüglich der F.D.K.-Präsidentschaft schreibt der vor allem durch seine ökumenische Arbeit bekannte Prof. Hermann Hoffmann, Breslau, in seinen Erinnerungen: "Als in Deutschland der Friedensbund deutscher Katholiken gegründet wurde, wählte man mich zum ersten Präsidenten." (HOFFMANN, Erinnerungen, S.215). Ob sich das auf 1919 oder erst auf 1923/24, als der Friedensbund sich als Organisation konstituierte, bezieht, geht weder aus dem Text noch aus anderen Quellen hervor. Hoffmann berichtet weiter, daß er dieses Angebot sowohl aus eigenen Erwägungen, wegen zu großer Belastungen durch mannigfaltige Aufgaben, als auch nach Rücksprache mit Kardinal Bertram, der ihm aus gleichem Grund abriet, abgelehnt habe.

2) HINZ, Die Entwicklung, S.552; vgl. auch: ders., Charakter, S. 18.

Eine wirkliche Organisation wurde der F.D.K. damit noch nicht. Er blieb zunächst ein lockerer Zusammenschluß einzelner Persönlichkeiten, eine Gesinnungsgemeinschaft, und er wollte auch bewußt nicht mehr sein. "Der Friedensbund wollte in erster Linie eine Ideen- und Arbeitsgemeinschaft aktiver katholischer Pazifisten sein"[1]. Trotz dieser - damals verbreiteten[2] - Abneigung gegen formale Organisation, war man bald gezwungen, festere Strukturen einzuführen. Diesem Zweck diente u.a. ein von Metzger in München einberufenes Treffen (2.10.1919), auf dem man sich formell als F.d.K. konstituierte und eine organisatorische Aufteilung vornahm[3].
Wenige Wochen später, Weihnachten 1919, erschien Metzgers "Aufruf des Weltfriedensbundes vom Weißen Kreuz", der von 20 Persönlichkeiten aus mehreren europäischen Ländern unterzeichnet war[4]. Inhaltlich antizipiert dieser Aufruf bereits wesentliche Grundgedanken der späteren "Richtlinien des F.d.K."; so das Postulat der Überwindung der Waffengewalt (Zitat Benedikts XV.), der Begründung einer Weltordnung auf der Grundlage der "sittlichen Macht des Rechts" (Benedikt XV.) und eines Völkerbundes, Verwirklichung des christlichen Ideals der Völkerversöhnung, um "über die künstlichen Wälle der staatlichen Grenzen

---

1) HINZ, Die Entwicklung, S.552.

2) Vor allem in der Jugendbewegung, s. unten S. 45.

3) Für Österreich übernahm Metzger, für Süddeutschland Jocham und für Norddeutschland Stratmann die Verantwortung (vgl. DROBISCH, S.28 f. und MÖHRING, S.56).

4) Zitiert bei HOFFMANN, Die Kirche, S.146; Zu den Unterzeichnern gehörten u.a. Carl Sonnenschein und Martin Faßbender (MdR), s. unten S. 39.

hinweg", die Einheit der von Christus gleichermassen versöhnten Menschen zu erzielen[1]. Dem Aufruf war "kein bemerkenswerter Widerhall beschieden"[2]. Der F.d.K. blieb vorläufig eine Gesinnungsgemeinschaft, die nach außen kaum in Erscheinung trat[3]. In München kam es allerdings zu einer größeren öffentlichen Aktion, die die staatlichen Behörden auf den F.D.K. aufmerksam machte[4]. Auf die Anfrage beim Erzbischöflichen Ordinariat München, wer dieser Bund sei, wurde folgende Auskunft erteilt:
"Dieser Friedensbund, gegründet im Februar 1917, ist ein Ableger des "Weissen Kreuzes" in Graz und, wie das Weisse Kreuz, im Ganzen auf internationale Wichtigtuerei eingestellt. Der Aufruf war zwar auch vom Geheimrat Fassbender in Berlin, Professor Lammasch in Salzburg und Dr. Sonnenschein in M.Gladbach mitunterzeichnet; die heutige Führung scheint aber nur noch in den Händen eines Geistlichen Dr. Jocham in Württemberg, des Dr. Metzger in Graz und des Herrn Kral in München zu liegen. In ihrer Zeitung "Der katholische Völkerbund" erwecken sie den Anschein, als ob sie in Süddeutschland eine starke Anhängerschaft, in München ihre allergrößte Gruppe hätten."[5]

---

1) METZGER, Der Völkerbund, S.42 f.

2) DROBISCH, S.28.

3) Vgl. HINZ, Charakter, S.18.

4) Der Grund für diese Aufmerksamkeit wird auch darin begründet gewesen sein, daß der F.D.K. ein "Gesuch ... um Befreiung des Kommunistenführers Toller mitunterzeichnet habe...".
Bericht des Erzbischöflichen Sekretärs an das Staatsministerium des Äußeren, vom 31.12.1921 (Faulhaber-Nachlaß).

5) ebd., Geheimrat Faßbender gehörte der Zentrumsfraktion an (vgl. MORSEY, Zentrumsprotokolle, S.24; Er war einer der ersten und wenigen, die sich erklärtermaßen für die Demokratie aussprachen (vgl. TÖPNER, S.184), s. unten S.30.
Diese Zeitung konnte nicht ermittelt werden. Sie gehört zu den verschiedenen Vorläufern der 'Katholischen Friedenswarte' bzw. des FK; wie z.B. die 'Johannesminne' hrsg. von M. Jocham, 1923.

Auf dem Internationalen Esperanto-Kongreß im Haag, vom 10.-16. August 1920, vereinigten sich die seit 1909 in Holland bestehende "Internationale katholische Esperantisten-Vereinigung " und der "Weltfriedensbund vom Weißen Kreuz" zur "Internacio Katolica" (Ika)[1]. Da die Ika nicht primär (bzw. überhaupt) Friedensarbeit betrieb, sondern die Pflege und Verbreitung des Esperanto sowie den Zusammenschluß verschiedener internationaler katholischer Organisationen zum Kampf gegen das Freimaurertum und den Sozialismus[2], sah der F.D.K. die gemeinsame Basis für weitere Zusammenarbeit zerstört. Denn ihm ging es nicht um die "Rekatholisierung (der) dem Neuheidentum verschriebenen Zeit"[3], sondern um die Arbeit am (politischen) Frieden.

Für die allmähliche Loslösung des F.D.K. vom Weltfriedensbund waren außerdem dessen interne Schwierigkeiten von Belang, die z.T. auch in der Persönlichkeit Metzgers begründet waren[4].

---

1) GRUBER, S.17; Auch für diese Organisation erhielt Metzger ein befürwortendes päpstliches Schreiben; vgl. RUSTER, Der Ruf zum Frieden, S.6.

2) Vgl. STRATMANN, Weltkirche, S.281;, s. oben S.2.

3) RUSTER, Der Ruf zum Frieden, S.6. In Abwandlung des Schlachtrufs der Roten Internationale brachte die Zeitschrift 'Erwachende Jugend' regelmässig in großen Lettern den Aufruf: "Katholiken aller Länder vereinigt Euch! Hinein in die katholische Internationale!"
(z.B. Erwachende Jugend, 1.Jg., H.2, S.9).
Diesen Gedanken enthielt auch das Programm des 3. Internationalen Kongresses in Konstanz (10.- 15. August 1923):"1. Hauptkonferenz: Die gegenwärtige Aufgabe der Katholiken gegenüber der internationalen Macht der Freimaurerei; Ausbau der Internationalen Katholischen Liga für die planmäßige Zusammenarbeit." (3. Internationaler Katholischer Kongreß, S.4).

4) Vgl. DOKA, S.184 f.; DROBISCH, S. 25 und 29; HINZ, Charakter, S.18; BAUMEISTER, S.19.

Die Tatsache, daß Metzgers Name und sein Wirken im FK fast nie erwähnt wird, indiziert die reservierte Haltung des F.D.K.[1].

Außer den beiden Ika-Kongressen, 1921 in Graz, 1922 in Marburg, fand in der Zeit bis zur endgültigen organisatorischen Konstituierung des F.D.K. die erste "Bodenseekonferenz"[2], 1921, statt. Über das Thema "Die katholische Friedensinternationale" konferierten in Konstanz führende Katholiken, vorwiegend Parlamentarier aus Deutschland, Österreich und der Schweiz.

Für den F.D.K., der dort ebenfalls vertreten war, verbuchte Jocham einen Erfolg "von außerordentlicher Wichtigkeit", daß sich "eine schöne Anzahl von katholischen Führern, von katholischen Reichs- und Land-

---

1) Ein etwas anderes Bild entsteht in den Schriften der nicht katholischen Friedensbewegung, die Metzger das große Verdienst um die Gründung der katholischen Friedensbewegung im deutschen Sprachraum beimessen. Wieder anders Drobisch, der darin ein Werk des Nuntius Pacelli und der meisten deutschen Bischöfe sieht. (Vgl. DROBISCH, S.37, 41, 51 f.) Die Distanzierung scheint offenbar auf Gegenseitigkeit beruht zu haben, denn auch in den Blättern der Ika und ihrer deutschen Unterorganisationen fehlen Hinweise auf die F.D.K.-Arbeit. Als weiteres Indiz kann gelten, daß auf dem 3. Internationalen Katholischen Kongreß 1923 in Konstanz kein führendes F.D.K.-Mitglied in Erscheinung trat.

2) Die Bodenseekonferenz katholischer Politiker wurde zu einer festen Institution. Daß das Zentrum sich trotz dieser Kontakte so schwer tat, Verbindungen mit den christlichen Parteien anderer europäischer Länder herzustellen, muß erstaunen. Allerdings war nach der Machtergreifung Mussolinis ein gewisses Vakuum entstanden, als der 'Partito Populare' von Don Sturzo verboten wurde, der in den internationalen Kontakten die Federführung übernommen hatte. (Vgl. HEILER, Sp.460; MAIER, Hans, Der politische Weg, S.212; MORSEY, Zentrumsprotokolle, S.120, Anm.7; BAUR, Hugo, Mein politischer Lebenslauf; SCHREIBER, G., Deutschland und Österreich, S.68 - 88).

tagsabgeordneten und Redakteuren" dem F.D.K. anschloß [1].

Am Rande des III. Internationalen Demokratischen Kongresses in Freiburg 1923[2] kam es dann mit der Abfassung des sog. Freiburger Programms[3] zur endgültigen organisatorischen Konstituierung des F.D.K. Dieses Programm entstand unter der Führung des Kölner Weihbischofs Dr. Stoffels[4].

Im Zusammenhang mit dem geplanten Katholikentag 1923, in Köln, der dann wegen der Ruhrbesetzung abgesagt worden war, hatte Weihbischof Stoffels eine "größere Denkschrift" zum Leitthema des Katholikentages 'pax Christi in regno Christi' abgefaßt[5]. In einer Notiz an Erzbischof Schulte gab er die Absicht bekannt[6],

---

1) JOCHAM, Wege, S.64.

2) s. unten S.165 ff.

3) Es ist fast identisch mit den Richtlinien.

4) Über Stoffels, der noch im Herbst 1923 starb, s. NEUSS.

5) Brief von Konsul Heinrich MAUS (Köln) vom 16.8.1924 an das Zentralkomitee der Generalversammlung der Katholiken Deutschlands (Hannover); Offizieller Bericht S.2.

6) "Es ist beabsichtigt, während des Katholikentages die katholischen Friedensfreunde zusammenzuladen, die sich der Erziehung der deutschen Katholiken zur Friedensgesinnung widmen wollen.
Die Vereinigung könnte den Namen führen: 'Pax Christi' oder 'Occidens paccandus' oder 'Salus Christianorum'. Ihre Aufgabe wäre es, herauszuarbeiten, aus welchen sittlich-religiösen Gründen Jung und Alt zur christlichen Friedensgesinnung geführt werden müßten, wobei auch die wirtschaftlichen und kulturellen Gesichtspunkte von Sachkundigen studiert werden müßten.
Als Mitglieder der Vereinigung kämen in Frage, Abgeordnete, Geistliche, Lehrer aller Schulgattungen und andere Volksfreunde. Als Organ könnten die 'Nachrichten aus dem katholischen Deutschland' zunächst dienen, die dann einen entsprechenden Titel erhalten würden.
Wenn diese Erziehungsarbeit am deutschen Volke organisiert ist, würden wir auch andere Völker für solche Erziehungsarbeit in ihrer Heimat zu gewinnen suchen." (Historisches Archiv des Erzbistums Köln, G 23,59).

während des Katholikentages eine Friedensvereinigung zu gründen.
Das in Köln Versäumte sollte nun in Freiburg nachgeholt werden. Die Programm-Beratungen fanden in Kontakt "mit anderen im öffentlichen Leben stehenden Persönlichkeiten"[1] statt. Vom F.D.K. waren anwesend: Stratmann, Noppel, Jobst, Joos[2], Waibel und Hinz.
Es ist anzunehmen, daß zudem auch Metzger, Prof. Hoffmann, Werner Becker und auch Ehlen dem Kreis angehörten[3].
Die zukünftigen Aufgaben des F.D.K. wurden folgendermaßen skizziert: "stärkste Propaganda unter den Katholiken und innerhalb der katholischen Organisationen, Bildung eines eigenen Sekretariats, Herausgabe eines Propagandablattes, Gründung eines Gremiums der verschiedensten bedeutenden katholischen Persönlichkeiten in Wissenschaft, Politik und Presse zum Studium der Völkerrechts- und Friedensfragen"[4].
Ostern 1924 wurde das Freiburger Programm dann von der ersten Mitgliederversammlung des F.D.K. in Hildesheim als 'Richtlinien' verabschiedet.
Um sich ausbreiten und effektiv wirken zu können, war der Bund angewiesen auf die Anerkennung durch die Bischöfe. Weihbischof Stoffels übernahm es, "die Fuldaer Bischofskonferenz auf die katholischen Friedens-

---

1) HINZ, Zwei Weltfriedenstagungen, S.74; Wer diese waren, wird allerdings nirgendwo mitgeteilt.

2) Joos distanzierte sich allerdings bald vom F.D.K., war aber noch viel mit internationalen Kontakten befaßt, s. unten S.164,171 und 190 f.

3) Vgl. HOFFMANN, Erinnerungen, S.194; BECKER, Hermann Hoffmann, S.99; Becker löste sich später unter dem Einfluß Guardinis von der Friedensbewegung (pers.Mitteilung, Unterredung vom 7.9.1974).

4) HINZ, Zwei Weltfriedenstagungen, S.74.

bestrebungen aufmerksam zu machen und namens der pazifistisch gesinnten Katholiken um ein ermutigendes und klärendes Wort zu bitten". Nur zwei Wochen später, am 24. August 1923 erging der fast ausschließlich dem Kriegs- und Friedensproblem gewidmete Hirtenbrief der Fuldaer Bischofskonferenz, den Hinz "als das Friedensdokument der katholischen Bischöfe Deutschlands"[1] bezeichnete.

Dieser Hirtenbrief ist sowohl als Antwort der deutschen Bischöfe auf die päpstliche Friedensenzyklika 'Ubi arcano' von 1922 zu werten[2], als auch als Reaktion auf die politische Situation (Ruhrbesetzung) sowie als erstes Signal an die ausländischen Bischöfe, vor allem die belgischen, an die der deutsche Episkopat im Oktober 1923 einen Aufruf "um Hilfe für die notleidende Bevölkerung der Rheinprovinz" richtete[3]. Da der Hirtenbrief sehr allgemein gehalten und von der Friedensbewegung oder gar einem Appell, sie zu unterstützen, nicht die Rede war, blieb der erhoffte Erfolg aus. Immerhin 'besaß' der F.D.K. damit ein Dokument, auf das er sich berufen konnte. Er tat dies bereits in den Richtlinien, in denen er diesen Hirtenbrief als Orientierungshilfe in offenen, strittigen Fragen empfahl[4].
Mißverständnisse, Vorurteile und Gegnerschaften gegen die Friedensbewegung waren damit nicht ausgeräumt.

---

1) HINZ, Vom Wachstum, S.2, teilweise gesperrt.

2) Vgl. NOPPEL, Im Kampf, S.182.

3) Um Weihnachten 1923 folgte dann der berühmte Schriftwechsel Mercier-Schulte; s. unten S.195 ff.

4) Punkt 7 der Richtlinien, zit. in: KFW 1 (1924/25) Nr.1/2, S.4.

3. Wachstum und Strukturen nach 1923

Trotzdem verlief die Entwicklung des F.D.K. zunächst recht erfolgreich. Die ersten großen Veranstaltungen verzeichnen hohe Besucherzahlen. So z.B. bei der Friedenskundgebung im Preußischen Herrenhaus, Berlin, im Oktober 1923[1], bei der Großveranstaltung anläßlich des Krönungstages Pius XI. in der Berliner Stadthalle[2] und schließlich auch im Rahmen der Windthorstgedächtniskundgebung in Hannover[3]. Alle diese Veranstaltungen dienten dazu, eine breitere Öffentlichkeit über die Existenz und über die Ziele des F.D.K. zu informieren.

Mehr Bedeutung als solchen Großkundgebungen maß der F.D.K. auf Dauer der Arbeit in den Ortsgruppen bei. In den ersten Jahren widmete der FK ihrer Tätigkeit und ihrem Wachstum viel Beachtung. Sorgfältig und stolz wurden alle Erfolge verbucht. Unter der Rubrik 'Chronik der katholischen Friedensbewegung' wurden im ersten Heft zehn Ortsgruppen aufgezählt[4]: Berlin, Frankfurt/M., Hamborn, Hamburg, Koblenz, Mainz, München, Paderborn, Stuttgart und Warendorf.

---

1) Vgl. HINZ, Vom Wachstum, S.2; den Vortrag hielt Max zu Sachsen. In dem vom Generalvikariat Köln angeforderten Bericht über sein Auftreten vor einer Versammlung der DFG in Essen, 1923, wird er recht negativ beurteilt: er habe die Probleme zu naiv und oberflächlich behandelt (Historisches Archiv des Erzbistums Köln, Brief an Kardinal Schulte vom 23.10.1923).

2) Dort sprach Joos; vgl. HINZ, Vom Wachstum, S.2.

3) Sie war vom Stadtpfarrer von Hannover und 1. Vorsitzenden des F.D.K., Wilhelm Maxen, organisiert worden (vgl. HINZ, ebd.; Wothe).

4) Vgl. Chronik der katholischen Friedensbewegung, in: KFW 1 (1924/25) Nr.1/2, S.11 f.

Gelegentlich erwecken diese Angaben geradezu den Anschein von Siegesmeldungen; z.B.: "Koblenz: 87, Hamburg: 60(!), Mainz: 35"[1]. Dank des unermüdlichen Einsatzes der führenden F.D.K.-Mitglieder, vor allem Pater Stratmanns, entstanden in den folgenden Jahren noch viele Ortsgruppen. Während das dritte Heft des ersten FK-Jahrgangs 22 Ortsgruppen und Arbeitskreise verzeichnete, wurde ihre Zahl in der vierten Nummer mit 51 angegeben. Wegen der verbreiteten korporativen Mitgliedschaft mancher Vereine oder Untergruppen von Vereinen sind diese Zahlen allerdings vorsichtig einzuschätzen.
Der Jahresbericht 1928 gab erstmals genaue Zahlen: 46 Ortsgruppen und Arbeitsgemeinschaften (das sind weniger als 1926) mit ca. 6.678 Mitgliedern (mehr als 1926); dazu 53 korporativ angeschlossene Vereine mit 12.658 und der Kreuzbund mit insgesamt 25.000 Mitgliedern; zusammen also 37.438 korporative, insgesamt rund 45.000 Mitglieder des F.D.K.[2].

Der Jahresbericht des folgenden Jahres, 1929, offenbarte spürbare Rückschläge: Viele Ortsgruppen erlitten Mitgliederverluste; einige lösten sich auf. In Süd- und Ostdeutschland konnten keine neuen Gruppen (wie an sich geplant) gegründet werden[3].
In den ländlichen Gebieten Westfalens dagegen entstanden durch die intensive Propagandatätigkeit Pater Ohlmeiers[4] 47 neue Ortsgruppen.

---

1) Aus unserer katholischen Friedensbewegung, in: KFW 1 (1924/25) Nr.5/6, S.11.

2) HINZ, Der Friedensbund, S.16 .

3) ders., Leben, Wirken, S.21.

4) Er gab ab 1929 für den F.D.K. die "volkstümliche Vierteljahresschrift" 'Der Friedensfreund' heraus, deren Erscheinen aber aus finanziellen Gründen 1931 wieder eingestellt werden mußte; vgl. OHLMEIER Ist christlicher Pazifismus eine Utopie?

Insgesamt bestanden zu diesem Zeitpunkt 88 Ortsgruppen mit ca. 8.166 Mitgliedern; dazu 58 korporativ angeschlossene Gruppen mit ca. 13.000 Mitgliedern. Mit den 25.000 Mitgliedern des Kreuzbundes wurde also wieder eine Gesamtzahl von 45.000 erreicht[1]. 1930 erhöhte sich dann die Zahl der Ortsgruppen (104) und der Einzelmitglieder (9.000), die Zahl der korporativen Mitglieder sank dagegen auf 31.428. Im selben Jahr erreichte der FK eine Auflagenhöhe von 8.000 Exemplaren[2].
Der Zuwachs an Ortsgruppen ging wiederum auf die intensive Werbetätigkeit von P. Ohlmeier zurück.

So sehr man dieses Wachstum schätzte, so wenig unterschätzte man die Labilität solcher spontan, 'künstlich' gebildeten Ortsgruppen. Denn ihnen fehlte meistens ein engagierter Kern, so daß die Gruppenarbeit mit der Zeit erlahmte oder ganz einschlief.

Vor allem im Hinblick auf das starke Anwachsen der nationalsozialistischen Bewegung wurde zu größerer Aktivität aufgefordert, um deren weiterer Ausbreitung zumal in katholischen Kreisen entgegenzuwirken[3].

---

1) Vgl. HINZ, Leben, Wirken, S.22.

2) HINZ, Friedensbundarbeit, S.6 f.; vgl. HOEPKE, daß die katholischen Zeitschriften Hochland, Stimmen der Zeit, Allgemeine Rundschau, Vom frohen Leben, Schildgenossen, Das Neue Reich und Schönere Zukunft zusammen nur auf eine Auflagenhöhe von ca. 50.000 - 60.000 kamen.
Entscheidend war nicht die Auflagenhöhe, sondern der Kreis, der damit angesprochen werden konnte.

3) HINZ, Friedensbundarbeit, S.7; s. unten S.268.

Trotz der Erschwernisse durch die zunehmende nationalistische und nationalsozialistische Agitation konnte der F.D.K. auch 1931 noch ein beträchtliches Wachstum erzielen. Den Angaben des 'Kirchlichen Handbuchs für das katholische Deutschland' zufolge hatte er 1931 bei 88 Ortsgruppen und 58 korporativ angeschlossenen Vereinen rund 49.000 Mitglieder[1].
Zwar ist mit diesen quantitativen Ergebnissen noch nichts über Bedeutung und Einfluß des Bundes im deutschen Katholizismus gesagt. Die Urteile von Kl.P.Hoepke und H.Müller, daß der "unter vielen guten Wünschen ... begründete 'Friedensbund deutscher Katholiken' langsam in Vergessenheit geriet"[2] bzw. "immer mehr an Einfluß verlor"[3], treffen aber so nicht zu. Denn das anfängliche Vertrauenskapital war äußerst gering, und erst nach und nach gelang es dem F.D.K. Anerkennung und 'Einfluß' zu gewinnen, was man nicht nur am quantitativen Wachstum, sondern beispielsweise auch am Verhalten der Bischöfe ermessen kann[4].

Zur rechten Einschätzung der Größenordnung soll ein kurzer Vergleich mit der DFG, der größten deutschen Friedensorganisation, angestellt werden. Ein Vergleich mit den katholischen Verbänden, meist Standes- und Massen-Organisationen, erübrigt sich aufgrund dieser Andersartigkeit[5].

---

1) Kirchliches Handbuch, S.227.

2) HOEPKE, S.72.

3) MÜLLER, Hans, Katholische Kirche und Nationalsozialismus, S.37.

4) s. unten S.90 ff.

5) Vgl. Kirchliches Handbuch, S.227.

4. Vergleich mit der DFG

Nach den Angaben der 'Friedens-Warte', dem Organ der DFG, reduzierte sich während des Krieges die Zahl der bei Kriegsbeginn bestehenden Ortsgruppen um etwa die Hälfte; die Mitgliederzahlen lagen bei 5.000 - 6.000. Die Verluste konnten in den ersten Nachkriegsjahren bald aufgeholt und überholt werden. Aus den Rechenschaftsberichten[1] ergibt sich folgendes Bild:

	Ortsgruppen	Mitglieder
Oktober 1920	71	9.000
Oktober 1921	83	12.000
Oktober 1922	102	15.000
Oktober 1923	130	17.000
Oktober 1924	196	12.000
Oktober 1925	-	25.000
Juli 1926	300	30.000[2]

Infolge interner Auseinandersetzungen und der schließlich 1929 vollzogenen Spaltung der DFG sowie des Deutschen Friedenskartells blieben weitere einheitliche Zählungen aus[3]. Vereinzelt gegebenen Daten ist zu entnehmen, daß die getrennten Gruppierungen zusammen ab 1928 noch einen gewissen Zuwachs, nicht aber die 40.000-Marke erreichen konnten[4].

---

1) Vgl. KUPSCH, S.87.

2) Bericht über die Generalversammlung der Deutschen Friedensgesellschaft (28.-31. September 1925 zu Dortmund), in: FW 25 (1925) H.10, S.312; und: QUIDDE, Die Mitgliederzahl, S.216.

3) WEHBERG, Der Erfurter Friedenstag, S.322 f; vgl. Dokumente der Friedensbewegung, in: FW 28 (1928) H.12, S.370 ff. und: Die Sprengung des Deutschen Friedenskartells, in: FW 29 (1929), H.8, S.245 f.

4) Vgl. Die Meinungsverschiedenheiten innerhalb der Deutschen Friedensgesellschaft, in: FW 29 (1929), H.9, S.279.

Im internationalen Vergleich konnte sich die deutsche Friedensbewegung mit diesen Ergebnissen durchaus sehen lassen[1].

Der Vergleich DFG - F.D.K. stößt auf die Schwierigkeit, ob man beim F.D.K. die korporativen Mitglieder als vollgültige Mitglieder mitzählen soll oder nicht. Aufgrund der skeptischen Einschätzung solcher korporativen Mitgliedschaften durch den F.D.K. selbst, scheint es angemessen, diese nicht mit zu berücksichtigen. Es ergibt sich dann ein Zahlenverhältnis 1 : 3 - F.D.K. : DFG, eine - bei der Minderheitensituation des Katholizismus - für die katholische Friedensbewegung nicht ungünstige Relation.

Ein Vergleich etwa zwischen katholischer und evangelischer Friedensbewegung erübrigt sich, da die evangelische Friedensbewegung erst 1928 entstand und sich dann nur mühsam entfaltete[2]. Die stärkere ökumenische Bewegung kann im eigentlichen Sinne nicht als Friedensbewegung gewertet werden[3].

Interessant ist die regionale Streuung der DFG-Ortsgruppen. Sie sind in der Rheinprovinz und in Westfalen-Lippe am stärksten vertreten. Mit großem Abstand

---

1) Vgl. QUIDDE, Die Mitgliederzahl, S.216 f.

2) Über die Haltung der Evangelischen Kirche Deutschlands zur Friedensfrage, vgl.: GAEDE, Kirche, Christen - Krieg und Frieden; CHRIST, Der politische Protestantismus, S.141 und 251.

3) Die ökumenische Bewegung - damals noch fast ausschließlich beschränkt auf die evangelischen Kirchen - fand ihre Höhepunkte in den Weltkirchenkonferenzen von Stockholm, 1926 und Lausanne, 1928. Von katholischer Seite beteiligten sich daran jeweils nur 'Einzelkämpfer', wie M.J.Metzger und Prof. Hoffmann; (vgl. HOFFMANN, Erinnerungen, S. 187 ff.); MÜLLER, Franz, Friedensbewegung und Ökumene, S.5 - 7.

folgen dann die anderen Gebiete. Am Ende der Skala rangieren Ost- und Westpreußen, Brandenburg, Freistaat Sachsen und Bayern[1].
Beim F.D.K. ist die Situation ganz ähnlich. Von den 1928 bestehenden 65 Ortsgruppen lagen 30 im Westen, an Rhein, Niederrhein und im Ruhrgebiet, 21 im Südwesten und Süden[2], im Norden acht und im Osten sechs; Die Mitte, etwa Hessen, Thüringen und Sachsen war mit einzelnen Arbeitsgemeinschaften völlig unterrepräsentiert.
Im Wesentlichen entspricht diese Verteilung der der katholischen Bevölkerungsteile. Darüber hinaus sind für diese Streuung aber auch einige soziologische und regionale Spezifika mit zu berücksichtigen.
So zeichnen sich beispielsweise die genannten Gebiete des Westens aus durch starke Industrialisierung, Grenznähe zu Frankreich bzw. den Benelux-Ländern, durch fortwirkendes, ausgeprägtes Antipreußentum und durch eine lebendige katholisch-soziale/politische Tradition. Für den Südwesten treffen ähnliche Kriterien zu; hier kommt noch die liberale Tradition hinzu.
Im Norden stellt sich die Situation anders dar: dort dominiert nicht so sehr Grenznähe als vielmehr 'Weltoffenheit' (sowie) liberale hanseatische Tradition; die Katholiken waren hier in der Diaspora-Situation.

Der Osten (d.i. hauptsächlich Oberschlesien) wird ebenfalls bestimmt von Industrialisierung und Grenznähe bzw. durch enge deutsch-polnische Verbindungen aufgrund der Streusiedlungen.

---

1) Vgl. KUPSCH, S.90.

2) In Bayern bestanden anfänglich mehrere Gruppen, ab 1927, so weit ersichtlich, allerdings nur noch eine in München.

Schlagwortartig sind demnach folgende Kriterien zu benennen, die für die Entfaltung der katholischen Friedensbewegung förderlich waren: Anti-Preußentum (weitgehend identisch mit Anti-Militarismus), Verankerung in der katholischen Sozialbewegung, Kohäsion zu einer gewissen liberalen Tradition, im Sinne von Offenheit und Konfrontation mit den relevanten Problemen und Nähe zu anderen Völkern in den Grenzgebieten.

5. Das Selbstverständnis des F.D.K. als Friedensbewegung in der Kirche

Aufgrund der engen Anlehnung an das päpstliche Friedensprogramm verstand sich der F.D.K. "als Stoßtrupp im Dienste der päpstlichen Weisungen"[1], ja geradezu als "päpstliche Friedensbewegung"[2]. "Die großen Rundschreiben der letzten Päpste sind unser Katechismus, unser Schild und unsere Fahne. In diesem Zeichen fühlen wir uns im Recht, fühlen wir uns sicher, setzen wir uns über jeden nationalen Ordnungsruf hinweg, in diesem Zeichen kämpfen und siegen wir"[3].
Die katholische Friedensbewegung sah ihre Rolle in der Kirche als Repräsentantin, als Sichtbarmachung und Aktualisierung eines der Kirche wesentlich eig-

---

1) RUSTER, Die Reichsfriedenstagung, S.331; in dieser Rolle als Stoßtrupp für den päpstlichen Friedensgedanken wurde der F.D.K. sogar ausdrücklich von Bischof Sproll befürwortet (SPROLL, Notizen, Diözesanarchiv Rottenburg Nr.40, S.II).

2) DANZIGER, Unsere Tagung in Münster, S.3.

3) STRATMANN, Die neue Papstenzyklika, S.8.

nenden Gutes und einer ihr zugleich obliegenden Aufgabe.
Zur Rechtfertigung dieser notwendig erachteten Spezialisierung wurde auf die der anderen Dienste in der Kirche, wie Mission, Caritas, Diasporahilfe etc. verwiesen, die auch gesonderter Organisationen bedurften, um effektiv arbeiten zu können, die jedoch deswegen keine Konkurrenz zur Kirche, sondern nur deren verlängerten Arm darstellten[1].
Wie der F.D.K. seine Aufgaben und sein Verhältnis zu Kirche und Politik einschätzte, veranschaulicht der Vergleich mit dem Werk Bischof Kettelers, den Stratmann einmal anstellte[2].
Für Ketteler sei die Verantwortung für die Welt in der Religion selbst begründet gewesen. "Religion ist nicht nur Verbindung der Einzelseele mit Gott, sondern auch der ganzen menschlichen Gesellschaft mit Gott. Volk und Staat, Politik und Wirtschaft, alles ist Gott und der Regelung durch sein Evangelium unterworfen"[3]. Angesichts der ungeheueren Not habe er erkannt, daß vor der "Christianisierung"[4] die "Humanisierung der Massen", ihre Erlösung aus dem Elend erforderlich sei.
Wie Bischof Ketteler die Sprache des Evangeliums in seine Zeit umgesetzt und sich "mitten hinein" in die Politik begeben habe, so gelte es in dieser Zeit für den Frieden zu streiten. Die Katholiken dürften weder erwarten, daß der Friede sich von allein einstelle, noch das Friedenswerk anderen (Nicht-Christen)

---

1) STRATMANN, Erziehung zum Frieden, S.101.

2) STRATMANN, Emmanuel von Ketteler, S.2 - 4.

3) ebd., S.2.

4) ebd., S.4; hier ist bereits sehr klar ein Grundgedanke moderner politischer Theologie formuliert, (s. unten S.101).

überlassen, vielmehr müßten sie selbst "hinein in die Politik".

Innerhalb der Kirche gelte es, entschlossene Friedenskämpfer zu einer Phalanx zusammenzuschließen, "die sich mit Auferbietung aller ihr zur Gebote stehenden geistigen und materiellen Mittel dem Dämon des Krieges entgegenwirft und für den Frieden Christi im Reich Christi streitet. Gewiß ist die ganze Kirche auf Erden eine streitende Kirche, aber ihre Front ist zu breit, als daß sie, ohne Einzel-Aufklärungs- und Stoßtruppen zu bilden, ihr Ziel ... erreichen könnte"[1].
Die auffallende Anlehnung an militärische Begrifflichkeit zur Kennzeichnung der eigenen Aufgabenstellung macht das Selbstverständnis des F.D.K. sehr deutlich. Er wollte keine Massenbewegung sein, die sich nur wiederum in relativierender Abschwächung der eigentlichen Ziele und Anforderungen zur Wirkungslosigkeit aufgeben würde, sondern 'kleine Schar', die in 'christlichem Radikalismus', das geforderte Maximum an Friedensgesinnung aufbringen wollte, das, ihrer Ansicht nach, allein die Existenz einer eigenen Friedensbewegung in der Kirche rechtfertigte[2].
Der Adressat der Friedensbewegung war die Masse, die beeinflußt und gewonnen werden sollte. "Aber bewegendes Subjekt ist dabei immer eine verhältnismäßig kleine Arbeits- und Stoßtruppe. So ist es auch im Friedensbund deutscher Katholiken. Selbstverständlich geht er aufs Ganze, aber das Ganze will erst erobert werden. Das kann er nicht mit einer Prokla-

1) STRATMANN, Erziehung zum Frieden, S.101.

2) Vgl. STRATMANN, Unser Kriegsartikel, S.7 f. und: ders., Friedenswille, S.7.

mation allgemeiner Friedfertigkeit, zu der sich jedermann bis zum nächsten Ernstfall bereit erklärt, sondern einzig und allein mit einem scharfen pazifistischen Programm, auf das sich einstweilen leider nur wenige verpflichten"[1].
Ein solch kämpferisches Selbstbewußtsein - das auch schon der Name der F.D.K.-Zeitschrift, 'Der Friedenskämpfer' andeutete - verlangte u.a. auch einen entsprechenden Menschentyp, der den Anforderungen gerecht werden konnte. Gegen die verbreiteten Karikaturen der Pazifisten als Schwärmern und Schwächlingen wurde hervorgehoben, daß der Kampf um den Frieden "mehr geistige Kraft, Mut, Zucht und Ausdauer, mehr Zivilcourage" verlange als alle "Militärcourage"[2]. Pazifisten seien "durchweg Kampfnaturen, die die Ruhe des immer rechthabenden nationalen Gewissens nicht besitzen, sondern sie bewußt in Frage stellen, gegen den Strom schwimmen, sich dadurch unbeliebt machen und großen Gefahren aussetzen"[3].
Trotz dieses programmatischen und z.T. in der Praxis bewiesenen Kampfgeistes[4], war der F.D.K. aber keine revolutionäre Gruppe, die auf radikale Veränderung der gesamtgesellschaftlichen Verhältnisse oder auf 'Machteroberung' in ihr zugänglichen Institutionen drängte. Seine Ziele sah er vielmehr darin, die katholische Bevölkerung und die Regierenden und Politiker insgesamt zu beeinflussen, um die psychologischen und politischen Voraussetzungen zu schaffen für die Entfaltung des Friedens.

1) Vgl. STRATMANN, Friedenswille, S. 7.

2) ders., Kampfbereitschaft, S.1; vgl. RUSTER, Die geistige Substanz, S.4.

3) STRATMANN, Friedenswille, S.4; vgl. RUSTER, Die geistige Substanz, S.3.

4) z.B. in der Auseinandersetzung mit den Nationalsozialisten, z.T. auch im Widerstand gegen seine katholischen Gegner. (s. unten S.70 ff. und 262 ff.)

Dementsprechend ging es ihm weniger um einen Strukturwandel der politischen oder gesellschaftlichen Institutionen, als vielmehr um den Wandel des Geistes, der Haltungen und des Einsatzes der Instrumentarien.
Zusammengefaßt kann man das Selbstverständnis des F.D.K. dahingehend kennzeichnen, daß er als 'Elite'-Gruppe in der Kirche die Rolle eines Vorkämpfers, Wegbereiters und Motors einer notwendig erachteten Entwicklung einnehmen wollte.

6. Aufgabenstellung

Punkt eins der Satzung des F.D.K. beschrieb die Zielsetzung des Bundes folgendermaßen:"Der "Friedensbund deutscher Katholiken" will nach den katholischen Grundsätzen der Bruderliebe und der Gerechtigkeit, wie sie in den Friedenskundgebungen der letzten Päpste klar niedergelegt sind, den Gedanken des christlichen Friedens und der Völkerversöhnung zunächst unter den Glaubensgenossen verbreiten und an seiner Verwirklichung mitarbeiten"[1]. Es ging dem F.D.K. also vorrangig um Meinungsbildungsarbeit im eigenen katholischen Raum, um Erziehung zur Friedensgesinnung, um eine den politischen Frieden fördernde Atmosphäre zu schaffen. Das erste 'Erziehungsziel' war die Eindämmung des nationalen Denkens, die Überwindung des übersteigerten und friedensgefährdenden Nationalismus[2].

---

1) Richtlinien, a.a.O.

2) HINZ, Charakter, S.19; s. unten S. 245 ff.

Dem müsse die "Entgiftung der internationalen Beziehungen" folgen, welche von Wahrheit, Ehrlichkeit und Sachlichkeit getragen sein sollten, um Vertrauen und gerechten Ausgleich zu begründen[1]. Als Methoden zur Verwirklichung dieser Ziele wurden in der Frühphase des F.D.K. hauptsächlich religiöse, pädagogische und propagandistische Mittel vorgeschlagen[2], die sich nicht wesentlich unterschieden von den Mahnungen zur Verwirklichung des christlichen Liebesgebots und der Bekehrung zu Christus[3] und die deswegen einmal als "Herzstück christlicher Mission überhaupt" bezeichnet wurden[4].

Religiöse Motivation und politische Orientierung gehören im F.D.K. untrennbar zusammen.
Daß das Religiöse nie 'weltfremd', sondern stets weltbezogen, d.h. politisch[5] gedacht wurde, zeigt ein Blick auf die Erörterung nicht-politischer Inhalte.
Wenn überhaupt religiöse oder soziale Themen aufgegriffen wurden, dann meist unter einer ganz bestimmten politischen Fragestellung, in einem politischen Kontext, aber auch dann weniger 'religiös' als theologisch und weniger sozial als sozialphilosophisch. Fragen, wie innerer, seelischer Friede, Friede mit Gott, auch Friede in der Familie oder in Kleingruppen, auch Friedenserziehung, standen

---

1) HEILER, S.466.

2) Vereinzelt wurde aber auch damals schon mehr politische Betätigung gefordert (vgl. GRUNDEI, Locarno, S.5).

3) JOCHAM, Wir Christen, S.43.

4) STRATMANN, In der Verbannung, S.32.

5) 'Politisch' wird hier nicht im poietischen Sinne, sondern im Sinn der "praxis" verstanden; (s. unten S.294 f.).

eindeutig unter politischem Prärogativ.

In der Umschreibung der Aufgabenstellung erwies sich die enge Verbindung von religiöser und politischer Motivation als bipolare Spannung, die nie ganz ausgeglichen wurde.

Gegen den Krieg müsse der Friedensbund systematisch und propagandistisch vorgehen.

"Systematisch: durch geistige Verarbeitung der einschlägigen Fragen, durch Studium und Aufdeckung der Kriegsursachen, durch ihre Bekämpfung, durch Schaffung von Einrichtungen, die den Frieden stützen. Propagandistisch: durch Aufklärung der dunklen Mächte, die zum Krieg treiben, durch Schaffung einer öffentlichen Meinung gegen den Krieg und für den Frieden. Dies alles, wenn es auf katholischer Grundlage geschieht, im Geiste und mit allen Kräften der katholischen Religion.
Wenn Katholiken sich zusammenschließen, und so dem Frieden dienen, dann ist das zunächst eine Selbsterziehung der Gläubigen zum Frieden" [1].

Diese Zielsetzungen wurden an anderer Stelle konkretisiert: "Der Bund kann nicht in erster Linie politische Arbeit leisten, aber die Mitglieder können aus der Kraft unserer Ideen heraus, dort, wo sie stehen, in solcher Weise wirken: In der Presse, Schule, Vereinen, auf der Kanzel, in der Partei. Solche Kleinarbeit schafft öffentliche Meinung, schafft staatsbürgerliche Kontrolle der auswärtigen Politik"[2].

Nicht in erster Linie politisch arbeiten zu können, bedeutete allerdings nicht, es nicht 'auch' zu tun. Das Ziel solcher politischer Arbeit sah man darin, Einfluß zu gewinnen auf das politische Kräftespiel, damit 'positive' Friedensarbeit geleistet wurde durch voranzubringenden Neu- und Ausbau einer ge-

---

1) STRATMANN, Erziehung zum Frieden, S.102.

2) MÜLLER, Franz, Vom gegenwärtigen Stand, S.13; Müller hatte 1924 in einem offenen Brief an J. Wirth Unbehagen am Formalen der Demokratie zum Ausdruck gebracht; (vgl. TÖPNER, S.192).

setzlich verankerten nationalen und europäischen Friedensordnung. "Neben der 'Arbeit an den Seelen' also die 'Mitgestaltung der politischen Realitäten' im Friedenssinne. Nach der Befriedigung der Herzen auch der vertraglich verbürgte und gesetzlich geschützte Friedenszustand im Volk und unter Völkern. Das geht die Parlamente und Regierenden an; es müssen Pazifisten hinein und arbeiten und konkrete Gesetzestatsachen schaffen"[1].
Das Interesse des Friedens nicht nur im Meinungsbildungsprozeß der Allgemeinheit, sondern auch gegenüber den politischen Entscheidungsträgern zu vertreten, gehörte zu den Aufgaben der F.D.K.-Führung[2].

Im Unterschied zur DFG und zum Friedenskartell, die häufig Erklärungen, Proteste, Petitionen an die Adresse der Regierung bzw. an die der Ministerien richteten[3], konzentrierte sich der F.D.K. darauf, seinen Einfluß in der Zentrumspartei geltend zu machen. Zweimal richtete er eine Denkschrift an die Zentrumspartei; eine an den Reichsparteitag des

---

1) RUSTER, "Friedenskreuzzug", S.350.

2) Aus unserer Bewegung, in: FK 6 (1930), Nr.5, S.13.

3) Darüber wurde in den monatlichen oder zweimonatlichen Rechenschaftsberichten der 'Friedens-Warte' berichtet. Der F.D.K. schloß sich verschiedentlich solchen Aktionen an (vgl. Deutsches Friedenskartell und Europäischer Zollverein, in: KFW 1 (1924/25) Nr.9/10, S.13; "Internationales Manifest gegen die Wehrpflicht", in: FK 2 (1926) Nr.7/8, S.13 ; Gegen den Reichswehretat und seine übertragbaren Mittel, in: FK 3 (1927) Nr.1/2, S.11; Ein Gesetzentwurf gegen die Militaristen, in: FK 5 (1929) Nr.2/3, S.29). Gegen die Verhaftung Fritz Röttchers protestierte der F.D.K. (Brief Miller an die Zentrumsfraktion des Reichstages z.Hd. ihres ersten Vorsitzenden, des Herrn von Guérard, vom 23.1.1928; Diözesanarchiv Rottenburg, zu Nr.29).

Zentrums in Köln, 1928, zum Thema Abrüstung[1], die andere enthielt einen Antrag auf ein Reichstagsmandat[2].
Bedeutsamer als solche Denkschriften waren die direkten, persönlichen Kontakte durch diejenigen Zentrumsabgeordneten, die F.D.K.-Mitglieder waren, nämlich Erzberger, Faßbender, Dessauer, Krone (anfangs auch Joos), sowie in Baden Frau Siebert; und Frau Schlüter-Hermkes[3].
Die vor allem für außenpolitische Belange wichtigste Verbindungsperson war Geh. Rat Richard Kuenzer[4] im Auswärtigen Amt.

Trotz dieser Kontakte und mancher Verbindungen aus Anlaß internationaler Konferenzen[5] kann von einem Einfluß des F.D.K. auf das Zentrum bzw. auf bestimmte Kreise in ihm nicht die Rede sein.
Anders dagegen die DFG; sie verfügte, besonders in den Anfangsjahren der Weimarer Republik, über ein erhebliches Maß an politischem Einfluß, dank der Mitgliedschaft einer Reihe führender Politiker und Persönlichkeiten des öffentlichen Lebens, wie Reichstagspräsident Löbe, Hilferding, Schücking,

---

1) Text: Archiv Meitingen; S. unten S.136.

2) Antrag des F.D.K. auf ein Reichstagsmandat (Nachlaß Wilhelm Marx, Nr. 118, Bl.17 f.).

3) Sie hatte sich in Freiburg 1923 für das Versöhnungsopfer eingesetzt (Auskunft von Prof. Lenz-Medoc).

4) Er war bis 1927 Mitherausgeber der 'Germania'; s. unten S. 218.

5) s. unten S. 164 und 190 f.

Quidde, Wehler, H. Graf Keßler und Einstein u.a.[1])

Auch im öffentlichen Auftreten unterschieden sich F.D.K. und DFG. Deren öffentliche Versammlungen hatten meist den Anstrich von Agitation, da das Aktuelle vor dem Prinzipiellen rangierte, was Parteilichkeiten nicht nur erleichterte, sondern mitunter auch bezweckte.
Sich für die (politische) Friedensarbeit zu rüsten, um erfolgreich nach außen wirken zu können, war die wichtigste Aufgabe der F.D.K.-Ortsgruppen. In ihrer Aufgabenstellung wird erneut die Bipolarität von religiösem, bzw. kirchlichem und von politischem Engagement sichtbar.
Für die Ortsgruppenarbeit gab die Zentrale folgende Empfehlungen:
Wie sollen wir arbeiten?

1. Zusammenkünfte der F.D.K.-Gruppen in der Regel einmal monatlich durchführen. Nicht immer große Vorträge, sondern Stoff intensiv bearbeiten. Aussprache über unsere Richtlinien, über tagespolitische Fragen, über wichtigste Literatur. Die Enzykliken unserer Päpste und das Rundschreiben der deutschen Bischöfe gründlicher Durcharbeitung unterziehen. Desgleichen das neue Buch von P. Stratmann. (Näheres über Literatur im Bücherhinweis.)
Mancherorts sind die F.D.K.-Gruppen in Gefahr, Konventikel zu werden (was natürlich grundverschieden von einer kleineren Arbeitsgemeinschaft ist).

---

1) Vgl. dazu die Tagebücher von Harry Graf KESSLER und EINSTEIN, Über den Frieden, S. 10 ff. und Kap. 3 - 5; HOLL, Pazifismus; Andererseits waren die Repräsentanten der DFG aber auch wiederholt Verfolgungen ausgesetzt; so wurden beispielsweise Quidde, Küster und Röttcher verhaftet. (Vgl. SEEGER, LEHMANN-RUSSBYLDT, GUMBEL, HOEGNER). 1924 gab es 516 Landesverratsprozesse, 1925: 561. In der Eingabe des F.D.K. an die Zentrumsfraktion vom 23.1.1928, war von einer "Epidemie der Prozesse" die Rede. (Diözesanarchiv Rottenburg zu Nr.29);vgl. STRATMANN, Landesverrat und Sittengesetz, S.1 - 3; Das System des doppelten Bodens (o.Verf.), in: FK 4 (1928) Nr.5, S.13 - 15; GROSSMANN, Das Ausnahmegesetz gegen die Pazifisten, S.257 - 259; OSSIETZKY, Rechenschaft,S.39).

Um der daraus folgenden Gefahr der Erstarrung zu entgehen und auch eine größere Verbreitung unserer Ideen zu ermöglichen, ist notwendig:

2. Von Zeit zu Zeit größere Versammlung veranstalten. Mit bestehenden kath. Vereinen in Verbindung setzen (vor allem auch mit örtlichen Zentrumsorganisationen, dem Volksverein, den kath. Mitgliedern der christ. Gewerkschaften). Auswärtigen Redner für große Versammlung eventl. durch Geschäftsstelle vermitteln lassen. Niemals vergessen, bei solchen Gelegenheiten unsere Literatur auszulegen, Formulare für Beitrittserklärungen, Werbedrucksachen.

Ortsgruppen bilden, Arbeitskreise erweitern!

3. Die Mitgliedsbeiträge der selbständigen, keinem anderen Verein zugehörigen F.D.K.-Gruppen sollen mindestens 2 M. jährlich betragen, von denen 1 M. an die Zentrale abzuführen ist.

Daß jedes Mitglied zugleich auch fester Bezieher unseres Bundesblattes ist, darf wohl als selbstverständlich gelten.

4. Die Lokalpresse mit Aufsätzen und Buchbesprechungen versorgen. Belegexemplare an die Zentrale senden. Überhaupt in der Korrespondenz an die Geschäftsstelle nicht erlahmen, wenn auch nicht immer ein langer Schreibebrief als Antwort folgt. Wir müssen aus dem Leben selbst Anregungen erhalten[1].

In Ergänzung dazu beschloß der F.D.K. auf seiner Jahrestagung in Beuron:"Zur besonderen Aufgabe der Ortsgruppen gehört es, die kirchlichen Vereine, vor allem das Eucharistische Männerapostolat und die örtlichen Zentrumsorganisationen für unser Friedensprogramm zu gewinnen. Es ist dabei erwünscht, daß Vertreter solcher Organisationen dem Vorstand der Ortsgruppen angehören"[2].

Im Gegensatz zu diesen unpolitischen Aufgabenstellungen waren die Inhalte, die zur Erarbeitung in

---

1) Unsere Mitarbeit im F.D.K. (o.Verf.), in: KFW 1 (1924/25) Nr.1/2, S.12; vgl. auch SORETH, S.115 - 118.

2) Unsere Bundes- und Gruppenarbeit, Resolution der Beuroner Friedenstagung, zit. in: KFW 1 (1924/25) Nr.9/10, S.6; vgl. OHLMEIER, Friedenssonntage, S.12.

den Gruppen vorgeschlagen wurden, ausschließlich politischer Art. So z.B. die Themen: Völkerbund, Organisation Europas und Staatstheorie[1].

Die Aufforderung, mit den örtlichen Zentrumsorganisationen Kontakt aufzunehmen, deutet darauf hin, daß auch auf der unteren Ebene die Friedensarbeit politisch akzentuiert werden sollte. Daß mitunter bereits die Tatsache des Bestehens einer F.D.K.-Gruppe selbst als Politikum gewertet wurde, geht aus den zeitweiligen polizeilichen Überwachungen hervor, die vor allem in der Rheinprovinz durchgeführt wurden[2]. Wie sich das politische Selbstverständnis des F.D.K. an der Basis aktualisierte, kann ein Bericht über die Gründung der Gruppe Hamborn veranschaulichen. Dort heißt es u.a.: "Der F.D.K. solle durch Beispiel erbauend, als Sauerteig wirkend, die christliche Friedensgemeinschaft pflegen, soziale Mißstände durch eigene Hilfe abzuhelfen suchen. Eine neue Partei würde nicht gegründet, vielmehr müsse das Bestehende mit christlichen Zielen ausgebaut werden"[3].

---

1) Vgl. MÜLLER, Franz, Dringliche Fragen, S.14; s. unten S. 232 ff. und 253 ff.

2) s. Bericht des Polizeipräsidiums Duisburg an die Regierung in Düsseldorf vom 2.7.1927 (Düsseldorf-Kalkum); Staatsarchiv Düsseldorf, Bestand Regierung Düsseldorf, No.16 837, Friedensbund deutscher Katholiken, Bl.1.

3) ebd.

7. Interne Kritik des Selbstverständnisses

Sowohl die grundsätzliche Bipolarität von individualethischer und politischer Ausrichtung als auch der faktische Zwiespalt von politischem Anspruch und Verwirklichung boten reichlich Anlaß zu kritischer Selbstreflexion. Sie wurde vor allem in den Jahren der 'Profil-Diskussion' laut (bis 1928) und richtete sich hauptsächlich gegen die mangelnde praktisch-politische Tätigkeit. Von 1928 ab war die Priorität des Politischen nicht mehr ernsthaft umstritten[1].
"Der Friedensbund betrachtet die Tagespolitik nicht mehr als gefährliche Ablenkung von der grundlegenden Arbeit an der Gesinnung, sondern er betrachtet sie als Materie, an der die von der Gesinnung geleitete Arbeit zu geschehen habe"[2].
Die Kritik aus den eigenen Reihen monierte, daß der Bund "zu sehr im Theoretischen stecken, zu sehr an theologischen und philosophischen Grundsätzen gleichsam hängen bleibe, zu wenig in das praktische politische Leben vorzustoßen wage"[3].
Obwohl die FK-Redaktion diesen Vorwurf durch den Hinweis auf die anfängliche Notwendigkeit einer Grundsatz-Diskussion zu entkräften suchte, mußte sie sich trotzdem fragen lassen, ob das 'Theoretisieren' angemessen sei. Daß man damit u.a. nicht den Interessen der Arbeiter im Friedensbund entsprach, geht aus folgendem Bericht hervor: "Es ist kein Zweifel, man möchte die Tätigkeit des Friedensbundes etwas anders,

---

1) MÜLLER, Franz, Politik und Pazifismus, S.7 und BROBELL, S.1.

2) RMV Nr.211 vom 12.9.1928.

3) DANZIGER, Unsere Tagung in Münster, S.4.

entschiedener, vielleicht leidenschaftlicher sehen. ... Etwas anders möchte man auch unsere Zeitschrift sehen. Gründliche Erörterungen interessieren den Mann aus dem Volke nur halb. Er weiß längst, daß Christus den Krieg überwinden will. Er möchte etwas lesen, das ihn heiß macht, das die Aufgaben der Stunde behandelt, über das er mit seinen Kameraden sprechen kann"[1].

In einer kritischen Bilanz der Gesamtentwicklung des F.D.K. konstatierte H.Thöne, daß der Bund sein 1923 in Freiburg gestecktes Ziel, eine "große Bewegung" zu werden, "die in allen Kreisen des katholischen Volkes das Verständnis für die Friedensarbeit und den Willen zur Mitarbeit weckt" nicht erreicht hat. Er beklagte das Fehlen derjenigen Bevölkerungsgruppen, die als Multiplikatoren und durch ihr Beispiel wirken und die vor allem an der wissenschaftlichen und politischen Vertiefung der Probleme teilnehmen könnten.

"Es darf nicht genug sein, den Gedanken der Völkerversöhnung in unsere treukatholischen Kreise hineinzutragen, wir müssen heraus aus dem Turm, müssen Eroberungen machen in den Kreisen, in deren Händen das Schicksal unseres Volkes liegt, das sind die Erzieher und Politiker[2]. ... Es will mir als eine ganz verhängnisvolle Verengung unserer Aufgabe erscheinen, die religiöse Begründung unserer Friedensarbeit so einseitig zu betonen, daß wir auf alle Werbearbeit in den Kreisen verzichten, die den religiösen Motiven nicht so zugänglich sind. ... Wir haben vielleicht noch nicht genügend gelernt, in

1) Aus dem Bericht der Gruppe Brilon, in: FK 2 (1926) Nr.1/2, S.15.

2) THÖNE, Zur Pädagogik, S.8, teilweise gesperrt.

der Sprache des modernen Menschen zu sprechen, in ihm die Überzeugung zu wecken, daß Friedensbewegung mehr ist als eine weltfremde Theorie metaphysischer Träumereien, daß sie ebenso sehr die Forderung einer lebensnahen Politik ist"[1].

Den Vorwurf mangelnder politischer Betätigung erweiterte Franz Müller zu der Hypothese, daß nicht nur der F.D.K., sondern die Katholiken insgesamt Politikunfähig seien. "... wir sind weltbürgerlich genau so unerzogen, wie staatsbürgerlich. Wir Katholiken können kaum einen Völkerrechtler stellen. Die parlamentarische Politik findet uns unvorbereitet. Die europäischen Politiker sind selten unter unseren noch selteneren Politikern! Wir politisieren, aber wir sind unfähig Politik zu treiben. Ich glaube, daß gerade die Entschiedensten unter uns, kämen sie ins Parlament, in die politische Partei, einigermaßen hilflos und unfruchtbar bleiben würden. Es mag zunächst dahingestellt bleiben, ob das einen Mangel und eine bedauernswerte Unfähigkeit bedeuten würde. Es ist einfach ein Faktum, mit dem wir rechnen müssen. Die Kritik des politischen Lebens der Appell an die Politiker mag eine unbewußte Bejahung des Politischen sein, ist aber selbst noch keine Politik"[2].

In den späteren Jahren wurden anstelle solch genereller Gesichtspunkte mehr Einzelfragen, u.a. das Nicht-Erreichen bestimmter Ziele kritisiert[3].

---

1) THÖNE, Zur Pädagogik, S.8; vgl. MÜLLER, Franz, Zur Wissenschaft der Friedensbewegung, S.9 - 11.

2) MÜLLER, Franz, Politik und Pazifismus, S.6.

3) s. unten S. 188 und 227.

8. Die Stellung des F.D.K. im deutschen Katholizismus

Da der F.D.K. im deutschen Katholizismus den wichtigsten Adressaten seiner Friedensarbeit sah, mußte er das Gespräch mit den etablierten Verbänden suchen.
Gelegenheit zur Selbstdarstellung und zur Meinungsbildung bot sich u.a. auf den Katholikentagen. In den Jahren bis 1923 hatten die Bemühungen, offiziell beteiligt zu werden, allerdings keinen Erfolg[1]. Als Hauptthema wurde die Friedensfrage auf Katholikentagen nie behandelt[2]. Der F.D.K. suchte deswegen in Sonderveranstaltungen ein Forum für seine Arbeit. Seine erste Veranstaltung, in Hannover 1924, wurde von der 'Germania' lobend erwähnt[3].
Vor der Generalversammlung der deutschen Katholiken in Stuttgart, 1925, sprach Ignaz Seipel[4] über den Frieden. Seine Ausführungen waren allerdings nicht ganz im Sinne des F.D.K., denn Seipel gehörte zu jenen Kräften, die einen 'katholischen' Pazifismus forderten und 'den' Pazifismus als unkatholisch ablehnten[5].
Bei den Diskussionen anläßlich des Magdeburger Katholikentages, 1928, bekamen die F.D.K.-Vertreter "die vielerlei geistigen Hemmungen" zu spüren, die

---

1) Vgl. JOCHAM, Wege, S.63.

2) s. oben S.12 f.

3) 'Germania' vom 2.9.1924.

4) Text: Offizieller Bericht der Generalversammlung der Deutschen Katholiken von Hannover; vgl. STRATMANN, Gedanken zu den Friedensreden Dr. Seipels, S.49 - 59.

5) s. unten S.83 ff.

allenthalben der Friedensbewegung entgegenstanden[1].

Die Freiburger Sondertagung, 1929, konnte sich dann des Besuchs von Bischof Sproll erfreuen, der, im Auftrag der deutschen Bischofskonferenz, dem F.D.K. "das Wohlwollen der deutschen Bischöfe" versicherte[2].

Als 1932 im Zeichen wachsender nationalsozialistischer Agitation der Katholikentag in Essen stattfand, war P. Stratmann der einzige Redner, der gegen die aufkommende Judenhetze Stellung bezog[3].

Mit der Haltung des deutschen Katholizismus insgesamt zur Friedensfrage und Friedensbewegung ging der F.D.K. hart ins Gericht. Er warf ihm (politisches) Versagen, Rückschrittlichkeit und Laschheit vor. Josef Antz[4] beispielsweise kleidete die Kritik in folgende Fragen: "Wie kommt es, daß bisher noch niemals auf dem deutschen Katholikentag in offizieller Versammlung die Friedensfrage behandelt wurde? Daß die führende katholische Revue jahrelang keinen einzigen Beitrag zur Friedensfrage brachte, vom Friedensbund deutscher Katholiken überhaupt keine Notiz nahm? Wie kommt es, daß Kardinal Faulhaber in seiner Silvesterpredigt für die Friedensidee warb, ein freundliches und dankbares Echo lediglich aus der internationalen Frauenliga für Frieden und Freiheit, keineswegs aus dem katholischen Frauenbunde Deutschlands kam?"[5]

---

1) HINZ, Leben, Wirken, S.19.

2) PACIFICUS, Sondertagung, Festblatt vom 2.9.1929.

3) Vgl. THIEME, Die Katholiken, S.286.

4) ANTZ; Pädagogik-Prof. in Bonn, Vorsitzender des Arbeitskreises Friedenspädagogik im F.D.K.; vgl. "Überlieferung und Neubeginn", Festschrift für Josef Antz.

5) ANTZ, Negativer Pazifismus, S.92.

Ähnlich äußerte sich Pfr. Weertz[1]. Obwohl er meinte, daß es mit der Haltung der "Glaubensbrüder ein wenig besser geworden" sei, bemängelte er, daß auf den Katholikentagen die Auseinandersetzung mit Friedensfragen nur am Rande geschehen konnte, und daß das Zentralkomitee der deutschen Katholiken darin bereits einen Erfolg erblickte[2]. Über die geringe Resonanz in der kirchlichen Presse war man recht enttäuscht[3].

Vom Volksverein[4], der als Massenbewegung organisiert war, hatten die Vorkämpfer des F.D.K. zunächst gehofft, daß er sich ihrem Anliegen öffnen und die Friedensarbeit mit übernehmen würde; doch vergebens[5]. Die Hoffnung schien insofern berechtigt, als der Führer des Volksvereins, Dr. Carl Sonnenschein, den Friedensaufruf von 1919 unterzeichnet hatte[6]. Sonnenschein hatte zusammen mit dem bekannten holländischen Arbeiterführer, Pfarrer Poels[7], eine Doku-

---

1) s. unten S. 91.

2) WEERTZ, Weihnachtsgedanken, S.2; vgl. "Tageschronik", in: VFL 4 (1924/25) Nr.5, S.7.

3) WAIBEL, Ein Nachklang, S.4 f.

4) Vgl. RITTER, Die katholisch-soziale Bewegung, S.398 und 428: BUCHHEIM, Karl, Der deutsche Verbandskatholizismus, S.79; SPAEL, S.234 - 246.

5) 1923 in Freiburg hätte man es begrüßt, wenn etwa der Volksverein die Friedensarbeit mit übernommen hätte (vgl. JOCHAM, Wege, S.63; NOPPEL, Im Kampf, s.186).

6) Vgl. HOFFMANN, Die Kirche, S.146.

7) Vgl. JOOS, Am Räderwerk, S.76 ff.; in einem Schreiben an Brüning hob Joos die Verdienste von Poels um die Verbesserung des deutschen Ansehens und die Wiedergewinnung neuer internationaler Kontakte hervor (Bundesarchiv Koblenz R 43 I Bd.2201 Bl.150 f.) Poels nahm auch an den Bodenseekonferenzen teil (vgl. SCHREIBER, G., Deutschland und Österreich, S.80).

mentation über deutsche Greuel in Holland zusammengestellt, die zu veröffentlichen ihm von seinem Vorgesetzten verboten wurde[1]. Er wurde als "Krypto-Sozialist" angesehen und deswegen nach Berlin versetzt[2].

Im Laufe der Zeit entwickelte sich der Volksverein immer mehr nach rechts, so daß seine Gegnerschaft gegen den F.D.K. nicht überrascht[3]. Außer einem einzigen Heft zur Friedensproblematik[4] findet sich in den Publikationen des Volksvereins keine Berichterstattung über die katholische Friedensbewegung und keine Auseinandersetzung. Während andere katholische Verbände zu den F.D.K.-Jahrestagungen meist offizielle Vertreter oder Beobachter entsandten, war der Volksverein nie vertreten. Zu Beginn des Jahres 1928 waren dort offenbar Bestrebungen im Gange, die "Friedensarbeit mitzuübernehmen", d.h. den F.D.K. aufzulösen[5]. Emil Ritters Meinung, der Bund störe die Einheitsfront des deutschen Katholizismus, ist in diesem Zusammenhang zu sehen[6].

---

1) Vgl. THRASOLT, Dr. Carl Sonnenschein; LENZ, Paulus, Carl Sonnenschein, S.223; MUCKERMANN, Lebenserinnerungen, S.115; SPAEL, S.64 ff. und 269.

2) ESCHENBURG, Carl Sonnenschein, S.128.

3) Vgl. RITTER, Die Katholisch-soziale Bewegung, S.388; ROMMEN, Weltfriede und Weltkirche, Flugschrift des Volksvereins, Mönchen-Gladbach 1930.

4) "Der Volksverein". Zeitschrift des Volksvereins für das katholische Deutschland 37.Jg., Heft 6: "Etwas vom inneren und äußeren Frieden".

5) Brief Miller an Bischof Sproll vom 8.2.1928 (Diözesanarchiv Rottenburg Nr. 30).

6) s. unten S. 79 f.

Obwohl dem F.D.K. nicht wenige Akademiker angehörten, kam es doch zu keiner positiven Beziehung zu den Akademikerverbänden, die vorwiegend national ausgerichtet waren[1]. Zwar beschäftigte sich der "Verband der katholischen Akademiker zur Pflege der katholischen Weltanschauung" 1922 auf seiner Tagung in Heidelberg mit dem Friedensproblem[2] und Hinz fand in seinen Gesprächskreisen auch das Programm des F.D.K. "irgendwie ... immer wieder spürbar"[3]; Anerkennung und Kooperation waren damit allerdings nicht verbunden.

Der katholische Frauenbund lehnte einen korporativen Beitritt zum F.D.K. ab[4], beschickte aber nach 1928 regelmäßig die F.D.K.-Großveranstaltungen mit offiziellen Vertretern.

Auch zu den katholischen Lehrerverbänden[5] konnten keine Beziehungen hergestellt werden, obwohl dem F.D.K. viele Lehrer angehörten[6].

Prädestiniert für eine Partnerschaft mit dem F.D.K. mußte die katholische Arbeiterbewegung - die Arbeitervereine und die christlichen Gewerkschaften - erscheinen. Denn sowohl ideologisch als auch pragmatisch gab es Gemeinsamkeiten, z.B. die Verankerung in der päpstlichen Soziallehre und das Ziel der so-

---

1) Vgl. SPAEL, S.224 ff. und MUCKERMANN, Kulturfragen, S.54.

2) Aus dem Referat, das Stratmann dort hielt, ging sein Buch 'Weltkirche und Weltfriede' hervor.

3) HINZ, Leben, Wirken, S.20.

4) Brief Miller an Bischof Sproll vom 8.2.1928 a.a.O.

5) Vgl. KÜPPERS, Der katholische Lehrerverband.

6) 1929 schlossen sie sich zu einem eigenen Arbeitskreis im F.D.K. zusammen (vgl. Aus unserer Bewegung in: FK 6 (1930) Nr.5, S.13).

zialen Arbeit selbst, nämlich sozialer Ausgleich und Verständigung, "Gerechtigkeit und Frieden", nicht nur unter den Klassen, sondern auch zwischen den Nationen.
Zwar erfolgte der Schritt über die Grenzen des eigenen Landes hinweg nur langsam und zögernd - die katholische Arbeiterinternationale wurde erst 1927 gegründet[1] - im Prinzip war die Arbeiterbewegung jedoch darauf 'programmiert'.Trotzdem kam es zu keiner Zusammenarbeit. Nachdem Joos sich vom F.D.K. abgewandt hatte, der Volksverein ins rechte Fahrwasser geraten und Stegerwald Führer der katholischen Gewerkschaften geworden war, gab es keine personellen und ideologischen Ansatzpunkte mehr. Wenn es sie gegeben hätte, wäre ihr Erfolg aus kirchenpolitischen Gründen zweifelhaft gewesen. Denn, wie die Ablehnung der Katholischen Arbeiterinternationale durch den Vatikan zeigt[2], bestand dort keine Neigung, eine starke internationale - politisch orientierte - Laienorganisation zuzulassen[3]. Eine solche internationale Organisation hätte nämlich tendenziell ein nicht kalkulierbares Machtpotential freigesetzt und das sichere Gefüge vatikanischer Außenpolitik gefährdet.

Der Situation im Verbandskatholizismus entsprechend, waren auch die meisten katholischen kulturpolitischen Zeitschriften zurückhaltend bzw. ablehnend.

---

1) Vgl. JOOS, Die KAB, S.69 - 76 und KV Nr.514 vom 14.7.1928; vgl. WACHTLING, S. 144 ff.

2) s. unten S. 200.

3) Die 'Politisierung' katholischer Verbände einzudämmen bzw. gar nicht erst aufkommen zu lassen, war auch Anliegen der 'Katholischen Aktion', die vom Vatikan ab 1927 propagiert wurde.

Das 'Hochland'[1] und die 'Gelben Hefte'[2] befeindeten die katholische Friedensbewegung. 'Schönere Zukunft'[3], 'Abendland'[4] und 'Süddeutsche Monatshefte'[5] äußerten sich nur sehr selten und dann skeptisch bzw. ablehnend. 'Das Neue Reich' brachte regelmäßig Berichte über die Bundestagungen des F.D.K. und Problemdiskussionen[6]. Auch die 'Caritas' berichtete über F.D.K.-Tagungen[7]. Aufgeschlossen zeigten sich die 'Stimmen der Zeit', die vor allem in den Anfangsjahren sehr ausführlich über die Entwicklung der katholischen Friedensbewegung informierten[8]. Dem F.D.K. eng verbunden war die 'Allgemeine Rundschau' unter ihrem Herausgeber Moenius[9].

Günstiger sah das Bild bei den Tageszeitungen aus. In der RMV hatte die katholische Friedensbewegung quasi "ihre" Zeitung, denn sowohl Herausgeber als auch Verleger, Chefredakteur und maßgebliche Redakteure, nämlich Dessauer, Knecht, Scharp, Dirks und

1) Vgl. DÜLMEN, Katholischer Konservativismus, S.254 - 303.

2) Vgl. BREUNING,Die Vision,S.51 ff.

3) Vgl. THIEME, S.278 und HOEPKE, S.107.

4) Hrsg.: Werner Becker, der anfänglich F.D.K.-Mitglied war.

5) Hrsg.: Fritz Hasinger, München.

6) Die Berichte stammten meist von H. Ruster, der dem F.D.K. angehörte. Als Problem wurde hauptsächlich die Völkerbundfrage erörtert (vgl. RISS, BEAUPIN und KELLER, Völkerbund und katholische Kirche).

7) Vgl. vor allem die Jahrgänge 1924 - 1927.

8) Vgl.u.a. 'Caritas', 35 (1930) H.9, S.398 - 401 und 37 (1932) H.9, S.437 und 37 (1932) H.2, S.49 - 52.

9) Vgl. dazu HOEPKE, S.109; BUCHHEIM, Karl, Die christlichen Parteien, S.338 und MUCKERMANN, Lebenserinnerungen, S.216.

Thormann waren F.D.K.-Mitglieder. Dennoch darf man das nicht überbewerten und nicht vergessen, daß die RMV primär Zentrumsblatt war[1]. Insgesamt ist diese Zeitung jedoch in den pazifistischen Kontext zu stellen.

Aufgeschlossen für Friedensfragen war auch die Kölnische Volkszeitung (KV), die Berichten über F.D.K.-Tagungen erstaunlich breiten Raum gab[2].

In den Kreis der positiv eingestellten Zeitungen gehört schließlich auch die 'Germania', in der Zeit vor ihrer Übernahme durch von Papen. Bis dahin gehörte Kuenzer, führendes Mitglied des F.D.K.[3], zu ihren Herausgebern. Neben Meldungen über F.D.K.-Tagungen brachte die 'Germania', in ihrer Beilage 'Das Neue Ufer' zwei große Pazifismus-Kontroversen[4], und wöchentlich Beiträge über deutsch-französische Beziehungen.

---

1) Das vergißt Riesenberger, wenn er die RMV uneingeschränkt als Teil der katholischen Friedensbewegung betrachtet.

2) Den Bericht über die F.D.K.-Tagung in Essen 1927, brachte sie z.B. auf Seite 1.

3) Zur Person Kuenzers s. unten S. 213 ff. und 218.

4) s. unten S.74 ff.

9. Der F.D.K. und die katholische Jugendbewegung

Von Vertretern des F.D.K. wurde die Rolle der 'neuen Jugend' gelegentlich emphatisch gepriesen als Zeichen des Neubeginns und der Hoffnung, daß die dort sichtbar werdende Mentalität der Versöhnung und des Friedens ein unzerstörbares Fundament kommender Gesellschaft darstelle[1]. Mitunter schien man dabei zu vergessen, daß die pazifistischen Kreise in der (katholischen) Jugendbewegung nur eine kleine Minderheit darstellten[2].
Eine eigene Jugendorganisation, wie etwa der 'Weltfriedensbund vom Weissen Kreuz' mit der 'Weltjugendliga vom Weissen Kreuz', der späteren 'Katholischen Weltjugendliga'[3], besaß der F.D.K. nicht.

Diese Weltjugendliga bemühte sich vorwiegend um internationale Verständigung im katholischen Lager und sah in der Verbreitung und Pflege des Esperanto eine Hauptaufgabe, um Verständnis durch sprachliche Verständigung zu ermöglichen. Der F.D.K. nahm sich dieses Anliegens an, indem er Esperanto-Lektionen in seine Zeitschrift aufnahm. 1925 und 1926 galt der 'Friedenskämpfer' auch als Organ der Weltjugendliga;

---

1) z.B. STRATMANN, Weltkirche, S.200 f.

2) Zur Jugendbewegung vgl.: MOHLER, Konservative Revolution, S.94; HENRICH, Die Bünde; KINDT (Hrsg.), Die deutsche Jugendbewegung 1920-1933; KNEIP, Handbuch der Jugendverbände 1919-1938; 'Die bündische Zeit', Quellenschriften, Köln 1974; Vor der Überschätzung der Jugendbewegung wurde aber auch gewarnt: z.B. NOPPEL, Deutsche Jugend, zit. in: RMV Nr.211, 1928.

3) Sie wollte keine Organisation, sondern "eine internationale Gesinnungs- und Tatgemeinschaft in der katholischen Jugend, eine Kampftruppe von Einzelmenschen (sein), die in allen Verbänden, Bünden und Gruppen als Keimzellen im Sinne der Liga arbeiten" (SOLZBACHER, Vom Werden und Wirken, S.7 f.; vgl. REINEMANN, S.1567 - 1577).

ab 1927 gab sie ihr eigenes Blatt, 'Die erwachende Jugend' heraus[1]. Sie veranstaltete jährlich internationale Kongresse, zu denen der F.D.K. offizielle Vertreter entsandte[2].

Dem F.D.K. eng verbunden waren die 'Großdeutsche Volksgemeinschaft' (Großdeutsche Jugend) um Nikolaus Ehlen und die sonstigen Kreise um die Zeitschrift 'Das heilige Feuer' und 'Vom frohen Leben' um Ernst Thrasolt. Darüber hinaus schlossen sich vereinzelt Gruppen des Quickborn und Jungborn[3] an, sowie das Katholische Kreuzbündnis als ganzes[4]. Auch einzelne Ortsgruppen des Windhorstbundes, der Jugendorganisation des Zentrums, wurden korporativ Mitglieder des F.D.K.[5]. Der katholische Jungmännerverband zeigte sich, dank seines Leiters, F.D.K.-Mitglied Georg Wagner, für die Fragen der Friedens-

---

1) 'Die erwachende Jugend', deutschsprachiges Organ der Weltjugendliga, Werl i.W., ab 1927; Zu Programm und Geschichte vgl. ebd. 1927, Nr. 1, S.1 und 7 f.

2) Vgl. die Geschäftsberichte von HINZ in: FK 5 (1929) Nr.9/10, S.18 ff. und 6 (1930) Nr.10,S.5 ff.

3) Neues aus unserer Bewegung, in: FK 2 (1926) Nr. 1/2, S.15.

4) Neues aus unserer Bewegung, in: FK 2 (1926) Nr. 5/6, S.10; Aus unserer Bewegung, in: FK 3 (1927) Nr. 1/2, S.13.

5) Mit Heinrich Krone war zwar der Führer der Zentrum-Nachwuchsorganisation Mitglied des F.D.K., doch dies schlug dem Friedensbund insgesamt nicht sonderlich zu Buche. Die Zeitschrift 'Das junge Zentrum' brachte lediglich ein Heft zum Thema Frieden heraus, in dem den F.D.K.-Autoren Gelegenheit gegeben wurde, den Stand der Friedensbewegung darzustellen und zu Fragen der deutsch-französischen Beziehungen Stellung zu nehmen (Das junge Zentrum, 1925, Nr.12, S.257 - 278). Krone selbst schließlich geriet ins Kreuzfeuer der F.D.K.-Kritik wegen seiner Befürwortung des Wehretats und des Panzerkreuzers. (s. unten S. 137 f.).

bewegung aufgeschlossen und kooperationsbereit[1].

Mit der 1920 von Carl Sonnenschein ins Leben gerufenen internationalen katholischen Studentenbewegung 'Pax Romana' bestanden keine näheren Beziehungen[2].
Die für den F.D.K. wichtigsten Gruppen waren die Kreise um Ehlen und Thrasolt. Sie traten besonders auf den Internationalen Demokratischen Friedenskongressen Marc Sangniers in Erscheinung. Der III. Internationale Demokratische Friedenskongreß, 1923 in Freiburg i.Br., brachte sie mit dem F.D.K. zusammen. Bereits in Beuron, wo eine "noch junge Gemeinde" versammelt war[3], stellten sich die Probleme "Jugend" und Jugenderziehung.
In ihrem Hang zum Extremismus, zur Kriegsromantik und zum Nationalismus auf der einen und zum "radikalistischen" Pazifismus auf der anderen Seite, sah man Hemmnisse für die Entfaltung der Friedensidee und des eigenen Bundes[4]. Der Radikalismus, vor allem der Großdeutschen Jugend, verstärkte sich mit der Zeit. Er fand sichtbaren Ausdruck in dem Beitritt

---

1) Wagner war Mitbegründer der Düsseldorfer F.D.K.-Gruppe (vgl. Katholische Friedensarbeit in Düsseldorf, in: KFW 1 (1924/25) Nr.7/8, S.11); Auf der Paderborner Reichstagung des F.D.K. setzte er sich für eine intensivere Zusammenarbeit des Friedensbundes mit seiner Organisation ein (Bericht der 'Germania' vom 4.9.1930); vgl. KNECHT, Erziehung zum Frieden, S.7 - 14; Es ist also gar nicht so erstaunlich, daß die 'Junge Tat, Stimmen der Jugend' "sich sogar den Ideen des Friedensbundes deutscher Katholiken" öffnete (BREUNING, Die Vision, S.88).

2) s. oben S. 39.

3) Stuttgarter Volksblatt vom 3.9.1925.

4) ebd.; Es wurde eine eigene Resolution zu diesem Thema verfaßt: 'Erziehung der Jugend zum christlichen Pazifismus' zit. in: KFW 1 (1924/25) Nr. 9/10, S.5.

der Großdeutschen Jugend zum Verband radikaler pazifistischer Gruppen Deutschlands[1]. Auf den Jahrestagungen des F.D.K. bildeten die Großdeutschen und ihre Sympathisanten mitunter die "radikale Opposition"[2]; so auf der Frankfurter Tagung, 1929, auf der das Wehr- und Gewaltproblem behandelt wurden; dort war hauptsächlich Ernst Michel der Sprecher[3]. Im Zusammenhang mit der Panzerkreuzer-Debatte wandten sich viele F.D.K.-Mitglieder - vorübergehend - vom Zentrum ab[4].

Nicht nur aus Protest schlossen sich die Jungen, um Ehlen, der Christlich-Sozialen Reichspartei Vitus Hellers an, deren Spitzenkandidat Ehlen wurde[5].

---

1) Eine Charakteristik und Aufstellung der diesem Verband angegliederten Gruppen findet sich in dem Bericht des Reichskommissars für die Überwachung der öffentlichen Ordnung an den Reichs-Innenminister vom 18.3.1927 (Bundesarchiv Koblenz, R 43 I, 512, S.42 - 46).

2) HINZ, Die VI. Tagung, S.346.

3) Ernst Michel war vor allem durch seine Schriften: 'Politik aus dem Glauben' und 'Zur Grundlegung einer katholischen Politik' hervorgetreten. 'Der Friedenskämpfer' stand ihm aber kritisch gegenüber (vgl. MÜLLER, Franz, 'Politik aus dem Glauben', S.9 f.; vgl. auch LANGNER, Katholizismus und freiheitlicher Sozialismus, S.48).

4) Die Haltung änderte sich allerdings wieder, vgl. DIRKS, Erbe und Aufgabe, S.175 ff. und MAIER, Hans, Der politische Weg, S.190.

5) Vgl. GREBING, S.184 und 193, und MILATZ, S. 95 f. Von einer 'so prominenten Rolle' Ehlens im F.D.K., von der Kardinal Bertram zur Begründung seiner Ablehnung des vom F.D.K. angestrebten Protektorats sprach, kann also gar keine Rede sein. In den FK-Nummern, auf die Bertram sein Urteil stützt, ist kein Beitrag Ehlens vorhanden; er wird lediglich in dem Bericht von dem VII. Demokratischen Friedenskongreß in Würzburg erwähnt (Diözesanarchiv Rottenburg Nr.25. Brief Bertram an Sproll vom 26.12.1927).

Bemerkenswert für das Verhältnis F.D.K. - Jugendbewegung ist die Tatsache, daß zwar die Zeitschriften der Jugendbewegung oft Beiträge aus dem 'Friedenskämpfer' übernahmen, nicht aber umgekehrt der 'Friedenskämpfer' aus diesen Zeitschriften[1].
Das Kennzeichnende dieses 'Jugend-Pazifismus' war u.a. die Ablehnung des "alten, rationalistischen und intellektualistischen" Pazifismus, der "lieblos"[2] sei und abgelöst werden müsse von einem neuen lebensnahen, kraftvollen Pazifismus, in dem auch das natürliche nationale Empfinden sein Recht behalte[3].
Der neue Pazifismus, der eine charakterstarke, tugendvolle und zutiefst christliche Haltung erfordere, wurde geradezu als "die neue Form des Heldentums" gepriesen[4].
Die wachsende Radikalisierung bewirkte die zunehmende Distanzierung der F.D.K.-Mehrheit und seiner Führung vom linken Flügel. Vor allem suchte der Bund den Eindruck zu vermeiden, als dominierten diese Gruppen im F.D.K. oder als hätten sie Einfluß auf seine Führung. Daran mußte ihm insofern gelegen sein, als er gerade im Jahre 1928 einen Vorstoß unternahm, von der Bischofskonferenz als "geeigneter Verband zur Verwirklichung päpstlicher Friedensgedanken" anerkannt zu werden[5].

---

1) Umgekehrt jedoch übernimmt das 'Heilige Feuer' recht oft Beiträge von führenden F.D.K.-Mitgliedern wie Stratmann, Antz, Kloidt, Thöne und Keller.

2) EHLEN, Jugendbewegung und Pazifismus II, S.353.

3) THÖNE, Jugendbewegung und Friedensbewegung I, S.256.

4) Wahrer Pazifismus - Wahre Pazifisten (o.Verf.), in: VFL 5 (1925/26) H.10, S.313. Diese Vorstellungen geraten bereits in die Nähe der Kritik und Gegnerschaft aus dem nationalistischen Lager. Sie unterscheiden sich kaum noch von jener Version, die ihren Friedenswillen betont, den "selbstzerfleischenden, nörgelnden" Pazifismus ablehnt und von der Friedensbewegung verlangt, daß sie "Jugend- und damit Volksbewegung" werde. (HÖRLE, Pazifismus und christlicher Friedensgedanke).

5) Bittgesuch des F.D.K. an die Fuldaer Bischofskonferenz vom 27.5.1928, a.a.O.

II. Pazifismus - Begriff und Diskussion

Für die überwiegend ablehnende Haltung des deutschen Katholizismus der katholischen Friedensbewegung gegenüber sind nicht so sehr spezifische, programmatische Streitpunkte verantwortlich als vielmehr ein allgemeines negatives Vorurteil gegen den Pazifismus überhaupt. Wie alle Vorurteile gründet auch dieses zu einem großen Teil in mangelnder Information und Differenzierung.
Bis heute gibt es über den Pazifismus keine klare(n) Definition(en), keine phänomenologische Begriffsbestimmung[1]. Da ohne ein begriffliches und phänomenologisches Koordinatensystem eine angemessene Beurteilung nicht möglich ist, wird hier der Versuch einer solchen Bestimmung unternommen.
Um zunächst einen Eindruck zu geben von den Vorstellungen, die über 'den' Pazifismus bzw. den 'katholischen Pazifismus' herrschten, sollen im folgenden einige der gängigsten Stereotypen wiedergegeben werden.

1) Vgl. die entsprechenden Lexika-Artikel, die meist unter dem Stichwort 'Friedensbewegung' die Geschichte des Friedensgedankens und der Friedensbewegung darstellen, aber keine Definition bringen.

1. Die Stereotypen

Der Pazifismus "ist einmal das Widerspiel des Nationalismus als des Geistes der Selbstsucht und der brutalen Gewalt, aus dem die Kriege in den letzten Jahrhunderten hervorgewachsen sind. Und darin hat er ein sittliches Recht. Er ist aber auch ein Widerspiel der anderen Art von Nationalismus, indem er völkischen Selbstbehauptungswillen und den Willen, für Recht und Gerechtigkeit zu kämpfen, ertötet. Und damit sündigt er gegen die natürliche Lebensordnung und wird zu einer schweren sittlichen Schuld"[1].

"Daher stehen die Nationalitäten unter dem Schutz der göttlichen Vorsehung, die zwar Prüfungen, harte Prüfungen zulassen, aber ihr eigenes Werk nicht verleugnen kann; wofern die Völker sich nicht selbst aufgeben. Der Pazifismus in seiner antinationalen Gestalt ist darum nicht bloß nicht eine Forderung der Religion, selbst wenn man Religion in der allgemeinsten Bedeutung als Ehrfurcht gegen den persönlichen Gott nimmt, sondern vielmehr eine Verletzung der Religion"[2].

"Aber wer den Geist der Wehrhaftigkeit eines Volkes zerstören will, wer völkische Sittlichkeit gering achtet, wer das Gefühl der Mannesehre und Manneswürde verletzt, wer das deutsche Rassenbewußtsein aufheben und die deutsche Heldenkraft zerbrechen will, der ist ein Pazifist"[3].

"Der Geist des Dienens und Sterbens, der in den preußischen Beamten und Offizieren des guten alten Schlags lebte, ist dem weltüberwindenden Geist des Christentums näher verwandt, als der Geist, der mit Persönlichkeitsrechten und dem lieben Leben Kult treibt und in gefährlicher Nachbarschaft zum ganz unchristlichen Geist der eudämonistischen Diesseitsmoral des Sozialismus gerät. Gerade wenn wir die Charakterlosigkeit, in die die Theorien der Aufklärungszeit unser Volk hineingeführt haben, wieder überwinden wollen, dann müssen wir gestählt und gehärtet

1) KEMMER, Nationalismus, S.339 f.

2) SCHRÖRS, Nationalismus und Religion, S.433.

3) KEMMER, Pazifismus, S.165.

werden in der Schule eines völkischen und staatlichen Ehr- und Pflichtbegriffs und in der Glut der Begeisterung für die alten deutschen Heldenideale"[1].

"Die erste Bedingung zur Friedensarbeit ist eine gerechte, vorurteilslose Beurteilung der Dinge. Diese aber fehlt den Pazifisten. Vielmehr hat sich das Streben nach Gerechtigkeit und Objektivität in sein Gegenteil verkehrt: es läßt sie beim Feinde alles, auch die brutalsten Gewaltmaßnahmen begreifen und entschuldigen, beim eigenen Volke auch die schüchterndste Regung des natürlichen Selbsterhaltungstriebes verdammen. Ihr "Weltgewissen" treibt sie zum Vaterlandsverrat"[2].

"Pazifismus im modernen Sinne ist eine zuerst von Rousseau und den Enzyklopädisten aufgestellte, philosophische Theorie, welche nicht in bezug auf das Ziel des Weltfriedens sondern in bezug auf die Wege zu diesem Ziele neue Ideen in Kurs setzte"[3].
... "Wir deutschen Katholiken hatten das Empfinden, daß jene geistige Macht, welche hinter dem modernen Pazifismus steht, auch das geheime Triebrad im Weltkriege war. ... Wir deutschen Katholiken lehnen den Pazifismus ab, nicht weil er für, sondern weil er gegen den Weltfrieden ist"[4].

Das Freimaurertum nun "ist nur eine andere Erscheinungsform des Imperialismus, der die Welt mit Waffen erobert. Er vergewaltigt die Völker nur mit anderen Mitteln, nämlich mit Majoritätsbeschlüssen. ... Er ist unser Todfeind. Er hat den Weltkrieg hervorgebracht. ... Diesem unchristlichen und lebensfeindlichen Pazifismus steht gegenüber eine deutsche, aus Menschheitsidealismus geborene Friedensbewegung"[5].

---

1) KEMMER, Pazifismus, S.166.

2) Warum kämpfen die Deutschnationalen gegen den Pazifismus?, Flugschrift Nr.199 der DNVP, Berlin 1924, S.7, teilweise gesperrt.

3) KIEFL, Die deutschen Katholiken und der Pazifismus, S.172.

4) ebd. S.174 und 177.

5) KEMMER, Nationalismus, S.339 f.

"Indessen braucht sich der Pazifismus diese Preisgabe seines Namens nicht gefallen zu lassen. Solange in der Bergpredigt steht, 'beati pacifici' kann keine Menschenmacht aus 'Pazifismus' einen Namen der Unehre machen. Der Pazifismus als ethisches Prinzip muß in einem christlichen Volke seine Vertretung haben. ... Die Ethik des Pazifismus muß sich also darauf beschränken, die Friedensgesinnung unter den Völkern zu stärken und die Motive, welche zum Krieg führen, durch eine weise, maßvolle und gerechte Politik zu vermindern. Das aber genügt den politischen Pazifisten nicht. Er will nicht eine Ethik, sondern eine Technik sein. ... Aufgrund seiner Technik ist der Pazifismus eine gesellschaftliche Prognose, ja eine Weltanschauung. Die Ordnung Europas, welche in Versailles geschaffen wurde, soll verewigt werden. ... Konsequenter Pazifismus muß deshalb in Imperialismus endigen"[1].

"Die pazifistische Schwärmerei gewisser katholischer Kreise wird allmählich zu einer ernsthaften Gefährdung insbesondere der katholischen Jugend. Wir wenden die Gefahr am besten dadurch ab, daß wir der Jugend immer wieder den grundlegenden Unterschied zwischen Pazifismus und wahrhaft christlicher Friedensliebe aufzeigen"[2].

Die "nationale Würdelosigkeit" und die "Dienstfertigkeit gegenüber dem Auslande" führe zu einer Erziehung der Jugend "in knechtischem Sinne. Die Jugend soll keine Kriegsbücher in die Hand bekommen und keine Soldatenlieder singen. Sie darf sich nicht begeistern an germanischem Kampfesmut und ritterlichen Tugenden. Der alte Fritz, der wunderbare Kriegsheld, und Bismarck, der Machtmensch, werden ihr verleidet"[3]. ... Ersticke man so auf der einen Seite die Ehre und den Selbsterhaltungstrieb, so "militarisiere" man andererseits inkonsequenterweise die Jugend und "spiele" mit ihr Krieg - im Reichsbanner - und organisiere den Bürgerkrieg und bekenne sich zur "aktiven Kriegssabotage"[4].

---

1) CURTIUS, Pazifismus, S.258, 262, 266 f.

2) EXNER, "Katholischer" Pazifismus?, S.575.

3) NEUMANN, Pazifismus, S.7.

4) ebd. S.8 f., teilweise gesperrt.

"Der Pazifismus ist unpolitisch ... er baut ... vielfach auf Illusionen,
- Der Pazifismus ist uferlos; er versteht es nicht, seine Ziele zu beschränken; ...
- Der Pazifismus ist weitsichtig; er ist vernünftig im Ziel - aber unvernünftig in den Mitteln.
- Der Pazifismus ist planlos; ... (es) fehlt das positive Programm einer aktiven Weltpolitik.
- Der Pazifismus ist zersplittert; ...
- Der Pazifismus pflegt Anhängsel, statt Mittelpunkt politischer Programme zu sein; ...
- Der Pazifismus ist inkonsequent; ...

Das größte Übel des Pazifismus sind die Pazifisten. ... Die meisten Pazifisten sind Phantasten, ... Viele Pazifisten glauben, die Welt durch Predigten zu ändern - statt durch Handeln; sie kompromittieren den politischen Pazifismus, indem sie ihn mit religiösen und metaphysischen Spekulationen durchsetzen.
Meist ist die Furcht vor dem Krieg die Mutter des Pazifismus.
Die Tapferkeit und Opferwilligkeit der Pazifisten ist seltener als die der Militaristen. ... Sie sind Drückeberger des Pazifismus, statt Kämpfer. ...
Viele Pazifisten sind sanfte Naturen, ... ihr Wille ist schwach. ...
Die meisten Pazifisten sind überzeugungsschwach - wie die meisten Menschen"[1].

2. Begriffsbestimmung

Vom Lateinischen 'pax' und seinen Varianten 'pacificare' und 'pacificus' stammend, wurde der Begriff Pazifist bzw. Pazifismus erstmals 1901 auf Vorschlag des französischen Pazifisten Emile Arnaud als Bezeichnung für alle 'Friedensfreunde' eingeführt[2].

---

1) Coudenhove-Kalergi: "Pazifismus", S.7 f., teilweise gesperrt.

2) Vgl. FRIED, Friedensfreund, S.118 ff. Den Begriff Föderalist hatte Novicow vorgeschlagen. Fried entschied sich für die Bezeichnung 'Pacifist'. Vgl. auch WEHBERG: Sollen wir uns Pazifisten nennen?, S.58.

Ebenso wie 'Friedensfreund' und 'Friedensbewegung' sind auch 'Pazifist' und 'Pazifismus' zunächst rein formale Kategorien, Sammelbegriffe für jede Art von Friedensbemühung und deren Träger, und bis heute werden diese Begriffe oft synonym gebraucht[1]. Als 'Ismus' erweitert sich der Bedeutungsinhalt von 'Friedensbewegung' und meint soviel wie Lehre, Weltanschauung, aber auch Organisation und Programm. Es ist eine variabel dosierbare Mischung aus diesen Komponenten möglich.

Zur Bedeutung des Pazifismus als 'Ismus' führte Stratmann folgendes aus: "Es ist in der Tat ein bemerkenswerter Unterschied zwischen Pazifismus und Friedenswillen. Rein sprachlich besagt das erste dieser beiden Wörter seiner lateinischen Bedeutung nach eine Friedens-Schaffung, also mehr als einen Friedenswillen. Leider kommt nämlich der Wille oft nicht über das Wollen hinaus, sondern bleibt gleichsam eine 'auf der Stelle tretende Kraft', eine potentielle Energie, ... Der Kriegswille hat seit Jahrtausenden sein System, seine Organisation und seinen Ismus: den Militarismus. Der Friedenswille ist auch seit Jahrtausenden da, bloß hatte er bis vor Jahrzehnten noch kein System, keine Organisation, keinen Ismus! ... Der Militarismus würde weiterhin leichtes Spiel haben, "wenn nicht auch endlich, endlich (der Friedenswille) sich zum System zur Organisation, zum Ismus aufgerafft, und auf den Marsch begeben hätte:

1) Dies zeigt ein Blick auf die verschiedenen Lexika-Artikel. In einigen Fällen wird aber die Stellung zum Gewaltproblem als Unterscheidungskriterium gewertet, d.h. daß der Pazifismus im Gegensatz zur Friedensbewegung die Gewalt generell ablehne. Dieser Unterscheidung freilich hätten die Pazifisten selbst nicht zustimmen können. Vgl. dazu: SCHEER, Geschichte der deutschen Friedensgesellschaft, S.16; NOPPEL, Friedensbewegung, in: Staatslexikon,1927 Bd.II, Sp.266-273; HEYDTE, von der, Friedensbewegung, in: Staatslexikon 1959, Bd.III, Sp.602-605; Pazifismus, (o.Verf.), in: Der große Herder, 1955, Bd.VII, Sp.178 f.; MAYR, Friedensbewegung, in: LThK 1960, Bd.IV, Sp.369-371.

zum Pazifismus"[1].
Die innere Notwendigkeit dieser Entwicklung der Friedensbewegung zum Pazifismus verglich Stratmann der Entwicklung der katholischen Religion zum Katholizismus, bis hin zur Bildung einer katholischen Partei, die ihr Entstehen dem erforderlich gewordenen Schutz der "heiligsten religiösen Güter" verdankte[2].
"Und warum soll das heilige Gut des Friedens nicht zur Parteisache werden dürfen, wenn der unheilige Krieg sich ganz ungeniert und ungehemmt seine Kriegspartei schafft? Wenn der Katholizismus politisch werden darf, dann darf es der Pazifismus erst recht"[3].

Im Unterschied zu den literarischen Friedensvisionen, den Prophetien, philosophischen Entwürfen und globalen Plänen, zeichnet sich 'Pazifismus' durch seine politische Orientierung und Aktivität aus. Man kann ihn definieren als politisch orientierte und politisch wirkende Friedensbestrebung organisierter ge-

---

1) STRATMANN, Friedenswille, S.1 f., teilw. gesperrt. Kritik am Wort 'Pazifismus' als Name für die Friedensbewegung wurde auch von pazifistischer Seite geübt. Ina Seidel beispielsweise beklagte, daß das Wort "von matter Bildlosigkeit" sei und nicht "der tiefen Lebenskraft gerecht (werde), die die Friedensbewegung von ihren ersten Regungen an bewiesen hat". Begriffe wie Pazifismus oder Militarismus seien bloß technische Bezeichnungen, (die) von der Sache nicht mehr erfassen, als das äußere Triebwerk." Sie weckten lediglich stereotype Assoziationen wie "Waffengerassel, Pulverqualm und maschinenmäßigen Drill, (bzw.) Bilder palmenschwenkender Schwärmer, die sich an großen Worten berauschen und die Welt in Watte verpacken möchten." (SEIDEL, S. 14; vgl. DIRKS, Politik und Pazifismus, S. 4).

2) STRATMANN, Friedenswille, S. 3.

3) ebd. S. 4.

sellschaftlicher Gruppen.
Obwohl zugleich Anschauung, Bekenntnis und Organisation ist 'der' Pazifismus nicht als eine in sich geschlossene, inhaltlich fixierte Weltanschauung, als Gesellschaftsmodell mit fest umrissenem Zukunftsbild oder als Ideologie[1] zu bezeichnen,. denn 'den' Pazifismus als weltanschaulich einheitliche Größe gibt es nicht. Pazifismus ist - wie Friede - ein formaler Begriff, der erst durch ihm vorgegebene Anschauungen spezifiziert wird[2].

Aus dem nuancenreichen Spektrum pazifistischer Bewegungen[3] kristallisieren sich drei Hauptrichtungen heraus, nach der gebräuchlichsten Benennung[4]: der organisatorische, der religiöse und der revolutionäre Pazifismus.

---

1) Zur Ideologie-Definition vgl. LÖWENSTEIN, Beiträge zur Staatssoziologie, S.246 ff.; ders., Über die Verbreitung politischer Ideologien, in: HÖLZLE, S.152; SCHLETTE, Ideologie, S. 720 ff.; Als allgemeines Merkmal aller Ideologie-Bestimmungen wird dort ihr Ziel genannt, "die Erkenntnis der Differenz von philos.-polit.-gesellschaftlicher Wahrheit und Unwahrheit und damit zugleich auf die mehr oder minder engagierte Freilegung ('Entlarvung') der Unwahrheit als solcher, wobei bald logisch-erkenntnistheoretisch bald gesellschaftliche und politische Gesichtspunkte und Interessen im Vordergrund stehen" (S.722).

2) Vgl. STRATMANN, Weltkirche, S.156; die Verschiedenheit der Wege und Motive begründe die Richtungen.

3) Eine regierungsamtliche Aufstellung über den "gegenwärtigen Stand der pazifistischen Bewegung in Deutschland" verzeichnet insgesamt über 20 verschiedene Vereinigungen (Politisches Archiv des Auswärtigen Amtes, Po 18 Nr.107 - 121).

4) Ganz anders dagegen Scheler, der "mindestens acht typische Hauptformen, an Ideengehalt und Ethos, an Bedeutung und Würde, endlich in dem, was sie als Weg und Mittel,den Ewigen Frieden zu verwirklichen, ansehen, grund- und wesens-verschieden sind" unterscheidet. Er lehnt sie aber alle als "instrumentellen" Pazifismus ab, und bekennt sich stattdessen zum "Instrumental-Militarismus" (SCHELER, Die Idee des Friedens und des Pazifismus, S.31 ff.); zu Schelers Theorie vgl. LENZ, Paulus, Rezension, S.86 - 89 und FRINGS, S.85 - 101.

a) Der organisatorische Pazifismus

Der Name 'organisatorischer Pazifismus' verweist auf das Ziel dieser stärksten Pazifismus-Richtung, den Frieden durch internationale Organisationen zu sichern. Damit verbunden ist das Bestreben, die Ursachen des Krieges zu erkennen, um durch ihre Beseitigung den Krieg selbst überwinden zu können. Die in der Frühphase des Pazifismus gebräuchlichen Bezeichnungen 'ursächlicher' oder 'wissenschaftlicher' Pazifismus rühren daher. Das Zusammenleben der Kulturvölker sollte durch verbindliche Rechtsnormen und ein darüber wachendes Völkertribunal geordnet werden. Nach außen sollte diese Rechtsgemeinschaft zu einem Notwehrkrieg legitimiert sein[1]. Stratmann bezeichnet diese Richtung auch als klassischen Pazifismus, weil er das "Mutterelement" der anderen sei und wegen seiner "Priorität, wissenschaftlichen Begründung und klaren, ruhigen Form"[2]. Der F.D.K. ist hier einzuordnen[3].

b) Der religiöse Pazifismus

Dem organisatorischen Pazifismus gegenübergestellt wird der religiöse, der sich nur auf ethische bzw. religiöse Prinzipien berufe und dessen Friedensengagement sich nur in individualistischer und anarchistischer Tendenz auf die Reklamation der Unverletzlichkeit des menschlichen Lebens beschränke. Als Träger dieser Pazifismus-Richtung werden meist die Quäker und Tolstoi sowie seine Anhänger genannt.

---

1) Hierher gehören die führenden Vertreter der DFG, z.B. Quidde, Schücking, Wehberg; vgl. auch die Schriften von FÜLSTER, der Recht und Friede geradezu synonym gebraucht (Weltkrieg und Weltfriede, S.46).

2) STRATMANN, Weltkirche, S.156.

3) s. unten S. 65 f.

Man datiert ihn hauptsächlich in die Frühphase des Pazifismus, in der man sich noch eher aus einer "religiös-ethischen Stimmung heraus" um den Frieden bemüht habe[1]. Der F.D.K. ist also nicht dem 'religiösen Pazifismus' zuzuordnen, Stratmann gliedert diesen sogar ausdrücklich in die Kategorie "außerhalb der Kirche" ein[2].

c) Der revolutionäre Pazifismus

Die Vertreter des revolutionären Pazifismus, die sich hauptsächlich aus den Reihen der Jugend rekrutieren - weswegen auch oft der Begriff Jungpazifismus synonym gebraucht wird - lehnen jeden Krieg und damit alle Rüstung und die allgemeine Wehrpflicht ab, fordern Kriegsdienstverweigerung, schließen aber revolutionäre Gewalt nicht aus. In diesem Punkt unterscheiden sie sich von den radikalen Pazifisten[3], die grundsätzlich jede Gewaltanwendung ablehnen und ein Konzept der Gewaltfreiheit, z.T. in Anlehnung an die gewaltfreie Aktion Gandhis verfolgen[4].

Keiner dieser Pazifismen verfügt über ein ausgefeiltes Bild künftiger Weltfriedensgestaltung. Dennoch entwerfen alle ein politisches Programm, das Teilziele für den Weg zum Frieden benennt. Daß sie alle sich globaler Entwürfe eines 'ewigen Friedens'[5]

1) SCHÜCKING, Der Weg des Pazifismus, S.20.

2) STRATMANN, Weltkirche, S.165 f.; Groß dagegen zählt auch den F.D.K. zum religiösen Pazifismus. Er unterstellt dem Bund, mit Hilfe der Organisation der katholischen Weltkirche eine "in politischer Hinsicht allumfassende katholische Kirche" anzustreben (GROSS, Pazifismus, S.216).

3) Vgl. WEHBERG, Grundsätzliche Erörterungen, S.161 ff. und 193 ff.; HILLER, Das neue Programm, S.172-174.

4) Vgl. KOBLER, Ausdruck und Symbolik, S.319 ff., ders., Handbuch, S.12.

5) z.B. der Entwurf Kants "Zum ewigen Frieden".

- wie sie für Mittelalter und Aufklärung typisch waren - enthalten, unterscheidet sie von diesen Vorläufern und dokumentiert ihren praxisorientierten politischen Charakter; wobei 'politisch' meist im poietischen Sinne verstanden wird[1].
Die jeweilige weltanschauliche, politische und auch wissenschaftliche Herkunft bedingte vor allem in der Frühphase des Pazifismus eine monistische Sicht des an sich komplexen Ziels Friede. So betrachteten beispielsweise G.Fr. Nicolai und Alfred Fried das Problem ausschließlich biologisch bzw. evolutionstheoretisch[2], und die organisatorischen Pazifisten reduzierten es ganz auf juridische Erwägungen. In solcher Überbetonung eines einzigen Aspektes des Friedens lag die Gefahr von Fehlentwicklungen zu einseitigem Extremismus oder zu unverbindlichem Idealismus[3]
Trotz der Bemühungen, den Pazifismus wissenschaftlich zu begründen und den Friedensgedanken bzw. die Friedensmittel wissenschaftlich weiterzuentwickeln, kann der Pazifismus nicht als wissenschaftliche Theorie bezeichnet werden[4]. Ihn gar äquivalent dem Sozialismus zu vergleichen, wie Groß es getan hat[5],

---

1) Eine Tatsache, die oft beklagt wird, vgl. GROSS, Pazifismus, S.55 und PICHT, S.138.

2) Vgl. NICOLAI, Biologie des Krieges; FRIED, Die Grundlagen, S.3 f.; ders., Handbuch, S.25 und 134; Die gesamte Frühphase des Pazifismus, bis zum Ersten Weltkrieg, ist noch sehr geprägt von der allgemeinen Wissenschaftseuphorie.

3) Angesichts der bestehenden Fehlentwicklungen fordert beispielsweise L. Oppenheimer: "Es bedarf einer Vermenschlichung des Pazifismus und einer Versachlichung der Friedensbewegung." (in: "Pazifismus und Friedensbewegung") Frankfurter Zeitung, 17.9.1928.

4) und 5) Vgl. GROSS, Pazifismus, S.1; Der Bedenklichkeit seiner axiomatischen, nicht als Ergebnis gefundenen Analogie wird sich Groß offenbar nicht bewußt. "Die Analogie, die wir nachweisen wollen.." (S.53) - Einen schlüssigen Nachweis bleibt er

heißt, ihn mißzuverstehen, seine grundsätzliche inhaltliche Unbestimmtheit verkennen.

Pazifismus umfaßt nicht die Friedenspläne und -philosophien, auf die er zwar zurückgreift und ohne deren Vorleistung er nicht entstanden wäre. Ebenso regierungsamtliche Politik, wenn sie im Sinne des Pazifismus ausgerichtet ist, ist nicht Pazifismus im eigentlichen Sinne.
Die Notwendigkeit einer solchen begrifflichen Abgrenzung wird einsichtig, wenn man sich die Folgen einer Anwendung des Begriffs Pazifismus auf alle möglichen, über den per definitionem eingegrenzten Bereich hinausgehende Inhalte vor Augen führt. Dann wäre jede Politik, die - theoretisch - eo ipso auf rationale Interaktion gerichtet auf das Mittel des Krieges verzichtet, ohne daß sie grundsätzlich dieses Mittel ablehnt, als Pazifismus zu apostrophieren, womit jegliche Unterscheidungskriterien aufgehoben und Pazifismus als eigenständige Größe nicht mehr zu fassen wäre.
Von Pazifismus kann demnach sinnvollerweise nur die Rede sein, wenn man ihn unterscheidet von der in den staatlichen Institutionen betriebenen Politik einer-

---

freilich schuldig. - Den Pazifismus bezeichnet er dementsprechend vorschnell und ungeprüft als politische Theorie, als Lehre (56) und als Doktrin (77), obwohl er zu Beginn seiner recht konstruierten Ausführungen feststellt, daß es im Pazifismus in der "politischen Theorie im Hinblick auf seine letzten Ziele ... (keine) einheitliche Lehrmeinung ... gibt." (S.44) Diese Feststellung hindert ihn aber nicht, den organisatorischen Pazifismus als "den" Pazifismus bzw. als die Theorie des Pazifismus zu bezeichnen. Da Groß den organisatorischen Pazifismus fast ausschließlich anhand der Schriften Frieds aus der Vorkriegszeit darstellt, die von den meisten Pazifisten der Nachkriegszeit bereits als überholt angesehen wurden, wird er dem vielgestaltigen Phänomen nicht gerecht; vgl. KOCH-WESER, S.27 ff.

seits und von den literarischen und philosophischen Plänen andererseits. In diesem Zwischenfeld ist Pazifismus angesiedelt, und diese Mittelstellung bestimmt auch seine Ziele und Methoden. Solange diese nicht inhaltlich fixiert werden, bleibt Pazifismus offen für unterschiedliche Gestaltungsmuster[1]; er bedarf der Spezifizierung durch ihm vorgegebene Anschauungen[2]. Erst die, allerdings unumgängliche Verquickung weltanschaulicher Vor-Orientierungen mit dem Friedensgedanken und -streben führt schließlich zur Ideologisierung des Pazifismus.
Für den F.D.K. war Pazifismus nicht vorgegebene Orientierung, sondern Konsequenz aus dem christlichen Glauben, der Friedensgedanke ein aus dem Glauben abgeleiteter Gedanke. Der "entschlossene Friedenswille, wie er im Pazifismus in ein System und eine Organisation gebracht ist (ist nichts anderes) als ein auf die Beziehungen der Völker und Staaten angewandtes Christentum". Deswegen werde auch "nicht alles durch die Brille des Pazifismus, sondern alles durch die Brille des Christentums" gesehen[3].

---

1) Dieser Tatbestand wird gelegentlich beklagt: "Daran leidet die ganze Friedensbewegung, daher kommt ihre heillose Zersplitterung, ihr Sektierertum, daß jeder den Begriff Frieden sich anders denkt, daß der eine es zur Weltanschauung hat in dieser und der andere in jener Prägung. Und daß jeder seine Friedensanschauung für die allein richtige hält." (Joh. MAIER: Jugend und Friede, S.316).

2) "Es gibt kein Feldzeichen, unter dem sich alle Friedensfreunde sammeln ließen. Eine Stellungnahme zur Friedensfrage, die nicht lediglich nach Interessengesichtspunkten erfolgt, ist nicht möglich ohne Stellungnahme zu der Frage nach dem Sinn des Lebens. Die Friedensfrage ist eine Weltanschauungsfrage. Jeder Pazifismus ohne weltanschauliche Fundierung ist außerstande, das Friedensproblem an der Wurzel zu fassen." (PICHT, S.158).

3) STRATMANN, Pazifismus als Leitfaden?, S.601 f.

3. Der Pazifismus-Begriff des F.D.K.

In den acht Jahrgängen des 'Friedenskämpfers' (ohne die vier Hefte des Jahres 1933) finden sich neben Erörterungen zu organisatorischen Fragen der katholischen Friedensbewegung, zwölf Beiträge zum Pazifismus-Problem. Damit genießt diese Thematik einen hohen quantitativen Rang in der Themenliste des FK.

Der Impuls zur häufigen Erörterung dieses Problems entsprang allerdings weniger dem eigenen Theoriebedürfnis - wie etwa in gewissen Gruppen in der DFG[1] - sondern er wurde meist von außen, durch Angriffe auf den F.D.K. ausgelöst. Aus diesem Grunde zeichnen sich viele dieser Ausführungen durch recht apologetischen und polemischen Charakter aus.
Unabhängig von Tageskämpfen hatte Stratmann in seinem Buch "Weltkirche und Weltfriede", das ein starkes Echo positiver wie negativer Stimmen hervorrief[2], den Pazifismus erörtert. Von der katholischen Friedensbewegung wurde dieses Buch als 'Pflichtlektüre' bezeichnet. Da Stratmann der führende Repräsentant des F.D.K. war und in diesen grundlegenden Fragen als Autorität angesehen wurde, können seine Ausführungen als repräsentativ für den Friedensbund insgesamt gewertet werden.

---

1) Vgl. dazu die Diskussionen in der 'Friedens-Warte' ab 1927; und WEHBERG, Grundsätzliche Erörterungen, S.161 ff. und 193 ff.

2) "Seit langem hat kein Buch die Öffentlichkeit so erregt, wie P. Stratmanns Buch Weltkirche und Weltfriede." (MUCKERMANN, Nachdenkliches); Die Redaktion der 'Friedens-Warte' wertete das Erscheinen des Buches "als ein pazifistisches Ereignis ersten Ranges" (FW 25 (1925) H.3, S.82) und widmete ihm eine ausführliche und positive Besprechung (WEHBERG, Die Fortbildung des organisatorischen Pazifismus); vgl. auch SPAEL, S.285 f.; zu den negativen Stimmen vgl. HÄUSER, Rezension, in: 'Gelbe Hefte' 2 (1925/26) Bd.2, S.794 - 796; s. unten S. 70 ff.

Stratmann stellte den Charakter der (katholischen) Friedensbewegung als Bewegung heraus und damit als vorwärtsdrängend und "gegensätzlich zu dem Bisherigen und allgemein Anerkannten"[1]. Damit die Bewegung aktiv und erfolgreich sein könne, brauche sie eine Organisation und dürfe nicht nur eine Ideen- oder Arbeitsgemeinschaft sein[2]. In dieser konstituierenden Verfaßtheit sah er die Gemeinsamkeit aller Pazifismen. Motivation und Methode dagegen begründeten die Unterschiede.
Es fällt auf, wie sehr der Autor dabei die Einheit des pazifistischen Programms betonte,welches durch die katholische Lehre nur zu ergänzen bzw. zu modifizieren sei, daß er jedoch nicht versuchte, einen eigenen 'katholischen Pazifismus' zu entwickeln.
Mit der Bemerkung, daß Papst Pius XI. "sich das Programm des klassischen (d.i. organisatorischen, d. Verf.) Pazifismus restlos zu eigen machte" brachte er nicht nur die enge Anlehnung der katholischen Friedensbewegung an dieses Konzept zum Ausdruck, sondern stellte er damit zugleich die erstaunliche Behauptung auf, der Papst bzw. das Papsttum - einbezogen ist auch Leo XIII. - habe die Anregungen jener nichtkatholischen Bestrebungen aufgenommen, die sich sonst ganz und gar nicht der Gunst der Kirche erfreuen konnten, vielmehr strikt von ihr abgelehnt wurden[3].

---

1) STRATMANN, Unser Kriegsartikel, S.7.

2) ders., Friedenswille, S.6; so hatte sie Hinz bezeichnet; s. oben S. 8.

3) Vgl. STRATMANN, Weltkirche, S.190. In den 'Stimmen der Zeit' hatte P. Heinrich Sierp SJ Benedikt XV. gar einen "überzeugten Pazifisten" geheißen, ein Diktum, dem sich Stratmann anschließt; (StdZ, März 1922, Bd.102, S.401).

Bei aller Gemeinsamkeit des praktischen Programms bestanden zwischen dem F.D.K. und dem organisatorischen Pazifismus grundlegende Unterschiede in der Ethik. Stratmann kritisierte am organisatorischen Pazifismus, daß er zweierlei vermissen lasse:"... die Einsicht in die tiefe Zerrüttung, die in der Wurzel aller Völkerkonflikte zu finden ist, in der menschlichen Natur; und auf der anderen Seite eine zu geringe Aktionskraft gegenüber der gewaltigen Macht seiner Gegner, des Militarismus und des Nationalismus"[1]. Ein nur "Vernunft-Pazifismus" neige zu oberflächlichem Optimismus und laufe Gefahr, nicht ernsthaft genug zu arbeiten und bloß eine mechanische Weltordnung anzustreben. Nach Stratmanns und des F.D.K. Auffassung aber konnte eine dauerhafte Friedensordnung ohne ethische und religiöse Untermauerung nicht tragfähig sein[2].
Trotz dieser grundsätzlichen Kritik schätzte er die weltanschaulichen Differenzen nicht so hoch ein, daß sie eine Distanzierung vom klassischen Pazifismus und die Etablierung eines eigenen 'katholischen' Pazifismus gerechtfertigt hätten. Vielmehr schloß er sich dem praktischen Programm des organisatorischen Pazifismus an und war auch zu konkreter Zusammenarbeit bereit[3].
Dem Pazifismus-Begriff der Richtlinien liegt die gleiche Überzeugung zugrunde. Er kommt am besten in der Begründung für die Begriffsänderung der zweiten Richtlinienfassung zum Ausdruck. Statt 'Friedensgesinnung' und 'Friedensbewegung' in der ersten Fassung war dann die Rede von 'Pazifismus'.

---

1) STRATMANN, Weltkirche, S.165.

2) Vgl. ebd. S.166; vgl. auch EWALD, S.78 und PICHT, S.120, 131, 173.

3) Vgl. HINZ, Friedensbundarbeit, S.8; s. unten S.91.

"Der F.D.K. hat lange gezögert, bis er das Wort 'Pazifismus' annahm. Denn einmal enthalten die alten christlichen Begriffe 'Friedensliebe' und 'Friedfertigkeit', wenn sie in ihrer ganzen Tiefe und Breite verstanden werden, alles, was auch ein politisches Friedensprogramm anzustreben vermag, sodann ist das Wort 'Pazifismus' schon auf manches angewandt worden, was vor dem christlichen Gewissen nicht bestehen kann. Infolgedessen haben die Worte 'Pazifismus' und 'Pazifist' für viele Ohren einen üblen Klang. Dennoch lassen sich diese Worte und das, was im guten Sinne darunter verstanden wird, heute nicht mehr entbehren. Die Worte Friedensliebe und Friedfertigkeit sind nach dem Sprachgebrauch viel zu allgemein, um auch von einem bestimmten, völkerrechtlichen und politischen Programm verstanden zu werden. Diesen Sinn drückt erst das Wort "Pazifismus" aus. Pazifismus ist gewissermaßen der ins Völkerrecht und in die Politik übersetzte systematisierte und organisierte Friedenswille. Allem Pazifismus gemeinsam ist die Anschauung, daß in den Streitigkeiten der Staaten untereinander nicht die größere Gewalt, sondern nur das strenge Recht den Ausschlag geben dürfe; daß also die außenpolitischen Konflikte genau so wie die innenpolitischen nur auf gerichtlichem Wege, durch Prozess und Abstimmung, geschlichtet werden dürften, nicht durch das brutale Mittel eines nur der größeren materiellen Macht zum Siege verhelfenden Krieges. ... Man kann also sagen: Pazifismus ist die Überwindung des internationalen Gewaltsystems, dessen wesentlicher Ausdruck der Krieg ist, durch ein internationales Rechtssystem, dessen Frucht der Friede ist"[1].

Diese Definition zeigt sehr deutlich, daß der F.D.K. sich die Hauptforderungen des klassischen Pazifismus zu eigen machte. Durch die Betonung des Ethischen, die nicht nur als das berühmte 'christliche Mäntelchen' zu werten ist, werden aber auch Unterschiede deutlich. Sie kommen vor allem in der Kriegslehre zur Geltung, in der der F.D.K. eine wesentlich eindeutigere und radikalere Haltung einnahm als der organisatorische Pazifismus, und das gerade wegen der ethischen Begründung[2].

---

1) STRATMANN, Erläuterungen, S.14 ff., teilweise gesperrt.

2) s. unten S. 158 ff.

Auch in der Einschätzung der öffentlichen Meinung und Meinungsbildungsarbeit ging der F.D.K. weiter als der organisatorische Pazifismus. So z.B., indem er die vage Förderung nach pazifistischer Propaganda und nach öffentlicher Kritik und Kontrolle der Politik konkretisierte und eine verfassungsmäßige, versöhnliche Erziehung der Jugend und ein entsprechendes Verhalten der Presse und der Volksvertreter forderte[1]. In der praktisch-politischen Ausrichtung stand er allerdings hinter der DFG zurück. Dies belegt u.a. der allgemeine Teil der Richtlinien, der zwar ein "tatkräftiges und ausdauerndes Eintreten für die Politik der friedlichen Verständigung" postuliert, die Kompetenz für die "Vertretung des Friedensgedankens inländischen und ausländischen Regierungen gegenüber" aber dem Deutschen Friedenskartell überläßt[2]. Von dem politischen Charakter ist in den Mitgliedsbestimmungen schließlich nichts mehr zu spüren: "Mitglieder ... können alle Katholiken werden, die ... gewillt sind, nach Kräften ... beizutragen durch Gebet, praktische Arbeit und freiwillige Beiträge... .
... Der F.D.K. verlangt von seinen Mitgliedern, daß sie zunächst für ihre Person, sodann in ihrem gesamten Gemeinschaftsleben (Familie, Verein, Gemeinde, Pfarrei usw.) eine echt christliche Friedensgesinnung an den Tag legen.
Diese Gruppen sind keine eigentlichen Vereine mit regelrechtem Vereinsbetrieb, sondern Gesinnungs- und

1) Vgl. Punkt 6 der Richtlinien; Artikel 148, 1 der Reichsverfassung lautet: "In allen Schulen ist sittliche Bildung, staatsbürgerliche Gesinnung, persönliche und berufliche Tüchtigkeit im Geiste des deutschen Volkstums und der Völkerversöhnung zu erstreben."

2) vgl. Richtlinien, S.8 und 12.

Arbeitsgemeinschaften, die je nach Bedürfnis zusammenkommen zu gegenseitigen Aussprachen, zur Vorbereitung von öffentlichen Veranstaltungen usw."[1].

Diesem unpolitischen Selbstverständnis, das den F.D.K. nur als "geistige Bewegung"[2] verstanden wissen wollte, stand von Anfang an ein politisches gegenüber, das konkrete politische Aktivität forderte[3]. Der Zwiespalt zwischen unpolitischer und politischer Selbsteinschätzung, der vor allem für die Anfangsphase des F.D.K. typisch war, wurde nie ganz überwunden.

Insgesamt betrachtet, sind die Richtlinien des F.D.K. in manchen Detailfragen konkreter und prägnanter als das Programm des organisatorischen Pazifismus, im ganzen aber sind sie unpolitischer. Die formalverbale Änderung in der zweiten Richtlinienfassung zugunsten einer aktiveren, politischeren Begrifflichkeit findet also keine inhaltliche Entsprechung. Daß Schwierigkeiten und Unsicherheiten in der Positionsbestimmung vorhanden waren, bestätigt u.a. der letzte Richtlinienartikel, der die offenen Fragen der individuellen Gewissensentscheidung anheimstellt. Die zur persönlichen Orientierung empfohlene Literatur - Verlautbarungen der Päpste und Hirtenbriefe - läßt darauf schließen, daß es im F.D.K. nicht nur pragmatisch-politische, sondern auch prinzipielle Meinungsverschiedenheiten gab.
Andererseits indiziert dieses für Richtlinien ungewöhnliche Eingeständnis eine undogmatische Grundhal-

1) Richtlinien, Punkt 1, 2 und 4 (S.7, 9, 10).

2) HINZ, Charakter, S.22.

3) Vgl. STRATMANN, Emmanuel von Ketteler, S.2 und MÜLLER, Franz, Politik und Pazifismus, S.5 - 7.

tung, wie sie dem pazifistischen Anliegen nach integrativer und demokratischer Konfliktbewältigung entsprach, die lieber offen läßt als autoritativ festlegt[1]. Damit wurde zugleich der katholischen Staatslehre Rechnung getragen, die konkreten Fragen gegenüber Neutralität wahrt.

Ganz unproblematisch gestaltete sich diese Offenheit und Flexibilität allerdings nicht. Nach der Jahrestagung des F.D.K. in Münster, 1926, auf der eine Kommission zur Änderung des Richtlinien-Kriegsartikels eingesetzt worden war, machte sich Unmut über die stetige Rücksichtnahme gegenüber den politisch Konservativen in den eigenen Reihen breit[2]. Noch der Bericht von der Bundestagung in Essen, 1927, bemerkte dazu:

"Es wurde von verschiedenen Seiten mit Rücksicht auf die 'Schwachen', die an einzelnen Formulierungen des Programms Anstoß nehmen und darum sich zur Mitgliedschaft nicht verstehen können, gewisse Milderungen gefordert, dagegen von dritter Seite bestimmte schärfere Formulierungen und die Aufnahme der unbedingten Kriegsdienstverweigerung angeregt. Die Mehrheit lehnte eine Änderung ab, in der Überzeugung, daß man nicht dauernd ändern könne nur, weil immer neue Mitglieder zum Bunde stoßen, die, weil noch nicht ganz in den Gedankenkreis der katholischen Friedensbewegung hineingewachsen, zunächst mit manchen Formulierungen sich nicht abfinden können"[3].

Der F.D.K. erweist sich somit zwar als weltanschaulich fundiert und gebunden, nicht aber als starr doktrinär. Für persönliche Gewissensentscheidung in Grundfragen und Beurteilung aktueller Politik blieb freier Raum.

---

1) Ein Indiz dafür ist z.B. die Bestimmung, daß Satzungsänderungen nur mit 9/10tel Mehrheit vorgenommen werden sollten.

2) Vgl. DANZIGER, Unsere Tagung in Münster, S.4.

3) HINZ, Essen, S.5.

4. Die Pazifismus-Diskussion im deutschen Katholizismus

Von den Pazifismus-Kontroversen[1] im deutschen Katholizismus erlangten vier größere Publizität, nämlich die um die Beiträge aus dem Hochland[2], der Germania[3], den Gelben Heften[4] sowie aus dem Deutschen Weg[5]. Diskussionspartner seitens des F.D.K. war jeweils Pater Stratmann. Diese Kontroversen verdienen hier deswegen genauere Wiedergabe, weil sie sowohl das Umfeld des F.D.K. - den deutschen (politischen) Katholizismus - charakterisieren als auch, weil sie die Vorstellungen des Friedensbundes noch deutlicher zum Ausdruck bringen.

---

1) Auch in Provinzblättern wurden solche Kontroversen ausgetragen, vgl. z.B. 'Eichsfelder Volksblatt' Nr.151 vom 25/26.Juni 1928 (Kpl. Thöne) und 'Freiburger Tagespost' Nr.296 und 299, September 1929 (Prof. Schilling, Tübingen, gegen Prof. Franz Keller vom F.D.K.).

2) CURTIUS, Pazifismus, in: Hochland 22 (1925) Bd.1, S.257 - 268.

3) MUCKERMANN, Nachdenkliches zu P. Stratmanns O.P. 'Weltkirche und Weltfriede', in: Das Neue Ufer, Kulturelle Beilage der 'Germania', 1925 Nr.24; die Kontroverse wurde in allen folgenden Nummern, bis Nr. 30, fortgesetzt; unter dem Titel: 'Pazifismus und Groß-Prozeß' erschien dort 1929 eine neue Kontroverse, Nr. 18 und 19.

4) ROTH, Katholischer Pazifismus? Gedanken über Eigenpersönlichkeit und Eigenrechtlichkeit des Staates, in: Gelbe Hefte 2 (1925/26), S.686 - 700.

5) RITTER, Friedenswille und Pazifismus, in: Der Deutsche Weg, Nr. 127 vom 1.8.1928 und ders., Katholische Einheitsfront im Friedenswerk, ebd. Nr. 155 vom 2.9.1928.

a) Hochland - Friedrich Curtius

Der Autor des Hochland-Aufsatzes, Friedrich Curtius, setzte seine Kritik am Pazifismus mit der Verurteilung der 'Schmach von Versailles' an, die festzuschreiben nicht einmal eines deutschen Pazifisten Absicht sein könne. Neben solchen akzeptablen 'deutschen' Pazifisten gebe es jedoch deutschfeindliche Pazifisten; ihnen galt seine ganze Verachtung[1]. Gegen einen Pazifismus als ethisches Prinzip, speziell einen christlichen Pazifismus, hatte er dagegen nichts einzuwenden. Zwischen der idealen Gesinnung und der konkreten Verwirklichung in der deutschen Politik bestand für ihn eine unüberbrückbare Kluft. Er plädierte dafür, da Deutschland aktuell ohnehin gezwungenermaßen friedfertig sei, die Pazifisten ruhig in Freiheit für den Frieden wirken zu lassen, zumindest "so lange eine gewaltsame Verbesserung der Lage Deutschlands schlechterdings ausgeschlossen ist. Schon aus diesem Grunde ist es unbillig, den Pazifismus im allgemeinen unpatriotisch zu schelten"[2]. Entgegen seiner ursprünglichen Differenzierung zwischen berechtigtem und abzulehnendem Pazifismus, argumentierte der Verfasser schließlich gegen 'den' Pazifismus überhaupt. Er warf ihm inneren Widerspruch vor, weil er zugleich jede Gewaltausübung ablehne und dem Unrecht gegenüber Passivität preise. Einzig zulässig sei ein Pazifismus, "welcher die Berechtigung des Krieges nach dem Gegenstande des Streites beurteilt"[3]. Dieser relative Pazifismus habe seine Aktivität auf Propaganda zu beschränken.

1) CURTIUS, S.258.

2) CURTIUS, S.260, vgl. auch S.267.

3) ebd. S. 260.

Da sich der politische Pazifismus damit nicht begnüge und zugleich Technik sein wolle, stelle er eine "geschichtliche Prognose, ja eine Weltanschauung" dar[1]. Er ziele auf "Unveränderlichkeit" und leiste damit dem Imperialismus Vorschub. Weil die Befriedung eines bestimmten Raumes nur durch eine "allen anderen Staaten überlegene Macht" erreicht werden könne, endige konsequenter Pazifismus deswegen im Imperialismus[2].

In seiner polemischen Replik auf Curtius wendete Stratmann sich hauptsächlich gegen die Trennung von ethischem und technischem Pazifismus: Gesinnung und praktischer, politischer Einsatz gehörten untrennbar zusammen. "Eine platonische Friedensgesinnung nützt da gar nichts"[3]. Nachdrücklich verwahrte er sich gegen die Unterstellung, der Pazifismus sei für die Unvollkommenheiten des Völkerbundes verantwortlich und strebe eine Verewigung dieses Zustandes an[4].
Das opportunistische Zugeständnis, daß man die Pazifisten gewähren lassen solle, weil Deutschland z.Zt. sowieso nur 'pazifistisch' sein könne, kommentierte er ironisch mit "Konjunkturpazifismus". Den Vorwurf der Deutschfeindlichkeit, die sich, nach Curtius, auch schon gegen die Reichsgründung gewendet habe, wies er zurück mit der Begründung, daß es legitimerweise Kreise gebe, die "aus edelster deut-

---

1) CURTIUS, S.266.

2) ebd. S. 267.

3) STRATMANN, Pseudo-Pazifismus, S.4 f.

4) An anderer Stelle streitet Stratmann dem Völkerbund überhaupt pazifistischen Charakter ab: "Der Völkerbund ist nach Auffassung aller Pazifisten nicht einmal in seiner Gründung und Theorie pazifistisch, geschweige denn in seiner faktischen Entwicklung." (Emmanuel von Ketteler, S.3).

scher Tradition" ein föderalistisches Großdeutschland dem Bismarckschen Kleindeutschland vorgezogen hätten[1].
Neben dieser inhaltlichen Kritik gab Stratmann seinem Befremden darüber Ausdruck, daß die katholische Zeitschrift 'Hochland' zu diesem Thema "einem den heutigen katholischen Anschauungen über diese Frage fernstehenden, nichtkatholischen Referenten das Wort gab, (zumal da) unsere Friedenspäpste ... andere Perspektiven auf diesem Gebiet eröffnet (haben) und ... dabei keineswegs bei der rein religiösen, rein katholischen Lösung stehen geblieben (sind)"[2].

Erstmals wird hier der Begriff 'christlicher Pazifismus' in die Debatte eingebracht, als Gegenbegriff zum 'organisatorischen, politischen Pazifismus'. Er wird gleichgesetzt mit christlicher Ethik und Gesinnung: als solche aber verdient er den Namen 'Pazifismus' nicht.

---

1) STRATMANN, Pseudo-Pazifismus, S.5.

2) ebd. S.5; Zum Konservativismus und Nationalismus des 'Hochlands' s. DÜLMEN.

b) Die Muckermann-Stratmann-Kontroverse

Das nationale Moment stand auch im Mittelpunkt der Ausführungen P. Friedrich Muckermanns SJ. Pathos und Ironie gepaart mit Eloquenz machen seine Polemik zu einem Kabinettstück nationaler, katholisch-intellektueller Pazifismus-Kritik[1].
Im Gegensatz zu Stratmanns "blutlos abstraktem" Nation- und Nationalgefühl-Verständnis, sah er in "Nation", "den ungeheuren Kampf, der Weltgeschichte heißt", lebendig als "etwas Unaussprechliches ... (als) Schicksal umweht von jener Tragik, die niemals fehlt, wo irdische Größe wohnt"[2]. Aus der augenblicklichen Situation der deutschen Nation, die er in düsteren Farben zeichnete, begründete er den Anspruch des deutschen Volkes, wieder "einen Platz an der Sonne" zu bekommen[3]. Dies sei nur aus einer Position der Stärke heraus zu erreichen und nicht durch "Abblasen von Friedensschalmeien"[4]. Die "natürliche und gesunde" Sehnsucht des deutschen Volkes nach einem Zustand des Rechts und der Freiheit falle "gegenständlich zusammen mit dem Nationalgefühl".

---

1) In seinen Lebenserinnerungen faßte Muckermann seine Haltung zum Pazifismus und sein Urteil über P. Stratmann folgendermaßen zusammen:"Im allgemeinen habe ich mich bei den ausgesprochenen Pazifisten, die meist einen fanatischen und sektenartigen Charakter zeigten, nicht sehr wohl gefühlt. Pater Stratmann suchte alles in allem eine gesunde Mitte, arbeitete aber nicht immer mit einer völlig einwandfreien Ideologie. Der junge Pater besaß eine glühende Begeisterung für die Friedensidee, der er ein großes Werk gewidmet hat. Man kann vieles unterschreiben in diesem Werk, aber doch nicht alles. Es wurde bei ihm doch wohl nicht immer hinreichend das Gebiet des Staates von dem der Kirche getrennt." (MUCKERMANN, Lebenserinnerungen, S.453 f.).

2) MUCKERMANN, Nachdenkliches, Nr.24.

3) ders., Noch einmal: Nationalgefühl, Nr.26.

4) Nr.24.

Den Rechtszustand, nicht den Frieden, betrachtete er als das höchste Gut im politischen Leben; nichts könne "pazifistischer sein als das Recht". Der Pazifismus solle deswegen das Nationale zum Ausgangspunkt seines Bestrebens machen[1].
Neben mangelndem Nationalgefühl stellte Muckermann auch eine "stark kritische ... Einstellung dem eigenen Staat und Volke gegenüber" fest[2], von der er die große Gefahr für die Jugend befürchtete, daß sie "am Ende ... überhaupt keine Freude an ihrem Vaterlande mehr aufbringen (könne und schließlich in eine Stimmung versetzt werde), die jeder frischen Tat abhold, nur Krittelei und Mißmut hervorbringt"[3].
Von nichtkatholischer Seite müsse dies geradezu als Beweis für die Unfähigkeit der Katholiken, deutsch zu sein, erachtet werden. Dem sei entgegenzutreten durch die besondere Sorge um das Nationale, durch Belebung der deutschen und katholischen Traditionen und durch Entwicklung eines eigenen katholischen Reichsideals. Weil per se europäisch orientiert, hielt Muckermann das katholische Reichsideal für am besten geeignet, den Frieden zu erreichen, "als ein aus deutschem Wesen quellendes Ideal"[4].
Ein drittes Merkmal Stratmannschen Pazifismus',das (angebliche) Bekenntnis zu absoluter Gewaltlosigkeit, stieß bei Muckermann auf entschiedene Ablehnung. Für ihn bedeutete Gewaltlosigkeit Passivität. Eine solche Haltung aber verstoße nicht nur gegen alle Naturge-

1) Nr. 26.

2) MUCKERMANN, Nationalgefühl, Pazifismus, Nr.25.

3) Nr. 26.

4) Nr.24, vgl. auch Nr.25; Diese These vertrat Muckermann auch auf dem F.D.K.-Tag in Münster, wo er von der Friedenssendung Deutschlands als nationale Aufgabe sprach , (vgl. HINZ, Essen, S. 5).

setze, sondern bewirke auch "das Ende aller Ideale, auch der Moral und der Religion"[1]. Gewaltlosigkeit führe nämlich notwendig zu einer Mentalität des Sklaventums und diese wiederum zu "Alkoholismus und Sumpf".

Mit der These, daß die Friedenssendung der Kirche ausschließlich dem Seelenheil des Menschen gelte und nicht als konkrete in der Welt mißverstanden werden dürfe, griff Muckermann die Grundlage der katholischen Friedensbewegung überhaupt an. Er warf ihr vor, die "unvermeidliche Doppelheit der Seele" und den "naturnotwendigen Gegensatz von Barmherzigkeit und Gerechtigkeit" - in der Politik die Spannung von Christus und Cäsar - zu verkennen.

Der Pazifismus gehöre deswegen allein in das "Reich der Ideen"[2].

Stratmann[3] dagegen verstand den Frieden als ein politisch zu verwirklichendes Ziel, für das auch und gerade die Katholiken und die Kirche als ganze zuständig sei. Er stützte sich dabei u.a. auf die päpstlichen Verlautbarungen, die übergangen zu haben er Muckermann vorhielt.Dem 'Inferioritätsgerede' hielt er die Kritik am politischen Wirken des deutschen Katholizismus entgegen, dem er "Halbheit, Kompromißlerei, Leisetreterei und Anpassungsmethode" vorwarf[4]. Diese Kritik zielte indirekt auch auf den Argumentationsstil Muckermanns, den Stratmann mehr von "Nützlichkeitserwägung" als von grundsätzlichen Erwägungen getragen sah, und der damit die Argumente selbst desavouiere.

---

1) Nr. 25.

2) Nr. 24.

3) STRATMANN, Replik, in: Das Neue Ufer, 1925, Nr. 25, 28, 30.

4) Nr. 28, Zitat aus: HEFELE, Der Katholizismus in Deutschland.

c) Die Gelben Hefte - Kaplan Joseph Roth

Kaplan Roth, in der Zeit des Nationalsozialismus Beamter im Ministerium für kirchliche Angelegenheiten[1], gründete seine Pazifismus-Kritik allein auf das Staatsverständnis. Seiner gleichermaßen organischen wie absolutistischen und rassistischen Staatsauffassung gemäß, behauptete er das "Eigenrecht und Anrecht" des Staates auf Wehrwillen, auf Volksraum unter Ausschluß volksfremder Elemente[2] und auf das naturrechtliche Streben nach Rückgewinnung verlorener Gebiete. Da der Pazifismus all dies negiere, sei er widernatürlich[3], werde er moralisch schuldig[4] und begehe "offenen Verrat am Volkstum"[5]. Pazifismus sei schließlich "christentumswidrig"[6], zumal er "den Heroismus des Christentums, der so sehr anklingt an unser germanisches Wesen, ... überfremdet... mit russisch-orientalischer Resignation und buddhistisch-indischer Passivität". Der - katholische - Pazifismus stelle folglich eine "Überfremdung des bodenständigen Katholizismus"[7] und eine "geheime Häresie" dar[8]; er verlange eine

1) Vgl. LEWY, S.18; Roth war schon früher durch "antisemitische Tiraden" hervorgetreten (vgl. ROTH, Katholizismus und Judenfrage, München 1923).

2) ROTH, Katholischer Pazifismus?, S.690 f.

3) ebd. S.691.

4) ebd. S.693.

5) ebd. S.691.

6) ebd. S.693; vgl. auch in der gleichen Zeitschrift, EXNER, "Katholischer Pazifismus?", der Stratmann vorwirft, die "katholische Friedensidee mit dem unkatholischen Pazifismus" zu verwechseln (S.573).

7) ebd. S.697.

8) ebd. S.699.

"Pazifistische Welt auf den Trümmern der Natur." Das Wort 'Pax Christi in regno Christi' müsse richtig verstanden werden als "Aufrichtung des Friedens in einer christianisierten Welt"[1].

Roths Staatsauffassung bewertete Stratmann als trauriges Beispiel für die "Machiavellisierung und Hegelianisierung auch der Christenseelen", zu der die nationalistische Staatstheorie geführt habe[2].
Die Unterstellung, mit seiner Forderung nach einem überstaatlichen Ordnungsprinzip zur Beendigung der zwischenstaatlichen Anarchie ein "omnipotentes irdisches Gottesreich" gewollt zu haben, das den Nationalstaaten ihre Rechte nähme, wies er zurück und stellte klar, daß er keine "mechanische" - weil westlich-demokratische - Staatsauffassung vertrete. Gegen den Vorwurf "offenen Verrats am Volkstum" verteidigte Stratmann den Pazifismus unter Hinweis auf dessen realistische politische Forderungen, wie sie beispielsweise in Stresemanns Antrittsrede vor dem Völkerbund Eingang gefunden hätten[3].

1) ROTH, Katholischer Pazifismus?, S.700.

2) STRATMANN, Kampf gegen den katholischen Pazifismus, S.1 - 3.

3) ebd. S.2.

d) Die Ritter-Stratmann-Kontroverse

Emil Ritter, eine der führenden Gestalten der äußersten Rechten im deutschen Katholizismus, kritisierte hauptsächlich den Extremismus, den unchristlichen Liberalismus und die parteipolitische Attitüde der Pazifisten[1]. Er konstatierte eine "Friedenspsychose", welche durch die "jahrelangen Leiden und die Niederlage herbeigeführt" worden sei[2]. Die Realitäten dieses Unrechtszustandes ignoriere der Pazifismus nicht nur, vielmehr wolle er ihn verewigen, wenn er nicht für das Recht kämpfe und statt dessen "mit fanatischer Ausschließlichkeit an den Frieden" denke. Der Pazifismus tendiere dazu, "Deutschland allein zu belasten", er zeige geradezu einen Hang zur Selbstbezichtigung. Damit aber besorge er "immer wieder die Geschäfte der Nationalisten im Ausland"[3]. Die Mittel des Parteikampfes, die der Pazifismus dabei anwende, fand Ritter verwerflich. Er warf dem F.D.K. vor, durch die "Übersteigerung einer bestimmten Wahrheit" und durch sein parteiisches Handeln in die Nähe des Sektierertums geraten zu sein und dadurch einen "Parteigegensatz zu seinen Glaubensgenossen" geschaffen, also "Unfrieden im eigenen Lager" gestiftet zu haben[4].

Ritter verurteilte die Tatsache der Gründung einer eigenen Friedensorganisation überhaupt, da "lebendige Ideen ... auch ohne einen neuen Apparat ausge-

---

1) RITTER, Friedenswille; zur Person Emil Ritters vgl. MORSEY, Zentrumspartei 1928 - 1933, S.305.

2) RITTER, Friedenswille.

3) ebd.

4) RITTER, Katholische Einheitsfront; vgl. JOOS, Ideenwelt, S.23.

breitet werden (können)"[1]. Als die größte Verirrung des Pazifismus betrachtete er das Bekenntnis zur Kriegsdienstverweigerung. Darin nämlich äußerten sich "auf Schritt und Tritt ... wesensfremde Einflüsse: die flache Diesseitigkeit, ... de(r) Liberalismus, ... (und) de(r) Fortschrittsoptimismus"[2]. In diesen unchristlichen Geist verstrickten sich selbst die Wortführer des F.D.K.[3]. Nicht diese ideologischen Entgleisungen jedoch begründeten letztlich Ritters Ablehnung der Kriegsdienstverweigerung, sondern "moralische und nationale Gründe"[4]. Sein Fazit lautete: "Wenn der Friedensbund seinen pazifistischen Charakter behält, wird neben ihm eine katholische Friedensbewegung nötig werden"[5].

Ritters Pazifismus-Kritik nahm Stratmann zum Anlaß, das Wesen des Pazifismus als Ismus, als Bewegung, zu erläutern[6] und den F.D.K. gegen diejenigen pazifistischen Kreise abzugrenzen, die tatsächlich einen Hang zur Selbstbezichtigung hätten, z.B. F.W. Foerster. Gegen den Vorwurf, der Pazifismus wolle das Unrecht verewigen, betonte Stratmann, daß es den Pazifisten um einen "Frieden durch Recht" gehe. "Wenn sie Fanatiker sind, dann Fanatiker des Rechts und der Wahrheit, nicht des 'lieben Friedens'."[7] Der Pazifismus zeichne sich doch gerade dadurch aus, daß er das Recht, "als unparteiische

---

1) RITTER, Katholische Einheitsfront.
2) ders., Friedenswille.
3) ebd.; er nennt dabei Stratmann namentlich.
4) ebd.
5) RITTER, Katholische Einheitsfront.
6) STRATMANN, Friedenswille, S.1 f.; s. oben S. 55 f.
7) ebd. S.4.

Feststellung der Gerechtigkeit in Völkerkonflikten" höher bewerte als das Vaterland. Daß der F.D.K. allein seiner Organisiertheit wegen den innerkatholischen Frieden, die 'katholische Einheitsfront' störe, wies Stratmann mit dem Hinweis auf andere kirchliche Organisationen zurück, ohne die die besonderen Dienste der Kirche nicht effektiv leistbar wären[1]. Ritters kategorischer Ablehnung der Kriegsdienstverweigerung stellte Stratmann die theologische Tradition entgegen, die diese Frage durchaus nicht als indiskutabel befand.

Die Bestimmung des Verhältnisses Pazifismus - Religion - Kirche gab immer wieder Anlaß zu Mißverständnissen und Fehlurteilen. Karl Christian Bry[2] zählte den Pazifismus zu den "verkappten Religionen", weil er - wie diese - "monomanisch" nur ein Übel betrachte, von dessen Beseitigung er die Erlösung der Welt erwarte, weil er maßlos übertreibe und weil er im Grunde mehr negativ als positiv, mehr verneinend als aufbauend eingestellt sei[3].
Dagegen stellte Stratmann klar, daß Pazifismus nicht als alleiniges Heilmittel anzusehen sei. Denn da der Unfriede durch mehrere Faktoren verursacht werde und Friede noch nicht in einem Zustand des Nicht-Krieges bestehe, bedürfe es der Anstrengung vieler Reformbewegungen, nicht nur des Pazifismus, den Frieden aufzubauen. Die Relation Pazifismus - Religion umschrieb

1) STRATMANN, Friedenswille, S.11; s. oben S. 23.

2) BRY, Verkappte Religionen, zit. nach Stratmann: "Pazifismus - eine verkappte Religion?"

3) Daß diese Befürchtungen durchaus nicht konkreter Grundlagen entbehrten, zeigt beispielsweise die Forderung, "die Friedensgesinnung (müsse) zur Religion der Menschheit werden". (EWALD, S.78).

er folgendermaßen: "Der Pazifismus ist ein Stück der Religion, und zwar der christlichen, weil er an die Stelle der Gewalt die Gerechtigkeit und an die Stelle des Hasses und der Zerstörung die Liebe setzen will"[1].

Das Auffallende der katholischen Pazifismus-Kritik besteht in der Wahl der Argumentationsebene. Keiner der Autoren versuchte z.B., den Pazifismus vom christlichen Glauben bzw. von der Theologie her zu widerlegen, vielmehr gingen alle von einer nationalen (bzw. nationalistischen) Position aus[2]. Eine echte Auseinandersetzung mit der Programmatik des Pazifismus fand nicht statt. Die Methode der Kritik zeichnete sich u.a. dadurch aus, Extremerscheinungen oder periphere Erscheinungen unterschiedlos zu generalisieren und zu Wesensmerkmalen des Pazifismus schlechthin zu stilisieren, so die absolute Gewaltlosigkeit als vermeintlicher Grundforderung des Pazifismus überhaupt[3].
Zwiespältig beurteilte die Kritik die politische Orientierung des Pazifismus. Einerseits wollte man ihn auf den ethischen Bereich beschränkt sehen und billigte ihm kein Recht auf politische Betätigung zu, andererseits verurteilte man ihn wegen seiner 'unpolitischen' Einstellung, seiner politischen Einflußlosigkeit.
Wegen ihrer mangelnden Bereitschaft, sich ernsthaft auf den Pazifismus und seine Probleme einzulassen, unterscheidet sich das inhaltliche Niveau dieser Kritik nur wenig von den Klischeevorstellungen, wie sie eingangs zitiert wurden.

---

1) STRATMANN, "Pazifismus-verkappte Religion"?, S.6 f.

2) Vgl. STRATMANN, Kampf gegen den katholischen Pazifismus, S. 1.

3) Vgl. dagegen DIRKS, Politik und Pazifismus, S.6 ff.

e) "Katholischer Pazifismus"

Neben der grundsätzlich ablehnenden Pazifismus-Kritik gab es eine gemäßigte, der katholischen Friedensbewegung weitgehend positiv gegenüberstehende Kritik konservativer katholischer Kreise, die bis in den F.D.K. selbst hineinreichte. Ihr Anliegen war die Abgrenzung gegen den liberalen ('freimaurerischen') und sozialistischen Pazifismus und die Betonung des originär Katholischen der katholischen Friedensbewegung. Eine dominierende Rolle in diesem Bemühen nahm die 'Allgemeine Rundschau' ein[1]. Sie vertrat zugleich eine apologetische Haltung gegenüber nicht-katholischen Pazifisten wie gegenüber katholischen Nicht-Pazifisten und versuchte damit - allerdings ohne Erfolg - zwischen F.D.K. und konservativem Katholizismus zu vermitteln.

Um das negative Vorurteil der Katholiken über die katholische Friedensbewegung abzubauen, galt es vor allem, den Argwohn zu entkräften, daß in ihr antikirchliche Kräfte am Werk seien[2]. Deswegen wurde die Eigenständigkeit, das spezifisch und genuin Christliche der Friedensaufgabe - und damit der Bewegung - herausgestellt. Dies durchaus nicht nur aus taktischen Erwägungen, sondern aus tiefster Überzeugung.

"Der katholische Pazifismus ist von eigener Art. Er hat in seiner Lehre nichts gemein mit dem Pazifismus, den der Hl. Vater in seiner letzten Weihnachtsansprache als 'negativen Pazifismus' ablehnte (mag auch für die handanlegende Arbeit anerkannt werden,

---

1) Zur politischen Haltung der AR s. TÖPNER, S.189; HOEPKE, S.82 f. und 109 f.; Zu dem allgemein verbreiteten Anti-Liberalismus-Affekt vgl. SONTHEIMER, S.181.

2) Vgl. Brief Pfr. Wienecke an die Erzbischöfliche Behörde, vom 28.10.1925; der F.D.K. werde von der DFG für ihre Zwecke mißbraucht (Historisches Archiv des Erzbistums Köln, Gen. 23,59).

daß alle menschlichen Kräfte, die sich gegen den Krieg wenden, zu begrüßen sind!). Er knüpft an die Theologie des Mittelalters an; er führt sie fort in Anwendung auf die Neuzeit; er schließt sich eng an die warnenden, beschwörenden Worte an, die die letzten Päpste gegen Militarismus, allgemeine Wehrpflicht, Rüstungen und Feindschaften unter den Völkern erhoben haben. ... Der katholische Pazifismus ... tritt als geschlossene Gruppe pazifistischer Aktion in die breite Öffentlichkeit"[1].

Das ängstliche Bemühen, den F.D.K. nicht auf einer Ebene mit dem 'negativen Pazifismus' erscheinen zu lassen, kommt u.a. in dem Bericht von der Hildesheimer Bundestagung, 1924, zum Ausdruck: "Das Programm wie die Tagung zeigen, daß dieser katholische Pazifismus von Grund aus verschieden ist vom liberalen Pazifismus, der dem Irrtum Rousseaus huldigt, der Mensch sei ohne Erbsünde. Dieser katholische Pazifismus, nur er, verdient unsere Unterstützung"[2].
Im gleichen Sinne lehnte auch Ignaz Seipel in einer Rede vor dem Katholikentag in Stuttgart, 1925, 'den' Pazifismus als unkatholisch und westliche Erscheinung ab und forderte stattdessen aktive Friedensarbeit auf katholischer Grundlage[3].
Eine allgemeine pazifistische Stimmung im Katholizismus Mitteleuropas jeglicher politischer Couleur, die in dem "Wiedererwachen föderalistischer und regionalistischer Gedanken" begründet sei, wollte Karl Debus - Mitarbeiter der AR - politisch genutzt wissen durch die Fruchtbarmachung des Reichsgedankens[4].

1) KLOIDT, Katholiken ringen um den Frieden, S.171; Kloidt war führendes F.D.K.-Mitglied in Berlin.

2) WAIBEL, Katholischer Pazifismus, S.291.

3) Gegen diese konservative Haltung sah Stratmann sich zu Klarstellungen veranlaßt (STRATMANN, Gedanken zu den Friedensreden Dr. Seipels).

4) DEBUS, Europäische Friedensbewegung und katholischer Gedanke, S.195; zu dieser Problematik s. unten S. 248.

Die Hoffnung auf die Einigung und politische Stärkung des europäischen Katholizismus, innerhalb dessen die Situation des deutschen befriedigender zu lösen und die Vorherrschaft des Liberalismus und aller sonstigen antikatholischen Strömungen einzudämmen wäre, stand hinter der Formel vom 'katholischen Pazifismus'. Diese Motivation, die in den von Max Joseph Metzger gegründeten katholischen Weltfriedensorganisationen[1] und bei Gründung des F.D.K. stark ausgeprägt war, spielte jedoch im Friedensbund insgesamt keine nennenswerte Rolle. Dort wurde der Begriff, wenn überhaupt, meist dann gebraucht, wenn eine gewisse Skepsis über die Gründlichkeit und Ernsthaftigkeit regierungsamtlicher 'pazifistischer' Politik (so apostrophierte Stratmann die Außenpolitik Stresemanns) oder über vorschnelle, optimistische juridische Bemühungen zum Ausdruck gebracht werden sollte. Die Verwendung dieses Begriffs indizierte dann die notwendig erachtete Ergänzung des politischen bzw. juridischen Friedenswerkes durch ethische Friedensarbeit, beispielsweise in der öffentlichen Meinung und in der Erziehung der Jugend[2].
Im F.D.K. gründete also die Betonung des Katholischen nicht in der Angst vor säkularisiertem Weltengagement oder vor unkatholischer Beeinflussung, sondern in seinem Friedensbegriff[3], der getragen war von der Einsicht in die Komplexität des Friedensproblems. Dessen Lösung erwartete der Friedensbund nicht allein von politischen oder juridischen Maßnahmen, vielmehr hielt er ethische und religiöse Anstrengungen gleichermaßen für erforderlich. Das bedeutete keine Reduktion seines Pazifismus auf eine unverbindliche

---

1) s. oben S. 2 und 10.
2) Vgl. MÜLLER, Franz, Politik und Pazifismus, S. 6.
3) s. unten S.98 ff.

'fromme' Friedensgesinnung. In der politischen Programmatik war er durchaus nicht "von Grund auf verschieden" vom humanitären Pazifismus.
Den entscheidenden Unterschied sah Stratmann in der "Zuhilfenahme der Ethik des Christentums und der Organisation der katholischen Weltkirche"[1], und Dirks versuchte ihn auf die Formel zu bringen, "daß er als profaner Pazifismus im Gehorsam und in der Liebe geschieht"[2].
Die konservativen politischen Schlußfolgerungen, die der Begriff 'katholischer Pazifismus' indizierte, teilte die Mehrheit des F.D.K. nicht[3]. Für sie waren auch weltanschauliche Differenzen kein Grund, die Zusammenarbeit mit der nicht-katholischen Friedensbewegung aufzugeben, sofern diese sich nicht in irgendeinen extremen Pazifismus verrannte. Ein Beispiel dafür ist die Erklärung an die katholischen polnischen Friedensfreunde, man werde, wenn sie als Partner der Verständigungsarbeit nicht zur Verfügung stünden, mit nicht-katholischen Kräften Kontakte herstellen[4].

Unumstritten war die Ablehnung jedes extremen Pazifismus, z.B. dessen, der absolute Gewaltlosigkeit postulierte (wobei allerdings 'Gewaltlosigkeit' nicht definiert war). Das hinderte freilich nicht daran, in Einzelfragen 'radikal' zu sein. Diese Teilradikalität konnte von außen her - pars pro toto - leicht als Radikalität überhaupt, als Extremismus verstanden werden.

---

1) STRATMANN, Weltkirche, S.194.
2) DIRKS, Erbe und Aufgabe, S.175.
3) s. unten S. 248 f.
4) s. unten S. 227.

Gegen den extremen Pazifismus nahm Nuntius Pacelli in seinem Grußschreiben an die katholische deutsch-polnische Konferenz in Berlin, 1929,[1] Stellung. Seine Ausführungen lösten ein starkes publizistisches Echo aus, wobei der F.D.K. und seine Gegenspieler gleicherweise versuchten, die Erklärung gegeneinander zu verwenden.

f) Nuntius Pacelli über den Pazifismus

Über den Pazifismus enthielt Pacellis Brief folgende Aussagen: "Die Kirche lehnt freilich jeden extremen, vom Standpunkt des Naturrechts unwahren und deshalb auch dem Christentum fremden Pazifismus ab, der übrigens in letzter Auswirkung nur der Gewalt des Stärkeren Vorschub leisten würde. Sie ist aber von einem Friedenswillen beseelt, der sich an innerer Aufrichtigkeit und Glut nicht überbieten läßt. Ihr Bewußtsein der Gleichheit aller Menschen vor ihrem Schöpfer und der Berufung aller zur Gotteskindschaft, zwei Tatsachen, aus denen sich die grundsätzliche Gleichberechtigung der Völker und Nationen auch im Sozialen und Kulturellen ergibt, sowie ihr alles, und alle umfassendes Gesetz der Liebe, das aus den Gnadenfluten im Schoße der Kirche Leben und Triebkraft empfängt, sind Friedensquellen, mit denen sich an Fülle und Fruchtbarkeit die rein humanitären und äußerlichen Mittel zur Sicherung des Friedens nicht vergleichen lassen"[2].

Widerspruch zum Naturrecht und, daraus folgend, Widerspruch zum Christentum galten demnach als entscheidende Kriterien des Extremismus. Wenngleich verschlüsselt, war doch deutlich, daß Pacelli damit hauptsächlich die Stellungnahmen des F.D.K. zum 'gerechten Krieg' und zum Gewaltproblem überhaupt meinte.

---

1) Text zit. in: Augsburger Postzeitung vom 1.6.1929, und HINZ, Deutsch-Polnische Konferenz, in: FK 5 (1929) Nr.6, S.2; s. unten S. 222 ff.

2) Pacelli, zit. nach HINZ, Deutsch-Polnische Konferenz, S. 2.

Seine subtile, aber unmißverständliche Mahnung an die Adresse des Bundes wies Stratmann in einer ausführlichen Auseinandersetzung mit diesem Brief ebenso deutlich zurück[1].
Für den Katholiken könne der extreme, unwahre und christentumsfremde Pazifismus "in nichts bestehen, was der katholischen Sittenlehre gemäß ist, ..."[2]
Diese aber fordere den Dienst am Frieden. Zur Realisierung des Gebots der Gottes- und der Menschenliebe gehöre der christliche Pazifismus[3].
Wenn man mit den Grundsätzen der Bibel, der Theologen und der Päpste ernst mache, sie also auch für das politische Leben gelten lasse, werde man noch mit ganz anderen Prädikaten als 'extrem pazifistisch' bedacht[4]. Stratmann erinnerte an die Praxis der frühen Kirche und an die Bergpredigt, die auch extrem gewesen sei und fuhr dann fort: "Selbstverständlich wäre es eine Versündigung an der Heiligkeit Jesu und seiner großen Jünger, irgend etwas, was aus seinem Geiste geboren ist, extrem zu nennen. Extrem kann nur das sein, was einem ganz anderen, letzten Endes dem des Herrn entgegengesetzten Geiste entspringt; ... Extremer Pazifismus ist es z.B., wenn das leibliche Leben als höchstes Gut verkündet wird, ... wenn die Unterscheidung zwischen gerechtem und ungerechtem Krieg gelassen und der Krieg als solcher als unsittlich verworfen wird. Noch extremer ist das auf alle Verhältnisse ausgedehnte Prinzip der Gewaltlosigkeit, sogar Verbrechern gegenüber"[5].

---

1) STRATMANN, Der Friedensbrief, S.1 - 9.

2) Die Beziehungen Stratmanns zu Pacelli waren offenbar nicht sonderlich gut. So bat Stratmann Hoffmann, an seiner Stelle mit Pacelli das von diesem gewünschte Gespräch vor der Tagung über die zu übermittelnde Botschaft zu führen. Pacelli gab dabei zu verstehen, daß er Stratmanns Buch 'Weltkirche und Weltfriede' gelesen habe, aber nicht mit ihm übereinstimme. In der Sache konnte er sich auch mit Hoffmann nicht einigen (vgl. HOFFMANN, Erinnerungen, S.232 ff.).

3) STRATMANN, ebd. S.1 f.

4) ebd. S.7.

5) ebd. S.5; teilweise gesperrt.

Nur solche Extremformen lehne der Nuntius ab. Daß Pacelli selbst freilich eine sehr viel engere Interpretation beabsichtigte, ist schwerlich von der Hand zu weisen.
Auffällig sind die Argumentationsebenen, von denen aus Extremismus bestimmt wurde. Beide Seiten gingen nicht von Pazifismus-immanenten Kriterien, auch nicht von politischen oder philosophischen, sondern von religiösen, weltanschaulichen Grundpositionen aus. Zur Diskussion stand nicht, was grundsätzlich extrem sei und wie das im Fall des Pazifismus wirksam werde, sondern als extrem wurde klassifiziert, was nicht mit der Lehre der Kirche übereinstimmte, welch unterschiedlicher Art und Provenienz das auch sein mochte.
Pacellis Brief brachte knapp und konzentriert jene Bedenken und Befürchtungen zum Ausdruck, die seitens der kirchlichen Hierarchie bestanden[1]: die Sorge vor dogmatischer Abweichung und zu weit gehender Übereinstimmung bzw. Kooperation mit dem nicht-katholischen Pazifismus in praktischen Belangen und die Sorge vor einer Vernachlässigung oder gar Aufgabe der christlichen Heilsmittel.

1) Pacellis Haltung hat sich auch während seines Papsttums nicht geändert. Vgl. die Weihnachtsansprachen 1948 an das Kardinalskollegium, (Utz-Groner, Nr.4133-4157) und Weihnachtsbotschaft von 1954 (UG 6307-6339), wo er vom Pazifismus als "bequemer Lebensauffassung" und der Friedenspropaganda von "ausgesprochenen Gottesleugnern" spricht. Vor 1931 erhielt der F.D.K. allerdings regelmäßig Grußtelegramme von ihm.

g) Die deutschen Bischöfe und der (katholische) Pazifismus

Obwohl die deutschen Bischöfe in ihren Hirtenbriefen wiederholt auf die Friedensfrage eingegangen waren[1], verhielten sie sich der Friedensbewegung gegenüber äußerst reserviert. In ihrem gemeinsamen Hirtenschreiben von 1923 über 'Völkernöte und Friedenswege', das Hinz "als das Friedensdokument der katholischen Bischöfe Deutschlands" bezeichnet hatte[2], nannten die Bischöfe an 'Friedenswegen' die üblichen christlichen Tugenden und Pflichten: "Beten, Sühnen, Opfern, jede Art von Liebe pflegen, auch die Feindesliebe"[3].
Weitergehende Anregungen bzw. Ermahnungen, etwa einen Appell, für den Frieden auch im öffentlichen politischen Leben wirksam zu werden oder gar einen Hinweis auf die katholische Friedensbewegung, enthielt das Schreiben nicht.
Erstmals ausdrücklich erwähnt wurde der F.D.K. anläßlich seiner Tagung in Hildesheim, 1924, vom Hildesheimer Bischof J. Ernst. In seinem Grußwort an die Versammlung sagte er:"Eine Sache, die vom Hl. Stuhl empfohlen wird, kann nicht schlecht sein. Ich möchte meine Diözesanen bitten, diese Bewegung zu unterstützen und mitzuarbeiten, daß Frieden bleibe, daß vermieden werde aller Krieg unter den Nationen"[4].

---

1) Vgl. Die Hirtenbriefe der Deutschen Bischöfe, vor allem bis 1923.

2) HINZ, Vom Wachstum, S.2, im Original gesperrt.

3) Hirtenbriefe der Fuldaer Bischofskonferenz, Sammelband 1923, S.206-211; S.208 im Original gesperrt.

4) WAIBEL, Katholischer Pazifismus, S.291; vgl. HINZ, Vom Wachstum, S.2.

Diese Empfehlung stellte allerdings eine Ausnahme dar. Auch verschiedentliche Grußtelegramme[1] zu späteren Bundestagungen bedeuteten noch keine Anerkennung oder gar Unterstützung. In der Praxis blieb die Haltung der Bischöfe zum F.D.K. bis Ende der zwanziger Jahre distanziert und abweisend. So wurde beispielsweise P. Stratmann wegen seiner Friedensarbeit in eine Pfarrei versetzt, in der ihm kaum noch Zeit dafür blieb[2]. Die Beteiligung Geistlicher an DFG-Versammlungen wurde von den kirchlichen Behörden zunächst kritisch beobachtet und schließlich verboten[3]. Im Trierer Amtsanzeiger wurde das damit begründet, daß "der von der katholischen Kirche vertretene Friedensgedanke sich wesentlich unterscheidet von der Vertretung desselben Gedankens durch Nichtkatholiken oder gar durch Freimaurer, Sozialisten und Kommunisten." Dem Verbot schloß sich allerdings ein Hinweis auf die katholische Friedensbewegung an: "Wer für die Friedensbestrebungen besonders sich zu betätigen wünscht, möge dieses tun durch den Beitritt zu dem Friedensbund deutscher Katholiken" (mit Angabe der Adresse)[4].

1) Vgl. Episkopat und Frieden (o.Verf.) in: KFW 1 (1924/25) Nr.3/4, S.6 f.

2) Vgl. STRATMANN, in der Verbannung, S.26; Neues aus unserer Bewegung, in: FK 2 (1926) Nr.5/6, S.10.

3) s. oben S. 39; Pfr. Weertz wurde die Teilnahme an solchen Veranstaltungen verboten (Historisches Archiv des Erzbistums Köln, Brief Weertz an Generalvikariat vom 27.9.1929).

4) Trierer Amtsanzeiger Nr.5 (1926) S.3, (7.1.1926), teilweise gesperrt. Diese Anordnung richtete sich hauptsächlich gegen E. Thrasolt, der als Vertreter des linken Flügels des F.D.K. Kontakte zum Jungpazifismus Hillerscher Richtung hielt und dessen Auftreten bei einer solchen Versammlung Ärgernis erregt hatte.

Im Unterschied zu dieser 'Empfehlung' konnte sich die Bischofskonferenz zwei Jahre später, 1928, in ihrer Resulution über "Friedensförderung und verwandte Bestrebungen" nicht dazu entschließen, den F.D.K. namentlich zu erwähnen.
Die Erklärung lautete: "Vom Episkopate werden Bestrebungen, die im Geiste Benedikts XV. (daß die Völker sich wieder in Liebe zusammenfinden) und Pius XI. (Christi Friede in Christi Reich) den Ausgleich der Gegensätze unter den Nationen und Ständen herbeizuführen suchen,herzlichst begrüßt. An die katholischen Organisationen wird ein warmer Appell zur Unterstützung dieser Bestrebungen gerichtet werden."
Diesen Appell veröffentlichte dann das Amtsblatt des Fürstbischöflichen Ordinariats in Breslau:

"Es ist außerordentlich erfreulich, daß das Verlangen des Volkes nach Völkerfrieden immer lauter und lebendiger Ausdruck findet. Weniger durch einzelne feierliche Veranstaltungen, als durch die stille Einwirkung der führenden Männer im Volk, und durch die zielbewußte Arbeit der Presse wird das Friedensverlangen denjenigen Einfluß auf die öffentliche Meinung und die verantwortlichen Stellen finden, von dem die Gestaltung der Zukunft abhängt. ...
Der Episkopat vertraut zum hochwürdigen Klerus, zu den Vorständen der katholischen Vereine und zu den Schriftleitungen der katholischen Presse, daß sie jede Gelegenheit benutzen, um diesen Intentionen der kirchlichen Oberhirten zu entsprechen"[1].

Vorangegangen war diesen Erklärungen eine Eingabe des F.D.K. an die Fuldaer Bischofskonferenz, in der er um Empfehlung und Unterstützung als "geeigneter Verband zur Verwirklichung päpstlicher Friedensgedanken"[2] nachgesucht hatte.

---

1) Amtsblatt der Erzdiözese Breslau, Stück 14 vom 28.8.1928.

2) Eingabe des F.D.K. an die Fuldaer Bischofskonferenz, 27.5.1928, a.a.O.

Bischof Sproll von Rottenburg[1], der als einziger deutscher Bischof schon zuvor seine Befürwortung der Friedensbewegung durch mehrfache Teilnahme an F.D.K.-Veranstaltungen dokumentiert hatte[2], übernahm den Vortrag vor der Bischofskonferenz. Obwohl seine Ausführungen nicht als repräsentativ für den deutschen Episkopat gelten können, verdienen sie hier dennoch bzw. gerade deswegen ausführliche Erwähnung als ein Zeugnis des 'anderen' Denkens.

Sproll hielt die Bestrebungen des F.D.K. aus mehreren Gründen für fördernswert:

1. weil der F.D.K. die "Friedensenzykliken der letzten Päpste immer wieder proklamiert und in die Tat umsetzen will." (Dies sei umso notwendiger als diese "nicht die Bedeutung finden, die sie verdienen.");
2. weil "alles Menschenmögliche" getan werden müsse, um durch eine "gute Aufklärung über die tatsächlichen Greuel des Krieges und über die voraussichtlichen noch größeren Greuel eines kommenden Krieges Stimmung gegen den Krieg und für den Frieden zu machen"[3].

Wenn man die Dinge einfach sich selbst überlasse, bestehe die Gefahr, "in einen neuen Weltkrieg hinein(zustolpern)." Ferner führte Sproll taktische Gründe an; die Kirche als "die größte Friedensmacht" dürfe "in der Arbeit um die Erhaltung des Friedens nicht einmal den Anschein der Untätigkeit erwecken." Mit der Unterstützung des F.D.K. könne man auch den Gegnern und Kritikern - auch aus den eigenen Reihen, z.B. in der Arbeiterschaft - den Wind aus den Segeln

---

1) Über sein späteres Schicksal in der NS-Zeit vgl. SPAETH; KOPF/MILLER;, s. unten S. 290 f.

2) Sproll besuchte die Beuroner Reichstagung, 1925, halböffentliche Versammlungen des F.D.K. in Stuttgart und Rottenburg, 1927, 1928 und 1929, die Sonderveranstaltung des F.D.K. beim Freiburger Katholikentag 1929 sowie die Frankfurter Reichstagung des Bundes, 1929.

3) SPROLL, Handschriftliche Notizen, S.II.

nehmen, wenn sie die Kirche "geradezu als Förderer des Krieges" hinstellten und ihr vorhielten, ihre Pflicht nicht zu erkennen und "es nur zu einem bedeutungslosen Friedensbund gebracht" zu haben[1].

Das Mißtrauen in katholischen Kreisen wegen fehlender bischöflicher Empfehlungen, aber auch wegen "früher verfochtener radikaler Thesen" sei nicht mehr angebracht, da der F.D.K. "namentlich mit Foerster, Ehlen, Heller nichts zu tun haben (will)" und weil er nichts mehr vertrete, "was über die Enzykliken und den Friedenshirtenbrief der deutschen Bischöfe hinausgeht"[2].
Ebensowenig wie Sprolls Empfehlungen beim deutschen Episkopat konnten die Erklärungen der Fuldaer Bischofskonferenz und die nachfolgenden Appelle in der katholischen Öffentlichkeit spürbar etwas ausrichten.
Allerdings wandelte sich die Haltung der Bischöfe allmählich. Auf der Sonderveranstaltung des F.D.K. beim Freiburger Katholikentag 1929 erschien Bischof Sproll erstmals als Vertreter des deutschen Episkopats, um dem F.D.K. dessen Wohlwollen und guten Wünsche zu übermitteln[3]. 1930 und 1931 besuchten dann die jeweiligen Ortsbischöfe (Paderborn und Berlin) die F.D.K.-Tagungen.

Aufschlußreich und repräsentativ für die Auffassungen der Bischöfe über Frieden und Friedensbewegung ist die viel beachtete Silvester-Ansprache Kardinal Faulhabers von 1928[4]. Obwohl Faulhaber in den Fragen

1) SPROLL, Handschriftliche Notizen, S.II.

2) ebd. S.IV.

3) PACIFICUS, Sondertagung.

4) Faulhaber, Vom Frieden auf Erden. Silvesterpredigt 1928, zit. in: "Aus Welt und Kirche", Beilage des "Bayerischen Kuriers" und des "Neuen Münchener Tagblatts" 1929, Nr.1; zur politischen Haltung Kardinal Faulhabers vgl. VOLK, Die Stellung Kardinal Faulhabers zur Weimarer Republik und zum NS-Staat, S.173-195.

des gerechten Krieges und der Friedenssicherung weitgehend mit dem F.D.K. übereinstimmte, erwähnte er die katholische Friedensbewegung nicht ausdrücklich. 1932 empfahl er sie dann offen[1]. Für die Friedensbewegung im allgemeinen fand Faulhaber zugleich lobende und kritische Worte. Er bescheinigte ihr Wachstum und daß "in manchen Kreisen ... freilich viel Mut dazu (gehöre), für den Völkerfrieden einzutreten". Zwischen Friedensfreund und Friedensfreund bestehe jedoch ein großer Unterschied. "Die einen rufen nach dem Völkerfrieden, weil sie ihr Vaterland hassen, die anderen rufen nach dem Frieden, weil sie ihr Vaterland lieben."

Faulhabers Beurteilungskriterium für 'gute und schlechte' Friedensbewegung war demnach nicht ein religiöser Gedanke, sondern die Vaterlandsliebe. Deswegen sah er auch ihre Aufgaben primär darin, die Friedensgesinnung zu pflegen, für den "Burgfrieden des eigenen Volkes tätig (zu) sein" sowie, den häuslichen und seelischen Frieden zu erstreben[2].

Im August 1931 entsprach die Fuldaer Bischofskonferenz dem Wunsch des F.D.K., daß "in allen Diözesen regelmäßig hl. Messen für den Völkerfrieden eingeführt werden sollen"[3].

---

1) Faulhaber, Ansprache vom 7.2.1932 in der St. Bonifatius Basilika, München, zit. in: Bayerischer Kurier, Nr. 39 vom 8.2.1932.

2) Der Begriff Burgfriede erweckt allerdings Assoziationen an die Ausführungen Emil Ritters über die "Einheitsfront" im Friedenswerk, (s. oben S. 79).

3) Vgl. HINZ, Eucharistische Friedensliga, S.227.

Bedingt durch die Genfer Abrüstungskonferenz von 1932 brachten die Jahreswende 1931/32 und die ersten Monate des Jahres 1932 dem Friedensbund geradezu eine Welle bischöflicher Anerkennung[1]. Große F.D.K.-Veranstaltungen dienten Bischöfen als willkommene Gelegenheit, ihren Friedens- und Abrüstungswillen zum Ausdruck zu bringen. Selbst der sonst sehr reservierte Kardinal Bertram[2] nutzte eine solche Veranstaltung der Breslauer F.D.K.-Gruppe, um sein Interesse an den Friedensbemühungen zu bekunden. In seinem Grußschreiben hieß es u.a.: "Wie sehr mir ein mannhaftes, nie ruhendes Eintreten für den Völkerfrieden und Frieden im eigenen Volke am Herzen liegt, ist der ganzen Diözese durch meine Kundgebungen ... bekannt. Die morgige Tagung wird dazu beitragen, daß die Gesinnungen und Erinnerungen des Episkopats immer mehr Gemeingut weitester Kreise werden"[3].

Insgesamt betrachtet kann man also eine allmähliche positive Entwicklung in der Haltung des deutschen Episkopats der katholischen Friedensbewegung gegenüber feststellen. An der Ablehnung des "Pazifismus" als "westlich", also undeutsch, und unkatholisch änderte sich freilich nichts[4]. Die Öffnung zum F.D.K. hin, muß einerseits als Erfolg des Friedensbundes gewertet werden, daß es ihm gelungen war, Vorurtei-

---

1) Zu den Kontakten Faulhaber - F.D.K.; s. unten S.150f

2) Er hatte 1928 in einem Brief an Sproll darum gebeten, "wenn eine zustimmende Erklärung ratsam erscheine, (eine solche zu finden), die etwas allgemeiner und weniger anfechtbar ist." Diözesan-Archiv Rottenburg, Nr.36.

3) Zit. in: Hildegard SEIDEL: Von der Arbeit der Breslauer Ortsgruppe, S.159.

4) Die Formulierung "westlich" hatte auch Sproll in seinem Vortrag gebraucht, S.III.

le abzubauen, andererseits ist dabei der Einfluß der sich radikalisierenden politischen Situation in Rechnung zu stellen, gegen deren Gefahren die Bischöfe gezwungen waren, alle Kräfte zu mobilisieren.

G. Zahns Behauptung[1], dem F.D.K. hätten 13 Bischöfe angehört, hat Riesenberger bereits mit Recht zurückgewiesen[2]. Sein Urteil über die Haltung der deutschen Bischöfe, die "bis 1930 vom F.D.K. keine Notiz genommen hätten", kann aufgrund der hier dargestellten Daten - in der generellen Form - nicht aufrecht erhalten werden[3]. Trotzdem bleibt als Gesamteindruck die Distanziertheit und Abweisung der Bischöfe festzuhalten. Dies wurde vom F.D.K. selbst so gesehen, wie u.a. ein Brief Stratmanns an Faulhaber belegt, in dem der Pater von "vielen Hemmnissen", die der Friedensarbeit kirchlicherseits entgegengestellt würden, sowie von "Gleichgültigkeit, ja Feindseligkeit der Kleriker" sprach und als ein Beispiel von vielen "die abfälligsten und verwirrendsten Bemerkungen über die Friedensbewegung" des Würzburger Bischofs Ehrenfried[4] erwähnte.
Daß die situationsbedingte Annäherung noch keine grundsätzliche Meinungsänderung bewirkt hatte, beweist u.a. das Verhalten des Episkopats im Jahre 1933. Der F.D.K. gehörte nicht zu den Organisationen, für deren Weiterbestehen sich die Bischöfe einsetzten[5].

---

1) ZAHN, Die deutschen Katholiken und Hitlers Kriege, S.10.

2) RIESENBERGER, S.53 und 57.

3) ders., S.54.

4) Nachlaß Faulhaber, Brief Stratmann an Faulhaber vom 16.1.1929, S.2.

5) s. unten S. 285 und 287.

III. Der Friedensbegriff des F.D.K.

Anders als der Pazifismus wurde 'der Friede' im FK nur selten zum erklärten Diskussionsgegenstand. Es ist davon auszugehen, daß es über 'den Frieden' im F.D.K. keine nennenswerten Meinungsverschiedenheiten gab - und geben konnte -, da die Vorstellungen vom Frieden durch den Glauben und die theologische Tradition vorgezeichnet waren.
In dieser Tradition bewegt sich der Friedensbegriff der Richtlinien, die ihn zwar nicht definieren, seinen Inhalt aber durch verschiedene Aussagen deutlich werden lassen.

1. Der Friedensbegriff der Richtlinien

Die Richtlinien umschrieben den 'Frieden' im Anschluß an die Grundforderung des Pazifismus, daß der Krieg durch Recht überwunden werden müsse:
"... wobei wir nicht vergessen, daß nach dem Worte Pius XI. "der wahre und echte Friede viel mehr zur Liebe als zur Gerechtigkeit gehört"."[1]
Ergänzend zu berücksichtigen sind ferner der Grundsatz, daß "das evangelische Gebot der Liebe unter den Einzelwesen keineswegs verschieden ist von dem,

---

1) Punkt 2 der Richtlinien. Das Papstzitat geht wiederum zurück auf eine Aussage Thomas von Aquins: "Indirecte est pax opus iustitiae. Directe est est pax opus caritatis." (Zit. in: STRATMANN, Der Katholizismus und der Weltfriede, S.20).

das unter Staaten und Völkern zu gelten hat"[1], und die Überzeugung, "daß 'es andere Mittel gibt, verletzte Rechte unter den Völkern wiederherzustellen als Gewalt und Vernichtung'[2]" und, daß die "Erziehung der Jugend im Geiste christlicher Vaterlandsliebe und Völkerversöhnung"[3], unabdingbare Voraussetzungen für die Erhaltung des Friedens darstelle.
Die Auffassung, daß der Friede vorrangig ein Werk der Liebe sei, wurde in den 'Erläuterungen' begründet. "Nun ist aber nicht einmal die Gerechtigkeit imstande, jenen vollen, tiefen Frieden zu begründen, in dem der einzelne und die Gesellschaft sich wahrhaft wohl fühlen können. Es gibt eine Gerechtigkeit, die wegen ihrer Härte und Strenge für ein menschenwürdiges Zusammenleben unerträglich ist. Ihre befreiende und beglückende Vollendung empfängt die Gerechtigkeit erst durch die Liebe"[4].

Wenn auch nur in Ansätzen enthält diese Erklärung eine wesentliche Aussage: Friede herrscht nicht allein, wenn die Waffen schweigen, vielmehr muß er eine gewisse Qualität besitzen, die so angedeutet wird: "... in dem der einzelne und die Gesellschaft sich wahrhaft wohl fühlen können." Daraus folgt, daß der einzelne ein menschenwürdiges Leben und Zusammenleben in der Gesellschaft nur dann führen kann, wenn es in der Liebe seine "befreiende und beglückende" Vollendung erfährt. Auch die Gesellschaft als ganze bedarf dieser Grundlagen und Merkmale, auch

---

1) Punkt 1 der Richtlinien. Zitat Benedikt XV.
2) Punkt 4 der Richtlinien. Zitat Benedikt XV.
3) Punkt 5 der Richtlinien.
4) STRATMANN, Erläuterungen, S.16.

sie muß als ganze menschenwürdig, frei und befreiend sein, auch sie kann nicht nur mit Recht auskommen. Das gilt für die Beziehung der einzelnen zur Gesellschaft und für die der Gesellschaften untereinander. Intra- und intergesellschaftliches Recht allein begründen noch keinen "vollen, tiefen Frieden." Dieser bedarf vielmehr der mitmenschlichen Qualität, die gekennzeichnet wird durch das Leitbild der christlichen Nächstenliebe.

Interessant ist, daß in diesem Zusammenhang nicht spezifisch religiöse oder theologische Aspekte des Friedens bzw. der Liebe angeführt werden, sondern ausschließlich - profane - zwischenmenschliche und gesellschaftliche, nämlich sich-wohl-fühlen-können, menschenwürdiges Leben und Zusammenleben mit dem Ziel befreiender und beglückender Vollendung. Dieser Tatbestand deutet bereits an, daß es dem F.D.K. nicht in erster Linie um den religiös-metaphyischen Frieden ging, sondern vorrangig um das konkrete menschliche Leben im individuellen, im gesellschaftlichen wie im internationalen Bereich.

Diese praktische, soziale und politische Orientierung des F.D.K.-Pazifismus, "nicht an den 'abstrakten' Menschen (anzuknüpfen), sondern an den 'lebendigen'"[1] wurde auffallend gesellschaftskritisch begründet: "Der 'abstrakte' Mensch ist der vom Staate erzogene 'Staatsbürger', der 'Untertan', der 'Patriot', der durch die Staatsmaschine hindurchfiltrierte Mensch, dem man das eigene Denken, Fühlen und Wollen und oft auch das Blut 'abgezogen' hat ('abstrakt' heißt abgezogen). Der Pazifismus nimmt

1) STRATMANN, Emmanuel von Ketteler, S.4.

das Volk gegen den Staat in Schutz, gegen den seelen- und herzlosen Apparat, der dem Volke das Leben so oft verekelt und durch seine Kriegspolitik das Leben vollends nimmt"[1].
Mit einem Begriff Bischof von Kettelers wurde das Ziel der Friedensarbeit einmal umschrieben als "Humanisierung der Massen" (und ihrer Verhältnisse)[2]. - Die modernen Theorien politischer Theologie, etwa die in Anlehnung an Teilhard de Chardin geforderte Hominisation bzw. Divinisierung der Welt, sind hier also schon vorgezeichnet[3]. - Recht auf Leben, auf "eigene(s) Denken, Fühlen und Wollen" - also auf die Entfaltung der Persönlichkeit - gehören nach Auffassung des F.D.K. demnach wesentlich zum Frieden. Nicht das Recht auf Leben allein und seine Unantastbarkeit - Abwesenheit von physischer Gewalt - konstituieren Frieden, sondern eine bestimmte Qualität des Lebens, die, in heutiger Terminologie, mit den Begriffen Menschenrechte und Emanzipation (Selbstbestimmung) umschrieben werden könnte. "Wer also das Leben, auch das natürliche, irdische Leben, für einen Wert erklärt, wer dieses Leben heilig und unverletzt zu erhalten gebietet, wie es durch das 5. Gebot Gottes geschieht, der erklärt auch den Frieden für einen Wert und der gebietet auch diesen Frieden heilig und unverletzt zu erhalten"[4].
Zusätzlich bestimmt wird der Friedensbegriff der Richtlinien durch den Grundsatz, "daß "das evange-

---

1) STRATMANN, Emmanuel von Ketteler, S. 4.

2) zit. ebd. (Vortrag vor der Fuldaer Bischofskonferenz 1869).

3) vgl. Teilhard de Chardin, Der Göttliche Bereich; METZ, Zur Theologie der Welt, S.50 ff., s. oben S. 23.

4) STRATMANN, Erziehung zum Frieden, S.93.

lische Gebot der Liebe", auch zwischen Staaten und Völkern zu gelten habe. Für den F.D.K. heißt das, daß es andere Mittel als den Krieg gibt, internationale Konflikte zu lösen. Diese Überzeugung muß parallel zu der erwähnten Relation von Gerechtigkeit und Liebe als den Konstituentien von "Friede", gesehen werden. Ebenso wie Recht und Gerechtigkeit allein nicht ausreichen, den Frieden aufzubauen, bzw. zu erhalten, schaffen auch die "gerechten" Mittel der "Gerechtigkeit" allein keinen Frieden, kein menschenwürdiges Zusammenleben.

Welche Methoden der F.D.K. als "andere Mittel" vorschlägt, geht jedoch weder aus den Richtlinien, noch aus den Erläuterungen eindeutig hervor. Dort ist nur, in Anlehnung an Benedikt XV., von der Notwendigkeit des Völkerbundes die Rede, innerhalb dessen "Unabhängigkeit" und Ordnung gewährt, Kriege verhindert und Militärausgaben reduziert werden könnten.
Neben der negativen Definition, daß alle nichtkriegerischen Mittel solche "andere Mittel" sind, kann von dem Terminus "Völkerfamilie", den die Richtlinien aus der Friedens-Enzyklika Pius XI. entlehnen, doch auf eine gewisse Qualität dieser Mittel geschlossen werden. Die Mittel müssen dem Anspruch gerecht werden, daß alle Beteiligten "sich wohl fühlen können", wie es - idealiter - in der Familie der Fall ist.

Familie, das bedeutet Dienst am Leben, an der Entfaltung der Persönlichkeit, bedeutet Respektieren der individuellen Rechte und Solidarität; sie bedeutet schließlich auch einen Typ von Konfliktbewältigung, nämlich den, der auf weitestgehende Integration zielt[1].

Diesem Modell entsprechend kann, nach Auffassung des F.D.K.,der Friede nicht allein durch Organisation hergestellt werden, vielmehr sind dazu entsprechende Einstellungen erforderlich, auch im - internationalen - politischen Leben. Auch für diesen Bereich ist eine adäquate Erziehung notwendig, "im Geiste der Völkerversöhnung" und "christlicher Vaterlandsliebe"[2].

Völkerversöhnung und christliche Vaterlandsliebe verstehen die Richtlinien als ins Politische übertragene Nächstenliebe.

Aus den genannten Elementen kristallisiert sich ein Friedensbegriff heraus, der nicht ein eschatologisches, metaphysisches Ziel ins Auge faßt, der vielmehr ausgerichtet ist auf das weltimmanente menschliche Leben. Er ist ein Begriff, der das "Was", seinen Inhalt, aus dem (Zwischen-)Menschlichen, dem Personsein, selbst entfaltet, der jedoch sein "Wie", seine Modi (Wege), aus dem Religiösen und Theologischen bestimmt.

Indem er Qualitäten des Lebens, d.h. zugleich des öffentlich-miteinander Handelns fordert, nicht aber ein bestimmtes System anvisiert, entspricht dieser Friedensbegriff formal auch der Tradition der katholischen Soziallehre, die ethische Prinzipien und z.T. ihre aktuellen Konsequenzen verkündet, ohne je ein politisches Gesamtkonzept zu entwerfen, weil sie gegenüber politischen, bzw. gesellschaftlichen Systemen stets Neutralität bewahrt.

---

1) Vgl. KLÜBER, S. 39 ff.

2) Vgl. Richtlinien Punkt 5.

Inhaltlich, durch die auffallende Betonung des individuellen Lebens und seiner - politischen - Rechte geht er über diese hinaus und nimmt moderne Vorstellungen vorweg, für die die Personalität des Menschen und damit die Forderung der Menschenrechte zum Grundprinzip geworden ist.

2. 'Gemeinschaft' - ein anderer Name für Friede

Der Friedensbegriff der Richtlinien findet eine wertvolle Ergänzung in zwei Beiträgen Stratmanns[1], in denen der Autor die heilsgeschichtliche Dimension des Friedens aufzeigt. Zum maßgebenden Kriterium wird auch hier eine profan-menschliche Kategorie, die Gemeinschaft[2].
In ihr sah er die erstrebenswerte Form menschlichen Zusammenlebens. Denn sie überwinde sowohl die Isolierung und Hypostasierung des Individuums als auch die bloß unverbindliche, 'förmliche' "Aneinanderreihung von Individuen", von Rolle zu Rolle, von Funktion zu Funktion. 'Gemeinschaft' stelle"eine Beziehung von Mensch zu Mensch, Seele zu Seele, ein warmes Zusammengehörigkeitsgefühl" her[3]. Eine solche Gemeinschaft bezeichnete er als "solidaristisch".

1) STRATMANN, Weltkirche, S. 21 ff.; ders., Die Friedensbewegung und die göttliche Weltordnung, S.149 - 154.

2) Zur Problematik dieses Begriffs - "eines der magischen Worte der Weimarer Zeit" - vgl. SONTheimer, S.315 - 317. Im Unterschied zu der von Sontheimer aufgezeigten nationalistischen Dimension von 'Gemeinschaft' diente 'Gemeinschaft' dem F.D.K. als ein Gegenbegriff zu Nationalismus; vgl. auch PLESSNER, Grenzen der Gemeinschaft.

3) STRATMANN, Weltkirche, S.21.

Zur Charakterisierung dieser 'solidaristischen' Gemeinschaft bzw. des Solidarismus, verwies er auf die Kennzeichen des Corpus Christi Mysticum: die durch die Heilstat Christi den Menschen (der Welt) eingestiftete Versöhnung, zwischen Gott und Mensch und der Menschen untereinander. Mit den Mitteln der Versöhnung - Vergeben, Wiedergutmachen, Neuanfangen, Gräben überwinden usw. - Gemeinschaft herstellen, sei die (Friedens-)Aufgabe der Christen und der Kirche insgesamt. Die politische Dimension dieser Aufgabe versuchte der Autor folgendermaßen zu umschreiben: "In die Sprache der Soziologie und Politik übersetzt, lautet die ethische Forderung der Lehre vom Corpus Christi mysticum Solidarismus im Volks- und Völkerleben! Fort mit dem volks- und völkermordenden Gruppenegoismus, Rückkehr zur Ethik eines christlichen Weltorganismus"[1].

Das 'Qualitätszeichen' des Volks- und Völkerfriedens ist also die solidarische Gemeinschaft. Wirklicher Friede erfordere deswegen die Ausgestaltung der Gesellschaft zur Gemeinschaft[2]. Daß dieses Ziel erst am Ende der Zeit ganz, zuvor aber nur approximativ erreicht werden kann, entbinde nicht von der Pflicht, dem Frieden "nachzujagen" und das Menschenmögliche für ihn zu tun[3].
In Bezug auf den vorläufig politisch machbaren Frieden reduzierte Stratmann seinen Friedensbegriff auf die Formel des klassischen Pazifismus, wobei er allerdings als Nuance den Gedanken der Gemeinschaft

---

1) STRATMANN, Weltkirche, S. 36; hier wird bereits die Nähe des F.D.K. zur solidaristischen Staatslehre deutlich; s. unten S.

2) vgl. ebd. S. 22.

3) ebd. S. 262 f.

mit einbrachte. "Es handelt sich heute einfach um die Schaffung zwischen- und überstaatlicher Instanzen, die die zivilisierte Menschheit zu einer Rechtsgemeinschaft zusammenschließen soll"[1].
Der - derzeit machbare - Friede wurde damit sowohl sachlich als auch räumlich begrenzt; in Betracht genommen wurden zunächst nur die zivilisierten Völker[2].
Mit der Hervorhebung der Gemeinschaft als grundlegender Kategorie des Friedensbegriffs unterscheidet sich diese Auffassung von der herrschenden theologischen Tradition. Während diese den Frieden meist durch abstrakte, der menschlichen Einwirkung entzogene Kriterien, z.B. in Anlehnung an Augustinus als "tranquilitas ordinis" definierte, baute Stratmann, und mit ihm der F.D.K., seinen Friedensbegriff auf eine Kategorie aus dem Bereich menschlicher Interaktion, des gemeinschaftlichen Menschseins, welches für ihn nicht sein konnte ohne die Einbeziehung in das göttliche Heilsgeschehen[3]. "Gott will, daß alles harmonisch ineinandergreift, miteinander auskommt, er will, daß der eine Mensch dem anderen hilft, er will, daß die Menschengruppen dasselbe tun, ..."[4]. Gerade die heilsgeschichtliche Fundierung des Friedens beweise, daß "der Friede und die von ihm ausgelöste oder zu ihm hindrängende Bewegung ... nicht nur nicht weltfremd (ist), sondern das Weltentsprechendste, was es gibt: ein Grundgesetz Gottes und seiner Schöpfung. ... Gottes Weltordnung, die schon besteht, ist die Quelle dieser

1) STRATMANN, Weltkirche, S. 262 f.

2) Zu dieser Problematik, s. unten S.233 f.

3) Mit einem so fundierten Friedensbegriff wurde auch der Brückenschlag zur nicht-katholischen Friedensbewegung erleichtert.

4) STRATMANN, Göttliche Weltordnung, S.150 f.

Bewegung, und Gottes Weltordnung, die noch gewirkt werden soll, ist das Ziel dieser Bewegung"[1].

Dem von Gegnern der Friedensbewegung oft vorgebrachten Einwand, daß das Friedenswerk aufgrund der Erbsünde zum Scheitern verurteilt sei, stellte Stratmann dieses heilsgeschichtliche Ziel entgegen, die in der Erlösungstat Christi vorgezeichnete Vollendung. Er war davon überzeugt, daß die "Kraft der Gnade ... größer (ist) als die Kraft der Sünde"[2]. Daß der Friede keine ausschließlich (oder primär) metaphysische Verheißung und Aufgabe sei, das bekenne der christliche Glaube in seiner Hoffnung auf das "Kommen des Reiches Gottes". Den Frieden hielt er schließlich realisiert, wenn "sein Geist, die Kraft seiner Lehre und Gnade, eine Menschheit heraufführen wird, die eine ideale religiöse, soziale und politische Gemeinschaft bildet ...". Von diesem weltlich erreichbaren Ziel her müßten die Wege des Völkerlebens bestimmt werden[3].

Transzendenz und Immanenz sind in diesem Friedensbegriff untrennbar miteinander verbunden. Darin dokumentiert sich der gleichermaßen religiöse und politische Charakter des Programms der katholischen Friedensbewegung, die "bei aller Zukunftsorientierung Gegenwartsaufgaben ... hier und jetzt in zäher Kleinarbeit" zu verrichten hat[4].

1) STRATMANN, Göttliche Weltordnung, S. 150.
2) ebd. S. 152.
3) ebd. S. 153.
4) ebd. S. 154.

Kennzeichnend für den Friedensbegriff des F.D.K. ist, daß die ihn bestimmenden Kategorien nicht Ordnungsmuster im Sinne einer bestimmten Verfassung darstellen, sondern daß sie primär den Modus der Interaktion betreffen. 'Der Friede' erscheint demnach weniger als das Ergebnis einer optimalen Gesellschafts- und Weltkonstruktion, vielmehr als das Ergebnis und die Weise optimaler Interaktion, auch und gerade im gesellschaftlichen und (internationalen) politischen Bereich.
Der theologische und heilsgeschichtliche Hintergrund des Friedensbegriffs deutet bereits darauf hin, daß im F.D.K. 'Friede' nicht ohne 'Kirche' gedacht wurde. "Da ihr der Friede als Morgengabe in die Wiege gelegt und als Aufgabe mit auf den Weg gegeben worden, gehören Weltkirche und Weltfriede unlöslich zusammen"[1]. "Wer aber soll den Weltfrieden für die Welt herbeiführen? Die Weltkirche! Vermöge ihrer organisatorischen, pädagogischen und mystischen Kraft! Man hat die Kirche als 'Keimzelle der Weltvergöttlichung' aufgefaßt"[2].
Zwar bestehe die Aufgabe der Kirche primär in der Sorge um den 'inneren' Frieden, aufgrund der unabdingbaren Zusammengehörigkeit von 'innerem' und äusserem Frieden sei ihr dieser aber ebenso anvertraut[3]; sie habe darin eine "apologetische und pastorale" Pflicht[4]. Wenn die Kirche eine wirkliche Friedensmacht sein solle, müsse sie, den Realitäten des modernen Krieges Rechnung tragend, ihre Haltung zum 'gerechten' Krieg ändern[5].

---

1) STRATMANN, Weltkirche, S. 272 f.

2) ders., S. 292. Stratmann bezieht sich hier auf Hans André: Die Kirche als Keimzelle der Weltvergöttlichung". Diese Terminologie erinnert auch an Teilhard de Chardin und die moderne "Politische Theologie" (Metz).

3) STRATMANN, Weltkirche, S. 273.

4) ebd. S. 275.

5) ebd. S. 277; vgl. auch Stratmanns Brief an Faulhaber vom 16.1.1929.

"Was sie dem Duell und der Mensur, d.h. dem planmäßigen blutigen Zweikampf gegenüber konnte, das kann sie unter Umständen auch dem planmäßigen blutigen Millionenkampf gegenüber"[1].
Auch im Bereich der internationalen Beziehungen könne die Kirche eine wichtige Aufgabe übernehmen. Es wurde dabei u.a. an eine verstärkte und autoritative Beeinflussung der nationalen Episkopate gedacht. "Ein Befehl Roms - und die deutschen Bischöfe würden mit französischen zu gemeinsamer Aussprache, Beratung und Beschlußfassung an einem Tische sitzen." Trotz der Hoffnung auf Rom, war man sich im F.D.K. dessen bewußt, daß so etwas nicht dekretiert werden kann, wenn nicht eine entsprechende geistige Atmosphäre vorhanden ist[2].
Diese Atmosphäre zu schaffen, die Idee des Friedens wachzuhalten und ihre Verwirklichung anzustreben, sofern dies von der Kirche selbst nicht entschlossen genug angegangen werde, darin wurde die Hauptaufgabe der Friedensbewegung gesehen.

---

1) STRATMANN, ebd. S. 279; den Gedanken des Kriegsverbots durch den Papst artikulierte Stratmann 1936, während seines Exils, sehr viel eindringlicher. Er erinnerte an die Exkommunikation der Action française und deren Erfolg sowie an die Praxis der frühen Kirche, harte Strafen für Teilnahme an Kriegen zu erlassen, und schließlich an das Wort des amerikanischen Kriegsministers Baker - im Kabinett Wilson -: "If the Churches forbid war, the Governments cannot carry on" und folgerte daraus, daß die wirksamste Methode, den Krieg zu unterbinden, Verbot und Exkommunikation seien, (Peace and the Clergy, S.12o). Trotzdem aber überschreite ein solches Verbot die Kompetenz der Kirche, da sich ihre 'potestas directa' nicht auf die Staaten erstrecke. Die Kirche könne nur indirekt auf das moralische Empfinden und Handeln einwirken (ebd. S. 121).

2) STRATMANN, Weltkirche, S. 280.

IV. Das Problem des 'gerechten Krieges'

Die These, daß die Kirche nur dann eine wirksame Friedensmacht darstellen könne, wenn sie ihre Haltung zum Krieg ändere, deutet bereits die kritische Einstellung des F.D.K. zur traditionellen kirchlichen Lehre vom 'gerechten Krieg' an. Hauptursache für das kritische, neue Bewußtsein war die Erfahrung des Ersten Weltkrieges. Zuvor meist nur akademisch abgehandelt[1], wurde das Problem der Erlaubtheit des Krieges nun allgemein zu einer lebhaft diskutierten Streitfrage[2].
Die Stellungnahme des F.D.K., die vor allem von P. Stratmann vorgetragen wurde, soll im folgenden skizziert und der Haltung der Bischöfe verglichen werden.

1. Die Richtlinien

"Zwar geben wir in voller Übereinstimmung mit der katholischen Theologie zu, daß es in der Idee einen gerechten Krieg gibt. In der Wirklichkeit fehlen bei den heutigen Verhältnissen der Kultur und Technik die von der katholischen Sittenlehre geforder-

---

1) Vgl. KELLER, Katholische Seelsorge und Friedensbewegung, S.493 f. Keller setzt sich kritisch mit den Auffassungen von Mausbach, Koch und Schilling auseinander. Vgl. auch STRATMANN, Erläuterungen, S. 3.

2) Vgl. CZEMPIEL, Die Christen und die Auswärtige Politik, S. 27.

ten Bedingungen für einen erlaubten Krieg"[1].
Diese erste Fassung des Kriegsartikels der F.D.K.-Richtlinien war ihrer "Absolutheit und Kühnheit"[2] wegen umstritten. Vor allem von theologischer Seite wurden Bedenken geäußert und gefragt, ob es nicht auch in der Moderne Fälle gerechten Krieges geben könne[3].
Eine vom Bundestag des F.D.K. in Essen, 1927, eingesetzte Kommission[4] legte 1928 einen weniger apodiktischen Text vor:
"Zwar geben wir in voller Übereinstimmung mit der katholischen Theologie zu, daß es in der Idee einen gerechten Krieg gibt. In der Gegenwart hat aber einerseits die Möglichkeit einer unkriegerischen Auseinandersetzung, andererseits die Zerstörungsgewalt des Krieges derartige Fortschritte gemacht, daß die Entfesselung eines solchen Krieges nicht mehr als sittlich erlaubt gelten kann. Selbst der Verteidigungskrieg gegen einen kriegerischen Überfall ist nur dann berechtigt, wenn ein anderes Mittel zur Abwehr nicht besteht und die bewaffnete Gegenwehr das Übel nicht verschlimmert"[5].

Die erste Fassung schloß eine Rechtfertigung des modernen Krieges aus und unterschied nicht zwischen Angriffs- und Verteidigungskrieg, weil der moderne Krieg eo ipso - durch seine Massenvernichtungsmittel und seine Totalität - den Forderungen der klassischen Lehre vom gerechten Krieg widersprach. Damit wurde die weitere Gültigkeit der moraltheologischen Kriegslehre überhaupt in Frage gestellt. Die relativierende Formulierung, "zwar geben wir zu, daß in der

---

1) Richtlinien, B 3.

2) STRATMANN, Unser Kriegsartikel, S. 2.

3) Vgl. ebd. S. 1.

4) Ihr gehörten an: Ehlen, Hocks, Noppel, Ohlmeier, Miller, v. Soden, Stratmann (vgl. STRATMANN, Unser Kriegsartikel, S.2).

5) Zit. in: FK 4 (1928) Nr.8, S. 16.

Idee..."; verstärkt diesen Eindruck. Nach Überzeugung des F.D.K. konnten die überkommenen Vorstellungen angesichts der modernen Entwicklungen nicht länger Gültigkeit beanspruchen.
Dennoch bejahte auch er das Prinzip des Rechts auf Verteidigung, sofern alle rechtfertigenden Bedingungen gegeben seien. Einem in seinen Rechten verletzten Staat stehe dann naturrechtlich das Recht auf Selbstverteidigung zu, wenn keine höhere Rechtsinstanz ihm zu seinem Recht verhelfen könne und "vorausgesetzt, daß andere Naturrechte nicht auch dann noch den Krieg verbieten"[1].
Der Krieg als solcher müsse grundsätzlich als letztes Vollzugsorgan strafender Gerechtigkeit anerkannt werden[2]. In der Praxis jedoch gelte das nur sehr begrenzt.

In Anlehnung an die scholastische Kriegslehre stellte Stratmann folgende Einschränkungen, Bedingungen des gerechten Krieges, zusammen:

1. schweres Unrecht auf Seiten einer und nur einer der beiden streitenden Parteien;
2. schwere formelle moralische Schuld auf einer der beiden Seiten. Bloß materielles Unrecht genügt nicht;
3. zweifelsfreie Nachweisbarkeit dieser Schuld;
4. Unvermeidbarkeit der kriegerischen Auseinandersetzung nach Fehlschlagen aller mit ganzem Ernst und ganzer Kraft unternommenen friedlichen Verständigungsversuche;
5. Proportion zwischen Schuld und Strafmittel. Ein das Maß der Schuld überschreitendes Strafmaß ist ungerecht und unerlaubt;
6. moralische Gewißheit, daß der Sieg der gerechten Sache zuteil werden wird;
7. rechte Absicht, durch den Krieg das Gute zu fördern und das Böse zu vermeiden. Das aus dem Kriege zu erwartende Wohl des Staates muß das zu erwartende Übel übersteigen;

---

1) STRATMANN, Erläuterungen, S. 18.

2) ebd. S. 21.

8. rechte Art der Kriegsführung: Einhaltung der Schranken der Gerechtigkeit und Liebe;
9. Vermeidung schwerer Erschütterung anderer nicht unmittelbar in die Kriegshandlung verwickelter Staaten sowie der christlichen Gesamtheit;
10. Kriegserklärung durch eine gesetzlich dazu autorisierte Obrigkeit im Namen Gottes zur Vollstreckung seiner Gerichtsbarkeit. [1].

Entscheidend für die Erlaubtheit eines Krieges sei die Erfüllung aller Bedingungen. "Fehlt eine dieser Voraussetzungen, so wird der Krieg ungerecht"[2].

Die entschärfte Fassung des Kriegsartikels berief sich nicht mehr auf 'die' katholische Sittenlehre, sondern auf die Sittlichkeit ganz allgemein. Sie trug damit dem Tatbestand Rechnung, daß eine einheitliche katholische Sittenlehre zum Kriegsproblem nicht existierte, daß also die thomistische bzw. scholastische nur eine, wenn auch bedeutende unter vielen Lehren war. Die Meinungsvielfalt der neuzeitlichen Lehrmeinungen [3] ging nach Stratmann sogar so weit, daß mitunter die "Grenze zwischen Katholischem und nicht mehr Katholischem, zwischen sicher Erlaubtem und sicher Unerlaubtem" verwischt wurde[4].
Die in der Sache wesentlichste Unterscheidung zwischen erster und zweiter Fassung lag in der Aussage über den modernen Krieg. Während die erste Fassung die Sittlichkeit des Krieges generell vernein-

---

1) STRATMANN, Weltkirche, S. 103 f.; vgl. ders., Die Kriegslehre der augustinisch-thomistischen Schule.

2) STRATMANN, Weltkirche, S. 104.

3) Darüber urteilte Stratmann sehr kritisch: "Mir ist kein Lehrbuch der katholischen Moral bekannt, das, abgesehen von Verkürzungen, in der Kriegslehre etwas anderes darböte als die Bücher des 17. Jahrhunderts, eines Jahrhunderts also, in dem der fürstliche Absolutismus in Blüte stand, das weder eine Ahnung hatte von Volksrechten noch vom Völkerrecht ... (Kriegsartikel, S. 3).

4) STRATMANN, Kriegsartikel, S. 3.

te, wurde in der zweiten Fassung nur die des modernen Krieges in Zweifel gezogen. Das kategorische Nein hatten die Erläuterungen mit dem negativen Befund begründet, der sich als Antwort auf die notwendigen Fragen ergebe, ob im modernen Krieg der Nutzen den Schaden übertreffe, ob der moderne Krieg sich lokalisieren ließe und ob die Art der Kriegsführung in Schranken gehalten werden könne.

Vor allem die Tatsache, daß die Vernichtung der Zivilbevölkerung nicht mehr wie früher nur unbeabsichtigte Begleiterscheinung, sondern unmittelbar beabsichtigt sei, mache den modernen Krieg unsittlich und unerlaubt; er werde dadurch "zum Mord, zum grauenhaftesten Massenmord, zur himmelschreienden Sünde!"[1]
Mit diesen, von Benedikt XV. übernommenen Formulierungen, wurde die Entschiedenheit der ersten Richtlinienfassung nochmals unterstrichen. Auch der Kommentar zum abgeschwächten zweiten Text war gekennzeichnet von dem Bemühen um eine möglichst radikale Interpretation, dem Grundgesetz entsprechend, daß "diejenige Kriegslehre ... die beste (ist), die einen Kriegsgrund am schwersten gelten läßt ..."[2].

Damit begründete Stratmann auch seine Präferenz für die scholastische Kriegslehre, weil "kein Fürst oder Staat, der Krieg führen möchte, etwas damit anfangen kann"[3].

---

1) STRATMANN, Erläuterungen, S. 23, teilweise gesperrt; (Zitat: Benedikt XV. Friedensenzyklika von 1917).

2) STRATMANN, Weltkirche S. 101, (im Original gesperrt).

3) ders., Die gesetzliche Ächtung des Krieges, S. 2.

Er hielt sie außerdem zur Stützung und Entfaltung der öffentlichen Meinung für bedeutsam. Denn die öffentliche Meinung könne nur dann als progressives und kritisches Korrektiv gegenüber Regierungen bestehen, wenn sie sich an klaren Normen orientiere[1]. Nur wenn der Druck von unten stärker werde, habe die - nicht-militaristische - öffentliche Meinung eine Chance, sich allgemein durchzusetzen. "Erst die der Militär- und Geldmacht durchweg entgegengesetzten geistigen Mächte, die gesellschaftlich weiter unten rangieren, oft ganz unten, ... erst diese Mächte haben den Stein ins Rollen gebracht, der den Kriegsgötzen zu zertrümmern berufen ist"[2].

2. Das Dilemma der katholischen Kriegslehre

Die Diskrepanz zwischen erster und zweiter Richtlinienfassung läßt das grundlegende Dilemma katholischer Friedensbewegung in ihrem Verhältnis zur repräsentativen katholischen Kriegslehre sowie die Problematik dieser Lehre selbst erkennbar werden. In einem Brief an Kardinal Faulhaber beklagte Stratmann "die äusserste Dehnbarkeit und Rückständigkeit der heutigen moraltheologischen Lehre vom 'gerechten Krieg'. Jeder heute noch mögliche Krieg kann durch die weiten Maschen dieser Lehre als 'gerecht' hindurchschlüpfen, wie denn auch m.W. in der Neuzeit regelmäßig die Theologen der kriegsführenden Parteien den von ihrem Lande geführten Krieg als 'gerecht' nachweisen zu sollen geglaubt haben, und zwar

---

1) STRATMANN, Zur Revision der Kriegsmoral, S. 124.

2) ders., Die gesetzliche Ächtung des Krieges, S. 1; teilweise gesperrt.

nicht nur deshalb, weil sie zuerst patriotisch, und dann erst religiös, fühlten, sondern auch deshalb, weil ihnen ihre Moraltheologie die bequemste Handhabe dazu bot. ...
In ihren Traktaten über den Krieg ist die Rede immer nur vom Naturrecht, nie vom Recht der Bergpredigt und Geiste Jesu. ...
Die Kirche Jesu ist zur Staatsreligion 'erhoben' worden und muß nun alle Folgen dieser schlimmen Mischehe tragen. Sie exkommuniziert heute den harmlosesten studentischen Zweikampf (mit Recht), sie rührt aber mit keinem Verbot an den teuflischen Millionenkampf, ja sie verbietet nicht einmal ihren Priestern, aktiv an diesem Morden teilzunehmen, ...
Unter solchen Umständen scheidet die Kirche als Weltfriedensmacht heute praktisch aus. Wenn morgen ein Weltkrieg ausbricht, sind nach der Auffassung der allermeisten Moraltheologen alle in Betracht kommenden Untertanen aller kriegführenden Regierungen (denn nur diese, nie die von ihnen regierten Völker wollen den Krieg) verpflichtet, an der gegenseitigen Vernichtung aktiv teilzunehmen. Die Kirche kann bitten, aber anscheinend nicht befehlen, von diesem Selbstmord abzulassen. Sie könnte es, wenn sie auf das Kriegsrecht zurückgriffe, das in der vorabsolutistischen Zeit von einigen theologischen Klassikern des katholischen Völkerrechts aufgestellt worden ist."[1].

Mit der Hypothese, die Kirche sei zur Staatsreligion geworden, bekannte sich Stratmann zwar nicht zur 'Sündenfalltheorie'[2], die besagt, daß die Konstantinische Wende eine Abkehr der Kirche von ihrer eigentlichen Aufgabe und ihrem Wesen darstelle; die Kritik an der zunehmenden Anpassung der Kirche an die Kriegsmoral der Herrschenden bestimmte jedoch wesentlich das Denken des F.D.K.[3]. Die zu weit gehenden Konzessionen an die staatliche Kriegsmoral wurden u.a.

---

1) Brief STRATMANN an Faulhaber vom 16.1.1929, S. 3 ff.; Nachlaß Faulhaber.

2) Diese Theorie vertrat Heering, mit dem STRATMANN sich hier auseinandersetzte ("Der Sündenfall des Christentums", S. 49-54 und S. 69-76).

3) STRATMANN, ebd. S. 73 f.; vgl. KELLER, Kriegsächtung und Friedensrüstung, S. 29; Keller kritisierte das Verhalten der Kirche noch wesentlich schärfer.

als Grund für die übertriebene Staatsgläubigkeit und politische Passivität des Katholizismus angesehen[1]. Durch ihre Unterordnung unter den absolutistischen und nationalistischen Staat habe die Kirche einige ihrer genuinen Einstellungen geopfert und wesentliche Aufgaben versäumt. Da der Staat - 'Caesar' - immer heidnisch bleibe, sei die 'Mischehe' mit ihm "so schlimm und unglückselig"[2].

3. Notwehr und Verteidigung

Die in der deutschen katholischen Öffentlichkeit Anfang der 30er Jahre geführte Diskussion, ob im Falle eines bolschewistischen Angriffs auf Deutschland ein Verteidigungskrieg erlaubt sei, nahm Stratmann zum Anlaß, eigens zur Frage des Notwehr- und Verteidigungsrechts Stellung zu nehmen. Er lehnte die Übertragung des Notwehrrechts des Individuums auf Kollektivindividuen ab[3], weil es im kollektiven Bereich keine unvorhergesehene Aggression gebe, die eine spontane, instinktive Reaktion rechtfertige. Jeder

1) Vgl. STRATMANN, Der Sündenfall, S. 53.

2) ebd. S. 73 f.

3) ders., Krieg gegen Rußland?, S.2; Das "Theologische Gutachten über die sittliche Erlaubtheit des Krieges", das im Januar 1932 von einer internationalen Theologenkommission, der u.a.P.Stratmann angehörte, veröffentlicht wurde, unterschied dabei zwischen Notstand und Notwehr. Das legitime Notwehrrecht sei oft uminterpretiert worden zum Notstandsrecht, nach welchem der Staat für sich ein Recht auf Krieg reklamierte, wenn er seine nationalen Interessen ohne Krieg nicht für erreichbar hielt. Der Staat habe sich damit schrankenlose Hoheiten angeeignet, die ihm im Grunde nicht zustünden. (Theologisches Gutachten, S.52; Zur Entstehung des Gutachtens vgl. HINZ, Friedensbundarbeit, S.10).

Krieg habe eine Entstehungsphase, und in dieser Phase des eskalierenden Konflikts könne und müsse bereits alles getan werden, eine kriegerische Auseinandersetzung zu verhindern und einen Vergleich zustandezubringen, "wenn auch unter Opfern"[1].
Der Sinn der Verteidigung bestehe darin, "wahrer Schutz des Landes, eine möglichst rasche und wirksame Lahmlegung des feindlichen Angriffs (zu) sein"[2]. Deswegen müsse jeweils geprüft werden, ob der zu erwartende Schaden noch in Relation stehe zu dem erlittenen Unrecht. So sei beispielsweise der Verteidigungskrieg eines kleinen Landes gegen ein sehr viel größeres Land wider alle Vernunft - d.i. unsittlich -, da der Einsatz kriegerischer Mittel gegen die militärische Übermacht keine Chance habe.
Aufgrund der Ausweitung des modernen Krieges könne es auch im Fall des Krieges zwischen Großmächten weder Sieger noch Besiegte, sondern nur Ruinierte geben. Deswegen plädierte Stratmann für die nichtkriegerische Alternative. Als Methoden nannte er: Anrufung des Völkerbundes und Konfliktregelung durch ihn. Der Angreifer werde damit vor der Weltöffentlichkeit moralisch disqualifiziert. Dadurch entstehe u.a. Solidarität der anderen Staaten mit dem angegriffenen. Viele Staaten zusammen verfügten dann über die Möglichkeit des vollständigen Wirtschaftsboykotts, den das angreifende Land kaum aushalten könne. Gleichzeitig müsse passiver Widerstand der betroffenen Bevölkerung einsetzen, die völlige Verweigerung gegenüber den Okkupanten. Dies stelle zwar "ein überaus schweres, opferschweres Werk (dar),

---

1) STRATMANN, Krieg gegen Rußland?, S. 5.
2) ebd. S. 2.

das sicher auch viel Märtyrerblut kosten würde. Aber weit weniger als die kriegerische Verteidigung." In der nichtkriegerischen Verteidigung werde die "größere sittliche Kraft eingesetzt und dem Vaterland der größere Dienst geleistet..., weil auf diese Weise die heimatliche Erde mit allem, was sie trägt, ganz anders geschont wird"[1].

Der Schwierigkeiten und geringen Erfolgsaussichten eines unvorbereiteten passiven Widerstands der Bevölkerung war man sich im F.D.K. bewußt. Passiver Widerstand verlange "eine hohe Disziplin, eine langandauernde Erziehung des Einzelmenschen, ein höheres Heldentum als das im Kriege vorausgesetzte." Darum sei es zunächst erfolgversprechender, "in allen Ländern den Friedenswillen des Volkes zu verstärken und starke Friedensorganisationen zu schaffen und so dem Friedenswirken politische Macht zu sichern"[2].

"So wie die kriegerische Landesverteidigung planmäßig vorbereitet und eingeübt wird, so muß es auch mit der unkriegerischen geschehen. Dazu bedarf es organisatorischer und ethischer Kräfte, die denen der Kriegsvorbereitung wahrlich nicht nachstehen. Es bedarf einer Ausdehnung der militärischen Disziplin auf die gesamte Zivilbevölkerung; es bedarf ganz neuer Manöver und einer dem Geiste des Christentums konformen Umprägung des Heldenideals. Es bedarf der neuen Einsicht, daß die ultima ratio nicht das Schwert, sondern das Kreuz ist!"[3]

---

1) STRATMANN, Krieg gegen Rußland?, S. 6.

2) ders., Referat auf dem Frankfurter Bundestag des F.D.K. 1929, zit. in: HINZ, Die VI. Tagung des Friedensbundes deutscher Katholiken, S.344; teilweise gesperrt.

3) STRATMANN, Krieg gegen Rußland?, S. 5 f.

Der Verzicht auf kriegerische Verteidigung biete zwar "noch keine Garantie für den Sieg des Rechtes, aber der Verteidigungskrieg ... noch weniger"[1].

Mit diesem Bekenntnis zum passiven Widerstand hatte der F.D.K. eine Entwicklung zum 'radikalen Pazifismus' hin durchgemacht. 1925 hatte er noch nicht diese letzte Konsequenz gezogen. Vor der Beuroner Bundestagung hatte Stratmann erklärt: "Indes ist die europäische Menschheit für dieses sittlichere Mittel noch nicht reif und infolgedessen die wirksame Durchführung des passiven Widerstandes nach Lage der Dinge nicht zu erwarten. Der Verzicht auf militärische Gegenaktionen würde heute noch eine Preisgabe der staatlichen Existenz bedeuten, was keinem Staate zugemutet werden kann. Der angegriffene Staat hat vielmehr bei begründeter Aussicht auf Erfolg das Recht, einen Verteidigungskrieg zu führen und dementsprechend die Heeresfolge von seinen waffenfähigen Bürgern zu verlangen"[2].

4. Das Interventionsprinzip

Im Zusammenhang mit der 'russischen Frage' tauchte auch die Interventionstheorie auf, die einen Interventionskrieg rechtfertigte für den Fall, daß ein "ungesühntes Unrecht im Völkerleben vorliegt" oder daß einem ungerecht angegriffenen Staat durch einen neutralen Staat Beistand geleistet werden müsse.

---

1) STRATMANN, Krieg gegen Rußland?, S. 7.

2) ders., Die Frage der Kriegsdienstverweigerung, S. 4; s. unten S. 127 ff.

Diese Theorie, die unausgesprochen zur Rechtfertigung der Kreuzzüge gedient hatte und von Pius IX. im Syllabus vertreten worden war, wurde damals von der gesamten antibolschewistischen Front bemüht[1]. Obwohl Stratmann im Prinzip das Interventionsprinzip bejahte, machte er doch Bedenken geltend, da er die Gefahren des Mißbrauchs sehr deutlich erkannte. Zum einen könne niemand sich über andere zum Richter setzen, zum anderen müsse man sehen, daß das Interventionsprinzip meist nur als Vorwand für ganz andere, unchristliche Interessen genutzt werde, nämlich für militaristische und kapitalistische.

"... der ganze Schauer der Lächerlichkeit und Empörung weht uns an, wenn ... nicht im Namen Gottes, sondern seines Gegengottes Mammon ein Feldzug zur Rückeroberung kapitalistischer Absatz- und Ausbeutungsgebiete in den Klubsesseln der Großbanken und Industriepaläste beschlossen wird; wenn westeuropäische Oelkönige mit todernster Miene die ihnen von den Religionsgemeinschaften gelieferte Kreuzzugsparole aufnehmen und nun das Blut von Millionen Menschen für Petroleum von Milliarden Mark einsetzen.
Dies sind - von keinem Wissenden mehr bestritten - die Hintergründe jedes modernen Krieges, also auch eines von ehrlichen aber weltfremden Idealisten heilig genannten modernen Sühnekrieges"[2].

Die Absurdität einer solchen Unternehmung werde augenfällig, wenn man sich das 'Sühneheer' anschaue, "die Kolonnen unserer Nazis und Stahlhelmer, (die) Reservekorps unserer Studenten!"[3] Die Kräfte, die so laut nach Sühne riefen, seien in Wahrheit mehr von Wut und Haß erfüllt, nicht aber von Sorge und Liebe; sie zielten mehr auf Vernichtung als auf den Schutz des Lebens und der ethischen und religiösen

---

1) STRATMANN, Krieg gegen Rußland?, S.1 f; sie spielte u.a. auch noch 1958 in dem Gutachten der sieben Moraltheologen über 'Atomare Rüstung' eine Rolle. (Atomare Rüstung. Eine Erklärung von führenden katholischen Moraltheologen); vgl. CZEMPIEL, Die Christen und die Auswärtige Politik, S. 28.

2) STRATMANN, Krieg gegen Rußland?, S. 18 f.

3) ebd. S. 19.

Werte[1].

Die sonst im Zusammenhang mit dem Kriegsproblem meist mit erörterten Fragen der Erlaubtheit von Revolution und Bürgerkrieg wurden vom F.D.K. - im Unterschied etwa zur DFG[2] - überhaupt nicht diskutiert. Da in der scholastischen Kriegslehre für diese Fälle die gleichen Kriterien galten wie beim 'Krieg', erübrigte sich eine gesonderte Diskussion. Aufgrund der Gehorsamspflicht gegenüber der gesetzmäßigen Obrigkeit galt jede 'kriegerische Selbsthilfe' als verwerflich. Selbst in Extremfällen wollte man als alleiniges Mittel eine legale,"wenn auch mit äußerster Leidenschaft geführte Opposition zulassen"[3]. In diesem Punkt stimmte der F.D.K. voll und ganz mit der kirchlichen Lehrmeinung überein, die erst durch Populorum Progressio eine gewisse Differenzierung erfuhr[4].

Daß die Kriegsethik des F.D.K. sich deutlich von der im deutschen Katholizismus sonst vorherrschenden unterschied, soll ein Blick auf drei damals viel beachtete bischöfliche Stellungnahmen zeigen. Es handelt sich um die Silvesterpredigt Kardinal Faulhabers von 1928, seine Friedenspredigt vom Februar 1932 und die umstrittene Rede Bischof Schreibers von 1931[5].

---

1) STRATMANN, Krieg gegen Rußland?, S. 21.

2) In der DFG wurden diese Fragen leidenschaftlich diskutiert. Die Meinungsverschiedenheiten führten schließlich zur Spaltung der DFG; s. unten S. 155 ff.

3) STRATMANN, Die gesetzliche Ächtung, S. 3.

4) vgl. Populorum Progressio, Nr. 31.

5) s. unten S. 125.

5. Die Stellungnahme der Bischöfe

In der Silvesterpredigt von 1928 stellte Kardinal Faulhaber fünf Kriegsartikel auf:

1. Jeder Krieg ist ein Unglück, eine Wunde in der christlichen Weltordnung, weil er nicht dem Geist Christi entspricht; nicht jeder Krieg aber ist Unrecht, da er eine gerechte Ursache - Abwehr von Unrecht - haben kann.
   Mit Blick auf den Ersten Weltkrieg fügte er hinzu: "Unsere Soldaten sind im Glauben an eine gerechte Sache ausgezogen"[1].
2. Vor dem Einsatz kriegerischer Mittel sind alle friedlichen Mittel voll auszuschöpfen, z.B. Anrufung des Völkerbundes und des Schiedsgerichts.
3. Die moderne Kriegsführung ist nicht mehr menschlich. Je mehr das Volk betroffen wird, desto mehr ist es an der Entscheidung über Krieg und Friede zu beteiligen.
4. Bei den Ausmaßen des modernen Krieges ist zu fragen, ob es nach dem vierten Gebot noch erlaubt sei, in solcher Zahl Familienväter ihren Familien zu entreißen.
5. Die Kriegslasten sind möglichst gerecht auf alle Volksschichten zu verteilen, damit nicht einige noch reicher und andere noch ärmer würden[2].

Im F.D.K. war man über diese Stellungnahme zwar erfreut, aber nicht ganz zufrieden. So schrieb z.B. Stratmann an Faulhaber: "Dies oder jenes haben wir um eine Nuance schärfer gesagt; dafür steht in jener Predigt das eine oder andere Wort, das wir mit dieser Kühnheit noch nicht ausgesprochen haben"[3].

---

1) Mit dieser geschickten Formulierung umging der Kardinal eine präzise Stellungnahme zur Kriegsschuldfrage; vgl. dazu die Formulierung Schreibers, s. unten S.125.

2) Faulhaber, Vom Frieden auf Erden.

3) z.B. die Passage über die Familienväter und die Aufteilung der Kriegslasten; Brief STRATMANN an Faulhaber vom 19.1.1929, Nachlaß Faulhaber; Ähnliche Auffassung wurde in mehreren Dankesschreiben von F.D.K.-Mitgliedern an Faulhaber zum Ausdruck gebracht (vgl. Nachlaß Faulhaber).

Der Tenor der zweiten Ansprache Faulhabers wirkte insgesamt entschiedener. Gleich zu Beginn sprach der Kardinal von der Notwendigkeit einer Einstellungsänderung, "sogar die theologische Sittenlehre über den Krieg wird eine neue Sprache sprechen". Bei Beibehaltung der alten Grundsätze müsse den neuen Tatsachen Rechnung getragen werden[1], z.B. der neuzeitlichen Verkehrstechnik, die zu einem Werkzeug des Friedens geworden sei, vor allem aber die neuzeitliche, unmenschliche Kriegsführung und die ungeheuren Kriegsnachwirkungen, die in keinem Verhältnis mehr zu dem durch den Krieg zu schützenden Gut stünden[2].
Im wesentlichen unterscheiden sich Faulhabers Erklärungen von denen des F.D.K. dadurch, daß der Kardinal zwar die Problematik und die Notwendigkeit des Wandels erkannte, die 'anderen' (politischen) Methoden und Wege zu diesem Ziel jedoch nicht in Betracht zog. Als Mittel zur Überwindung des Krieges empfahl er allein das Gebet für den Frieden.

---

1) Das wurde auch stets vom F.D.K. betont. Stratmann sprach beispielsweise von "einer Entwicklungsmöglichkeit der Kriegslehre" (STRATMANN, Friedenswille, S.8; vgl. KELLER, Moralische Umstellung der Geister). Das II. Vatikanische Konzil war sich dessen ebenfalls bewußt, aber es konnte auch keine Lösung finden (vgl. Die "Pastorale Konstitution über die Kirche in der Welt von heute", "Gaudium et spes" Nr. 80); Seine Haltung gegenüber Krieg und Friede erläuterte und rechtfertigte Faulhaber in einem Brief vom 22.11.1932. Er bekannte sich darin zu seinen Kriegskundgebungen im Ersten Weltkrieg. Nachdem aber "der Krieg sein Wesen änderte, mußte auch das Urteil der Moraltheologie über den Krieg sich ändern", was in seinen späteren Feldpredigten, die unveröffentlicht blieben, bereits zum Ausdruck gekommen sei. Weil der Krieg "in seiner heutigen dämonischen Gestalt ganz andere Formen angenommen (hat) als der Krieg im Jahre 1914 ..." könne man sich jetzt nicht mehr auf seine Kriegsschriften berufen. (VOLK, Akten Kardinal Faulhabers Nr. 266, S. 647).

2) Faulhaber, Ansprache vom 7.2.1932.

Bischof Schreiber ging nicht so weit wie Faulhaber. Daß seine Äußerungen kontroverse Interpretationen provozieren mußten[1], kann folgendes Textbeispiel verdeutlichen:

"Wir halten daran fest, daß diese Voraussetzungen samt und sonders erfüllt werden müssen, ehe von einem gerechten Krieg die Rede sein kann. ... Ob die Erfüllung dieser Forderungen bei der heutigen Kriegstechnik noch denkbar ist, möchte ich ganz entschieden in Zweifel ziehen.
Der gerechte Krieg ist sittlich erlaubt, ja sogar sozial-ethische Pflicht. Die Teilnahme daran als Erfüllung einer sozial-ethischen Pflicht kann darum zu hohem Verdienst werden. In diesem Sinne verherrlichen wir unsere im Weltkrieg gefallenen Soldaten. Sie waren überzeugt, in einem gerechten Krieg zu kämpfen ..."[2]

Obwohl der F.D.K. sich viel Mühe gab, den 'pazifistischen'Charakter dieser Rede und die 'Übereinstimmung' des Bischofs mit dem Friedensbund zu beteuern, wird er sich doch eher düpiert und herausgefordert als bestätigt und gefördert gefühlt haben.
Dafür spricht die Intensität der Erklärungen und polemischen Repliken gegen die nationale Presse[3] und auch folgende Formulierung: "Der Bund schuldet Dank dem hohen Protektor seiner Tagung, hochwürdigsten Herrn Bischof Dr. Schreiber; denen, die durch ihre Vorträge die Friedensfrage förderten; ..."[4]
Der weiteren Diskussion und dem sich entwickelnden Annäherungsprozeß zwischen den Bischöfen und dem F.D.K. wurde durch die Machtergreifung der Nationalsozialisten ein Ende gesetzt.

---

1) Die Presse-Agentur Krauss brachte eine ganze Sammlung von Stellungnahmen heraus: "War es eine Kriegsrede?", vom 28.11.1931.

2) SCHREIBER, Christian, Krieg und Frieden, S.212.

3) Vgl. LENZ, Paulus, Unsere Berliner Tagung, S.216 - 219; und: Zur Berichterstattung über die Berliner Bischofsrede (anonym), in: FK 7 1931) Nr.12, S.220 - 222.

4) LENZ, Paulus, VIII. Reichstagung, S. 56.

Als die Fragen nach dem Zweiten Weltkrieg anläßlich der deutschen Wiederbewaffnung und der Einführung der Atomwaffen erneut und viel brisanter als vor 1933 aktuell wurden, gab es keine politisch orientierte katholische Friedensbewegung, die mit einigem Gewicht in die Diskussion hätte eingreifen können. In Qualität und Radikalität blieb die Diskussion auf katholischer Seite weit hinter dem vor 1933 bestehenden Niveau zurück[1]. Nur einzelne Katholiken, meist frühere F.D.K.-Mitglieder, wandten sich entschieden gegen Wiederbewaffnung und Atomrüstung[2]. Stratmann, der erst lange nach Kriegsende aus dem Exil zurückkehrte, lehnte es ab, sein Buch neu auflegen zu lassen, weil er meinte, es passe nicht mehr in die Zeit[3]. Ein kleiner Beitrag zur Wiederbewaffnungsfrage zeigt aber, daß er seiner Grundüberzeugung von der Gültigkeit der scholastischen Kriegslehre treu blieb[4].

---

1) Vgl. Atomare Kampfmittel und christliche Ethik. Diskussionsbeiträge deutscher Katholiken; CZEMPIEL, Die Christen und die Auswärtige Politik, S. 28 f.

2) Vgl. DIRKS, Die Gefahr der Gleichschaltung; THOMAS, Sieg des christlichen Gewissens. Frau Thomas war wegen ihres Einsatzes gegen die Wiederbewaffnung verhaftet worden. Das Plädoyer ihres Verteidigers, Diether Posser, gibt treffend Aufschluß über die schwierige Situation engagierter ehemaliger F.D.K.-Mitglieder (vgl. THOMAS, ebd.); FLEISCHER, Das fünfte Gebot und der christliche Friedensauftrag; Fleischer war 1939 einer der wenigen katholischen Kriegsdienstverweigerer (vgl. ZAHN, S. 15).

3) Persönliche Mitteilung von Prof. Lenz-Medoc.

4) Vgl. STRATMANN, Thesen zum gerechten und ungerechten Krieg, S. 34-39; vgl. auch ders., Krieg und Christentum heute; nach dem Urteil Czempiels (S. 27 f.) wurde hier nach dem Krieg der einzige Versuch unternommen, vom Christlichen her eine "Öffnung zur internationalen Politik" zu erreichen.

6. Kriegsdienstverweigerung

Die Stellungnahme des F.D.K. zur Kriegsdienstverweigerung schließt sich konsequent an die zur Frage des gerechten Krieges an. Wenn es im Prinzip einen gerechten Krieg gab, so mußte auch der Kriegsdienst grundsätzlich berechtigt sein, im sicher gerechten Krieg sogar Pflicht[1]. Da der Krieg jedoch immer nur auf einer Seite gerecht sein könne, müsse es von Rechts wegen auf der anderen Seite jeweils eine Massen-Kriegsdienstverweigerung geben[2]. Der F.D.K. grenzte sich damit gegen die radikalen Pazifisten ab, die Kriegsdienst a priori verurteilten, weil sie dem Staat grundsätzlich jede Gewaltanwendung untersagten.

Über die Berechtigung des Kriegsdienstes bestanden im F.D.K. die gleichen Zweifel wie über die Erlaubtheit des Krieges. Die Erörterung dieses Problems konzentrierte sich auf die Frage der individuellen Gewissensentscheidung. Welches Gewicht ihr beizumessen sei, darüber gingen die Meinungen im F.D.K., zwischen der Mehrheit, vertreten von Stratmann, und dem linken Flügel, vertreten von Ehlen und Keller, auseinander. Während Stratmann die Meinung vertrat, daß der einzelne nicht unbedingt die Pflicht zur Urteilsbildung habe und sich auf eine andere Autorität berufen dürfe[3], betonten Ehlen und Keller die volle Verantwortlichkeit des Individuums und die Notwendigkeit einer solchen Entscheidung aufgrund

---

1) STRATMANN, Die Frage der Kriegsdienstverweigerung, S. 3.

2) ders., Friedenswille, S. 8.

3) In seinen Erinnerungen verweist Stratmann darauf, daß die Auffassung, die persönliche Entscheidung sei Pflicht, in "Herders Sozialkatechismus" (II, 1953) von H. Welty vertreten werde. (STRATMANN, In der Verbannung, S. 227).

des moraltheologischen Prinzips, daß "alles, was nicht aus Überzeugung geschieht, Sünde ist (Röm. 14, 25)"[1].

Auch die weniger radikale Auffassung der F.D.K.-Mehrheit unterschied sich noch erheblich von der der tonangebenden Moraltheologen der Zeit, die im Zweifelsfall die staatliche Autorität über die persönliche Gewissensentscheidung stellten. Sie sprachen den militärpflichtigen Soldaten überhaupt das Recht ab, sich ein eigenes Urteil über Recht oder Unrecht eines Krieges zu bilden. "Da jedoch der Einzelne selten im Stande ist, über Recht oder Unrecht eines Krieges sicher zu urteilen und es dem von der Staatsgewalt ausgehobenen oder militärpflichtigen Soldaten auch nicht zusteht, die Gerechtigkeit oder Erlaubtheit des Krieges zu untersuchen, so hat er selbst im Falle des Zweifels an der Gerechtigkeit des Krieges einfach Folge zu leisten"[2].

Die Autorität des Staates wurde zum zentralen Problem in der Auseinandersetzung um 'unbedingte' oder relative Kriegsdienstverweigerung. Ehlen betrachtete nicht allein die Entscheidung für einen Krieg als Überschreitung der staatlichen Autorität, sondern schon die Entfernung des Staates von der göttlichen Autorität und den unveränderlichen Sittengesetzen[3]. Nur solange der Staat Gott gehorche könne er Gehorsam verlangen[4]. Wo Gehorsam in Zwang geschehe, würden Befehlende und Gehorchende zugleich schuldig:

---

1) EHLEN, Die "unbedingte" Kriegsdienstverweigerung, S. 5; vgl. KELLER, Moralische Initiative zur Friedensrüstung, S. 31.

2) KOCH, zit. in: KELLER, Katholische Seelsorge und Friedensbewegung, S. 494; teilweise gesperrt.

3) EHLEN, Die unbedingte Kriegsdienstverweigerung, S. 4.

4) Vgl. ebd. und "Kriegsdienstverweigerung" (o.Verf.), in: Die Großdeutsche Jugend, Beilage zum HlF 9 (1924) Nr. 12, S. 76 f.

für die Ausübung des Zwangs wie für das Nachgeben[1].

In der Begründung der Kriegsdienstverweigerung - auch im 'gerechten Krieg' - argumentierte Ehlen jedoch nicht mehr vom Staat, sondern von der persönlichen Überzeugung über Recht und Gerechtigkeit und vom christlichen Liebesgebot her[2].

Die Überzeugung, daß 'gerechter' Krieg und Kriegsdienst angesichts der faktischen Verhältnisse kaum noch möglich seien, teilte man im F.D.K. allgemein. Übereinstimmung herrschte bei allen Autoren in der Meinung, daß Kriegsdienstverweigerung nicht nur negativ motiviert und praktiziert werden dürfe, daß sie vielmehr übergeleitet werden müsse in positives Tun, in den Kampf für den Frieden, noch lange im Vorfeld des Krieges, damit der Krieg überhaupt verhindert werde [3].
Das Bewußtmachen der kriegsverursachenden Faktoren und den Kampf gegen sie erachtete der F.D.K. als eine seiner dringlichsten Aufgaben. Dies umso mehr als er erkannte, daß die Hauptursachen der Kriege weniger in spezifischen aktuellen Streitpunkten liegen, als vielmehr in der allgemeinen Bereitschaft zum Krieg und in den machtpolitischen und ökonomischen Interessen, mit anderen Worten, im Militarismus[4].

---

1) Diese Auffassung wurde vom F.D.K. als problematisch angesehen. (MÜLLER, Franz, Bücher- und Zeitschriftenschau, S.10); vgl. STRATMANN, Bedingungsloser Gehorsam, S. 1-5.

2) Vgl. auch Manifest der Großdeutschen Jugend: "Zur Einschreibung der Kriegsdienstverweigerer", in: VFL 4 (1924/25) H.9, S. 202.

3) EHLEN, Die unbedingte Kriegsdienstverweigerung, S. 5.

4) Vgl. STRATMANN, Militarismus und Katholizismus, S. 27.

Die großen Konzerne und die Rüstungsindustrie seien die eigentlichen Motoren der Aufrüstung, die versuchten, "die Abrüstungsbestrebungen mit allen Mitteln (zu) sabotieren." Ihr Einfluß wurde so groß eingeschätzt, daß man sogar von "wirtschaftlichen Nebenregierungen" sprach[1]. Den meisten Bürgern würden diese Hintergründe nicht nur nicht bewußt; es werde ihnen, im Gegenteil, mit Erfolg die Notwendigkeit der nationalen Verteidigung, der Sicherheit, der Ehre ... etc. suggeriert.

Gerade auch die Christen und die Kirche hätten sich für die Zwecke des Militarismus mißbrauchen lassen.

"Die kirchlichen Organe wurden ... benutzt, zum Kriegsdienst mit religiöser Hilfe und Aufmunterung das Volk anzuspornen und bereit zu machen. Man beschränkte sich nicht etwa darauf, den armen Opfern des Militarismus die religiöse Hilfe zuteil werden zu lassen, sondern sie zu gefügigen Automaten und zu begeisterten Werkzeugen der Kriegsfurie zu machen. Die Religion und Kirche wurden ganz in den Dienst des Militarismus gestellt und als Kriegsmittel ersten Ranges ausgebaut. Man hat es verstanden, das christliche Gewissen einzuschläfern, daß es diese Vergewaltigung nicht merkte. ... Der Thron des Militarismus wurde neben dem Altar aufgerichtet, ja vielfach sogar auf dem Altar!"[2]

Wegen der Übermacht des Militarismus stelle sich das 'Wehrproblem' weniger im traditionellen Sinn, als Verteidigung nach außen, sondern "eher so: wie wehren sich die Völker am besten gegen kriegslüsterne Regierungen? wie vor allem gegen das international verflochtene Rüstungskapital?"[3]

---

1) STRATMANN, Militarismus und Katholizismus, S.27; vgl. ders., Unser Kriegsartikel, S. 2.

2) KELLER, Moralische Initiative zur Friedensrüstung, S. 29, teilweise gesperrt. In einem anderen Beitrag spricht er von "primitiven alttestamentischen Rachevorstellungen", die da virulent seien. (KELLER, Der Kampf für den Frieden, S.425).

3) STRATMANN, Vortrag vor F.D.K.-Bundestag in Frankfurt/M. 1929, zit. in: HINZ, Die VI. Tagung, S.344.

Mit dieser sehr skeptischen Einschätzung des Staates bzw. der je Herrschenden wegen ihrer engen Verbindung mit dem Militarismus trafen sich Ehlen und Keller wieder mit Stratmann, auch wenn beider Argumentationsweisen differierten.
Während jedoch Keller als Ziel kriegüberwindender Politik der Europäischen Einigung Priorität einräumte[1], gab Stratmann der Abrüstung den Vorrang[2].

Übereinstimmend betrachtete man es als dringliche Aufgabe der Friedensbewegung, diese Zusammenhänge aufzudecken, um so dazu beizutragen, daß "die modernen Kulturvölker sich frei machen von der alten Kriegspsychose und Erbfeindeinstellung, mit deren Hilfe sie sich durch einige wenige Rädelsführer in den Abgrund locken ließen. Die Hausmachtpolitik alter Dynastien wie die imperialistische Interessenpolitik des internationalen Großkapitals muß in seiner völkermordenden Grundtendenz immer mehr entlarvt werden. Und hier hat gerade die christliche Politik, d.h. die Politik, insofern sie von Christenmenschen angestrebt und gemacht wird, eine grosse Zeitaufgabe zu erfüllen"[3].
Einmütig lehnte der F.D.K. die allgemeine Wehrpflicht[4] ab. In Anlehnung an päpstliche Lehräuße-

---

1) KELLER, Kriegsdienstverweigerung und christliche Moral, S. 15.

2) STRATMANN, Militarismus und Katholizismus, S.32 f.

3) KELLER, Kriegsdienstverweigerung und christliche Moral, S.14 f.

4) "Fest steht, daß der allgemeine Waffendienst der katholischen Auffassung von den Rechten und Pflichten des Staates und seiner Bürger widerspricht." (STRATMANN, Martyrer des Gewissens, S.4); vgl. EHLEN, Jugendbewegung und Pazifismus, S. 356; Gegen die allgemeine Wehrpflicht richtete sich u.a. ein internationales Manifest, 1926, das auch von Stratmann mit unterzeichnet war. (Zit. in: FK 2 (1926) Nr. 7/8, S. 13).

rungen verpflichteten darauf bereits die Richtlinien. In der ersten Fassung war dies moraltheologisch und mit der Überzeugung begründet worden, daß die allgemeine Wehrpflicht ... "fast mit Notwendigkeit immer wieder Krieg erzeugt." Die zweite Fassung verzichtete auf den moraltheologischen Bezug und verstärkte dafür die politische Begründung: "Wir lehnen auch die allgemeine Waffenpflicht ab, die die Sicherheit nicht nur nicht vermehrt, sondern im Gegenteil den Ausbruch eines Krieges erleichtert und unvereinbar ist mit dem Gedanken der Abrüstung"[1].

Bei der Argumentation gegen die allgemeine Wehrpflicht spielte die Frage nach Funktion und Legitimation des Staates erneut eine wesentliche Rolle. "Das bonum commune heiligt auch nicht jedwedes politisches Mittel. So ist das stehende Heer und die allgemeine Wehrpflicht in sich schon und rein naturrechtlich unerlaubt, weil es die Grenzen der Staatsgewalt überschreitet, indem es die Freiheit der Bürger in unzulässiger Weise beschränkt, das Mittel der Politik zum Selbstzweck entwertet und die Unsicherheit, der es zu begegnen vorgibt, gerade erst hervorruft"[2].

Keller erachtete die allgemeine Wehrpflicht nicht nur als Einschränkung der Freiheit, sondern als fundamentalen Verstoß gegen die Gewissensfreiheit des Menschen. Denn Gewissensfreiheit bedeute neben dem Recht vor allem die Pflicht zur freien Entscheidung und zu überzeugtem Handeln. Diese Pflicht könne dem Individuum nicht vom Staat abgenommen werden. Des-

1) Punkt 3 der Richtlinien

2) MÜLLER, Franz, Politik und Pazifismus, S.7.

wegen dürfe der Staat seine Bürger ("Untertanen") auch nicht von vornherein zum Wehrdienst verpflichten. Dem Staat dieses 'Recht' abzusprechen, sei umso wichtiger als er, einmal rechtens Gehorsam verlangend, dazu tendiere, sein Maß überschreitend unbedingten Gehorsam zu fordern. Eine solche Überschreitung des staatlichen Rechts bestehe z.B. darin, daß aus dem legitimen Notwehrrecht eine "Pflicht" gemacht wurde[1].

Angesichts der Diskrepanz zwischen der relativen Stärke der katholischen Friedensbewegung vor 1933[2] und dem kriegsbereiten Verhalten der Katholiken 1939 bzw.der verschwindend niedrigen Zahl katholischer Kriegsdienstverweigerer ist es naheliegend und berechtigt, Glaubwürdigkeit und Erfolg des F.D.K. und seiner Mitglieder in Frage zu stellen[3].
Um diesen Widerspruch zu verstehen, reicht es nicht aus, auf die Liquidierung des F.D.K. im Juli 1933[4], auf die sechs Jahre währende Umerziehung und die dabei fehlende kirchliche Rückendeckung hinzuweisen. Das Problem liegt m.E. tiefer, auf einer grundsätzlichen Ebene und hat mehrere Wurzeln:

1. das Dilemma der kirchlichen Lehre vom gerechten Krieg, die fehlende autoritative Stellungnahme und Hilfestellung der Kirche als Berufungsinstanz für den einzelnen,
2. das andererseits stark ausgeprägte autoritative kirchliche Denken, auch und gerade gegenüber der staatlichen Obrigkeit,

---

1) KELLER, Moralische Initiative zur Friedensrüstung, S. 31.

2) Die deutsche katholische Friedensbewegung war die größte aller katholischen Friedensbewegungen.

3) ZAHN, S. 84 ff.; AMERY, S. 54.

4) s. unten S. 284 ff.

3. mitbedingt durch diese Widersprüchlichkeiten und Unsicherheiten die fehlende ideologische Geschlossenheit im F.D.K. selbst; und schließlich
4. die Frage, ob die Theorie, wie sie die F.D.K.-Führung vertrat, auch von der Basis voll mitgetragen wurde.

Zu den beiden erst genannten Gründen braucht hier nichts mehr hinzugefügt zu werden. Was die gruppeninternen Probleme angeht, so ist sowohl den Meinungsdifferenzen, wie sie auf den F.D.K.-Tagen in München und Frankfurt zum Ausdruck kamen, größeres Gewicht beizumessen als dies die F.D.K.-Berichterstattung zugesteht, als auch der auf diesen Tagungen feststellbaren Tendenz der Mehrheit zum Konservativismus . Bestätigung findet diese Hypothese durch folgende Faktoren:
Die Richtlinien ließen die Frage der Kriegsdienstverweigerung offen; die unbedingte Kriegsdienstverweigerung wurde abgelehnt und die persönliche Gewissensentscheidung nicht für verpflichtend erachtet; die Änderung des Kriegsartikels aus Rücksicht auf die 'Schwachen'; das Orthodoxieproblem, die Unsicherheit wegen der Zurückhaltung der Bischöfe und die Angst vor Verdächtigungen durch den mehrheitlich rechten Katholizismus; die Ablehnung der radikalen Ansichten der 'linken Opposition', die in München und Frankfurt durch Mißfallenskundgebungen deutlich zum Ausdruck kamen und die dabei gezeigte Präferenz für eine vorsichtigere Linie in der Frage der Reichswehr und des Wehretats[1].

---

1) s. unten S. 137.

Zu berücksichtigen ist schließlich das fehlende demokratische Bewußtsein der Zeit insgesamt, dem solch weitgehende Persönlichkeitsrechte, wie das der Kriegsdienstverweigerung, noch nicht vertraut waren.

Man wird daher das Bekenntnis des gesamten F.D.K. zur relativen Kriegsdienstverweigerung bereits als Novum einschätzen müssen, das erheblich über die zeitgegebenen Verhältnisse hinausging.
Das Postulat der Kriegsdienstverweigerung blieb allerdings solange theoretisch als der Beweis - wegen nicht vorhandener allgemeiner Wehrpflicht - nicht erbracht werden mußte. Um im Ernstfall, und erst recht in diesem spezifischen Ernstfall des Hitler-Krieges, Bestand haben zu können, hätte es einer tatsächlichen Erprobung bedurft.
Die Verantwortung der ganzen Kirche für das Fehlen einer "noch so begrenzte(n) katholische(n) Meinung für Kriegsdienstverweigerung oder Sabotage"[1] wird durch diese Überlegungen allerdings nicht geschmälert.

---

1) AMERY, S. 54; vgl. dazu die Kritik von LUTZ, Über die Verantwortung, S. 181.

V. Abrüstung

1. Diskussionen auf den Bundestagungen

In Anlehnung an die päpstlichen Forderungen hatte der F.D.K. den "Gedanken der Abrüstung" in seine Richtlinien aufgenommen[1]. Erstmals aktuell wurde dieses Thema anläßlich der Panzerkreuzer-Debatten im Reichstag, 1928. Nachdem der F.D.K. darüber auf seiner Münchener Bundestagung, 1928, diskutiert hatte[2], richtete er im Dezember 1928 eine Denkschrift zum Abrüstungs- und Wehrproblem an den Reichsparteitag der Zentrumspartei in Köln[3]. Darin gestand er dem Zentrum als verantwortlicher politischer Partei zwar "die Sorge um die Abwehr etwaiger räuberischer Überfälle an den Grenzen" zu, mahnte aber, daß "diese Sorge nicht größer sein (darf) als die Sorge um die Herbeiführung der politischen Friedenssicherung"[4]. Friedenspolitik verlange die "Unterdrückung aller Aufrüstungsbestrebungen in Deutschland"[5].

---

1) Punkt B 3 der Richtlinien.

2) Vgl. KUNZE, Die Münchener Reichstagung des Friedensbundes Deutscher Katholiken, S. 584 f.; Bericht der Münchener Tagung (o.Verf.) in: FK 4 (1928) Nr.9, S. 9-13. In einem Bericht der Vertretung der Reichsregierung an die Reichskanzlei, Berlin, über den Münchener F.D.K.-Bundestag war von starken Meinungsverschiedenheiten nach dem Referat über "die Macht- und Kampfmittel des heutigen Militarismus" die Rede. (8.9.1928, BA Koblenz R 43 I, 512, S.332).

3) Denkschrift des Friedensbundes Deutscher Katholiken zum Reichsparteitag der deutschen Zentrumspartei in Köln, 1.Dezember 1928 (Archiv Meitingen).

4) ebd. S. 4.

5) ebd. S. 3.

Während der Frankfurter Bundestagung, die ganz dem Wehrproblem gewidmet war, kam es zu heftigen Auseinandersetzungen, die hauptsächlich vom linken F.D.K.-Flügel, den Kreisen um Ehlen und Michel einerseits und den Zentrumsabgeordneten, Dessauer, Joos und Krone andererseits ausgetragen wurden[1]. Zwar war sich der F.D.K. insgesamt einig in der Ablehnung des Panzerkreuzerbaus, die Linke verurteilte aber schärfer als die Mehrheit die Wehrpolitik des Zentrums überhaupt[2]. Sie forderte u.a., die F.D.K.-Mitgliedschaft der Zentrumsabgeordneten von deren Ablehnung des Reichswehretats abhängig zu machen[3].

Von den erhitzten Diskussionen gewann Krone, der die Position des Zentrums verteidigt hatte, den Eindruck, daß die "meisten Aussprecheredner ... ihre Aufgabe darin sahen, der Zentrumspartei einmal "die Meinung zu sagen"."[4]. Darin gab ihm die FK-Redaktion durch-

---

1) Vgl. STRATMANN, Das Echo der Frankfurter Tagung, S. 1 - 6; Noch einmal: Die Frankfurter Tagung. Dr. Krones Kritik (o.Verf.) in: FK 5 (1929) Nr.12, S. 1 - 6; DIRKS, Katholische Arbeit für den Frieden, S.1036 f.; vgl. STRATMANN, Das Wehrproblem, S. 1 ff. Die zentrumsinterne Diskussion ist anhand der Z-Protokolle zu verfolgen. Sie zeigen, daß die F.D.K.-Mitglieder sich ihre Entscheidung nicht leicht gemacht haben und versuchten, auch ihren Einfluß geltend zu machen (vgl. Anm. 5 zu Dokument 253). In der Fraktionsabstimmung votierten aber nur Dessauer und Tremmel gegen die Vorlage. In der Abstimmung im Reichstag gaben sie ihre Ablehnung durch vorzeitiges Verlassen kund.

2) Auf dem F.D.K.-Tag in München war die Einmütigkeit innerhalb des F.D.K. offenbar noch größer: "Was Dr. Ehlen und Baron von Soden ihm (Dessauer) sagten, hat in Wirklichkeit der Friedensbund und mit ihm ein guter Teil des Zentrums-Nachwuchses der Fraktion gesagt." (Bericht über die Münchener Tagung (o.Verf.), S.12). Schon 1927 war die Zustimmung des Zentrums zum Wehretat vom F.D.K. verurteilt worden (vgl. NIFFKA, Abrüstung oder Aufrüstung, S.4 - 6; DIRKS, Panzerkreuzer-Politik, S.4).

3) Vgl. DIRKS, Katholische Arbeit für den Frieden, S. 103.

4) Noch einmal: Die Frankfurter Tagung, (o.Verf.),S.1.

aus recht: die Wehrpolitik des Zentrums habe im F.D.K. über Jahre hin Spannungen wachsen lassen, die sich nun hier entlüden[1].
Die katholische Rechtspresse glaubte deswegen, im F.D.K. einen "Sturmbock gegen die Zentrumspartei" sehen zu müssen[2].
Demgegenüber erklärte der F.D.K., "daß wir die Fühlung und wenn möglich das Zusammengehen mit dieser Partei bewußt anstreben, freilich nie unter Preisgabe unserer parteipolitischen Neutralität und Entschlußfreiheit"[3].
Trotz aller Kontroversen würdigte Krone das Verdienst der Frankfurter Tagung dahin gehend, "daß sie in das friedenspolitisch weithin noch schlafende oder mit überholten Begriffen und Vorstellungen arbeitende katholische Deutschland blitzartig die Auffassung und die Energie des katholischen deutschen Pazifismus hineinstellte, daß sie das Zentrum erneut auf diese Bewegung aufmerksam machte und es vor die von ihm aufgeworfenen Probleme stellte"[4].
Als Ergebnis der Diskussionen verabschiedete die Versammlung folgende "Richtungsgebenden Forderungen":

---

1) Noch einmal: Die Frankfurter Tagung (o.Verf.) S.1.

2) Der Deutsche Weg, 1929, Nr. 50 (Emil Ritter). Spätestens nach den Wahlen von 1930 besserte sich das Verhältnis von F.D.K. und Zentrum (vgl. DIRKS, Erbe und Aufgabe, S. 189 f.);Aus Anlaß von internationalen Konferenzen kam es u.a. zu praktischer Zusammenarbeit; s. unten S. 190 f.

3) STRATMANN, Das Echo der Frankfurter Tagung, S. 5.

4) KRONE, Rückblick, in: KV, zit. in: STRATMANN, Das Echo der Frankfurter Tagung, S. 5 f.

Das Ergebnis

A) Wehrproblem

Die Referate und die Diskussion wollten der Klärung dienen, nicht aber von vornherein bestimmte Thesen aufstellen. Als richtunggebend ergaben sich im Verlauf der Tagung für unsern Bund folgende Forderungen:

1. Ablehnung absoluter Gewaltverneinung wie absoluter Gewaltbejahung. Anerkennung des staatlichen Rechts zur Gewalt, zur Durchführung des Rechts.
2. Prinzipielle Bejahung einer theoretischen Möglichkeit des Verteidigungskrieges als Notwehrmaßnahme gegen verbrecherische Angriffe und Ueberfälle (Selbstschutzkrieg). Aufdeckung der ganzen Fragwürdigkeit der letzten Kriege als Selbstschutzkriege und Aufklärung über das Wesen kommender Kriege als Wege nicht des Selbstschutzes, sondern der Selbstvernichtung.
3. Ablehnung der allgemeinen Wehrpflicht. Kampf gegen Wiedereinführungstendenzen.
4. Schaffung einer internationalen katholischen Einheitsfront gegen die allgemeine Wehrpflicht und die zunehmenden Kriegsrüstungen. Forderung auf Einlösung des Versprechens im Versailler Vertrag.
5. Pflege enger Zusammenarbeit der katholischen Friedensbewegung in den einzelnen Ländern zwecks Durchsetzung des Primats der Politik über Militär und Rüstungsindustrie und der moralischen wie wirtschaftlichen Aechtung des Krieges und der Kriegsmittel.
6. Ausgestaltung anderer und besserer Verteidigungsmittel. Erziehung dazu, wie Generalstreik gegenüber fremder Willkürherrschaft, passiver Widerstand. Auch Kriegsdienstverweigerung in einem ungerechten modernen Krieg als Selbstschutzbewegung der Regierten gegenüber verantwortungslosen Regierenden, als moralisches Druckmittel gegen kriegslüsterne Diplomaten und Militärs.
7. Förderung der Vertrauenspolitik durch konsequente Minderheitenpolitik und Ablehnung des Staatszentralismus. Bekämpfung von Einzelbündnissen und jeder aggressiven Außenpolitik.

8. Friedliche Bereinigung der Ostfragen. Förderung der deutsch-französischen und deutsch-polnischen Verständigung.[1]

Als die Stimmen lauter wurden, die eine eigenmächtige deutsche Aufrüstung forderten, blieb der F.D.K. bei seiner Überzeugung, daß Deutschland auf gescheiterte Abrüstungskonferenzen auf keinen Fall mit einem trotzigen Alleingang oder mit einer Politik des "erst die anderen" reagieren dürfe[2]. Vielmehr müsse Deutschland den anderen Staaten vorangehen und eine Führerrolle in der Abrüstungsfrage einnehmen, selbst wenn diese Haltung Opfer verlange - ohne solche Opfer sei das Ziel nicht zu erreichen[3]. Allgemein war man im F.D.K. überzeugt, daß die aufgezwungene Situation durch Erfüllung zu einem Aktivposten deutscher Politik werden könne und daß Deutschland dadurch "dort ein moralisches Übergewicht bekommt, wo man jetzt ein moralisches Minus hat"[4]. Die Chance und europäische Aufgabe Deutsch-

---

1) Zit. in: FK 5 (1929) Nr.9/10, S. 24 f.; zu 5: s. unten S. 154; zu 6: Die Möglichkeiten passiven Widerstands oder gewaltfreier Aktion waren bereits während der Münchener Tagung, 1928, von Fr. Keller erörtert worden und hatten dort trotz aller Kontroversen bei führenden Vertretern des F.D.K. positive Resonanz gefunden (vgl. DIRKS, Das 'Wehrproblem', S. 8; Bericht über die Münchener Tagung, (o.Verf.) a.a.O.).

2) Vgl. EHLEN, Entscheidung in der Frage der Verständigung, S. 175; GRUNDEI, Locarno, S. 7.

3) Die Betonung des Opfergedankens, der in diesem Zusammenhang immer wieder auftaucht, erinnert an die Verwendung desselben Begriffs durch das Zentrum, wenn es darum ging, Regierungsverantwortung zu übernehmen (vgl. MORSEY, Zentrum 1917-23, S.612). Wenn auch anders dimensioniert, ist doch der Grundgedanke der gleiche: Eine sich schicksalhaft aufdrängende Aufgabe übernehmen, nicht aus eigenem Antrieb und voller Überzeugung, aber aus rationaler Einsicht in die Notwendigkeit.

4) DIRKS, Panzerkreuzer Politik, S. 4; vgl. ders., Das 'Wehrproblem', S. 6.

lands bestehe darin, "diesem Erdteil ein Pfahl im Fleische zu sein, der durch seine bloße Existenz die anderen immer wieder dazu zwingt, die Idee der Abrüstung, die große Bedingung eines für den Frieden organisierten Europas, im Bewußtsein zu halten und sie Schritt für Schritt zu verwirklichen"[1].
Vergleicht man diese Argumentation mit der zur Kriegslehre, so fällt hier der politische Charakter auf: grundsätzliche, programmatische und tagespolitische Aspekte werden zur Begründung der Abrüstungen herangezogen. Abrüstung wurde nicht als Ziel, sondern als Mittel der Friedenspolitik verstanden. Das Ziel sah der F.D.K. in der europäischen Einigung[2]. An deren Möglichkeiten und Erfordernissen wollte man deutsche Politik künftighin orientiert wissen. Diese Politik verlange eine vorausschauende, langfristige Perspektive und dürfe sich nicht in kleinkrämerisches Aufrechnen aktueller Tagesprobleme verlieren. Als abgerüsteter Staat könne Deutschland ein Kristallisationszentrum für die europäische Aufgabe werden und damit wieder eine führende Rolle in der europäischen Politik einnehmen.
Für den Fall, daß die Abrüstungspläne scheitern sollten, hielt der F.D.K. ein Konzept nicht-militärischer Verteidigung, passiven Widerstands, für vernünftiger als erneute Aufrüstung[3].

---

1) DIRKS, Panzerkreuzer Politik, S. 4; Noppel spricht gar von einem Mandat der Welt, das Deutschland hier aufgetragen sei (NOPPEL, Wehrproblem oder Friedensproblem, S. 406).

2) Vgl. DIRKS, Das 'Wehrproblem', S. 4 f.

3) Vgl. DIRKS, ebd. S. 4 f.; "Denkschrift des F.D.K. an den Zentrumsparteitag in Köln, 1928", S. 3. Der F.D.K. appellierte an das Zentrum, sich dieser Auffassung anzuschließen.

Neben dieser funktionalen Einschätzung der Abrüstung wurde vereinzelt auch die umgekehrte Auffassung vertreten, nämlich daß eine Friedensordnung der Abrüstung vorausgehen müsse. So schrieb beispielsweise H. Scharp, "daß das Abrüstungsproblem nur dann erfolgreich angepackt werden kann, wenn der Zweck der Rüstungen durch eine brauchbare Friedensordnung aufgehoben wird"[1].
Repräsentativ für den F.D.K. jedoch ist die Theorie: Abrüstung = Bedingung des Friedens.

2. Abrüstung - Militarismus - Politik

Trotz der Enttäuschungen über die gescheiterten Abrüstungskonferenzen[2] hielt der F.D.K. unbeirrbar an seiner Abrüstungsforderung fest und lehnte alle Versuche ab, die darauf zielten, das militärische Ungleichgewicht durch paramilitärische Einrichtungen auszugleichen.
Er forderte dagegen "Wehrhaftmachung durch Verbreitung der Wahrheit, Entfernung aller militärischen Einflüsse aus der Politik, Kampf gegen das internationale Rüstungskapital, Schaffung und Pflege aller Einrichtungen, die die Völker einander näherbringen

---

1) SCHARP, Sicherheit und Abrüstung, S. 16.

2) Vgl. NIFFKA, Abrüstung oder Aufrüstung, S. 4 - 6; SCHARP, Sicherheit und Abrüstung, S. 15 - 18. Auch vor der Konferenz von 1932 zeigte Stratmann trotz großer Skepsis noch Hoffnung. (Vgl. STRATMANN, Christus auf der Abrüstungskonferenz, S. 377 - 379).

und sie gegen ihre Kriegsinteressen schützen"[1]. Die Sinnlosigkeit militärischer Rüstung speziell für Deutschland wurde unterstrichen durch den Hinweis auf Deutschlands geographische Lage: als Land der Mitte müsse es "unvermeidlich Kriegsschauplatz und unausdenkbar schrecklich zerstört werden"[2].

Solche Überlegungen nahm der F.D.K. immer wieder zum Anlaß, den Zusammenhang von Rüstung, Rüstungswettlauf und Friedenssicherung bzw. Krieg grundsätzlich zu erörtern. Die militaristische Einstellung, gegen die der F.D.K. polemisierte, wurde schlagwortartig mit dem römischen Diktum "si vis pacem, para bellum" charakterisiert.

Diesem Prinzip, das zur Maxime von Politik überhaupt geworden sei, lag die Überzeugung zugrunde, daß nur eine schlagkräftige, abschreckende militärische Macht den 'Frieden' - Status quo - nach innen wie nach außen garantieren kann. Das Militärische avancierte zur dauerhaften Funktion von Politik, deren vorrangige Aufgabe damit implizite als Schaffung bzw. Aufrechterhaltung eines bestehenden Ordnungszustandes - welcher Art auch immer - angesehen wurde. Rüstung, Heer und Krieg erschienen als Bedingung des Friedens. Die Relation: militärische Stärke - Sicherheit/Friede schloss notwendig die Relation ein: je mehr Stärke desto

---

1) STRATMANN, Das Ja und Nein zum Wehrsport, S.214; Gegen diese auf der Berliner F.D.K.-Tagung vertretene Meinung polemisierten die Nationalsozialisten heftig. Der 'Völkische Beobachter' (Nr.318, 14.11.1931) plakatierte: "Der gemeingefährliche Wehrverrat im Zentrum. Pazifist Strathmann fordert die Preisgabe des deutschen Anspruchs auf militärische Sicherheit."

2) ders., Militarismus und Katholizismus, S. 33.

sicherer der Friede. Aufrüsten und Wettrüsten waren also unabdingbar die Konsequenz des Axioms "si vis pacem, para bellum".
In der Auseinandersetzung des Friedensbundes mit dieser Anschauung gewann die Frage nach dem Staat, seiner Aufgabe und Legitimation, erneut Bedeutung.
Der kirchlichen Soziallehre folgend erkannte der F.D.K. die Autorität des Staates als gottgewollte Ordnungsinstitution, als Vollzugsorgan göttlicher Gerechtigkeit an. Zur Ausübung dieser Funktion sei der Staat zu strafenden Sanktionen berechtigt, brauche deswegen eine Ordnungsmacht, die Polizei.
Die subsidiäre Schutz-Funktion des Staates, aufgrund deren er zu einer gerechten Abwehr- bzw. Strafaktion gegen einen anderen Staat berechtigt sei, gestatte es ihm auch, sich ein Instrument zur Wahrnehmung dieser Rechte zu schaffen.

Die innenpolitische Begründung und Praxis staatlichen Ordnungsvollzugs dürfe jedoch nicht ohne weiteres auf die zwischenstaatlichen Beziehungen übertragen werden[1].
Weil Krieg nur selten - wenn überhaupt - gerechtfertigt sei, brauchten die Staaten nicht ständig ein großes Heer. Normalerweise reiche eine kleine Truppe für den Grenzschutz aus; die allgemeine Wehrpflicht sei deswegen überflüssig. Über die grundsätzliche Bejahung des staatlichen Rechts zur kriegerischen Verteidigung dominierten im F.D.K. allerdings die Zweifel über die Eignung des Schwertes zur wirklichen Friedenssicherung. Dies umso mehr, als der Staat seine bloße Schutzfunktion eigenmäch-

1) STRATMANN, Vortrag vor der F.D.K.-Bundestagung in Frankfurt, 1929, zit. in: HINZ, Die VI. Reichstagung des Friedensbundes deutscher Katholiken, S. 344.

tig und selbstherrlich ausgeweitet und aufgrund seiner engen nationalen Abschirmung und Begrenztheit seine Rechte mißbraucht habe. Die Staaten müßten deswegen nun ihre (überhöhten) Rechte an eine höhere und übergreifende Autorität abtreten, die mit einer zentralen Ordnungsmacht, einer überstaatlichen Polizei auszustatten sei[1].

Um den Frieden, der den Namen verdient, zu sichern, reicht nach Auffassung des F.D.K., die technische Abrüstung allein nicht aus. Denn Rüstungen zeigten nicht nur im technischen Bereich eskalierende Wirkung, sondern auch im politischen und psychologischen. Sie provozierten Bereitschaft zum Krieg, die, durch verantwortungslose Propaganda geschürt, einen folgenschweren Einfluß auf das sittliche Empfinden der Bevölkerung ausübe[2]. In dieser Tendenz zur Eskalation sah der F.D.K. zwar keine irreversible Automatik (etwa im Sinne der Zwangsläufigkeit des 'point of no return'), er fürchtete aber die risikoreiche Eigenentwicklung und Verselbständigung des Rüstungswesens und den möglichen Verlust der politischen Kontrolle. Er erkannte, daß wachsende Militarisierung die Chance für Friedenspolitik zerstört, den Spielraum freien politischen Handelns einengt, und im Extremfall politisches Handeln überhaupt unmöglich macht. Dem Diktat unpolitischer Oktroyierungen, durch 'Sachzwänge' gelte es entgegenzutreten und statt dessen wieder den Primat des Politischen über Militär und Rüstungsindustrie zu erobern[3].

1) STRATMANN, Das Problem einer überstaatlichen Polizei, S. 61 ff.

2) Vgl. KELLER, Caritasfürsorge und Abrüstung, S. 50.

3) STRATMANN, Rede in Frankfurt, S. 344.

Wie sehr das Militärische Einfluß auf Politik und Staat gewonnen habe, zeige sich u.a. in der militärischen Repräsentation der Staaten.
"Wo der Staat seine Repräsentation in der Armee sieht, staatliche Macht mit militärischer Macht gleichsetzt, wo man erklärt, "der Staat ist das Heer" (von Seekt), da wird der Staat auch militärisch regiert, d.i. kommandiert! Da ist besonders in zwischenstaatlichen Konflikten der militärische Geist ausschlaggebend. Militärische Gesichtspunkte, militärische Ehrbegriffe beherrschen die Lage"[1].

Gegen die Aufrüstung sprächen schließlich auch soziale Erwägungen. Das überstarke Anwachsen des Wehretats stelle eine Vergeudung öffentlicher Gelder dar, die in keinem zu rechtfertigendem Verhältnis zu den sonstigen, politischen und sozialen Erfordernissen stehe. "Die Rüstungsausgaben stellen längst die denkbar größte Ausbeutung der Völker dar"[2].
Auch das immaterielle Wohl der Bevölkerung werde dadurch geschädigt, weil sie die kulturellen Güter, die sie zur Entfaltung der individuellen Persönlichkeit brauche, vorenthalten bekomme[3]. Davon werde

---

1) STRATMANN, Militarismus und Katholizismus, S. 24. Die Militarismus-Kritik des F.D.K. entspricht der damals vorherrschenden nicht-sozialistischen Militarismus-Kritik (vgl. Berghahn (Hrsg.), Militarismus, S.15); vgl. Osservatore Romano, 29.12.1928, Nr.302, zit. in: NOPPEL, Wehrproblem oder Friedensproblem, S.402.

2) THORMANN, Flottenabrüstung?, S.8; s. oben S.121.

3) Dieser Aspekt wird besonders in den päpstlichen Stellungnahmen hervorgehoben; in der Enzyklika "Nova impendet" vom 2.10.1931 ermahnt Pius XI. die Geistlichen, "nach Eurem besten Können in der Predigt und in der Presse die Geister auf(zu)klären ..." (zit. in: KELLER, Caritasfürsorge gegen das Rüstungsfieber, S.50; "Caritasübung und Caritasdienst am Volke hat keinen Sinn und keine Berechtigung mehr, wenn wir nicht ... mit allen Mitteln die Völker aufklären und aufwecken zum Kampf für die Abrüstung.").

vor allem die Jugend betroffen, die, zur allgemeinen Wehrpflicht gezwungen, "in ihrer Blüte dahinwelkt"[1].
Als Pendant zur technischen Abrüstung müsse also auch die 'moralische Abrüstung' gefordert werden[2].
Diese Formel allerdings konnte leicht dazu benutzt werden, fehlende Bereitschaft oder Erfolge auf technischer bzw. politischer Ebene zu vertuschen.
So geschah es 1932 in Genf als dieser Begriff ausgerechnet von deutscher und polnischer Seite ins Spiel gebracht wurde[3].

3. Die Abrüstungskundgebungen des F.D.K.

Die für Februar 1932 anberaumte internationale Abrüstungskonferenz in Genf, welche bereits seit Mitte 1931 das außenpolitische Geschehen bestimmte[4], mobilisierte die pazifistischen Organisationen zu verstärkten Anstrengungen, die öffentliche Meinung, die Regierungen und die Konferenz selbst für die Abrüstung zu gewinnen. Obwohl man sich in der Friedensbewegung über die Erfolgsaussichten der Konferenz keinen Illusionen hingab, hielt man es doch für sinn-

1) Leo XIII., zit. in: LENZ, Paulus, Randbemerkungen zur Aussen- und Militärpolitik, in: FK 8 (1932), Nr.10, S.202.

2) Vgl. EHLEN, Moralische Abrüstung, Rede vor dem III. Internationalen Demokratischen Friedenskongreß in Freiburg, 1923: LUCKNER, Katholischer Anteil an der Abrüstung. S. 161.

3) ebd. S. 161: vgl. SCHREIBER, Georg, Christentum und Abrüstung. (Schreiber war Leiter der deutschen Delegation in Genf).

4) Vgl. VOGELSANG, Außenpolitik, S.26 und 34.

voll und notwendig, durch verschiedene Kundgebungen wenigstens das "ernste Wollen, ihr zum Erfolg zu verhelfen" zum Ausdruck zu bringen[1].
Unter 'Erfolg' verstand man weniger eine große Lösung, weil sie keine Aussicht auf Ratifizierung durch die nationalen Parlamente haben würde, als vielmehr eine solche - Miminal - Lösung, die allgemein akzeptiert und durchgeführt werden könnte[2].

Der F.D.K. sah sich durch die Unterschriftenaktion der 'Internationalen Frauenliga für Friede und Freiheit' dazu herausgefordert, selbst eine ähnliche Aktion zu starten. Über Motivation und Durchführung dieser Unternehmung wurde in einem Schreiben an Kardinal Faulhaber folgendes ausgeführt:
"Wir sind von einigen Priestern und Laien gedrängt worden, eine Abrüstungskundgebung in die Wege zu leiten, die auf betont katholischer Grundlage aufgebaut ist. Aus finanziellen Rücksichten zögerten wir. Da jetzt aber die Internationale Frauenliga für Friede und Freiheit mit ihrer Liste für die Abrüstung an Katholiken herantritt, mehren sich die Anfragen bei uns, ob wir als Katholiken nichts täten. Wir haben nun allen wirtschaftlichen Bedenken zum Trotz eine eigene Abrüstungskundgebung formuliert und wollen dafür die Katholiken sammeln. Ehe wir aber die Liste herausgeben, wenden wir uns an unsere Hochwürdigsten Herren Bischöfe mit der Bitte, die beigefügte Fassung zu prüfen und uns dafür die Unterschrift geben zu wollen, damit für die Katholiken keine Fragen mehr entstehen können, für welche Kundgebung sie sich einzeichnen sollen. Wir werden das Resultat unserer Aktion vor der Abrüstungskonferenz dem Hl. Vater, der Deutschen Regierung und dem Völkerbund überreichen und werden schon in der nächsten Zeit unsere katholischen Glaubensbrüder im Auslande bitten, eine gleiche Aktion in ihrem Lande zu entfalten"[3].

---

1) STRATMANN, Christus auf der Abrüstungskonferenz, S. 377.

2) ders., Mars und Mammon auf der Abrüstungskonferenz, S. 357.

3) Brief Lenz, Paulus an Kardinal Faulhaber vom 28.9.1931 (Nachlaß Faulhaber).

Einen Monat nach diesem Bittschreiben, das an alle Bischöfe gerichtet worden war, hatte der F.D.K. elf Unterschriften erhalten. Von Kardinal Faulhaber waren zunächst Rückfragen ergangen[1]. Einige Bischöfe konnten erst durch die Unterschrift und Fürsprache anderer zur Unterzeichnung bewegt werden[2]. Kardinal Bertram verlangte als Ergänzung noch ein weiteres Zitat aus der neuesten Enzyklika Pius XI.[3]. Die erhoffte Wirkung auf das katholische Ausland stellte bei dieser Aktion einen wesentlichen Faktor dar. Sie ist auch als Grund für die finanzielle Unterstützung dieser Aktion durch Brüning anzunehmen[4]. "Nach unserer Kenntnis des katholischen Auslands wird man unsere Kundgebung, mit der wir vor allem das katholische Frankreich in seiner Rüstungshaltung erreichen wollen, ohne die Unterschrift des hochwürdigsten Herrn Cardinal Faulhaber nicht für voll ansehen"[5]. Auf eine erneute Bitte erhielt der F.D.K. schließlich dessen Unterschrift[6]. Die Abrüstungskundgebung[7] war damit von allen Bischöfen unterzeichnet worden; allerdings um den Preis politischer Inhaltslosigkeit. Dies wurde vom F.D.K. selbst so gesehen und in einem Dankesbrief an die deutschen Bischöfe folgendermaßen umschrieben:

---

1) Brief des F.D.K. an Faulhaber vom 2.12.1931 (Nachlaß Faulhaber).

2) So der Bischof von Limburg, der die Aktion zunächst völlig ignoriert hatte, weil er Vorsicht für geraten hielt und die namentliche Nennung der einzelnen Bischöfe ablehnte, (Brief von Bischof Hilferich an Kardinal Hartmann vom 9.12.1931 - Historisches Archiv des Erzbistums Köln).

3) Brief des F.D.K. an Kardinal Faulhaber vom 2.12.31.

4) Persönliche Auskunft von Prof. Lenz-Medoc.

5) Brief des F.D.K. an Kardinal Faulhaber vom 30.10.31

6) Vgl. Schreiben von beiden Seiten vom 2. und 5.12.1931.

7) Text, zit. in: FK 7 (1931) Nr.12, S. 209-210.

"... Unsere Abrüstungsaktion ist durch die Unterschriften der hochwürdigsten Herren Bischöfe mehr eine religiöse Aktion geworden als das, was man gewöhnlich politisch nennt"[1]. Dieses Urteil trifft voll zu. Der Text enthält keinerlei politische Äußerungen oder Forderungen, sondern vorwiegend mahnende Papstzitate. 'Politisch' kann höchstens das Stattfinden der Aktion überhaupt und die Unterzeichnung durch die Bischöfe gewertet werden. Das allseits positive Presse-Echo[2] ist ein Indiz dafür, daß dies keine politische Kundgebung war.
Dank bischöflicher Gutheißung verlief die Unterschriftenaktion erfolgreich. Es kamen über zwei Millionen Unterschriften zusammen (wobei das Potential ganzer Verbände mitgezählt ist)[3].

Neben dieser Unterschriftenaktion führte der F.D.K. im Winter 1931/32 mehrere öffentliche Großveranstaltungen durch. Kardinal Faulhaber, der noch im Dezember 1931 am längsten gezögert hatte, seine Unterschrift für die F.D.K.-Aktion zu geben, kündigte nun, Ende Januar, anläßlich einer F.D.K.-Kundgebung in München an: "Ich werde eine Gelegenheit suchen, auch von meiner Seite neuerdings zur Frage der Abrüstung Stellung zu nehmen"[4]
Die Gründe für diesen Umschwung wird man vor allem in den Kundgebungen katholischer Bischöfe Englands

1) Brief Lenz, Paulus an die deutschen Bischöfe vom 27.1.1932 (Nachlaß Faulhaber).

2) Vgl. ebd.

3) Vgl. Abrüstungskonferenz (o.Verf.), in: FK 8 (1932) Nr.4, S. 79.

4) Brief Faulhaber an Panholzer (Münchener F.D.K.-Vorsitzender) vom 30.1.1932 (Nachlaß Faulhaber). Am 7. Februar 1932 hielt der Kardinal dann die bekannte Ansprache.

und Frankreichs sehen müssen[1], die im großen und ganzen die Positionen ihrer Regierungen vertraten, sowie in dem Interesse des Vatikan an einem Erfolg der Konferenz.
In einem Bericht der Bayerischen Gesandtschaft am Päpstlichen Stuhl ist die Rede von Spekulationen um eine neuerliche Verlautbarung des Vatikans zur Abrüstung, von zeitweisen Spannungen zwischen dem Hl. Stuhl und Frankreich in dieser Sache[2] sowie von den, im großen und ganzen den alliierten Vorstellungen angepaßten Stellungnahmen des englischen und französischen Episkopats. Solche deutlichen Äußerungen unmittelbar vor der Abrüstungskonferenz haben sicher zu der sehr schnellen Reaktion und zu der deutlichen Sprache der Ansprache Faulhabers mit beigetragen.

Während des, aus Anlaß der Konferenzeröffnung in der Münchener St. Bonifatius Basilika gefeierten Gottesdienstes, ging Kardinal Faulhaber auf die Abrüstungsproblematik ein[3]. Er forderte die Abrüstung der anderen Nationen, da Deutschland bereits abgerüstet sei. Den umgekehrten Weg, daß auch Deutschland aufrüste, hielt er für untragbar.
Implizit stellte sich Faulhaber damit in Opposition zur deutschen Regierung (Brüning), deren Außenminister die deutsche Aufrüstung für den Fall des Schei-

---

1) Vgl. Brief des F.D.K. an Faulhaber vom 2.12.1931; und Bericht der Bayerischen Gesandtschaft am Päpstlichen Stuhl vom 3.2.1932, S. 4 f. (Geh. Staatsarchiv München, B.Ges.Päpstl.Stuhl 1038).

2) Die französische Presse hatte auf die vielfältigen päpstlichen Abrüstungskundgebungen heftig reagiert und dem Papst Verletzung der Neutralität wegen angeblich prodeutscher Stellungnahme vorgeworfen. Dieser Eindruck war dann durch den Nuntius in Paris beim Neujahrsempfang des französischen Präsidenten, bei welchem er sich mehr zugunsten der französischen Position äußerte, revidiert worden.

3) Text, zit. in: Bayerischer Kurier vom 8.2.1932, Nr. 39.

terns der Genfer Konferenz angedroht hatte. Der Kardinal vertrat damit auch dieselbe Auffassung wie der F.D.K., wie folgende Passage belegt: "Das Rüsten um die Wette gibt die ständige Bereitschaft zum Kriege, und von der Bereitschaft ist der Weg nicht weit zum wirklichen Losschlagen. Was man heute Bereitschaft zum Krieg nennt, ist selber schon ein stiller Krieg und eine Finanzlast wie früher im Krieg"[1].
Obwohl Faulhaber die deutsche Rüstungssituation, als abgerüstet, falsch darstellte, war seine Stellungnahme insgesamt ausgewogen. Daß diese "Objektivität" nicht selbstverständlich war, zeigt ein Vergleich mit Ausführungen Bischof Schreibers[2], der in polemischen Anspielungen an die Adresse Frankreichs den Sicherheitsgedanken als Auswirkung des Materialismus und Egoismus im Völkerleben darstellte und somit die Abrüstung überhaupt, vor allem aber die französische Haltung ins Zwielicht rückte[3].

4. Der Aufruf gegen den Wehrsport

Die zweite öffentliche Aktion gegen das Aufrüsten führte der F.D.K. im Herbst 1932 durch, mit dem "Aufruf gegen den Wehrsport"[4]. Durch Erlaß des Reichspräsidenten vom 13.9.1932 war ein "Reichsku-

---

1) FAULHABER, Ansprache vom 7.2.1932, a.a.O.; Zur Übereinstimmung des F.D.K. mit Faulhabers Äußerungen vgl. STRATMANN, Christus auf der Abrüstungskonferenz, S. 377.

2) s. oben S.125.

3) SCHREIBER, Christian, Abrüstung, Völkerfriede, Völkerbund. Rede vor der Deutsch-französischen Gesellschaft in Berlin, am 30.4.1931, S.65 - 69.

4) Vgl. STRATMANN, Das Ja und Nein zum Wehrsport, S. 212; vgl. GOTTO, S.11, Anm. 55.

ratorium für Jugendertüchtigung" konstituiert worden, in dem alle kooperationswilligen deutschen Jugendverbände verstärkt die Jugendertüchtigung organisieren sollten.
In seinem Aufruf protestierte der F.D.K. zunächst gegen die Militarisierung des Sports, die dem Art. 148 der Reichsverfassung (Erziehung der Jugend im Sinne der Völkerverständigung) widerspreche und einem neuen deutschen Militarismus den Weg bereite. Für die Jugendertüchtigung gebe es genügend freie Verbände, dazu bedürfe es keiner staatlichen Einrichtungen. Darüber hinaus warnte der Friedensbund vor der Wiedereinführung der allgemeinen Wehrpflicht, denn durch den Versailler Vertrag bestehe eine juristische und moralische Pflicht zur Abrüstung.
Der deutschen Regierung wurde das Recht abgesprochen, "den Weg der Abrüstung zu verlassen und damit allen aufrüstungswilligen Kräften im In- und Ausland das Signal zu einem neuen uferlosen Wettrüsten zu geben"[1]. Dies widerspreche dem wirklichen Völkerinteresse und diene nur dem "Interesse verhältnismäßig kleiner Gruppen", nämlich derer, die als Militärs oder Heereslieferanten davon profitieren.
"Wir leugnen, daß die militärische 'Wehr' noch eine wirkliche Landesverteidigung sein kann. ... Wahre Landesverteidigung besteht einzig und allein in einer guten, von christlichem Geiste beseelten Außenpolitik"[2].

---

1) Aufruf des Friedensbundes Deutscher Katholiken, zit.in: FK 8 (1932) Nr. 11, S. 209 f.

2) ebd. S. 210; Die Zeitschrift 'Vom frohen Leben' hatte bereits 1927 gegen die Illusion von "demokratischen Milizen" Stellung genommen (1926/27, H.11, S.341 ff.) Wie repressiv die Beteiligung am Wehrsport z.T. erzwungen wurde, geht aus dem Brief des Vorsitzenden der DFG, v.Schoenaich, an Reichskanzler Brüning vom 24.1.1932 hervor: "Sie als ehemaliger Gewerkschaftsbeamter werden wissen, welch starken Druck heute die Großindustriellen auf ihre Arbeiter ausüben lassen, sich in den Wehrverbänden zu beteiligen. (Koblenz Archiv R 43, I, 513, S.204); Der 'Reichsbote' (Berlin), Nr.299, vom

Hier zum ersten Mal machte sich der F.D.K. als ganzer in dieser Schärfe die Auffassung zu eigen, daß militärische Mittel der Landesverteidigung undienlich seien[1], und er begründete das nicht moralisch oder moraltheologisch, sondern mit (militär-)politischen Argumenten, die sich hauptsächlich auf die Funktion und Verantwortlichkeit des Staates bezogen. Noch vor allen juristischen und institutionell-organisatorischen Friedensmitteln räumte der F.D.K. hier der Politik, der guten Außenpolitik, Priorität ein.

Die Gefahren des Wehrsports für die Erziehung der Jugend und die gesamte geistige Haltung in der Bevölkerung deuteten sich bereits in der "durch die Hitlerbewegung und ihre Gönner (entstandenen) neuen geistigen Militarisierung (mit dem Ziele der materiellen) ..."[2] an. Eine positive erzieherische Funktion konnte man beim Wehrsport ebensowenig erkennen wie bei der militärischen Erziehung überhaupt, da die negativen Einflüsse die möglichen positiven weit überstiegen. Denn die Erziehung durch Drill sei zu oberflächlich, nur nach Maßgabe des militärischen (äußeren) Gehorsams gestaltet, nicht aber im Sinn einer verantwortungsbewußten Sittlichkeit. Diese Diskrepanz werde auch von katholischer Seite oft übersehen[3]. Katholischen Befürwortern des Wehrsports warf der F.D.K. vor, mehr auf die Erklärungen der Generale und auf die Propaganda der

---

14.12.1932 empörte sich über die "Hetze" der katholischen Pazifisten gegen die vom Reichtspräsidenten eingesetzte Jugendertüchtigung.

1) s. oben S.118 ff.

2) STRATMANN, Das Ja und Nein zum Wehrsport, S.213.

3) ebd. S. 214 f.

Heereslieferanten zu achten als auf die der Päpste und bedeutenden Moralisten[1].
Die gefährlichen Konsequenzen des Wehrsports faßte Stratmann schließlich folgendermaßen zusammen:
"Mit Wehrsport fängt es an, mit allgemeiner Wehrpflicht geht es weiter, und mit der allgemeinen Mobilmachung hört es auf"[2].

5. Die Stellungnahmen des F.D.K. im Vergleich zu denen der DFG

Die schon in anderem Zusammenhang beschriebene Meinungsvielfalt und -divergenz in der DFG erfordert einen differenzierten Vergleich.
Zum Problem des 'gerechten Krieges' gab es in der DFG folgende Positionen:
Die radikalen Pazifisten lehnten jeden Krieg ab, während es bei den Vertretern des 'organisatorischen Pazifismus' mehrere Gruppierungen gab: Befürworter jeden Verteidigungskrieges; Befürworter des Verteidigungskrieges, aber Gegner jeden Giftgaskrieges; Befürworter des Sanktionskrieges durch den Völkerbund, wobei das Recht auf Verteidigungskrieg von den Nationalstaaten an den Völkerbund abgetreten werden sollte.

---

1) STRATMANN, Das Ja und Nein zum Wehrsport, S.215; vgl. ROSSAINT, Zum Wehrsport und zur Wehrhaftigkeit, S. 5 ff.; Zu den Befürwortern des Wehrsport-Erlasses gehörte u.a. Prälat Wolker, der die "scharf ablehnende Stellung" einiger Diözesanverbände des Jungmännerverbandes dazu verurteilte. (s. Brief Wolker an den Deutschen Episkopat vom 10.10.1932, in: VOLK, Akten Kardinal Faulhabers I Nr. 263, S.641 - 644; vgl. BREUNING, S. 86).

2) STRATMANN, Das Ja und Nein zum Wehrsport, S.216.

In der Frage des Bürgerkrieges, den der F.D.K. strikt ablehnte [1], gingen die Meinungen sowohl bei den radikalen als auch bei den organisatorischen Pazifisten auseinander. Während in der ersten Gruppe der "Bund der Kriegsdienstgegner" auch den Bürgerkrieg verwarf, dagegen aber die "Gruppe revolutionärer Pazifisten" im Bürgerkrieg auf der "roten Seite" mitkämpfen wollte, gab es im Lager des organisatorischen Pazifismus Kreise, die den Bürgerkrieg grundsätzlich ablehnten und solche, die sich zur Teilnahme für den Fall bereit erklärten, daß die Staatsgewalt zu schwach sei und das Recht geschützt werden müsse[2].
Zur Frage der Kriegsdienstverweigerung gab es in jedem Lager zwei Richtungen: Bei den Radikalen verurteilten nicht alle Kriegsdienstverweigerer auch die Zivildienstpflicht, andere dagegen erwogen neben der Kriegsdienstverweigerung und dem Generalstreik auch die aktive Sabotage. Bei den organisatorischen Pazifisten standen sich Gegner jeder Kriegsdienstverweigerung und Befürworter für den Fall gegenüber, daß der Krieg des Heimatlandes durch den Völkerbund für unerlaubt erklärt werde - dann bestehe sogar Verweigerungspflicht.
Grundsätzlich lehnte man einen konstitutiven Zusammenhang zwischen Pazifismus und Kriegsdienstverweigerung ab[3]. Infolgedessen fand auch die Propaganda zur Massendienstverweigerung, wie sie durch die Ponsonby-Aktion in vielen Staaten betrieben wurde vom organisatorischen Pazifismus keine Anerkennung

---

1) s. oben S. 122.

2) WEHBERG, Grundsätzliche Erörterungen zur Politik der deutschen Friedensbewegung I, S. 164.

3) ebd. S. 166.

oder Unterstützung[1]. Die Stellungnahme zur allgemeinen Wehrpflicht war ebenso uneinheitlich, wenn auch die überwiegende Mehrheit gegen die Wiedereinführung der allgemeinen Wehrpflicht oder einer sonstigen Dienstpflicht eintrat[2]. Einige führende Vertreter der DFG, wie (Fried, Schücking und Quidde) befürworteten allerdings die allgemeine Wehrpflicht[3]. Dagegen verlangten die Radikalen die völlige Abschaffung der Reichswehr.
Gespalten waren die Ansichten auch über ein mögliches demokratisches Milizsystem. Während die einen darin eine Möglichkeit zum Abbau des staatlichen Militarismus sahen, befürchteten die anderen das Aufkommen eines neuen Militarismus im Volk[4].
"Hinsichtlich der Stellung zur Abrüstungsfrage ist allen Richtungen des deutschen Pazifismus im wesentlichen gemeinsam, daß sie, zum mindesten als letztes Ziel, völlige Abrüstung fordern.
Die Auffassung darüber, was unter völliger Abrüstung zu verstehen ist, gehen freilich auseinander"[5].

---

1) WEHBERG, Grundsätzliche Erörterungen zur Politik der deutschen Friedensbewegung I, S. 167; zur Haltung des organisatorischen Pazifismus in dieser Sache s. auch den polemischen Artikel von STEINITZ, Kriegsdienstverweigerung und organisatorischer Pazifismus, S.290 - 298. Über die deutschen Aktivitäten der Ponsonby-Bewegung gibt ein Bericht des Reichskommissars für Überwachung der öffentlichen Ordnung vom 18.3.1927 an das Reichsinnenministerium Auskunft (Koblenz, R 43 I, 512, S.42 -46). Die Kriegsdienstverweigerungs-Propaganda habe "ernste Formen angenommen". Nachdem man früher nur Kritik an der "schwarzen Reichswehr" etc. geübt habe, wende man sich jetzt gegen die Reichswehr selbst.

2) Vgl. Tätigkeitsbericht der DFG 1927, in: FW 1927, S. 153.

3) WEHBERG, Grundsätzliche Erörterungen II, S.195 ff.

4) ders., Grundsätzliche Erörterungen I, S.164 f.

5) ders., Grundsätzliche Erörterungen II, S.195.

Die Differenzen lagen schon in den unterschiedlichen Auffassungen über die Erlaubtheit des Krieges begründet. Befürworter des Verteidigungskrieges oder des Völkerbund-Exekutionskrieges konnten keine gänzliche Abrüstung fordern; gleiches traf auch für die Befürworter der Beteiligung an einem Bürgerkrieg zu. Die Haltung des organisatorischen Pazifismus beschrieb Wehberg so: "(Sie) sind zwar gegen jeden Militarismus, aber nicht, wenigstens, vorläufig nicht gegen alles Militär. Sie müssen sich deshalb darauf beschränken, für eine Republikanisierung der Reichswehr und für Vermeidung aller unnötigen Ausgaben und Rüstungen einzutreten"[1]. Totale Abrüstung ließe sich schon mit Rücksicht auf Art. 16 der Völkerbundsatzung nicht rechtfertigen[2]. Außerdem müsse man die Gefahr neuer "schwarzer Reichswehren" und die Auswirkungen auf die öffentliche Meinung berücksichtigen. Denn Forderungen, die nicht realisierbar erschienen, würden als 'utopisch' abqualifiziert, und die Friedensbewegung insgesamt laufe damit Gefahr, diesem Verdikt zu verfallen.

Vergleicht man die Stellungnahmen des F.D.K. mit denen der DFG, so ergibt sich folgendes Bild: Insgesamt betrachtet ist der F.D.K. zwischen organisatorischem und radikalem Pazifismus anzusiedeln - mit wechselnden Präferenzen. Denn er bejahte im Grundsatz den Verteidigungskrieg, schränkte jedoch die Bedingungen für dessen Erlaubtheit so weitgehend ein, daß er in der praktischen Beurteilung eher zu einer Ablehnung des - konkreten - Krieges kam.

---

1) WEHBERG, Grundsätzliche Erörterungen II, S. 197.
2) ebd. S. 198.

Die grundsätzliche Verurteilung des Bürgerkrieges durch den F.D.K. gründete allerdings weniger in der Verurteilung der Gewaltanwendung als vielmehr in Legitimationserwägungen und der Gehorsamspflicht gegenüber der rechtmäßigen Obrigkeit.

Für die Kriegsdienstverweigerung zeigte sich der F.D.K. wesentlich aufgeschlossener als der organisatorische Pazifismus. Er konvergierte hierbei eher mit den radikalen Kreisen, indem er beispielsweise auch den Generalstreik im gegebenen Fall befürwortete[1].

In der Frage der allgemeinen Wehrpflicht stimmte der Friedensbund ebenfalls mehr mit den radikalen Pazifisten überein. Die Forderung nach totaler Abrüstung freilich teilte er nicht, verlangte jedoch nicht nur eine Republikanisierung der Reichswehr, sondern ihre Reduktion und Umstrukturierung auf reine Polizei- (höchstens Grenzschutz-)funktionen und akzeptierte die Unterhaltung eines Kontingents für die Völkerbund-Exekutionsarmee.

Die Haltung der deutschen Regierung, die 1932 nicht mehr, wie in den Jahren zuvor, allgemeine Abrüstung, sondern Gleichberechtigung in der militärischen Sicherheit forderte und für den Fall des Scheiterns der Konferenz eigene Aufrüstung ankündigte, verurteilten F.D.K. und DFG gleichermaßen: Deutschland mache sich unglaubwürdig und verliere seine führende Rolle im Ringen um die Abrüstung. Die einzige Reaktion müsse auch in diesem Fall neues Bemühen sein[2].

---

1) Bei der größeren Übereinstimmung mit Kreisen der radikalen Pazifisten spielte wohl auch die verbreitete Doppelmitgliedschaft vieler, vor allem junger F.D.K.-Mitglieder beim Bund der Kriegsdienstgegner oder gar bei den "Radikalen Pazifisten" eine gewisse Rolle.

2) vgl. WEHBERG, Deutschlands Verlangen nach gleicher militärischer Sicherheit. S. 125 f.

Die bei aller grundsätzlichen Übereinstimmung mit dem organisatorischen Pazifismus[1] feststellbare Tendenz des F.D.K. in Richtung auf den radikalen Pazifismus ist nicht verwunderlich, wenn man z.B. die politische, die ideologische sowie die gesellschaftliche Ausgangspositionen der drei Richtungen und ihrer Repräsentanten bedenkt. Im Unterschied zu den führenden Vertretern des radikalen Pazifismus und des F.D.K. waren die Repräsentanten des organisatorischen Pazifismus zumeist Mitglieder einer "staatstragenden" Partei, der DDP - oder standen ihr zumindest nahe - einige bekleideten ein Reichstagsmandat. Diesen Gruppierungen mußte es schon deshalb darum gehen, ein möglichst konkretes, kurzfristig realisierbares Konzept friedenspolitischer Ziele zu entwickeln[2]. Die anderen dagegen waren nicht in die Verantwortung und Kompromißhaftigkeit aktueller Tagespolitik eingebunden und konnten sich daher eher grundsätzlichen, theoretischen Fragen zuwenden. Mancher Streit dieser beiden Richtungen hätte allerdings vermieden werden können, wenn man sich der notwendigen Bipolarität politischen Handelns bewußt gewesen wäre, daß nämlich politisches Handeln zugleich kurzfristig realisierbare Programmatik und allgemeine politische Theorie umfassen muß.

---

1) s. oben S. 64 ff.

2) Ein Beispiel für die pragmatisch, auf das aktuelle politische Geschehen hin orientierte Friedensbewegung ist u.a. die "Deutsche Liga für den Völkerbund", die, vom Auswärtigen Amt weitgehend unterstützt und vorwiegend aus Politikern und Persönlichkeiten des öffentlichen Lebens zusammengesetzt, ganz konkrete Vorschläge für ein Abrüstungsprogramm unterbreitete.

VI. Verständigung mit Frankreich

Obwohl aus der Sorge um den internationalen Frieden, um die Verbesserung der internationalen Beziehungen entstanden, entwickelte die Friedensbewegung kaum Theorien internationaler Politik.
Meist wurde dieser Bereich reduziert auf rein völkerrechtliche Fragen oder auf Teilbereiche, z.B. auf die Kriegsfrage.
Mit der Lehre vom 'gerechten Krieg' leistete auch die katholische Soziallehre ihren einzigen Beitrag zu einer außenpolitischen Theorie[1].
Einen Ansatz, Prinzipien internationaler Beziehungen zu formulieren, enthalten die F.D.K.-Richtlinien in dem Postulat, "daß das evangelische Gebot der Liebe unter den Einzelwesen keineswegs verschieden ist von dem, das unter Staaten und Völkern zu gelten hat"[2], sowie in der Forderung nach unkriegerischer Konfliktlösung und Politik der Völkerversöhnung.
Diese Forderungen bilden das Gerüst des außenpolitischen Verständnisses des F.D.K.

Als der F.D.K. 1923/24 seine Verständigungsarbeit begann, fand er eine politische Situation vor, die seinen Zielen nicht ungünstig war. Die allgemeine politische Stabilisierung nach dem Ende des Ruhrkampfes brachte auch eine Entspannung des innenpolitischen Klimas, das zuvor noch das eines "latenten Bürgerkriegs" war, in dem es u. a. eine starke

---

1) CZEMPIEL, Die Christen und die Auswärtige Politik, S. 31.

2) Richtlinien Punkt 2.

Pazifistenhetze und -verfolgung gegeben hatte[1]. Für die praktischen Anfänge waren vor allem die bereits bestehenden Kontakte zur französischen Friedensbewegung wichtig. Wegen der Bedeutung der katholischen französischen Friedensbewegung als Vorläufer und Partner des F.D.K., sollen ihre wichtigsten Gruppierungen im folgenden kurz vorgestellt werden[2].

1. Die französische Friedensbewegung

Die führende Rolle in der französischen Friedensbewegung spielte Marc Sangnier. Bereits vor dem Krieg hatte er mit dem 'Sillon', einer religiös-sozialen Bewegung und später Partei, die 1910 von Pius X. wegen ihrer modernistischen Tendenzen verboten wurde[3], die demokratische Bewegung unterstützt. Nach dem Krieg griff er auch das Friedensproblem auf und veranstaltete 1921 den I. Internationalen Demokratischen Friedenskongreß in Paris[4]. Hier wurden erste Kontakte zwischen deutschen katholischen Friedensfreunden und der Sangnier-Bewegung geknüpft[5].

---

1) Vgl. LEHMANN-RUßBÜLDT, S. 99 f; HOEGNER, Die verratene Republik, S. 90 ff.; STÜRMER, Koalition und Opposition, S. 30 f.

2) Zu den Anfängen dieser Beziehungen vgl. RIESENBERGER, S. 2 ff.

3) Sangnier hatte im 'Sillon' Katholiken, Protestanten und Freidenker vereinigt; (vgl. GUNDLACH, Sillon).

4) Vgl. SOLZBACHER, Die katholische Friedensbewegung, S. 114; NOBEL, S. 412.

5) Die deutschen katholischen Teilnehmer an diesem Kongreß waren M. Jocham, der Gründer des F.D.K., D.v.Hildebrandt und J.Probst (vgl. NOBEL, S.412); vgl. SANGNIER, Worte des Friedens.

Diese Bewegung[1] war keine feste Organisation, sondern gruppierte sich um Sangniers Zeitung 'Democratie' sowie um 'La Jeune République'[2], mit der hauptsächlich die Jugend angesprochen wurde, und um die gleichnamige Liga, die später parallel zu den Internationalen Demokratischen Friedenskongressen ihre eigenen internationalen Kongresse abhielt[3].

Initiiert vom Grafen Romanet konstituierte sich 1923 eine andere Gruppe französischer Katholiken, die 'Pax'. Sie setzte sich überwiegend aus Kreisen des Adels und der Akademikerschaft zusammen und stellte sich die Aufgabe, in einer eigenen Reihe, 'Gesta Pacis', das Friedensproblem wissenschaftlich abzuhandeln[4].

Ähnliche Ziele verfolgte die 'Union catholique d'études internationales' - ein kleiner Kreis Intellektueller -, die 1917 von Baron Montenach[5] gegründet worden war. Ihr gehörte u.a. der spätere Bischof von Lausanne und Genf, Msgr. Besson, an. Ihr Inter-

---

1) Ob sie identisch ist mit dem Friedensbund französischer Katholiken, von dem Schrörs: Deutscher und französischer Katholizismus in den letzten Jahrzehnten, spricht (S.48), konnte nicht geklärt werden.

2) Sie unterhielt enge Beziehungen zum F.D.K. und gab u.a. ein dreisprachiges Blatt 'L'ame commune' sowie das 'Bulletin catholique internationale' heraus; (vgl. NOPPEL, Weiter auf dem Friedensweg, S.325).

3) Vgl. 'Neues aus unserer Bewegung', in: FK 2 (1926) Nr.3/4, S. 11.

4) Vgl. "Die Friedenssicherung im frühen Mittelalter", (o.Verf.), in: SchZ 4 (1929) Nr. 35, S.749.

5) Mit ihm hatte R. Kuenzer im Auftrag der Zentrumspartei Kontakte aufgenommen wegen der "Entsendung von Zentrumsleuten in die Verwaltungsbehörden des Völkerbundes" (Nachlaß Marx Bd.54, Nr.245, S.382).

esse richtete sich vor allem auf die Erörterung des Völkerrechts aus christlicher Sicht. Sie wurde u.a. zur Vorbereitung der Enzyklika Rerum Novarum herangezogen[1].
Während diese beiden akademischen Gruppierungen von vornherein nicht auf große Anhängerschaft und auf politische Aktivitäten angelegt waren, versuchte Sangnier sowohl die Massen zu mobilisieren als auch seinen politischen Einfluß geltend zu machen, wozu er als Mitglied der Parti Démocrate Populaire und als Abgeordneter der französischen Kammer Gelegenheit hatte. Großer Erfolg war ihm dabei allerdings nicht beschieden. In einem Bericht über die Zusammenkunft christlicher Volksparteien aus mehreren europäischen Ländern, 1925 in Paris, wird ein Überblick über die politische Situation des französischen Katholizismus gegeben und dabei festgestellt, daß Sangniers Bewegung neben der schwachen und vorsichtig taktierenden Parti Démocrate Populaire die einzige Gruppe im französischen Katholizismus sei, "die wenigstens eine Aussprache mit deutschen katholischen Politikern sucht, ..."[2]
Auf der Jahrestagung des F.D.K. in Essen 1927 warnte aber P. Noppel SJ davor, die Sangnier-Bewegung zu überschätzen[3], und die Bemerkung des 'Friedenskämpfers' vom März 1933:"... allmählich erstarkt

1) BEAUPIN; Wir und der Völkerbund, S. 1048 ff.; DOKA, Kirche und Völkergemeinschaft, S. 152.

2) 'Bericht über eine Zusammenkunft christlicher Volksparteien verschiedener Länder am 12. und 13. Dezember 1925 in Paris', Nachlaß Marx 1070/225, Nr.22 - 29, S.4. - Im März 1931 beklagte auch Brüning vor der Zentrumsfraktion, daß die Vertreter des französischen Katholizismus, mit denen man in Verbindung stehe, "keine politische Resonanz hinter sich (hätten)." (Morsey (Hrsg.), Zentrumsprotokolle, S. 527).

3) NOPPEL, Vortrag vor der Bundestagung des F.D.K. in Essen 1927, zit. in: HINZ, Essen, S. 4.

auch die ausgesprochen katholische Friedensbewegung in Frankreich mehr und mehr"[1], unterstreicht dieses Urteil.
Trotzdem gingen von diesen Institutionen wichtige Impulse aus. Vor allem die Veranstaltungen der Sangnier-Bewegung konnten sich durchaus großer öffentlicher Resonanz, hoher Teilnehmerzahlen und zum Teil erstaunlicher politischer Beachtung erfreuen[2].

2. Der III. Internationale Demokratische Friedenskongreß in Freiburg 1923

Die nachhaltigste Wirkung der französischen auf die deutsche Friedensbewegung ging von dem III. Internationalen Demokratischen Friedenskongreß in Freiburg 1923 aus, der zugleich ein glanzvoller Höhepunkt für die europäische Friedensbewegung überhaupt war[3].

Obwohl die deutsch-französischen Beziehungen nicht explizit als Diskussionsgegenstand vorgesehen waren, wurden sie doch, bedingt durch den grenznahen Ort, die große deutsch-französische Teilnehmerzahl sowie durch die aktuelle politische Lage - der Ruhrkampf

---

1) F.St. (Stratmann?), Wachsende Friedensbewegung im katholischen Frankreich, S. 59.

2) s. unten S. 169.

3) III. Internationaler Demokratischer Friedenskongreß, (o.Verf.) in: FW 1923, H.9/10, S. 330; HINZ, Zwei Weltfriedenstagungen, S. 74 f.; BOHNER, H. und PFISTER, J., Bericht über den Kongreß, S. 34 ff. (hier dominieren die kritischen Äußerungen); NOPPEL, Im Kampf um den Frieden, S. 180 f. und 185; Teilnehmer-Verzeichnis: Archiv Deutscher Caritasverband CA XXIII. 11.

war noch nicht beendet -, zum eigentlichen Thema. Bei dieser ersten großen deutsch-französischen Begegnung nach dem Krieg drängten alle traditionellen und aktuellen Streitfragen des beidseitigen Verhältnisses zur Diskussion: Die 'Erbfeindschaft' und alle damit verbundenen Ressentiments, die noch nicht vergessenen Schärfen der im Krieg zwischen deutschen und französischen Katholiken ausgetragenen Kontroverse über das Buch 'La guerre Allemande et le Catholicisme'[1], der Versailler Vertrag, vor allem der Kriegsschuldparagraph, die Ostgrenzen und die Reparationsforderungen und schließlich die Ruhrbesetzung; alles Themen, die für den Kongreß bedrohlichen Sprengstoff enthielten und deren Bewältigung ein hohes Maß an Rationalität, gutem Willen und Versöhnungsbereitschaft erforderte. Daß dies nicht gelang, daß vielmehr in der Kontroverse ebenso wie in überschwenglichen Gesten der Versöhnungsbereitschaft noch starke Emotionalität dominierte, braucht nicht wunder zu nehmen. Es war Marc Sangniers Leistung, durch seine persönliche Ausstrahlungskraft, und sein rhetorisches Talent die Extreme aufgefangen zu haben[2].

Den Höhepunkt der Versöhnungsemphase erreichte der Kongreß im Anschluß an den Vortrag Ehlens über moralische Abrüstung[3], als eine der Zuhörerinnen spontan einen Versöhnungsaufruf an die Frauen in Deutschland und Frankreich ausbrachte und zum Versöhnungsopfer der Deutschen für Frankreich aufrief[4]. Nachdem, davon betroffen, eine Französin die Versöh-

1) Baudrillart (Hrsg.), La guerre Allemande et le Catholicisme, Paris 1915; Der Deutsche Krieg und der Katholizismus. Deutsche Abwehr französischer Angriffe, Berlin 1915; zu erinnern ist dabei auch an Max Schelers Kriegsbücher: Krieg und Aufbau und Der Genius des Krieges; vgl. PFEILSCHIFTER.

2) Vgl. HINZ, Zwei Weltfriedenstagungen, S. 74.

3) EHLEN, Moralische Abrüstung.

4) Vgl. JANNASCH, Versöhnungsopfer des deutschen Volkes an das französische Volk, S.314 ff.; NOPPEL, Im Kampf um den Frieden, S.184 f.

nungsbereitschaft des französischen Volkes beteuert hatte, wurde eine Sammelaktion durchgeführt, deren Erfolg beachtlich war. Als 'Versöhnungsopfer' wurden solche Sammlungen zu einer bleibenden Einrichtung[1].

Zweifellos hatten diese Aktion und der gesamte Kongreß eine erste psychologische Barriere für die weiteren deutsch-französischen Kontakte aus dem Weg geräumt. Politisch jedoch blieben die Fronten unverändert, was gerade die Rede Ehlens deutlich werden ließ. Sein Appell zum Wiederaufbau Frankreichs, zur moralischen Abrüstung und Versöhnung stand neben der strikten Ablehnung des Versailler Vertrages, weil dieser auf der Lüge der Alleinschuld Deutschlands aufbaue und folglich unmoralisch sei[2].

Daß in den politischen Fragen keine Annäherung erzielt wurde, minderte den Wert des Kongresses durchaus nicht. Denn die Eigentümlichkeit solcher Kongresse bestand ja gerade darin, daß Probleme ohne Zwang zur politischen Entscheidung diskutiert werden konnten bzw. daß brisante Fragen aus den öffentlichen oder offiziellen Beratungen ausgeklammert wurden, um das angestrebte Einvernehmen nicht zu gefährden und eine Atmosphäre zu schaffen, die eine weitere positive Entwicklung ermöglichte.
Die spontane und emphatische Bekundung des Versöhnungswillens vor aller Öffentlichkeit war dabei geeignet, das Eis der Vorurteile und politischer Un-

---

1) Daran hatte u.a. Frau Schlüter-Hermkes großen Anteil, die die Frauen aufforderte, Schmuck zur Verfügung zu stellen (persönliche Mitteilung von Dr. Werner Becker, Leipzig). Die Empörung der politischen Rechten über ein solches "Opfer" trieb kuriose Blüten: man witterte Kapitalflucht! (vgl. 'Deutsches Tageblatt' 8.11.1923 und 10.11. 1923).

2) EHLEN, Moralische Abrüstung, S. 16 f.

nachgiebigkeit aufzubrechen und einen Ansatz für Dialog und Verständigung zu schaffen.
Ein erstes sichtbares Ergebnis dieser Atmosphäre und der Begegnungen am Rande des offiziellen Kongreßgeschehens war die Gründung eines katholischen deutsch-französischen Freundschaftsbundes. Partner des F.D.K. waren die Mitglieder des Sillon-Catholique, der von Sangnier ins Leben gerufenen Organisation. Man vereinbarte als gemeinsame Pflicht, "aktiv an der Verbreitung des Friedensgedankens mitzuarbeiten, füreinander und für die getrennten Völker zu beten und die Kommunion jeden ersten Monatssonntag aufzuopfern, außerdem regen Briefwechsel untereinander zu pflegen"[1].
Dem Briefwechsel widmete der FK in den ersten Jahrgängen einige Aufmerksamkeit. Er veröffentlichte regelmäßig französische Briefe und schlug Themen für die Korrespondenz vor.

3. Die Internationalen Demokratischen Friedenskongresse und ihre Kritik

Nach dem Aufbruch von 1923 boten die jährlich stattfindenden Internationalen Demokratischen Friedenskongresse für die deutsche katholische Friedensbewegung weiterhin ein willkommenes Forum zu Gesprächen mit Franzosen. Um eine längerfristige und intensivere Kontaktnahme vor allem für die Jugend beider Länder sowie anderer Nationen zu ermöglichen, stellte Marc Sangnier 1926 seine Besitzung Bierville, in der Nähe von Paris, zur Verfügung. Durch den all-

---

1) HINZ, Zwei Weltfriedenstagungen, S. 74.

täglichen Umgang, kulturelle Darbietungen und in Gesprächskreisen sollte intensiver Austausch, gegenseitiges Kennenlernen und Verstehen zustande kommen. "Es war ein reichhaltiges, unmittelbar aus dem Leben greifendes Nehmen und Geben geistiger Werte von Land zu Land, von Volk zu Volk ..."[1].

Das erste Treffen von Bierville, das in Verbindung mit dem VI. Internationalen Demokratischen Friedenskongreß im August 1926 stattfand[2], erlangte lebhafte Publizität[3]. Die französische Regierung zeigte ihr Wohlwollen durch Bereitstellen einer Zeltstadt für die rund 6 000 Teilnehmer und durch den Empfang einer Kongreßdelegation bei Außenminister Bartou[4]. Der Papst richtete ein Grußtelegramm als Antwort auf die an ihn gesandte Ergebenheitsadresse[5]. Dieses Telegramm löste in der italienischen Presse einigen Wirbel aus, da es als Bestätigung für den in Bierville anwesenden ehemaligen italienischen Minister Nitti angesehen wurde, der das Vertrauen des Kardinalstaatssekretärs Gasparri besessen hatte und von

---

1) PROBST, Internationale Freundschafts- und Friedenstage in Bierville, S. 611.

2) Ihm war 1925 ein Aufruf Sangniers an die Jugend der Welt vorausgegangen; zit. in: Das Junge Zentrum 1926, H.2, S.47; vgl. auch SCHREIBER, Deutschland und Österreich, S. 84; RIESENBERGER, S. 12.

3) In Frankreich fand der Kongreß im allgemeinen eine freundliche Presse. Die Action française allerdings kommentierte ihn sarkastisch. Dem entsprach in Deutschland der Bericht der Vossischen Zeitung (vom 19.8.1926). Die Frankfurter Zeitung dagegen berichtete sehr ausführlich und positiv (19.8.1926)

4) RUSTER, Der internationale Akt von Bierville, S.9.

5) Zit. in:RIESENBERGER, S. 13.

Mussolini ausgeschaltet worden war[1].

Von deutscher Seite nahmen neben starken Abordnungen der Jugendbünde - Quickborn, Großdeutsche, Neudeutsche und Kreuzfahrer - Hermann Platz[2], Ludwig Quidde, Paul Löbe, Ludwig Bergsträsser und Mathias Laros[3] teil.
So sehr der Kongreß insgesamt als Erfolg gewertet wurde, so sehr offenbarte er doch auch Schwächen, die ihm auch in den folgenden Jahren immer wieder angekreidet wurden. Vor allem im Verlauf des Würz-

---

1) Um die Vorwürfe gegen Gasparri zurückzuweisen, nahm der Vatikan eine "Richtigstellung" vor. Dazu heißt es in dem Bericht der Bayerischen Gesandtschaft am Hl.Stuhl vom 28.8.1926:"Dem Vatikan war es nicht angenehm, diese Richtigstellung geben zu müssen, weil sie, ... den wohlgemeinten Bestrebungen des Kongresses doch etwas Abbruch tut." Zur Haltung des Vatikan dem Kongreß gegenüber wurde erklärt:"Allerdings sind Thesen auf ihm aufgestellt worden, die der Heilige Stuhl ... niemals billigen könnte, und daher wäre es vielleicht klüger gewesen, mit dieser Möglichkeit von vornherein zu rechnen und eine Äusserung des Papstes zu diesem Kongreß zu verhindern. Der Papst selber, der im allgemeinen sehr vorsichtig und zurückhaltend ist, wollte sich auch anfangs nicht zu einer derartigen Kundgebung entschließen. Die Franzosen verstanden es aber doch schließlich, sie ihm zu entlocken." (Geheimes Staatsarchiv München, MA 103 199 Nr. 39 761).

2) Der Bonner Romanist H. Platz war bekanntlich ein engagierter Vorkämpfer der deutsch-französischen Verständigung. Er bemühte sich nicht nur durch seine Schriften (z.B. Deutschland und Frankreich und die abendländische Idee, Köln 1924), in Deutschland über Frankreich aufzuklären und Verständnis zu wecken, sondern beteiligte sich auch aktiv an den Sangnier-Kongressen, wo er mehrfach ein Hauptreferat übernahm; so z.B. in Luxemburg 1924 (vgl. RUSTER, Der Ruf zum Frieden, S. 7; FERBER, Kleine Geschichte der katholischen Bewegung, S. 71 ff.; SPAEL, S. 288).

3) Vgl. SPAEL, S. 284.

burger Kongresses 1927[1]), verschaffte sich diese Kritik Gehör. Obwohl die Masse der Jugendlichen, von Bierville enttäuscht, in Würzburg gar nicht erst erschien, waren es dort vorwiegend die jüngeren Kräfte sowie die radikalen Linken, die einseitige Vorbereitung der Resolutionen durch den engen Kreis um Sangnier monierten[2]). So war in Bierville beispielsweise Ehlens Resolutionsentwurf zur Kriegsdienstverweigerung abgeblockt worden.

Abgesehen von den verfahrenstechnischen Ungereimtheiten erachteten die Jungen grundsätzlich die sympathetisch notwendige 'Schonzeit' des Versöhnungsprozesses für beendet und hielten die Zeit für ge-

---

1) Der Würzburger Kongreß hatte von Anfang an unter einem "ungünstigen Stern gestanden" (Frankfurter Zeitung vom 10.9.1927). Schon die Vorbereitungen, in die zunächst offizielle Stellen eingeschaltet waren - z.B. Joos, der als Mitglied des internationalen Organisationskomitees des Kongresses gegenüber der Reichsregierung, trotz einiger Bedenken wegen der augenblicklichen politischen Lage, das Vorhaben unterstützungswürdig befand und selbst "seinen Einfluß beruhigend einzusetzen beabsichtigte" (Bundesarchiv Koblenz, R 43 I, 512, S.72) - die dann aber ausschließlich in der Hand Vitus Hellers lagen, verunglückten ebenso wie Zusammensetzung, Organisation und Verlauf. Die Beteiligung ausländischer Gäste war äußerst gering, die erklärtermaßen linker, sozialistischer und kommunistischer Kräfte dagegen überproportional groß. Das Niveau der Referate und Diskussionsbeiträge ließ im allgemeinen sehr zu wünschen übrig und die Diskussionen überschritten zuweilen das Maß des an Eifer und Polemik Erträglichen. Daß der Kongreß infolgedessen keine gute Presse haben und erst recht nicht die Unterstützung des äußerst konservativen Würzburger Bischofs, Ehrenfried, finden konnte, ist nicht verwunderlich. Zum Kongreßwesen insgesamt bemerkte Franz Müller ironisch:"Es gibt einen schlimmen pazifistischen Sport und wer viele Kongresse mitmachen muß, entgeht ihm nur schwer." (MÜLLER, Franz, Nachwort zum 4. Internationalen demokratischen Kongreß in London, S. 6).

2) Frankfurter Zeitung a.a.O.; vgl. auch den ausführlichen Bericht im FK: RUSTER, "Die gegenwärtigen Kriegsgefahren und der Kampf um den Frieden." Nach Marc Sangniers Friedenskongreß in Würzburg, S. 7 - 10.

kommen, die bestehenden politischen Kontroversen offen auszutragen und zu versuchen, zu einer gemeinsamen politischen Kundgebung zu kommen. Sie glaubten bereits ein ausreichend stabiles Fundament gegenseitiger Respektierung und Verständnisbereitschaft gewonnen zu haben und es nun der Belastbarkeit und Erprobung durch offene Konfliktaustragung aussetzen zu können. - Wie wenig das freilich der Fall war, zeigt u.a. die spätere Diskussion im FK über die deutsch-französische Verständigung[1]. -

Treffend brachte Kl.M. Faßbinder[2] die Kritik zum Ausdruck:

"Sollen diese Friedenskongresse überhaupt noch eine wirkliche Aufgabe erfüllen, so müssen sie völlig anders organisiert werden. Die Zeit, da die Begeisterung für den Frieden, da das Bekenntnis zum Frieden an sich eine Tat bedeutete, ist vorbei: Es würde heute kaum ein Deutschnationaler wagen, sich dagegen auszusprechen. ... Worauf es heute ankommt ist, in langsamer, zäher Kleinarbeit den tragbaren Unterbau zum Hause des Friedens zu legen, ... Es scheint mir fraglich, ob Marc Sangnier der Führer zu solchem Werke ist. Er ist, wie sein Gegner Poincaré richtig gesagt hat, eine'Frühlingsseele'. Er hatte unschätzbaren Wert für die Anfänge der Bewegung. Aber ihm liegt nichts weniger als die Kleinarbeit."[3]

Den geforderten Wandel brachten die Sangnier-Kongresse nicht zustande. Die Anteilnahme der deutschen katholischen Friedensbewegung, vor allem der Jugend, ging immer mehr zurück. Regionale 'Friedenskreuzzüge' der Jugend, in Frankreich 1929[4] und in Baden 1931[5] fanden zwar in der Bevölkerung freundliche Aufnahme, aber kein nennenswertes publizistisches Echo.

---

1) s. unten S. 183 ff.

2) Vgl. FASSBINDER, Begegnungen und Entscheidungen .

3) ders., Zum Würzburger Friedenskongreß, S. 111, teilweise gesperrt.

4) RUSTER, Marc Sangniers 'Friedenskreuzzug' Deutscher Jugend durch Frankreich, S.347 - 351.

5) Eine Friedenswoche Marc Sangniers in Baden, (o.Verf.), in: FK 7 (1931) Nr.10, S.182 f.

4. Deutsch-Französische Politik im Spiegel des 'Friedenskämpfers'

a) Quantitativer Befund

Daß nach dem großen Aufschwung der Jahre 1923 bis 1925/26 eine Zeit der Stagnation in den katholischen deutsch-französischen Beziehungen einsetzte, spiegelt bereits die Themenliste des FK wider. Während in den beiden ersten Jahrgängen Frankreich-Themen oft behandelt wurden, findet sich von Ende 1926 bis 1929 lediglich ein einziger Bericht über deutsch-französischen Schüleraustausch; ein ähnlicher Bericht sowie ein Kommentar zur Rheinlandräumung folgen 1930. Erst 1931, mit der Diskussion zweier französischer Friedensmanifeste[1] wurde die Verständigung mit Frankreich wieder zu einem Hauptthema des FK.
Diesem quantitativen Befund entsprechend, läßt sich die Beurteilung der deutsch-französischen Politik durch den F.D.K. eigentlich nur für die Jahre 1925 und 1931/32 nachzeichnen. Ergänzend können einzelne Aussagen aus anderem Zusammenhang herangezogen werden.
Angesichts der Bedeutung, die der F.D.K. der deutsch-französischen Verständigung beimaß, muß dieses quantitative Ergebnis doch überraschen. Als Gründe dafür sind mehrere Faktoren in Betracht zu ziehen, nämlich 1. daß deutsch-franzöische Verständigung im Grunde nicht umstritten war, 2. daß der F.D.K. in diesen Jahren sehr mit seiner eigenen Profilierung in der Auseinandersetzung mit seinen katholischen Gegnern beschäftigt war, 3. daß es vielfältige Initiativen

---

1) s. unten S.183 ff.

auf diesem Gebiet gab, z.B. neben den Sangnier-Kongressen die Ika-Kongresse[1], das Versöhnungsopfer, der Jugend- und Kinderaustausch; in den Tageszeitungen wurde viel, z.T. im Sinne des F.D.K. berichtet[2]; und schließlich 4. daß nach Deutschlands Beitritt zum Völkerbund die Außenpolitik selbst stagnierte[3].
Ein weiterer Grund liegt zudem in der Zusammensetzung der FK-Mitarbeiter. Während die Redaktion des FK im ersten Jahrgang hauptsächlich in der Hand von RMV-Redakteuren lag, wurde das Blatt bis 1928, als W. Dirks die Redaktion übernahm, fast ausschließlich von Theologen gestaltet[4].
Daß der Friedensbund in der deutsch-französischen Verständigungsarbeit seinen eigenen Vorstellungen nicht ganz gerecht geworden war, zeigt u.a. der Beschluß der Bundestagung von 1929, die deutsch-französische Verständigung zu intensivieren[5].

b) Die Jahre 1925/26

Nach dem erfolgreichen Abschluß des Reparationsabkommens vom August 1924 entspannte sich das deutsch-französische Verhältnis spürbar. Die 'endgültige' politische Konsolidierung brachte dann die Konferenz

---

1) s. oben S. 10.

2) s. oben S. 43 f.

3) Vgl. VOGELSANG, Außenpolitik, S. 25.

4) Eine gewisse Meinungsverschiedenheit wird für die Trennung durchaus eine Rolle gespielt haben. Fr. Müller spricht von der Frankfurter Richtung im F.D.K., womit er vor allem die Jungen meint, die sich um die Redakteure der RMV scharten.

5) Zit. in: FK 5 (1929) Nr.9/10, S. 25.

von Locarno, 1925, in der Deutschland seine Westgrenzen anerkannte, Deutschlands Aufnahme in den Völkerbund beschlossen und Schiedsverträge mit Polen, der CSSR usw. abgeschlossen wurden.
Vom FK wurden die Vorgänge aufmerksam verfolgt und z.T. kritisch kommentiert.
Kurze Zeit vor Bekanntwerden des deutschen Sicherheitsmemorandums kritisierte Scharp die "unverantwortliche Untätigkeit" des Außenministers, mit der die Chance vertan werde, "die Sicherheitsfrage als ganzes anzupacken." Er bezweifelte sogar, "ob in dieser Beziehung von Dr. Stresemann viel zu erwarten ist"; im Ausland werde Stresemann vielfach der Minister der verpaßten Gelegenheiten genannt[1].
Die 'Untätigkeit' des Auswärtigen Amtes wurde als Zeichen dafür gewertet, "daß man in der Wilhelmstraße noch nicht über formaljuristische Streitfragen zu einer wirklich politischen Haltung vorgedrungen ist"[2].
Eine "wirklich politische Haltung" habe das französische Sicherheitsbedürfnis zu respektieren, welches "Angelpunkt und Kernstück" der französischen Außenpolitik darstelle[3], und tief im "primitiven Empfinden des ganzen französischen Volkes ... (verankert und) in der Politik ein Machtfaktor (ist), dessen Gewicht und Bedeutung sich keine französische Regierung entziehen, und gegen den auch von deutscher Seite mit Widerlegungen und Beteuerungen nicht angekämpft werden kann"[4].

---

1) SCHARP, Reale Friedenspolitik I, S. 12; vgl. THORMANN, Gefährdung der deutschen Verständigungspolitik, S. 6: er warf Stresemann Untätigkeit und mangelnden Widerstand gegen die DNVP vor.

2) SCHARP, Reale Friedenspolitik, S. 12; vgl. MÜLLER, Franz, Vom gegenwärtigen Stand, S. 13.

3) SCHARP, Reale Friedenspolitik I, S. 11.

4) ebd. S. 10.

Deswegen reagiere die französische Öffentlichkeit so empfindlich auf nur kleinste Verstöße gegen die Verträge und auf nationalistische Revanche-Reden[1]. Die Entwaffnungsfrage betrachtete Scharp mit Recht nur als Teil des Sicherheitsproblems[2].

Das deutsche Sicherheitsmemorandum vom 9. Februar 1925 wurde dann im FK unumwunden begrüßt und gewürdigt[3]. Es fällt dabei auf, daß das Eingehen auf das französische Sicherheitsverlangen nun als einziges Mittel zur Revision des Versailler Vertrages gewertet wurde. "Denn so paradox es klingen mag, die Voraussetzung jeder Revision des Versailler Vertrags ist seine vorherige Sicherung." Durch die Sicherung des Versailler Vertrags könne "eine europäische Atmosphäre der Beruhigung, des Vertrauens, der Befriedung (geschaffen werden), in der zunächst der Geist von Versailles überwunden werden kann"[4].

Mehr als diese Revision des Geistes sei vorläufig nicht zu erwarten. Dennoch erhoffte man sich von den bevorstehenden Abmachungen, "das alte System der Bündnisse im Interesse des europäischen Friedens zu überwinden. Das unheilvolle System der gegeneinander arbeitenden Bündnisse soll in gegenseitiger und gemeinsamer Zusammenarbeit aufgehoben werden." Dies könne einen "grundsätzlich neuen Abschnitt in der Nachkriegsgeschichte Europas" einleiten[5].

---

1) SCHARP, Reale Friedenspolitik I, S. 11.

2) ebd. S. 10.

3) SCHARP, Reale Friedenspolitik II, S. 3 - 7; vgl. STÜRMER, Koalition und Opposition, S.116 ff.

4) SCHARP, ebd. S. 3.

5) ebd. S. 5.

Trotz dieser positiven Würdigung des deutschen Sicherheitsmemorandums und der nun aktiveren deutschen Außenpolitik wurde Stresemann noch kritisiert wegen seiner "verhängnisvollen Innenpolitik." Gemeint war damit seine nachgiebige Haltung gegenüber der DNVP, die, nach Auffassung des F.D.K., in der Regierung viel zu viel Einfluß gewann. Die Deutsche Außenpolitik verliere dadurch die Freiheit "sich nach den großen sachlichen Gesichtspunkten zu entscheiden"[1]. Dies habe sich bereits in der deutschen Antwort auf die Briand-Note niedergeschlagen, die "eine eigentümliche Gemengelage außenpolitischer Notwendigkeiten und innenpolitischer Rücksichten" aufweise[2]. Die "schlechte Handschrift der Deutschnationalen" werde vor allem im dritten Abschnitt spürbar[3], in dem die Bedenken gegen Deutschlands Eintritt in den Völkerbund erhoben werden.

Das 'Werk von Locarno' wurde vom FK schließlich recht euphorisch gepriesen; es war die Rede von einer "glücklichen Stunde europäischer Gemeinschaft", vom "Geist einer neuen Epoche"[4]. Man hoffte auf weitergehende Entspannung und Erfolge in den Fragen der Rheinlandräumung und der Saarabstimmung. Daß die Völkerbundfrage noch nicht befriedigend geregelt wurde, lastete man der deutschen Verhandlungsführung an.

---

1) SCHARP, Reale Friedenspolitik II, S. 6.

2) ebd. S. 6; vgl. CONZE, Die Krise des Parteienstaates, S. 36.

3) SCHARP, ebd. S. 7.

4) ders., Der Friede von Locarno, S. 10; Stratmann nannte den 'Friede von Locarno' einen "großen Teilsieg der pazifistischen Idee" (Der Stern von Locarno, S. 262). Anderer Meinung war Ehlen, der davon sprach, daß es den Deutschen schwer fallen werde, das Schwert aus der Hand zu legen; "wir fühlen uns noch zu sehr geknechtet." (in: Großdeutsche Jugend, Beilage zum HF, 1925, Okt., S. 18 und 24).

Folgende zusammenfassende Würdigung der Ergebnisse von Locarno wirft auch ein Licht auf das zugrunde liegende politische Verständnis des F.D.K. überhaupt:

"Locarno bedeutet nicht nur eine tiefgreifende Neugruppierung der europäischen Fronten, die in Versailles in Sieger und Besiegte auseinanderfielen, sondern auch die grundsätzliche Preisgabe des Geistes von Versailles. Versailles war der Versuch, den Frieden durch Konservierung der Situation, der Mittel und der Psychose des Krieges zu sichern. Dieser Versuch ist an seiner inneren Unmöglichkeit gescheitert. Die Konferenz von Locarno hat daraus die Konsequenzen gezogen. Sie hat nach qualvollen Jahren der Irrungen den Versuch gewagt, den Frieden mit den Mitteln des Friedens zu organisieren, die Zwingherrschaft der Sieger abzubauen, die Besiegten aus der Isolierung herauszuholen und für die europäische Zusammenarbeit zu verpflichten. Der Eintritt Deutschlands in den Völkerbund, die Besetzung des 'leeren Stuhles' in Europa, ist wahrscheinlich das wichtigste und weittragendste Ergebnis der Konferenz von Locarno"[1].

Der F.D.K. bejahte also im großen und ganzen Stresemanns Außenpolitik. Übereinstimmung herrschte in der Grundkonzeption, der Rücksichtnahme auf das französische Sicherheitsbedürfnis, sowie in dem Ziel, das Vertrauen der Welt wiederzuerlangen und durch Erfüllung doch die Revision wenigstens einzelner Bestimmungen des Versailler Vertrages zu erreichen[2]. Unterschiede bestanden aber in den Motiven und Zielvorstellungen. Denn der F.D.K. wollte die deutsch-französische Verständigungspolitik nicht nur instrumental und funktional[3] ausgerichtet wissen, mit dem Ziel der Wiederherstellung der Großmachtstellung Deutschlands, sondern für ihn war Verständigungspo-

---

1) SCHARP, Der Friede von Locarno, S.9; teilweise gesperrt.

2) Vgl. MAXELON, Stresemann und Frankreich, S.205.

3) Vgl. ebd. S.204.

litik in sich wertvoll als politischer Vollzug der Verständigung, des Ausgleichs und der Versöhnung. Instrumental waren seine Vorstellungen eher auf das Ziel der europäischen Einigung ausgerichtet, was für Stresemann keine Bedeutung besaß[1].

Während Stresemann in dem Vertragswerk nur die zu diesem Zeitpunkt einzig realisierbare Absicherung und Erweiterung der Möglichkeiten deutscher Politik sah[2], wertete der Friedensbund Locarno als Beginn einer neuen Epoche europäischer Politik durch Abkehr vom alten Bündnissystem. Denn der Friede sei mit Mitteln des Friedens organisiert worden. Als solche Friedensmittel wurden die Überwindung der Isolierung des Besiegten und seine (Wieder-)Eingliederung in eine Gemeinschaft[3] betrachtet.
In dieser Orientiertheit auf Gemeinschaft unterschieden sich Friedensbewegung und offizielle Politik; hier kamen die differenten weltanschaulichen und politischen Einstellungen zur Geltung.

c) nach 1929

Mit der Kommentierung des Youngplans, 1929, wendete sich der FK erneut der deutsch-französischen Politik zu, jedoch nicht mit der Intensität wie im ersten Jahrgang.

---

1) Vgl. MAXELON, Stresemann und Frankreich, S.255; ZIMMERMANN, Außenpolitik, S.220 und 292 f.; WEIDENFELD, S.121 f.; SALEWSKI, S.144; 'Versöhnungspolitik' habe es nur unterhalb der offiziellen politischen und diplomatischen Ebene und nur als Mittel zum Zweck der Ost-Revision gegeben.

2) Vgl. ZIMMERMANN, Außenpolitik, S.272.

3) s. oben S. 104 ff.

Er bezeichnete den Youngplan als "gewaltiges Positivum für Europa, aber auch für Deutschland"[1], weil er die wirtschaftliche und politische Unsicherheit über das bis dahin ungelöste Reparationenproblem beseitige. Mit Genugtuung stufte man das Abkommen als Erfolg der Verständigungspolitik und als Niederlage der 'Katastrophenpolitiker' ein und glaubte, wie nach Locarno, daß eine neue Epoche deutscher Nachkriegsgeschichte anbreche. Das Abkommen verbessere die Chance auf Annäherung und Verständigung der "aufeinander angewiesenen Völker" und stelle einen weiteren "Schritt zur Liquidierung des Krieges" dar[2].
Ebenfalls als Erfolg der Verständigungspolitik begrüßte W. Dirks die Rheinlandräumung. Er war davon überzeugt, daß die Verständigungspolitik "ihre fruchtbarsten Antriebe aus unseren Ideen erhalten hat"[3].
"Nicht der 'Befreiungskampf' der rheinischen Bevölkerung, nicht die Politik des Ruhrkampfes, sondern die Erfüllungspolitik hat zu diesem Erfolg geführt, und diese Erfüllungspolitik wäre auf die Dauer nicht durchzuführen gewesen, wenn sie nicht - statt als bloße Konsequenz äußeren Zwanges - als Verständigungs-, als Europa-, als Friedenspolitik begriffen worden wäre"[4].
Mit der Einschränkung, daß die Wandlung vom Widerstand zur Verständigung nicht vollständig gewesen sei, wurde Stresemanns Außenpolitik, insbesondere 'Westpolitik', nun posthum doch sehr positiv und

---

1) Der Youngplan und Europa, (o.Verf.), in: FK 5 (1929) Nr.7/8, S.23.

2) Politische Notizen, (o.Verf.), in: FK 6 (1930) Nr.4, S. 5.

3) DIRKS, Frei zum Werk!, S. 2; teilweise gesperrt.

4) ebd. S. 2; teilweise gesperrt.

als dem Pazifismus konvergent gewürdigt[1].
Auch hier wurde das Ergebnis der Verständigungspolitik wieder mehr als Neubeginn, als Aufgabe zu weiterer pazifistischer Arbeit beurteilt, die in diesem Fall darin bestehe, der durch die Rheinlandräumung ausgelösten nationalistischen Welle entgegenzutreten.

Briands Europaplan vom 5.11.1929[2] stieß im FK gleichermaßen auf Überraschung und Genugtuung. Vermerkt wurde hauptsächlich die Annäherung an Europa-Vorstellungen Coudenhove-Kalergis. Die 'historische' Bedeutung des Briand-Plans liege darin, "daß zum ersten Male von einem verantwortlich handelnden Staatsmann der Versuch gemacht wird, die gesamteuropäischen Interessen und die daraus entspringenden Bedürfnisse politisch zu organisieren und dem Völkerbund und der Welt gegenüber richtig einzuordnen"[3].
Diese "große geschichtliche Chance" müsse genutzt werden, auch wenn inhaltlich andere Vorstellungen bestünden.

Größere Beachtung als dem Briand-Plan schenkte der F.D.K. dem Reparationenplan des Grafen d'Ormesson[4], der detaillierte Vorschläge für eine Verminderung der deutschen Zahlungsverpflichtungen im Blick auf die bevorstehenden Abrüstungsmaßnahmen enthielt.

---

1) Vgl. VOGELSANG, Außenpolitik, S. 25; er registriert eher umgekehrt eine Verlagerung der "Politik der Verständigung in Richtung auf eine begrenzte Revision des Friedensvertrages."

2) Vgl. KRÜGER, S.256; LIPGENS.

3) Politische Notizen, (o.Verf.), in: FK 6 (1930) Nr.6, S. 11; vgl. HAGEMANN, Die Europa-Idee bei Briand und Coudenhove-Kalergi, S.155 - 166.

4) Korrespondent von 'Le Temps'; 1940 und 1948-1956 französischer Botschafter beim Hl. Stuhl; Referent bei der katholischen deutsch-französischen Konferenz 1929 in Berlin; s. unten S. 190 f.

Der FK begrüßte diesen Plan als "einen Schritt auf dem Weg zur Abrüstung", obwohl er ihm keine wirklichen Erfolgsaussichten beimaß[1]. Daß ein solcher Plan in Deutschland nicht ernst genommen werde, bedauerte W. Dirks u.a. auch deswegen, weil angesichts der nationalsozialistischen Wahlerfolge die Gefahr bestehe, daß eines Tages die Herabsetzung oder gar Tilgung der Reparationen der Preis sein könnte für das Einbinden einer faschistischen deutschen Regierung in eine antirussische Front[2].

Mit diesen wenigen und knappen Äußerungen erschöpfen sich die Stellungnahmen des FK zur deutsch-französischen Politik. Ergänzend ist hierbei allerdings an die bereits dargestellte Abrüstungsfrage zu erinnern[3], die in den Jahren 1931/32 das beherrschende außenpolitische Thema, zumal der deutsch-französischen Beziehungen war.

In der Vorbereitungszeit der Abrüstungskonferenz von 1932 wurden viele Friedensdeklarationen und Abrüstungsappelle veröffentlicht. Zwei französische Friedensdeklarationen[4] nahm der FK zum Anlaß für eine Aussprache zwischen Deutschen und Franzosen über die Situation und die Probleme der deutsch-französischen Verständigung. Den aktuellen Stand

---

1) Frankreich und Deutschland, (o.Verf.),in: FK 7 (1931) Nr.2, S. 41.

2) DIRKS, Politisierung, S.38 und 40.

3) s. oben S. 140 ff.

4) "In der 'Croix' vom 9. April 1931 veröffentlichten vierzehn katholische Organisationen einen Aufruf zum Frieden ...", vgl. 'Franzosen wollen Frieden', (o.Verf.), in: FK 7 (1931) Nr.5, S.81 f.; 'Das wahre Antlitz Frankreichs', Manifest gegen die Auswüchse des Nationalismus, für Europa und für die Verständigung zwischen Frankreich und Deutschland', zit. in: FK 7 (1931) Nr.2, S.27-30.

dieser Beziehungen beschrieb die AR folgendermaßen: "Man redet heute so viel von deutsch-französischer Verständigung. Aber das Mißverständnis scheint niemals so stark gewesen zu sein wie gerade heute"[1]. Wie richtig dieses Urteil war, zeigt die Aussprache im FK.

5. Verständigung zwischen Frankreich und Deutschland - eine Aussprache im 'Friedenskämpfer'

Die französischen Autoren, der Völkerrechtler Prof. Louis Le Fur, Paris, und Abbé Prof. Berton, Reims, waren vom F.D.K. gebeten worden, die Meinung des Durchschnittsfranzosen darzulegen, nicht etwa eine Studie zu verfassen.
Le Fur[2] stellte die Themen in den Mittelpunkt seiner Ausführungen, die die deutsch-französische Verständigung am meisten belasteten: Das erste "ist die Tatsache, daß Deutschland niemals das von seinen Besatzungstruppen in Belgien und Frankreich begangene Unrecht hat anerkennen wollen"[3]. In Frankreich habe man deswegen den Eindruck, daß diese Einstellung zu einem "unzivilisierten Vernichtungskampf" in Deutschland noch immer gültig sei[4]. Wenn je Mißtrauen abgebaut werden sollte, müßten der Gerechtigkeit wegen, begangene Fehler eingestanden werden.

---

1)Bischof Schreiber und die französischen Katholiken (o.Verf.),in: AR, 1931, S. 756.

2) LE FUR, Verständigung zwischen Frankreich und Deutschland?, S.186 - 192.

3) ebd. S. 188.

4) ebd. Er verweist auf die Haager Abmachung, die Deutschland dadurch verletzt habe.

Der zweite Vorwurf betraf das Reparationsproblem. Statt Reparationen zu zahlen, habe Deutschland Markspekulationen betrieben und dadurch u.a. die Umtriebe der Hitlerbewegung erleichtert. Grundsätzlich kritisierte der Autor das ständige Betreiben Deutschlands, nach einmal eingegangenen Verträgen - und eingehandelten Zugeständnissen - sofort wieder neue Verhandlungen in Gang zu setzen. Diese 'Unersättlichkeit' auch noch zu einer Doktrin - des 'Dynamismus' - zu machen, statt durch Erfüllung zu Stabilität und Sicherheit beizutragen, sei anmaßend und friedensgefährdend.
Ähnlich argumentierte Prof. Berton, der zusätzlich kultur-psychologische Aspekte zur Sprache brachte[1].

Den Kern der deutschen Diskussion bildete die Schuldfrage, die im FK damit erstmals ausführlicher diskutiert wurde. In einer kurzen Kontroverse zwischen Prof. Hoffmann[2] und Pfr. Eckardt[3] waren bereits 1925 die unterschiedlichen Auffassungen im F.D.K. deutlich geworden. Eckardt hatte damals Hoffmann, der die Alleinschuld ablehnte, die deutsche Schuld wegen des Einbruchs in Belgien und der dortigen Kriegsgreuel aber zugestand, entgegengehalten, daß der Begriff Alleinschuld im Versailler Vertrag gar nicht vorkomme[4], daß er vielmehr propagandistisch dazu genutzt werde, das Problem insgesamt ad acta zu legen und die Wahrheit zu kaschieren.

---

1) BERTON, Zum Verständnis Frankreichs, S.192-196.

2) Vgl. HOFFMANN, Der Versöhnungsbund in Brüssel,S.16.

3) Vgl. ECKARDT, 'Der Versöhnungsbund in Brüssel', S.11 und ders., Die tieferen Ursachen der sogenannten Schuldlüge, S.12 f.; vgl. ANTZ, Unpopuläre Zeitgedanken, S.28; RÜTHER, Artikel 231, S.155 ff.

4) Eckardt war einer der wenigen, die das damals gesehen haben; vgl. HERZFELD, Die Pariser Friedensschlüsse, S.145.

Er forderte gründliche und detaillierte Untersuchung, wer worin schuldig geworden sei, politisch, militärisch, psychologisch oder kriminell[1]. Für den Ausbruch des Krieges machte er u.a. die "Gewaltpolitik Bismarcks" und die ungehinderte nationalistische und militaristische Propaganda jener Zeit verantwortlich.

In der Diskussion von 1931/32 vertrat nur ein Teilnehmer, nämlich Ludwig Just, dieselbe Meinung wie Eckardt. Die drei anderen Autoren verfochten mehr nationale bzw. nationalistische Positionen. Da sich die FK-Redaktion der Auffassung von Just anschloß, ist diese als die offizielle des F.D.K. anzusehen[2].

Die nationalistische Seite lehnte es entschieden ab, überhaupt von deutscher Schuld zu sprechen, da das Volk nicht gefragt worden sei und folglich nur die Verantwortlichen zur Rechenschaft gezogen werden könnten. Bei den deutschen Verantwortlichen konnte beispielsweise Forell keinerlei Schuld sehen, höchstens "Schwächen". Deutschland wegen seiner Kriegsgreuel schuldig zu sprechen, hielt er für unzulässig und überflüssig, da die Franzosen während der Ruhrbesetzung (schwarze Soldaten!) dies Konto ausgeglichen hätten. Nach dieser Aufrechnung plädierte er dann dafür, die Vergangenheit vergangen sein zu lassen[3].

---

1) Vgl. ECKARDT, 'Der Versöhnungsbund in Brüssel', S. 11.

2) Vgl. Anmerkung der Redaktion am Ende der Aussprache, in: FK 8 (1932), Nr.11, S.218.

3) FORELL, Verständigung zwischen Frankreich und Deutschland, S.12.

Gemäßigter äußerte sich Rheinfelder[1], der zwar die Notwendigkeit eines Schuldbekenntnisses als Voraussetzung für bessere Beziehungen erkannte, aber ein solches Geständnis nur für "nachgewiesene Verbrechen" abzugeben bereit war. Als generelle Erklärung hielt er nur eine Formel für möglich, die alle verbrecherischen Handlungen verurteilt und bedauert, sofern sie vorgekommen sind[2]. Daß mit einer solch kasuistischen Formel politisch nichts anzufangen gewesen wäre, erkannte er offenbar nicht.

Der 'Unersättlichkeitsthese' Le Furs wurde einerseits entgegengehalten, daß die Reparationen Tribute seien: "Deutschland zahlt, weil es unterlegen ist. Die einzige Rechtfertigung von Wiedergutmachungszahlungen liegt in dem Nachweis der wirklichen Alleinschuld Deutschlands am Kriege, den aber wohl niemand mehr ernstlich wird führen wollen"[3]. Zum anderen wurde auf die "Verarmung unseres Mittelstandes" und die Gefahr der "Sowjetisierung" Deutschlands verwiesen ("wenn Deutschland eurasisch wird..."[4]). Einen Ansatz zur Verständigung erblickte Forell in den beidseitigen wirtschaftlichen Interessen: Frankreich und Deutschland sollten gute Geschäftsfreunde werden[5].

---

1) RHEINFELDER, Einige Gedanken zu dem Aufsatz von Prof. Louis Le Fur, S.110-117.

2) ebd. S.115.

3) ANTWEILER, Das Ende der Reparationen - Der Anfang der deutsch-französischen Verständigung, S.197.

4) FORELL, S. 7.

5) ebd. S. 9.

Mit diesen nicht-pazifistischen Beiträgen setzte sich L. Just kritisch auseinander[1]. Er forderte nicht nur rückhaltlose Aufklärung der Kriegsgreuel, sondern verurteilte auch den Versuch, die deutsche Schuld mit dem Einsatz schwarzer Soldaten in den Besatzungsgebieten aufzurechnen; dies sei Hitlersches Rassendenken[2]. Wegen der unbestreitbaren Tatsache, daß Deutschland und Österreich den Krieg ausgelöst hätten - was noch nichts über die Gründe dafür aussage -, hielt er Deutschland als Verursacher zu Wiedergutmachung verpflichtet. Die Bezeichnung "Tribute" sei folglich unpassend[3]. Denen, die jetzt so sehr über das deutsche Schicksal klagten, empfahl Just, sich der Absichten zu erinnern, die Deutschland für den Fall des Sieges gehegt hatte.

Im Gegensatz zum F.D.K. lehnte die pazifistische katholische Jugendbewegung nicht nur die Alleinschuld ab[4], vielmehr forderte sie, "nicht hüben und drüben in dem Geschehenen (zu) wühlen, nicht nach Mehr- oder Minderschuld (zu) suchen, sonst bricht die Erregung in uns auf und los und die Versöhnung endet in neuer Entzweiung"[5]. Sie unterschied sich darin also durchaus nicht von den Nationalisten und bewies damit einmal mehr ihre Emotionalität und Unfähigkeit zu rationaler, sachlicher - politischer - Auseinandersetzung und Konfliktbewältigung.

---

1) JUST, Verständigung zwischen Deutschland und Frankreich, S.85-89; und ders., Zum Thema "Tributzahlungen", S.218 f.

2) JUST, Verständigung, S. 86 f.

3) JUST, "Tributzahlungen", S.216.

4) Vgl. EHLEN, Moralische Abrüstung, S. 16 f.

5) Chr.I (Christian Imboden,i.e.Ernst Thrasolt), Von Reparation und Versöhnung, S. 202; anders Ehlen: er betonte die Pflicht, die eigene Schuld zu erkennen, bevor man über den anderen urteile. Die größte Schuld "jedes einzelnen von uns" liege aber

6. Die Verständigungsarbeit des F.D.K.

Dem Beschluß der Bundestagung des F.D.K., 1929 in Frankfurt, die deutsch-französischen Beziehungen zu intensivieren[1], war kein zufriedenstellendes Ergebnis beschieden.
Selbstkritisch wurde in einem Artikel vom April 1930[2] die bisherige Arbeit überprüft und die eigene nationale Befangenheit eingestanden. Weil der Verständigungprozeß so langwierig sei und so viel Geduld erfordere, wurde ein intensiverer Austausch über längere Zeit und in kleineren Gruppen gefordert, um wirkliche Aussprachen zu ermöglichen[3]. Denn nur offene und ausführliche Diskussion kontroverser Standpunkte biete die Chance zur Überwindung oder zumindest Respektierung der Gegensätze. Ostentative Veranstaltungen mit großer publizistischer Resonanz könnten das nicht leisten.
Die Selbstkritik war begleitet von der Kritik am deutschen Katholizismus insgesamt[4]. Der Kommentar der 'Germania' zur katholischen deutsch-französischen Konferenz, 1929 in Berlin[5], eine solche

---

darin, sich vom Staat durch die allgemeine Wehrpflicht mißbrauchen zu lassen, statt diese und den Kriegsdienst zu verweigern (EHLEN, Kriegsschuldfrage, S.70 f.).

1) Man hatte in Frankfurt verschiedene Arbeitsreferate gebildet, so für deutsch-französische und deutsch-polnische Verständigung, für Erziehung zu Völkerbund und Friedensgesinnung und für allgemeine Wehrpflicht und vaterländische Verbände (Aus unserer Bewegung, in: FK 6 (1930) Nr.5,S.13).

2) FASSBINDER, Zur Zusammenarbeit der deutschen und französischen Katholiken, S.1 - 5.

3) Vgl. auch STRATMANN, Konationale Erziehung, S.145. Eine "enge Lebensgemeinschaft sei der kürzeste Weg zur Annäherung."

4) STRATMANN, Grundsätzliches, S.1 - 8.

5) s. unten S.190 f.

Konferenz bedeute zu diesem Zeitpunkt kein Wagnis mehr (d.h. nach Locarno usw.), veranlaßte Stratmann zu der vorwurfsvollen Feststellung, daß es für Katholiken bzw. katholische Politiker nicht ohne diese Vorarbeit, nicht einfach aufgrund der religiösen Gemeinsamkeit möglich war, eine solche Konferenz zustande zu bringen[1]. Der Autor bewertete das als eine "regelrechte Unterlassungssünde" und "Untreue gegen ihre eigenen Ideale"[2], nämlich "Brüderlichkeit, Versöhnlichkeit und Verpflichtung zu gemeinsamer positiver Arbeit"[3].
In der Verständigungspolitik wie in der praktischen Bereitschaft zur Verständigungsarbeit hinkten die deutschen Katholiken hinterher[4].
Die Gründe für die Rückständigkeit des Katholizismus auf dem Gebiet der Außenpolitik und der Verständigungsarbeit sah Stratmann im Konservativismus und im Nationalismus, in dem "Unbehagen und Mißtrauen gegenüber neuen Ideen", z.B. der Weltfriedensidee, nur weil sie - eigentlich eine urchristliche Idee - von Nichtchristen wiederentdeckt und zur Grundlage ihres humanitären Glaubensbekenntnisses gemacht wurde[5]. Angst vor dem Unglauben aber mache dem Glauben wenig Ehre. Für den Gläubigen gelte das Liebes- und Friedensgebot des Evangeliums immer, auch und gerade in schwierigen Situationen; er dürfe nicht erst die entspannte politische Lage abwarten, um seinem Gegner die Hand zu reichen.

---

1) STRATMANN, Grundsätzliches, S. 1.

2) ebd. S. 2.

3) ebd. S. 3.

4) ebd. S. 4; als Beispiel führte er den Erfolg der 'Deutschen Liga für Menschenrechte' bei ihrem Schüleraustausch an; dagegen sei es ungeheuer schwer, "auch nur ein halbes Dutzend katholischer junger Leute in katholischen Familien ... unterzubrin en."

5) ebd. S. 5.

Das herausragende Ereignis der deutsch-französischen Verständigungsbemühungen der späteren Weimarer Jahre stellte die Katholische Deutsch-Französische Konferenz in Berlin, 1929, dar. Die vom Zentrum organisierte und vom F.D.K. mit getragene Konferenz war durch die regelmäßigen Kontakte von Zentrumspolitikern mit der Parti Démocrate Populaire anläßlich der seit 1925 stattfindenden Konferenzen christlich sozialer Volksparteien[1] sowie durch die Verbindungen des F.D.K. und einzelner Zentrumsabgeordneter mit der Sangnier-Bewegung ermöglicht worden.

Unter den deutschen Teilnehmern des Berliner Kongresses befanden sich führende Zentrumspolitiker, so Brüning, v. Guérard, Joos (der die Tagung leitete), Krone, Marx, Stegerwald, Teusch, Ulitzka, sowie Regierungsbeamte, u.a. die Staatssekretäre Pünder und Lammers. Vom F.D.K. waren anwesend: Stratmann, Noppel, Hinz, Kuenzer, Scharp, Schlüter-Hermkes, Faßbinder; sowie Muckermann und der Berliner Bischof Schreiber[2].
Die Referate von Prof. Platz, Prof. P. Delattre SJ, Graf d'Ormesson und Prälat Ulitzka, sprachen vornehmlich die gemeinsamen katholischen und kulturellen Grundlagen der Beziehungen an. Politische Fragen dagegen wurden nur am Rande erörtert.

---

1) Bei der ersten "Zusammenkunft christlicher Volksparteien verschiedener Länder", die nach langem Vorsondieren zustande gekommen und bei der Kuenzer Sprecher der deutschen Delegation war, hatte man die Einrichtung eines gemeinsamen Sekretariats für die Zusammenarbeit der christlichen Parteien beschlossen (vgl. Nachlaß Marx 1070/225 Nr.27); vgl. auch MAIER, Hans, Der politische Weg, S.212 und HOEPKE, S.117; s. oben S. 164.

2) Teilnehmerliste, in: Nachlaß Marx 1070/117, Bl.148-153.

Die Atmosphäre der Konferenz schilderte Stratmann folgendermaßen: "Eine durchaus offene und dabei doch vollkommen höfliche Aussprache schaffte Klarheit, häufige Tischgemeinschaft sorgte für wahre Herzlichkeit ..., und so mußte denn eine starke moralische und politische Wirkung von dieser Zusammenkunft ausgehen"[1].
Die deutsche Presse schenkte der Konferenz keine sonderliche Beachtung. In Frankreich dagegen fand sie eine auffallend große Resonanz. Der deutsche Botschafter in Paris, von Hoesch, hatte den Eindruck: "die Zusammenkunft mit den französischen Katholiken bringt ganz ausserordentlich gute Wirkungen in der französischen Gesellschaft hervor"[2]. Sogar bei den Verhandlungen im Haag habe sich die Konferenz vorteilhaft ausgewirkt. Auf die Nachricht von den Berliner Geschehnissen hätten sich die Franzosen "viel entgegenkommender und freundlicher gezeigt"[3]. Der französische Botschafter in Berlin würdigte die Konferenz als "Ereignis"[4].
Mit Blick auf die eigenen Anstrengungen des F.D.K. lobte Stratmann den Erfolg dieses Treffens. "Neidlos bekennen wir aber, daß unsere bisherigen deutsch-französischen Annäherungsbemühungen an praktischer Bedeutung mit denen der Berliner Konferenz im letzten Dezember sich nicht messen können"[5].

---

1) STRATMANN, Grundsätzliches, S. 7.

2) Nachlaß Marx, 1070/117, Bl.226, vom 8.2.1930; Bundesarchiv Koblenz R 43 I, Bd.2200 Bl. 377; der Bericht selbst ist da nicht enthalten.

3) wie 2)

4) Vgl. STRATMANN, Grundsätzliches, S. 1.

5) ebd. S. 7.

Auch in den folgenden Jahren kamen keine größeren Aktivitäten zustande. Die bedeutendste Unternehmung war der Aufruf des F.D.K., "Die deutschen Katholiken wollen den Frieden"[1], der als Antwort auf die Friedensdeklaration der vierzehn französischen katholischen Organisationen vom Sommer 1931 veröffentlicht wurde. Der F.D.K.-Aufruf forderte in Anlehnung an Benedikt XV. gleichzeitige und gegenseitige Abrüstung. Zur Sicherheitsfrage berief sich der Aufruf erstaunlicherweise auf die umstrittene Rede Bischof Schreibers, in der der Sicherheitsgedanke als Ausdruck materialistischer Gesinnung apostrophiert worden war[2]. Die Anlehnung an diese Rede und die starke Hervorhebung der Gleichberechtigung in der Abrüstung, wie sie von der Regierung Brüning gefordert wurde, sowie die Tatsache, daß 26 katholische Organisationen den Aufruf unterzeichneten, lassen diesen weniger als aussagekräftiges F.D.K.-Dokument erscheinen als vielmehr eine von ihm initiierte allgemeine Friedensdeklaration, der, dank bischöflicher Unterstützung[3], die meisten Katholiken bedenkenlos zustimmen konnten.
Um die deutsche katholische Öffentlichkeit für die deutsch-französische Verständigung zu gewinnen, organisierte der F.D.K. wiederholt Vortragsreisen für französische Referenten; so beispielsweise 1930 für P. Delattre[4] und 1931 für Pfarrer Remillieux im

---

1) Zit. in: FK 7 (1931) Nr.8, S.125-127; dieser Aufruf ist nicht der Abrüstungsaufruf, wie Riesenberger schreibt (S.230). Das eigentliche Abrüstungsmanifest des F.D.K., das Riesenberger nicht erwähnt, erschien im Dezember 1931.(s.oben S. 148 ff.)

2) s. oben S. 152.

3) Bischof Schreiber hatte dem Aufruf seinen Segen mit auf den Weg gegeben; s. FK 7 (1931) Nr.8, S.127.

4) Die Einladung zu dem Vortrag in Köln, im Juli 1930, war u.a. von Frau Adenauer und Frau Schmittmann unterzeichnet. (Historisches Archiv des Erzbistums Köln); vgl. DELATTE, La vie catholique en Allgemagne.

Rheinland und Prof. Berton in Westfalen[1].

Die Jugend veranstaltete Grenztreffen, im August 1931[2], in den Ardennen und zur Jahreswende 1932/33 im Saarland[3]. In Berlin fand im Sommer 1930 ein deutsch-französisches Studententreffen statt[4]. Daneben wurde der Kinder- und Jugendaustausch anderer Organisationen mit propagiert und unterstützt.
Als ein Ergebnis deutsch-französischer Kontakte ist u.a. auch das theologische Gutachten über den Krieg anzusehen, das Theologen aus Deutschland, Frankreich und der Schweiz verfaßten[5].

Zusammenfassend ist festzustellen, daß der F.D.K. seine selbstgesteckten Ziele nicht erreicht hat, daß die emphatischen Hoffnungen der Aufbruchsjahre 1923-1926 nicht in Erfüllung gingen. Die Entwicklung vom Pathos der Versöhnungsdeklarationen zu Konkretisierung und Versachlichung der Verständigungsarbeit gelang nicht.
Über die Situation der deutsch-französischen Verständigung schrieb H. Hoffmann im März 1933:

---

1) Vgl. Deutsch-französische Friedensarbeit in Westfalen, (o.Verf.), in: FK 7 (1931) Nr. 11, S.203. Für Pfarrer Remillieux, Lyon, hatte H. Platz beim Generalvikariat Köln um Erlaubnis für eine Vortragsreise gebeten. (Brief Platz an das Erzbischöfliche Generalvikatriat vom 16.2.1932, Historisches Archiv des Erzbistums Köln, Gen.23,59).

2) H.M., Deutsch-französisches Jugendtreffen in den Ardennen, S.15 - 17.

3) Ein deutsch-französisches Grenz-Friedenstreffen, (o.Verf.), in: FK 8 (1932) Nr. 12, S. 245 f.; und KOLVENBACH, Deutsch-Französisches Grenztreffen, S.37 f.

4) HINZ, Friedensarbeit, S. 10.

5) s. oben S. 117, Anm. 3.

"Es ist viel geschehen für die deutsch-französische Verständigung, aber immer wieder stellen politische, wirtschaftliche und nationale Dinge das mühselig Erreichte in Frage. Soll man verzweifeln? Soll man aufhören? Nein, ... man muß immer wieder anfangen. Uns fehlt die gegenseitige Kenntnis voneinander. Wir müssen den Weg vom Verstehen, vom Verständnis zur Verständigung gehen. Er ist weit, er ist umständlich, er ist mühselig, aber er ist der einzige, den wir gehen können"[1].

1) HOFFMANN, Ein Franzose reist ins katholische Deutschland, S. 49.

VII. Die Beziehungen mit Belgien und Holland

1) Belgien

Das aufgrund der Verletzung der belgischen Neutralität durch den Einmarsch deutscher Truppen besonders delikate deutsch-belgische Verhältnis blieb völlig im Windschatten des politischen Geschehens. Als Bedingung für die Normalisierung der Beziehungen verlangte Belgien das deutsche Schuldbekenntnis für den Überfall und für die Kriegsverbrechen. Dazu war Deutschland nicht bereit. Alle Versuche, dennoch ins Gespräch zu kommen, Entspannung und Annäherung zu erreichen, scheiterten. Bestes Beispiel dafür - wenn auch aus der Frühphase der Weimarer Republik - ist der bekannte Schriftwechsel Kardinal Merciers, Mecheln, mit Kardinal Schulte, Köln, vom Dezember 1923 und Januar 1924[1].
Vorausgegangen war eine Unterredung beider Kardinäle in Rom, anläßlich des Konklave 1922, in der beide den Verständigungswillen ihrer Völker bekundeten, sowie, als unmittelbarer Anlaß, der Aufruf der deutschen Bischöfe an die Katholiken des Auslandes, vom 27.10.1923, um Hilfe für die notleidende Bevölkerung in der Rheinprovinz[2].
In seinem ersten Schreiben erklärte Kardinal Mercier sein Verständnis und seine Hilfsbereitschaft, allerdings unter der Bedingung, daß die deutschen Bischöfe zumindest die Erzbischöfe und Kardinäle, "zuerst das Wort der Schicklichkeit und Gerechtigkeit (sprechen),

---

1) Briefwechsel Mercier - Schulte, Historisches Archiv des Erzbistums Köln, Akten über den Krieg 1914 - 1918, acta belgica.

2) Mittelbar wird man hierzu auch den Friedenshirtenbrief des deutschen Episkopats vom August 1923 rechnen müssen; s. oben S. 13 f.

das gesprochen werden muß, damit die christliche öffentliche Ordnung sich wiederaufbaue auf der Wahrheit. Alsdann wird die internationale Einheit sich festigen in der Liebe"[1].
Kardinal Schulte gab in seiner Antwort das "schlimme Unrecht und das unverdiente Leid, das Deutschland im Kriege Belgien gebracht hat" unumwunden zu, betonte dabei aber die Verschiedenartigkeit der Situation Deutschlands gegenüber Belgien von der gegenüber den sonstigen ehemaligen Kriegsfeinden. Er selbst wolle die gewünschte Erklärung gern geben, sah aber Schwierigkeiten bei Teilen des deutschen Episkopats, die "unüberwindliche Gewissensbedenken gegen jegliche Aufrollung der Fragen von kollektiver Schuld oder Unschuld hegen"[2].
Trotz der Bemühungen Kardinal Schultes kam die Erklärung nicht zustande; Kardinal Bertram und Kardinal Faulhaber äußerten sich ablehnend[3]. Die Argumentation Bertrams entsprach ganz der vorherrschenden Meinung, daß in der Schuldfrage zu differenzieren und präzisieren und noch nichts festzulegen sei. Faulhaber dagegen stellte mehr die möglichen Reaktionen der öffentlichen Meinung in den Mittelpunkt seiner Überlegungen und sah die Gefahr eines Katholikenhasses und der Hetze gegen die Kirche.

Außerdem schätzte er die Versöhnungsbereitschaft und -fähigkeit des deutschen Volkes nicht hoch ein: "Unser Volk ist heute ebenso wenig innerlich zu einer Versöhnungsaktion fähig, wie es im Sommer 1917 zum Frieden reif war, und wird eine spätere

---

1) Briefwechsel Mercier - Schulte, Brief vom 18.12.1923.

2) Schulte, Brief an Mercier vom 27.12.1923, S.3.

3) Vgl. Brief Schultes an Mercier vom 10.1.1924 und Brief Faulhabers an Schulte vom 11.3.1924 (Historisches Archiv des Erzbistums Köln).

Versöhnung ebenso mit größeren Opfern bezahlen müssen, wie es die versäumte Friedensgelegenheit des Jahres 1917 mit schweren Opfern bezahlen mußte"[1]. Die Rücksicht auf die öffentliche Meinung war jedoch nicht allein ausschlaggebend für Faulhabers Ablehnung, er hielt es für den Sieger "leichter und pflichtmäßiger, großmütig zu sein".

Wie schwierig und letztlich aussichtslos es war, ohne das deutsche Schuldbekenntnis in Belgien ansprechbare Gruppen für die Verständigungsarbeit zu finden, bekam der Internationale Versöhnungsbund zu spüren, der sich bemühte, auch in Belgien Gesinnungsfreunde und Mitarbeiter zu gewinnen. Eine Tagung in Brüssel Ende Dezember 1924, die vornehmlich von Franzosen und Deutschen besucht war und bei der Prof. H. Hoffmann als erster Deutscher nach dem Krieg in Belgien öffentlich auftrat[2], endete ohne nennenswertes Ergebnis und wurde von der Presse, wenn überhaupt, negativ kommentiert[3]. Auch einige Jahre später, 1927, als die internationale politische Situation wesentlich entspannter war, und die deutsch-französischen Begegnungen bereits ihre zweite, selbstkritische Phase begonnen hatten, verlief eine Vortragsreise M. Sangniers durch mehrere belgische Städte ohne den gewünschten Erfolg[4]. Mitte 1926 hatte sich zwar eine kleine Gruppe als "Ligue des catholiques belges pour la justice et la paix internationale" konstituiert,

---

1) Faulhaber, Brief an Schulte vom 11.3.1924, S.3.

2) s. oben S.184 f.

3) Vgl. HOFFMANN, Der Versöhnungsbund in Brüssel, S. 16. Das führende katholische Blatt soll besonders feindlich reagiert haben.

4) E.B., Von französischer Friedensarbeit und Friedensgesinnung, S. 16.

ihre Versuche, die Friedensarbeit im Lande zu organisieren, stießen allerdings auf härtesten Widerstand[1], und ihre Wirkung blieb entsprechend gering.

Obwohl das Belgien-Problem auf dem F.D.K.-Tag in Münster, 1926, in einem Referat eingehend behandelt[2] und in einer Resolution der Essener Bundestagung, 1927, die Aufnahme, bzw. Förderung der deutsch-belgischen Beziehungen ausdrücklich gefordert worden war, kam es auf diesem Gebiet zu keinerlei Aktivitäten[3].

2) Holland

Nicht ganz so negativ beläuft sich die Bilanz der deutsch-holländischen Beziehungen[4]. In Holland war im November 1925 am Schluß der Amsterdamer Friedenswoche die Gründung einer katholischen Friedensliga beschlossen worden, die sich dann Anfang 1926 konstituierte. Sie konnte sich von Beginn an bischöflicher Gutheißung erfreuen und zählte unter ihren Mitgliedern viele prominente Katholiken, Abgeordnete, Wissenschaftler, Journalisten u.a.[5].

---

1) Vgl. HOCKS, Von Belgien - August 1926, S. 11.

2) Vgl. KUSTER, Die Tagung des Friedensbundes deutscher Katholiken in Münster, S. 954.

3) Zumindest geben der FK und andere einschlägige Zeitschriften darüber keine Auskunft.

4) Vgl. STRATMANN, Friedenseindrücke in Holland, S.5 ff

5) Vgl. W.S., Ein Friedensbund der holländischen Katholiken, S. 12.

Ihre Prinzipien und Ziele waren denen des F.D.K. identisch, unterschiedlich dagegen die Arbeitsmethoden: Man richtete eine Studien- und eine Propaganda-Abteilung ein. Die Ergebnisse der Studienabteilung sollten in Berichten veröffentlicht werden und "als Leitfaden für die Weiterführung der nationalen Aktion dienen", die sporadisch durchgeführt werden sollte[1].

Einer Notiz der Zeitschrift 'Das Neue Reich' zufolge, beschloß "das Exekutivkomitee der römisch-katholischen Friedensallianz in Holland ... auf seiner letzten Tagung (1926), alle seine Kräfte der Entwicklung der eigenen Organisation und der katholischen pazifistischen Literatur zu widmen. Aus dem Bericht über die Tagung geht hervor, daß die Allianz augenblicklich 17 Vereine umfaßt, mit einer Gesamtzahl von 226.000 Mitgliedern und 60 Korrespondentenbüros in verschiedenen Städten"[2].

Von größeren gemeinsamen deutsch-holländische Aktionen wird nichts berichtet. Im Rechenschaftsbericht des F.D.K. von 1930 heißt es knapp, daß man die Verbindung "besonders mit holländischen und polnischen Katholiken ... durch Schriftenaustausch und Briefwechsel" aufrecht erhielt[3].

Eine große öffentliche Friedenskundgebung veranstaltete der holländische Friedensbund am 26.9.1931 in Amsterdam. An ihr nahmen Vertreter der deutschen und französischen katholischen Friedensbewegung teil; das Plenum verabschiedete eine Resolution in der von

1) Vgl. W.S., Ein Friedensbund der holländischen Katholiken, S. 12.

2) NR 1926/27, Nr.1, S. 18 (o.Verf. und Titel).

3) HINZ, Friedensbundarbeit, S. 11.

der bevorstehenden Genfer Abrüstungskonferenz "eine sofortige und wirksame Herabsetzung der Rüstungen" gefordert wurde[1].
Im September 1932 fand in Aachen ein internationales Grenztreffen Jugendlicher aus Holland, Belgien und Deutschland statt, bei dem man die besondere Situation und die Aufgaben der 'Grenzjugend' erörterte[2].
Mehr als das Genannte verzeichnet die Chronik nicht.

Die Beziehungen des F.D.K. zu Gesinnungsfreunden in den kleineren westeuropäischen Staaten waren also äußerst gering[3]. Dies lag zweifelsohne nicht nur an den dortigen Schwierigkeiten, sondern auch an der mangelnden Initiative seitens der deutschen Friedensbewegung. Nicht zuletzt spiegelt sich darin auch die politische Situation der deutschen Außenpolitik wider, in der Belgien und Holland nur periphere Bedeutung besaßen.
Zu den anderen, westlichen europäischen Staaten, wie z.B. England[4], wurden vom F.D.K. auffälligerweise überhaupt keine Kontakte gesucht. Dieses Be-

---

1) Aus der Friedensbewegung. Bundespräsident Dr. Gunst in Holland, (o.Verf.), in: FK 7 (1931) Nr.11, S.202.

2) Ein internationales Jugend-Grenztreffen, (o.Verf.), in: FK 8 (1932) Nr. 9, S.183.

3) Im Bereich der katholischen Arbeiterbewegung gab es eine produktivere deutsch-holländische Zusammenarbeit. Die beabsichtigte Gründung einer katholischen Arbeiterinternationale scheiterte allerdings am 'Veto' des Vatikan (vgl. Geh. Staatsarchiv München, Päpstl. Stuhl, 1024 und 1014).

4) Die Leistungen der englischen Friedensbewegung wurden stets lobend hervorgehoben. Man bewunderte vor allem, daß "die Sache des Friedens in England eine Sache der Elite ist". (LENZ, Der XII. Internationale Friedenskongreß, S.205).

tätigungsfeld überließ der Friedensbund ganz dem Internationalen Versöhnungsbund[1] und der Katholischen Weltjugendkonferenz, deren Veranstaltungen er offiziell beschickte.
Der zuständige 'Verbindungsmann' zum Versöhnungsbund war Prof. Hoffmann, der auch in den Vorstand des Versöhnungsbundes berufen wurde.

Die Verständigungsarbeit mit Deutschlands Nachbar im Osten, mit Polen, nahm der F.D.K. allerdings selbst in die Hand, da er sie als eine seiner vorrangigen Aufgaben verstand.

---

1) Vgl. HARTMANN, Der Versöhnungsbund, HOFFMANN, Erinnerungen.

VIII. Verständigung mit Polen

Bereits beim Blick auf die Themenliste des FK zeichnet sich die größere Eigenleistung des F.D.K. auf dem Gebiet der deutsch-polnischen Verständigung ab[1]. Ab 1926 enthielten drei bis fünf Nummern jedes Jahrgangs einen, z.T. mehrere Beiträge zur Polenfrage, bzw. zu den deutsch-polnischen Beziehungen. Die höchsten Quoten verzeichnen die Jahre 1929 und 1932, in denen größere katholische deutsch-polnische Begegnungen stattfanden.
Im Unterschied zum Themenkreis 'Frankreich' dominieren hier Berichterstattungen über Tagungen, Besuche usw. vor Kommentaren zum politischen Geschehen und vor Aufsätzen über kulturhistorische Aspekte.

1) Die Verdienste der deutschen katholischen Friedensbewegung für die deutsch-polnische Verständigungsarbeit würdigte L. Rußbüldt, S. 113.

1. Die Entwicklung der katholischen deutsch-polnischen Beziehungen

Die Geschichte der katholischen deutsch-polnischen Beziehungen[1] begann im Februar 1926 mit dem Treffen einer kleinen Gruppe beider Nationalitäten in Warschau, das auf die Initiative der Quäker zustande gekommen war[2]. Ihm war im Mai 1925 eine ähnliche Begegnung in Danzig vorausgegangen, an der jedoch noch keine Katholiken beteiligt waren. Bei der Tagung in Warschau traf Prof. H. Hoffmann, der für den Versöhnungsbund offiziell und informell für den F.D.K. daran teilnahm, auf das Interesse der katholischen polnischen Teilnehmer, "die mit ihren Friedensbestrebungen in Polen in katholischen Friedensbünden noch nicht sich zusammenschließen konnten, (und die) besonders erfreut (waren), daß ein katholischer Priester aus Deutschland für die Verständigung zwischen beiden Ländern sich einsetzt"[3]. Als Ergebnis verabschiedete die Konferenz Empfehlungen zum Ausbau der Kontakte und der gegenseitigen Informationen.

In der Folgezeit wurde Prof. Hoffmann zum rührigen Vorkämpfer der katholischen deutsch-polnischen Beziehungen. Für den F.D.K. unternahm er im Oktober 1926 zusammen mit einem belgischen Priester eine Studienreise durch Polen, "um die Bedingungen der Friedensarbeit unter den polnischen Katholiken zu studieren und die ersten Anknüpfungsversuche zu

---

1) Der F.D.K. ist hier als alleiniger Akteur anzusehen.

2) Vgl. HOFFMANN, Deutsch-polnische Verständigung, S.9; HOLL/WILD, Hellmuth von Gerlach, S. 28 f; und SCHUMANN, Initiativen deutscher Pazifisten, S. 1224 f.

3) HOFFMANN, Deutsch-polnische Verständigung, S.9; vgl. auch ders., Erinnerungen, S. 226.

unternehmen ..."[1]. Auch später konnte Hoffmann durch seine zahlreichen Vortragsreisen, vornehmlich an polnische Universitäten, viele wertvolle Kontakte knüpfen[2].

Den Anregungen der Warschauer Tagung folgend, behandelte der F.D.K. die Fragen der deutsch-polnischen Verständigung auf seiner Bundestagung in Münster, im August 1926.
Man war sich darüber im klaren, daß das deutsch-polnische Verhältnis die "ernsteste Gefahrenquelle" für den europäischen Frieden darstelle. Schon deswegen wurde der Ausgleich zwischen diesen Ländern für zwingend notwendig erachtet[3].
Die Interessenverschiedenheiten der beiden Länder schätzte der F.D.K. aber nicht so hoch ein, daß sie die Verständigung nicht zuließen. Im Gegenteil, er betonte immer wieder die gemeinsame "ideologische abendländische Mission" beider Nationen. Als Voraussetzung für die Annäherung hielt er die deutsche Anerkennung der Eigenstaatlichkeit und nationalen Selbständigkeit Polens für unumgänglich.
Zur deutsch-polnischen Politik unterbreitete der Hauptreferent der Münsterer Tagung, der frühere Warschauer Korrespondent der 'Germania', O. von Soden, folgende Vorschläge:

1. ein "Moratorium" für die Grenzstreitigkeiten, d.h. eine längerfristige Koexistenz ohne Diskussion dieser Streitigkeiten;
2. eine stufenweise Lösung der Minderheitenfrage: zunächst Kulturautonomie und Erledigung von Liquidationsfragen, abschließend territoriale Regelung;
3. Ende des Wirtschaftskrieges und Abschluß eines Handelsvertrags;

---

1) HINZ, Pfingstkonferenz, S.1.

2) Vgl. HOFFMANN, Erinnerungen, S.226 ff.

3) SODEN, Zum Problem der deutsch-polnischen Verständigung, S.5.

4. kultureller Austausch, um die vorhandene Sympathie für deutsche Kultur zu nutzen und die gemeinsame abendländische Verantwortung zu vertiefen.

Das größte Hindernis für den Annäherungsprozeß sah der Referent in dem polnischen "Nationalismus posener Art", der die preußische Staatshypostasierung übernommen habe, während man in Deutschland gerade im Begriffe sei, ihn zu überwinden. Von der "immer stärker werdenden Vereinheitlichung Europas" erwartete er den Abbau der Spannungen und die Auflockerung der Grenzen[1].

Um für die polnische Haltung Verständnis zu wecken, wurde auf die historischen Entwicklungen verwiesen, z.B. auf die polenfeindliche preußische Politik, die in Deutschland nur zu leicht - in Polen aber nicht vergessen werde, sowie auf die Tatsache, daß der polnische Korridor, Westpreußen, erst in der zweiten polnischen Teilung zu Preußen gekommen sei und immer eine überwiegend polnische Bevölkerung gehabt habe, weswegen dieses Gebiet auch stets durch einen Polen im Reichstag vertreten gewesen sei[2].
Die Versammlung verabschiedete folgende Entschließung: "Der F.D.K. hält die deutsch-polnische Verständigung ebenso wichtig und dringlich zur Sicherung des Friedens wie die deutsch-französische Verständigung. Er wird deshalb auf einer baldig einzuberufenden Konferenz mit katholischen Friedensfreunden in Polen enge Fühlung zu nehmen suchen und empfiehlt den einzelnen Mitgliedern auch dieses Ver-

---

1) SODEN, Zum Problem der deutsch-polnischen Verständigung, S.5.

2) HOFFMANN, Deutsch-polnische Verständigung, S.562.

ständigungswerk in den Internationalen Eucharistischen Sonntag einzubeziehen"[1].

Einen Einblick in die Situation der deutsch-polnischen Verständigungsbemühungen dieser Zeit vermittelt H. Hoffmanns Bericht über seine Polenreisen des Jahres 1926[2]. Er schilderte die Schwierigkeiten, die die polnischen Katholiken mit dem Friedensgedanken bzw. der Friedensbewegung insgesamt hatten, da diese ihnen nur in Form des Freidenkertums, des Sozialismus oder des Judentums bekannt geworden seien.
Da es in Polen bis zu diesem Zeitpunkt noch keine katholische Friedensbewegung gab, mußte hier zunächst der Boden bereitet werden. Hoffmann suchte deswegen Kontakte mit polnischen Klerikern sowie mit den Bischöfen. Trotz aller Ermutigungen hatte er jedoch nur wenig Erfolg. Haupthindernis war das Minderheitenproblem, auf das sich die Polen erst gar nicht einlassen wollten[3].
Um nicht Sozialisten und Freidenkern das Feld ganz zu überlassen, appellierte Hoffmann an die Priester beider Nationen, Kontakt miteinander aufzunehmen und sich wenigstens über ihre jeweilige Situation zu informieren. Nur so könne allmählich eine Atmosphäre des Vertrauens entstehen, die für die weitere Annäherung notwendig sei[4].

---

1) Aus unserer Bewegung und für unsere Bewegung. 1. Entschließungen der Bundestagung in Münster, zit. in: FK 2 (1926) Nr.7/8, S.14.

2) HOFFMANN, Ein pazifistischer Kongress, S.9-11.

3) ebd. S.11.

4) ebd. S.11.

Nachdem im Oktober 1926 in Warschau ein deutsch-polnisches Jugendtreffen unter starker Beteiligung katholischer Organisationen stattgefunden hatte[1], kam dort in der Osterwoche 1927 die erste - nichtöffentliche - katholische deutsch-polnische Konferenz zustande[2]. Bis zuletzt war sie durch politisch-bürokratische Schwierigkeiten gefährdet, die nur schwer behoben werden konnten. Von den kirchlichen Stellen, ohne deren Placet sie nicht hätte durchgeführt werden können, wurden ihr freundliche Begrüßung und Segenswünsche zuteil[3].
Zu den fünfzehn deutschen Teilnehmern gehörten u.a. H. Hoffmann, K. Mayr[4], N. Ehlen und P. Mittnacht[5]. Die drei erst Genannten hielten Vorträge, die hauptsächlich um theologische bzw. ethische Fragen kreisten. Man war insgesamt bemüht, die Konferenz "rein religiös" zu halten, was allerdings nicht immer gelang, da die politischen Fragen sich selbstverständlich aufdrängten[6]. Dennoch blieb der Charakter insgesamt unpolitisch und, wie der Bericht der deutschen Gesandtschaft an das Auswärtige Amt in Berlin vermerkte, "politisch durchaus harmlos"[7].

---

1) Vgl. BIRNBAUM, S. 371.

2) Vgl. HOFFMANN, Friedenstagung in Polen, S. 12 f.

3) Von den Bischöfen Hlond, Kakowski und dem Nuntius in Polen, Lauri. Erzbischof Hlond ließ sich zudem durch einen Pater vertreten (Bericht der deutschen Gesandtschaft an das Auswärtige Amt vom 27.4.1927, in: Politisches Archiv des Auswärtigen Amtes, Po 18/IVa Polen, Nr.088 f.).

4) Mayr war Sekretär des Internationalen Versöhnungsbundes; vgl. MAYR, Der andere Weg.

5) Mittnacht war führender Mitarbeiter der Ika-Zeitschrift.

6) Vgl. HOFFMANN, Friedenstagung in Polen, S. 13.

7) Bericht der deutschen Gesandtschaft Warschau an das Auswärtige Amt vom 27.4.1927, in: Politisches Archiv des Auswärtigen Amtes, Po 18/IVa Polen, Nr.088 f.

Das schloß lebhafte Kontroversen, vor allem während der Diskussionen, an denen ein größeres Auditorium geladener Gäste teilnahm, nicht aus. Starkes Mißtrauen und Unkenntnis über die konkreten Verhältnisse der anderen Seite wurden dabei als Hindernisse der Verständigung deutlich spürbar.

Belastend empfanden beide Seiten die Haltung der deutschen, auch der katholischen Presse, die nicht selten hemmungslose Tendenz-Meldungen brachte oder antipolnische Hetzkampagnen durchführte. Als Beispiel wurde die Artikelserie "Das Martyrium der deutschen Katholiken in Polen" der Zeitschrift 'Das Neue Reich' genannt[1], die wegen ihrer schweren und überwiegend unberechtigten Anschuldigungen in Polen große Verärgerung hervorgerufen hatte. Daß die Redaktion des NR sich weigerte, vorgelegte Korrekturen zu veröffentlichen, fand der Friedensbund besonders bedauerlich und peinlich[2].

Wegen solcher Vorkommnisse und der schlechten Presse-Kommunikation insgesamt, maß man im F.D.K. kleinen Konferenzen, wie dieser in Warschau, grössere Bedeutung bei, weil dort ausführlich alles durchgesprochen und manches geklärt werden könne.

---

1) 'Das Neue Reich' 1925/26, Nr.48; 1926/27, Nr.4-6. Diese Serie, zum größten Teil aus der Feder von A. Albrecht, Prag, enthielt massive Vorwürfe gegen das Verhalten polnischer Verbände und Behörden gegen die katholischen Deutschen in Polen. Besonders heftig aber wurde der polnische Klerus und noch schärfer der Episkopat, zumal Erzbischof Hlond von Gnesen, attackiert. In den beiden letzten Artikeln konzentrierte sich Albrecht ausschließlich auf das -'deutschfeindliche'- Verhalten Hlonds speziell gegenüber dem "Verband katholischer Deutscher in Polen".
Gegen die überwiegend nationalistische Haltung der katholischen Presse richtete sich u.a. eine Resolution der Münchener F.D.K.-Bundestagung; Beschlüsse der Münchener Bundestagung, zit. in: FK 4 (1928) Nr.9, S. 17 f.

2) Vgl. HOFFMANN, Erinnerungen, S. 230 f.; Das NR erwähnte zwar die polnische Kritik und die Gegendarstellungen, zitierte sie aber nicht.

Das Ergebnis dieser ersten Warschauer Tagung wurde hauptsächlich darin gesehen, daß das Problem der deutsch-polnischen Verständigung überhaupt thematisiert worden war, und über die Presseberichte[1] in das Bewußtsein der Öffentlichkeit gelangte.
Zur Fortsetzung der Kontakte wurde ein gemeinsames Aktionskomitee gebildet, das in Polen Gruppen gründen sollte, die Beziehungen mit deutschen Gruppen aufnehmen könnten.

Etwa zur gleichen Zeit wie dieses Warschauer Treffen konferierte in Berlin (22. - 24.4.1927) ein "deutsch-polnisches Komitee", vorwiegend zusammengesetzt aus Vertretern kultureller Organisationen beider Länder, über die Frage der schulischen Erziehung in Deutschland und Polen. Vom F.D.K. nahmen Stratmann und Kuenzer daran teil, vom Versöhnungsbund Schultze-Gävernitz[2]. Man verabredete die Einberufung einer Pädagogen-Konferenz zur Frage des Minderheiten-Schulwesens sowie die Durchführung eines deutsch-polnischen Ferienlagers für die Jugend[3].

1) Der Bericht der Gesandtschaft spricht allerdings von einem geringen publizistischen Echo (Bericht vom 27.4.1927, a.a.O.).

2) Vgl. Deutsch-polnische Konferenz in Berlin, (o.Verf.), in: FK 3 (1927) Nr. 3/4, S. 14.

3) ebd. S. 15; eine solche Jugendbegegnung hatte bereits parallel zu der Warschauer Konferenz stattgefunden (vgl. Von einer Polenfahrt (o.Verf.), in: Großdeutsche Jugend (Beilage zu HlF) 1927 Nr. 10, S. 75).

2. Das Interesse des Auswärtigen Amtes

Die Aktivitäten der "katholischen Kreise", also des F.D.K., für die deutsch-polnische Verständigung, verfolgte das Auswärtige Amt auffallend interessiert[1]. In einem Schreiben an die deutsche Botschaft in Rom (Vatikan), vom 31.5.1927, mit dem Vermerk "streng vertraulich", wurde über diese Aktionen berichtet und die Möglichkeit erwogen, "daß das auf Einflüssen beruht, die vom Vatikan ausgehen"[2]. Als Indiz dafür wurde der Kommentar eines polnischen Konferenzteilnehmers, des Grafen Franz Potocki, in der Krakauer Zeitung 'Czas' gewertet, daß mit der Konferenz das geschehen sei, "wozu der Vatikan so unzweideutig und nachdrücklich aufgefordert ..."[3]. Auch v. Soden habe in seiner Artikelserie in der 'Allgemeinen Rundschau' darauf verwiesen[4]. Die deutsche Botschaft in Rom wurde aufgefordert, beim Vatikan zu sondieren, "ob dort zur Zeit ein besonderes Interesse für eine deutsch-polnische Verständigung besteht und ob Behauptungen wie die des Grafen Potocki zutreffen"[5].
Das Auswärtige Amt vertrat die Auffassung, daß - bei aller grundsätzlichen Neigung zur Verständigung mit Polen - "durch eine allzu große Häufung solcher Versuche, die auch nicht immer von völlig geeigneten Persönlichkeiten unternommen werden, leicht das Gegenteil erreicht werden kann"[6].

---

1) Muckermann äußerte dafür Verständnis: "Es ist verständlich, daß man von Regierungsseite eine Friedensbewegung überwachte, die sehr konkret etwa über die polnische Frage mit der Gegenseite verhandelte." (Lebenserinnerungen, S.454).

2) Politisches Archiv des Auswärtigen Amtes, Po 18 Nr.092, S.l.

3) ebd.

4) Vgl. SODEN, v., Polnische Erinnerungen.

5) Politisches Archiv des Auswärtigen Amtes, Po 18, Nr.093, S.3.

6) ebd.

Erfolg erwartete man im Auswärtigen Amt von der "Verständigung auf kulturellem Gebiet" solange nicht, als nicht das Minderheitenproblem gelöst sei, unter dem ja gerade die Katholiken besonders zu leiden hätten.

In seiner Antwort an das Auswärtige Amt erklärte Botschafter von Bergen, die Verständigungsbemühungen katholischer Kreise bewegten sich "in ihrer Grundtendenz auf der ideellen Linie der vatikanischen Politik"[1]. Er bejahte die Möglichkeit, daß Verständigungsbemühungen privater Persönlichkeiten in Gesprächen mit Mitgliedern der Kurie erörtert und gebilligt worden seien. Eine direkte Initiative oder Inspiration der Konferenzen durch den Vatikan verneinte er, "da es ganz und gar der hiesigen Auffassung und Praxis widersprechen würde, sich in grossen politischen Fragen privater Persönlichkeiten und Organisationen zu bedienen oder auch nur auf sie einzuwirken". Der Hinweis und das Berufen auf päpstliche Verlautbarungen und Bestrebungen sei folglich nur allgemeiner Natur. "... ein über die allgemeinen Friedenswünsche hinausgehendes, besonderes Interesse des Vatikans an der deutsch-polnischen Verständigung" anzunehmen, bestehe derzeit kein Anlaß[2].

Das auffallende Interesse des Auswärtigen Amtes in dieser Sache hatte jedoch noch einen anderen Grund, nämlich die Befürchtung, das Zentrum sei im Begriff, seine außenpolitische Haltung zur Polenfrage zu ändern. Eine Aufzeichnung des Vortragenden Legationsrates von Dirksen, vom 21.3.1927, gibt darüber Aus-

---

1) Brief des deutschen Botschafters am Päpstlichen Stuhl, von Bergen, an das Auswärtige Amt, Berlin, vom 1.7.1927, in: Politisches Archiv des Auswärtigen Amtes, Po 18 Nr.99-102; Nr.101, S.3.

2) Bericht von Bergen, ebd., Nr.102, S.4.

kunft. "Es bestehen gewisse Anzeichen, daß das Zentrum demnächst zu den Fragen deutscher Ostpolitik eine grundsätzlich andere Haltung einnehmen wird, und zwar in dem Sinne, daß es ein Abrücken von Sowjetrußland und eine ausgesprochene Versöhnungspolitik mit Polen fordern wird"[1].

Als Anzeichen dafür nannte von Dirksen die "erhebliche Beunruhigung des Zentrums" wegen der positiven Haltung der Regierung zur Mologa-Sanierung sowie die Tendenzen, wie sie "aus der Haltung von Herrn Kuenzer und der Germania hervor(gingen). Aber während man bisher der Ansicht sein konnte, daß es sich hierbei nur um die Aktion eines politischen Einspänners handele, gewinnt es jetzt den Anschein, als ob diese Tendenz - gerade auch im Hinblick auf die veränderte Haltung gegenüber Rußland - weitere Kreise des Zentrums ergriffen hat"[2].

Zudem verwies er auf die "starke Vermittlungstätigkeit des österreichischen Bundeskanzlers Seipel in der Frage der Wiederaufnahme der Handelsvertragsverhandlungen ..."[3]. Von Dirksen empfahl schließlich ein Einwirken auf die Zentrumsführung, um Zersplitterung in der bislang geschlossenen Parteienhaltung zu verhindern.

Wenngleich von Dirksens Befürchtungen übertrieben waren, so gab es doch entsprechende Ansätze im Zentrum, wie die Zentrumsprotokolle belegen.

---

1) Akten zur Deutschen Auswärtigen Politik, Bd.V, Nr.17, S.34, vom 21.3.1927; vgl. RIECKHOFF, S.297 und 308; RUGE, S.280, dessen Interpretation, daß diese Veränderung nur eine neue Strategie für das alte Ziel, Polen in die Knie zu zwingen, darstelle, weder vom Text her noch angesichts des betroffenen Personenkreises haltbar ist.

2) Akten zur Deutschen Auswärtigen Politik, Bd.V, Nr.17, S.34 f.; vgl. KUENZER, Die Außenpolitik des Zentrums, S.75 - 118.

3) Akten zur Deutschen Auswärtigen Politik, Bd.V, Nr.17, S.35.

Am 11.5.1927 vermerkt das Protokoll der Vorstandssitzung: "Zur Verlesung brachte v. Guérard einen Brief von Kuenzer betr. Entsendung von Zentrumspolitikern zu einer Zusammenkunft zwecks Gründung eines deutsch-polnischen Komitees. Der Vorstand ist grundsätzlich gewillt, der Anregung zu entsprechen und erwartet Mitteilungen über den Termin und die Namen der Teilnehmer aus den anderen Fraktionen"[1].

Dieses Komitee war auf Initiative Hellmuth von Gerlachs um die Jahreswende 1926/27 zustande gekommen[2] und bezweckte einen deutsch-polnischen Parlamentarier-Austausch. Seinen Vorsitzenden, Prof. Julius Wolf und Richard Kuenzer, gelang es, "angesehene Parlamentarier aus der Sozialdemokratie, der Demokratischen Partei, dem Zentrum, der Wirtschaftspartei und der Deutschen Volkspartei für die Mitarbeit zu gewinnen"[3]. Im Herbst 1927 und im Sommer 1928 kam es zu ersten Treffen[4].
In der Vorstandssitzung des Zentrums vom 24.6.1927 unterbreitete Kuenzer den Plan für die "Abhaltung einer deutsch-polnischen Konferenz in Berlin und legt(e) die Beweggründe dar. Die Anregung kam von Polen. - Vorstand erhebt keine Bedenken gegen eine Konferenz, die akute politische Fragen zum Gegenstand der Verhandlungen macht"[5].

---

1) Morsey, Zentrumsprotokolle 1926-1933, Nr.122, (11.5.1927).

2) Vgl. dazu MAYR, Ist die Verständigung zwischen Polen und Deutschland möglich?, S.52.

3) GERLACH, von, Deutsch-polnische Verständigungs-Bestrebungen, S.175; vgl. RIECKHOFF, S.297.

4) Vgl. dazu MAYR, Ist die Verständigung zwischen Polen und Deutschland möglich?, S. 52.

5) Morsey, Zentrumsprotokolle 1926-1933, S.134; ob Kuenzer hier an eine katholische deutsch-polnische Konferenz, wie sie 1929 stattfand, oder an eine Parlamentarier-Konferenz dachte, geht aus dem Zusammenhang nicht hervor.

In die Zeit dieser Beratungen fiel u.a. die Reise des früheren Reichskanzlers Wirth nach Polen, die ebenfalls der Sondierung politischer Kontaktmöglichkeiten diente[1].

Im Unterschied zum Zentrum äußerte von Dirksen für das Auswärtige Amt massive Bedenken schon für die Bildung des Parlamentarierkomitees. Bei aller grundsätzlichen Sympathie für den "Gedanke(n) eines deutsch-polnischen Ausgleichs" hielt er den derzeitigen Augenblick für eine solche Initiative, wegen der ausgesprochen deutschfeindlichen Haltung der polnischen Politik, für äußerst ungünstig[2]. Mit solchen Aktivitäten zum ungünstigen Zeitpunkt werde der Sache eher geschadet als genutzt.

Kuenzer ließ sich durch diese Bedenken von seinen Vorstellungen nicht abbringen, weil er der Auffassung war, daß einmal ein Anfang der Verständigung gemacht werden müsse und weil er von ihr eine Erleichterung und Beschleunigung der offiziellen politischen Verhandlungen erwartete.

Nachdem im April 1927 in Berlin das nichtparlamentarische "deutsch-polnische Komitee" getagt, in den Grenzstädten des Ostens mehrfach deutsch-polnische Friedenskundgebungen stattgefunden und das parlamentarische Komitee Unterstützung der Parteien gefunden hatte[3], änderte sich im Juli auch die Haltung des Auswärtigen Amtes.

---

1) Vgl. HOFFMANN, Erinnerungen, S.232.

2) Akten zur Auswärtigen Politik, Bd.IV, Dok.Nr.119, S.259, vom 9.2.1927; ähnliches wurde dem F.D.K. vor der katholischen deutsch-polnischen Konferenz von 1929 gesagt.

3) Vgl. Akten zur Auswärtigen Politik, Bd.VI, Dok.Nr.43, S.94 f., vom 18.7.1927.

Wie aus den Aufzeichnungen von Dirksens hervorgeht, schaltete sich Stresemann persönlich in das Geschehen ein, um einen ungestörten Ablauf der deutsch-polnischen Treffen zu fördern. Stresemann habe außerdem seine Partei zur Zustimmung und zur Beteiligung ihrer Mitglieder an der Tagung des Parlamentarier-Komitees bewogen und dabei den DVP-Abgeordneten Schmidt-Hirschberg als Referenten vorgeschlagen.

Welche Schwierigkeiten selbst bei einer Zusammenkunft von Politikern bestanden, tatsächlich zu den politischen Streitfragen vorzudringen, zeigt der Wunsch der polnischen Seite, die Grenzfragen und die Minderheitenfragen aus der Diskussion dieser Konferenz auszuklammern. Obwohl deswegen die Gefahr bestand, daß man über den Austausch wohlgemeinter, aber nichtssagender Reden nicht hinauskommen würde, hegte der deutsche Organisator, Hasslacher, doch einige Hoffnung, die Gespräche noch politisieren zu können.
Die Zustimmung des Auswärtigen Amtes zu dieser Konferenz fiel dann zwar etwas freundlicher, aber keineswegs verbindlicher aus als die Erklärung vom Januar 1927[1].

1) Vgl. Akten zur Deutschen Auswärtigen Politik, Bd.VI, Dok.Nr.43, S.95 f.; vgl. RIECKHOFF, S.299.

3. Die Diskussion der deutsch-polnischen Politik

Anläßlich des Internationalen Kongresses der Pax Romana in Warschau (11. - 20. August 1927), hatte P. Stratmann Gelegenheit zu Kontakten mit polnischen Katholiken[1]. Als Referenten für die F.D.K.-Bundestagung in Essen, konnte er Prof. Dembinski, Krakau, gewinnen[2].
Auf dieser Tagung, deren Leitthema die Verständigung in Europa war, wurden hauptsächlich die deutsch-polnischen Beziehungen behandelt.
Neben Dembinski sprach auch, wie im Jahr zuvor in Münster, O. von Soden, der die deutsche Polen-Politik scharf kritisierte. Im Blick auf die laufenden deutsch-polnischen Verhandlungen warnte er vor "unbegründetem Vertrauen in vermeintliche politische Fachleute, die in falsch verstandenem nationalen Interesse mit starker Geste glaubten Politik betreiben zu können. Die Kompetenz für diese wichtige Politik müsse "Hasadeuren und Monomanen" entzogen sein"[3]. Gemeint war damit die "unglückliche" Besetzung der deutschen Verhandlungsdelegation, deren Leiter selbst Ostelbier waren[4].

---

1) Vgl. 'Schönere Zukunft', 2.Jg. 1927, Nr.49, S.1061, (o.Verf. und Titel).

2) Er war einige Zeit Korrespondent des 'Czas' (Krakau) in Berlin, (Politisches Archiv des Auswärtigen Amtes, Nr.235).

3) SODEN, von, Zur Frage der deutsch-polnischen Verständigung, S.5.

4) "Der erste Vorsitzende war der ganz nationalistisch eingestellte Staatssekretär a.D. Lewald, der einige Jahre vorher wegen seiner reaktionären Gesinnung den Abschied aus dem Reichsinnenministerium erhalten hatte. Sein Nachfolger war der frühere Zentrumsminister Hermes, der zugleich Vorsitzender der nächst dem Reichslandbund mächtigsten Agrarierorganisation Deutschlands ist." (GERLACH, von, Deutsch-polnische Verständigungs-Bestrebungen, S.176; vgl. KREKELER).

Anders als ein Jahr zuvor in Münster wurde aktivere und verständigungsbereite Polenpolitik jetzt nicht primär aus pazifistischem Grundverständnis heraus gefordert, sondern aus nationalen Erwägungen. v. Soden befürchtete, daß Polen sich Rußland zuwenden könne und daß damit die panslawische Idee neuen Auftrieb erhalte: "Wir würden die Geißeln flechten, mit denen unsere Kinder gepeitscht werden"[1]. Um nicht den Anschein einseitiger Rücksicht auf die nationalen Eigeninteressen zu erwecken, fügte er hinzu: "Für uns Katholiken aber stehen im deutsch-polnischen Problem noch höhere als bloß die nationalen Eigeninteressen auf dem Spiel. Wir haben eine höhere als die Verantwortung vor der Volksgemeinschaft, die Verantwortung vor Christi Liebesgebot"[2].
Hier wird erneut deutlich, daß sich die friedenspolitischen Vorstellungen des F.D.K. durchaus nicht nur an pazifistischen Grundsätzen orientierten, sondern ebenso an nationalen Erwägungen.

Von polnischer Seite wurden die Erfolgsaussichten amtlicher Verständigungspolitik sehr spektisch eingeschätzt. Mehr erhoffte sich der polnische Referent von der öffentlichen Meinung, da die Politik letztlich ihr Rechnung tragen müsse. Deswegen verlangte er von der deutschen katholischen Friedensbewegung, auf die öffentliche Meinung, vor allem auf die Presse einzuwirken, um sie für die deutsch-

---

1) SODEN, von, Zur Frage der deutsch-polnischen Verständigung, S.5.

2) ebd.

polnische Verständigung zu gewinnen[1].
In der Aussprache, an der sich u.a. P. Muckermann[2] beteiligte, wurden vor allem die gehässigen antipolnischen Pressepolemiken beklagt. Wie schon im Jahr zuvor verabschiedete die Bundestagung eine Resolution zur deutsch-polnischen Verständigung.
"Die 4. Reichstagung des F.D.K. bekennt sich einstimmig zu der Ansicht, daß die deutsch-polnische Verständigungsarbeit angesichts der besonderen Wichtigkeit dieses Problems mit erhöhter Aufmerksamkeit verfolgt werden muß. Angesichts der bisherigen stark parteiischen, durchaus einseitigen Information der beidseitigen Öffentlichkeit ist vor allem erhöhte gegenseitige Fühlungnahme notwendig. Als Katholiken werden wir uns durch keine gegenteilige Propaganda irre machen lassen, daß es unsere Christenpflicht ist, unseren polnischen Glaubensbrüdern die Hand zu reichen"[3].

Nach dem deutsch-französischen Vorbild wurden die Einrichtung eines deutsch-polnischen Briefwechsels beschlossen und eine deutsch-polnische Katholikenkonferenz für das Frühjahr 1928 anberaumt, von der man eine ähnliche Wirkung erhoffte wie sie vom Freiburger Kongreß 1923 auf die deutsch-französischen Beziehungen ausgegangen war. Sie sollte Auftakt eines deutsch-polnischen "Bierville" werden. Diese Hoffnungen blieben aber unerfüllt.

---

1) Vgl. Referat Dembinski, zit. in: FK 3 (1927) Nr.9/10, S.5 f.; als positive Ausnahme in der antipolnischen deutschen Presse nannte Dembinski die 'Germania'. Dies war zweifelsohne ein Verdienst Richard Kuenzers, der bis November 1927 Chefredakteur der 'Germania' war (vgl. Politisches Archiv des Auswärtigen Amtes Po 18, Nr.93; RUGE, S.280). In der Beurteilung der 'Germania' muß man also zeitlich differenzieren, was Riesenberger versäumt (S.233).

2) Obwohl Muckermann so heftig gegen den Pazifismus und gegen den F.D.K. polemisiert hatte, beteiligte er sich intensiv an den deutsch-polnischen Aktivitäten des Friedensbundes (vgl. HINZ, Essen, s.5).

3) Zit. in: HINZ, Essen, S.5.

Der Jahresbericht des F.D.K. von 1928 mußte eine kurze und bescheidene Bilanz geben: "Die Beziehungen mit den polnischen Friedensfreunden konnten nur durch brieflichen Ideenaustausch und unsere "Friedenskämpfer" geschehen. Eine in Aussicht genommene deutsch-polnische katholische Friedenskonferenz scheiterte bisher einerseits am Mangel finanzieller Mittel beiderseits sowie infolge längerer Erkrankung eines für die polnische Verständigung bisher führend gewesenen Mitglieds unseres Bundes"[1].
Im November 1928 kam auf polnische Einladung ein Treffen der Beuthener Ortsgruppe mit der "Akademisch-pazifistischen Vereinigung an der Universität Krakau" zustande. Die Begegnung, die in Absprache mit den staatlichen und kirchlichen Behörden vorbereitet worden war, fand ein beachtliches Echo in der polnischen Presse[2]. In den folgenden Jahren wurden noch mehrere solche Treffen, abwechselnd in Beuthen und Krakau durchgeführt[3].

Mit welchen politischen bzw. diplomatischen Schwierigkeiten offizielle deutsch polnische Kontakte in dieser Zeit des Handelskrieges verbunden waren, wurde beim Besuch des Erzbischofs Hlond, in Deutschland, im Januar 1928 offenbar. Kirchliche und staat-

1) HINZ, Der Friedensbund 1927/28, S.16.

2) Vgl. Friedensfahrt Beuthen-Krakau (o.Verf.), in: FK 4 (1928) Nr.11, S.16 f.

3) Vgl. ebd.; und Brief Stratmanns an das Auswärtige Amt vom 26.4.1929 (Politisches Archiv des Auswärtigen Amtes Po 3262, Nr.219 f.). Bereits 1927 hatte in Beuthen ein ähnliches Treffen, veranstaltet von der Internationalen Frauenliga für Frieden und Freiheit, stattgefunden, bei dem u.a. Prof. Hoffmann gesprochen hatte. (Vgl. Politisches Archiv des Auswärtigen Amtes - Brief an die deutsche Botschaft in Rom vom 31.5.1927).

liche Stellen taten sich schwer, ein angemessenes Protokoll zu verabreden[1]. Zwar war man sich bewußt, daß dieser Besuch der Entspannung diene, dennoch bemühte man sich, ihn so unauffällig wie möglich abzuwickeln. Publizistisch wurde er deswegen fast totgeschwiegen. Auch der FK, für den dieser Besuch eigentlich ein beachtenswertes Ereignis darstellen mußte, erwähnte ihn mit keiner Silbe. In der AR allerdings, die sich insgesamt um die deutsch-polnische Verständigung verdient machte[2], erschien folgende Notiz: "Kardinal Hlond, Erzbischof von

Gnesen-Posen und Primas von Polen, besuchte auf seiner Rückreise von Rom die deutschen Kardinäle und, als Salesianer, die aufblühenden Anstalten des Werkes von Don Bosco. München durfte den hohen Gast zuerst begrüßen. Mit dem allverehrten Oberhirten Kardinal Faulhaber, mit dem bayerischen Ministerpräsidenten Dr. Held und sonstigen hervorragenden Persönlichkeiten der Kirche und des Landes pflog er Gedankenaustausch. Das Erscheinen des ersten polnischen Kirchenfürsten, nach polnischer Tradition des Ersten

---

1) Vgl. Bundesarchiv Koblenz R 43 I Bd.2200, Bl. 7; das deutsche Generalkonsulat in Posen hatte noch kurz zuvor einen überaus negativen Bericht über Hlond an das Auswärtige Amt gesandt, um den Besuch evtl.noch verhindern zu können. (Vgl. Bericht vom 16.1.1928, Historisches Archiv des Erzbistums Köln, "Seelsorge der Slaven, besonders der Polen").

2) 1927 erschien dort eine Artikelfolge von O. von Soden über Polen und die politischen Probleme der deutsch-polnischen Beziehungen, die ihrer Objektivität und ihres Verständnisses für die polnische Situation wegen in Polen große Beachtung und Anerkennung fand. (SODEN, Polnische Erinnerungen). Ein Beitrag von Prof. Hoffmann aus derselben Zeit wurde erstaunlicherweise in den deutschen Kreisen in Polen günstig aufgenommen,nicht aber in Deutschland. (HOFFMANN, Deutsch-polnische Verständigung; und ders., Zur deutsch-polnischen Verständigung). Nachdem im Frühjahr 1929 durch die Verhaftung des Vorsitzenden des Deutschen Volksbundes, Ulitz, eine neue antipolnische Hetzwelle in der deutschen Presse eingesetzt hatte, brachte die AR zwei Beiträge, in denen die oberschlesischen Probleme sehr sachlich erörtert wurden. (SCHWANN, Die Vorgänge in Oberschlesien, S.184 f.; und ders., Das Minderheitenproblem in Oberschlesien, S.285 ff.).

nach dem Staatsoberhaupt, muß in Deutschland an sich günstig wirken. Es bedeutet eine Hand ausgestreckt zum Frieden. Kardinal Hlond kommt überdies mit echt katholischer Friedensgesinnung und gewinnt durch sein freies und freundliches Auftreten die Herzen. Wer ihn sieht und hört, dem ist klar, daß dieser Mann wider seinen Willen in den Streit der beiden Völker hineingezogen wurde. Möge sein ferneres Verweilen in Deutschland noch mehr dazu beitragen, die Nachbarn einander näher zu bringen, bei uns den Sinn für Polens Daseinsrecht zu stärken und in Polen alte Wunden zu schließen. Letzteres möchte vor allem unseren deutschen Landsleuten jenseits der Grenze zugute kommen, die unter den Nachwirkungen alter Verbitterungen zu leiden haben"[1].

Bei den Gesprächen selbst ging es vor allem um die Polen-Pastoration in Deutschland, d.h. um die Seelsorge bei den Polen in Deutschland, vor allem im Ruhrgebiet, wo die Polen-Seelsorge nur sehr unbefriedigend organisiert war. Der Vorschlag kirchlicher Stellen, polnische Seelsorger in Deutschland einzusetzen, wurde von den staatlichen Behörden energisch abgelehnt[2].

---

1) Der polnische Primas in Deutschland (o.Verf.), in: AR 1928, Nr. 6, S. 85.

2) Das Preußische Innenministerium bekundete "eindringendes nationalpolitisches Interesse daran, die Seelsorge für die etwa 130.000 polnischen Wanderarbeiter in Deutschland nicht polnischen Geistlichen zu überlassen." (Brief des Preußischen Innenministers an den Preußischen Minister für Wissenschaft, Kunst und Volksbildung vom 21.9.1929 - Bundesarchiv Koblenz R 43 I Bd.2200, Bl.315). Am 18.12.1930 schrieb der Preußische Kultusminister an die "Herren Bischöfe", daß die Polen-Pastoration durch polnische Priester unerwünscht sei, "weil nach den bisherigen Erfahrungen diese die Gelegenheit benutzen, um nationalpolitische Propaganda zu betreiben und ferner, weil die staatlichen und kirchlichen Behörden trotz aller Bemühungen eine zureichende seelsorgliche Betreuung der Deutschen in Polen nicht zulassen." (Historisches Archiv des Erzbistums Köln, "Seelsorge der Slaven, besonders der Polen").

Auch der Gegenbesuch Kardinal Faulhabers blieb weitgehend unbeachtet, auch er war "privat" gedacht. Der Bericht an das Auswärtige Amt in Berlin beklagte aber, daß Faulhaber von den Polen mit "Offizialität überrumpelt" worden sei[1].

4. Die erste katholische deutsch-polnische Konferenz, 1929

Als der F.D.K. im Mai 1929 seine deutsch-polnische Konferenz durchführte, waren also auf höchster kirchenpolitischer Ebene bereits erste Verständigungsschritte unternommen worden. Von daher versteht sich auch ihre erstaunliche kirchenpolitische Beachtung gerade im Gegensatz zu der fast gleichzeitig stattfindenen deutsch-französischen Konferenz[2].
Von der Konferenz, die keinen öffentlichen Charakter haben sollte, erhoffte man sich einen nicht unwichtigen Beitrag zur Bereinigung auch "der politischen Atmosphäre, zur Festigung der deutsch-polnischen Beziehungen und zur Stärkung des beidseitigen entschlossenen Abwehrwillens gegen Kriegshetze und Kriegspolitik"[3]. Dem Auswärtigen Amt gegenüber brachte Stratmann die Hoffnung zum Ausdruck, "daß unsere Konferenz ganz im Sinne des Auswärtigen Amtes liegt und wir mit ihr unserem deutschen Vaterlande zu dienen imstande sind"[4].

---

1) Vgl. Berichte des deutschen Generalkonsulats in Posen über diesen Besuch (Bundesarchiv Koblenz R 43 I Bd.2200, Bl.331-344).

2) s. oben S.190 f.

3) HINZ, Pfingstkonferenz, S. 2.

4) Politisches Archiv des Auswärtigen Amtes, IV Po 3262, Nr.220.

Die erbetene Beteiligung an der Tagung - und Unterstützung - wurde vom Auswärtigen Amt unter Hinweis auf die durch die Oppelner Vorfälle hervorgerufenen Spannungen abgelehnt[1].

Von kirchlicher Seite fand die Konferenz dagegen offizielle Beachtung, wie die verschiedenen Grußadressen zeigen[2]. Das Schreiben des Nuntius Pacelli löste wegen seiner Aussagen über den Pazifismus die bereits erwähnte Diskussion aus[3].
Sein Fernbleiben von der Konferenz begründete der Nuntius in einem Gespräch mit Prof. Hoffmann und K. Mayr mit diplomatischer Rücksichtnahme: aus Rücksicht auf den polnischen Botschafter, der vom Stattfinden der Konferenz nicht offiziell informiert worden sei.
Zu den deutschen Teilnehmern zählten u.a. F. Keller, F. Muckermann, C. Noppel, H. Platz und R. Kuenzer. Die zwanzigköpfige polnische Delegation wurde von dem bekannten Jesuiten Graf Rostworowski, Krakau,geleitet.
Neben Fragen der geschichtlichen Beziehungen zwischen Deutschland und Polen und der Situation des Katholizismus in Polen und in Deutschland[4] wurden hauptsächlich die politischen Probleme erörtert.

---

1) Politisches Archiv des Auswärtigen Amtes, IV Po 4144/29, Bericht des Auswärtigen Amtes an die Deutsche Gesandtschaft in Warschau vom 4.6.1929, (Nr. 250).

2) z.B. von Kardinal Bertram, Prälat Kaas, Kardinal Hlond (vgl. HINZ, Deutsch-polnische Konferenz, S.1).

3) Der von Pacelli möglich gehaltene offene Widerspruch gegen seine Ausführungen über Pazifismus und Krieg regte sich auf der Tagung nicht. (Vgl. HOFFMANN, Erinnerungen, S.232 f.; s. oben S.88.

4) Referate von Reichsarchivrat Dr. Schäfer, P. Noppel (beide F.D.K.) und Msgr. Maslinski, Regens des Priesterseminars für polnisch Oberschlesien (vgl. HINZ, Deutsch-polnische Konferenz, S.3).

Ähnlich wie vor der Essener Bundestagung verteidigte Prof. Dembinski auch hier die offizielle polnische Position. Die deutschen Klagen wegen Benachteiligungen der deutschen Minderheit verwies er in den Bereich der deutschen "Revisionspropaganda"[1].
Mit den konkreten Möglichkeiten deutsch-polnischer Politik bzw. Annäherung setzte sich der deutsche Referent, R. Kuenzer, auseinander. Zwar glaubte er in der Korridorfrage keine baldige Lösung in Sicht, hielt es aber für möglich, daß mit Hilfe des Völkerbundes und durch Gebietsaustausch eine Regelung gefunden werden könne. In Bezug auf die Minderheitenproblematik appellierte er an die Polen, nicht die Fehler der preußischen Minderheitenpolitik zu wiederholen; er erinnerte dabei an den Protest der deutschen Katholiken gegen diese Politik.
Als praktische Maßnahmen forderte er: die Beendigung des Zollkriegs, Zollunion, Auflockerung der Grenzen durch Unsichtbarmachung.
Die deutschen Katholiken könnten im deutsch-polnischen Verhältnis Vermittlerfunktion übernehmen, was allerdings ein "eingehendes Studium der Ostprobleme und der polnischen Kultur" voraussetze[2].

In der Diskussion wurden vorwiegend die Probleme der deutschen Minderheit in den Grenzgebieten besprochen. Beide Seiten bedauerten, daß es nicht möglich war, Vertreter der betroffenen Minderheitengruppen an der Konferenz zu beteiligen und daß "keine der katholischen Friedensbewegung nahestehenden deutschen Politiker" anwesend waren[3].

---

1) Vgl. HINZ, Deutsch-polnische Konferenz, S. 5 f.
2) ebd. S. 6.
3) ebd. S. 7; zur gleichen Zeit fand in Osnabrück eine Windthorstbund-Tagung statt.

Die bestehenden Meinungsverschiedenheiten konnten nicht überbrückt werden. Während die Polen auf der Unverrückbarkeit der derzeitigen Grenzen verharrten, beanspruchten die Deutschen "das Recht auf friedliche Revision, etwa in der Form eines Gebietsumtauschs unter Gutheißung des Völkerbundes"[1]. Rückblickend vertrat Stratmann die Auffassung, daß "auf beiden Seiten wahre Rechte, juristische und moralische zu verteidigen und zu fordern sind"[2]. Seiner Meinung nach lag das moralische Recht vor dem Krieg mehr auf polnischer Seite, während es danach mehr auf deutscher Seite liege.

Bei der Gegensätzlichkeit der Standpunkte war man sich darüber im klaren,daß nur eine Regelung angestrebt werden könne, "die die Wünsche beider Seiten relativ befriedigt". Eine Lösungsmöglichkeit erhoffte man sich "durch Europa". "Da weder die Deutschen noch die Polen nachgeben wollen, so bleibt nichts anderes übrig, als daß die gemeinsame Mutter Europa kommt und die politischen und wirtschaftlichen Grenzen ihrer Stachel entkleidet, d.h. sie zu bloßen Verwaltungsgrenzen herabsinken läßt. ... Die Vereinigten Staaten Europas brauchen nichts von dem anzutasten, was den Völkern teuer und unveräußerlich ist: Eigenart, Sprache, Kultur. Das alles kann und soll auch unter der weiten Kuppel der irgendwie gearteten neuen europäischen Staatsgemeinschaft beibehalten und gepflegt werden, aber die staatsbürgerlichen Rechte, zu denen vor allem freier Handel und Wandel gehört, dürfen in den so dicht neben einander liegenden und auf einander angewiesenen Völkern nicht länger verschieden sein und infolgedessen zu tatsächlichen Ungerechtigkeiten führen. Mit dieser Perspektive wird also nicht einer Grenzverschiebung zuungunsten Polens und zugunsten Deutschlands das Wort geredet, vielmehr einer Überwindung der beunruhigenden Lage zugunsten beider"[3].

---

1) STRATMANN, Deutsch-polnische Verständigungsversuche, S. 322.

2) ebd.

3) ebd.; vgl. HELLPACH, S.514.

Zur Fortführung der Zusammenarbeit wurde ein gemischtes Komitee, außerdem "eine akademische Studienkommission zwecks Herbeiführung gegenseitigen Professoren- und Studentenaustausches und Mitarbeit an wissenschaftlichen Zeitschriften gebildet, die Herstellung eines Verzeichnisses deutsch-polnischer katholischer Literatur und Bearbeitung einer guten Darstellung der polnischen Geschichte in Broschürenform, Grenztreffen der katholischen Jugend angeregt, der Eucharistische Internationale Sonntag empfohlen und eine Entschließung für die Bischofskonferenzen beider Länder gefaßt"[1].

Das lebhafte Presse-Echo galt weniger der Tagung selbst als dem Pacelli-Brief. Von den nationalen Kreisen der deutschen Minderheit im polnischen Grenzgebiet wurde die Tagung heftig kritisiert. Der 'Oberschlesische Kurier' bemängelte die unausgewogene Zusammensetzung der Konferenz; von polnischer Seite seien vorwiegend Persönlichkeiten beteiligt gewesen, "die unmittelbar und aktiv in den Dingen stehen", auf deutscher Seite dagegen hätten die wissenschaftlichen Kreise, die sich mehr um die "intellektuelle Verständigung" bemühten, dominiert[2].
Ähnlich äußerte sich der Regierungspräsident von Beuthen, Budding[3]. Das deutsche Generalkonsulat in Kattowitz sprach von "ernstlichen Besorgnissen", mit denen die deutsche Minderheit in polnisch Oberschlesien reagiert hätte und empfahl dem Auswärtigen

---

1) HINZ, Deutsch-polnische Konferenz, S. 7.

2) 'Oberschlesischer Kurier' Nr. 125 vom 2.6.1929.

3) Vgl. Bericht des Regierungs-Präsidenten Budding, Beuthen, an das Auswäritge Amt (Politisches Archiv des Auswärtigen Amtes Po 18, Pol, Nr.033 - 038).

Amt erhöhte Aufmerksamkeit gegenüber diesen "auf längere Dauer angelegten Aktivitäten"[1].

Viel zu beobachten gab es da jedoch nicht: Ein Jahr nach der Konferenz bilanzierte Stratmann, was aus den Vorsätzen geworden war: "Sagen wir es offen heraus: so gut wie nichts!"[2] Er machte dafür die Zurückhaltung der polnischen Seite verantwortlich. Zwar begründeten die Polen dies mit der durch die antipolnische Politik des Zentrums verursachten gereizten Stimmung in Polen, die alle Friedensunternehmungen zunichte mache, dennoch rügte Stratmann die Anpassung der polnischen Freunde an die offizielle Politik. Er gab ihnen zu bedenken, "daß wir Pazifisten uns von der offiziellen Politik vollständig unabhängig fühlen müssen, keiner anderen Macht dienstbar als unserem Ideal. Wir können nicht darauf warten bis die Nationen als solche oder auch nur in ihrer Mehrheit nicht mehr gegeneinander verstimmt sind"[3]. Pazifisten müßten bereit sein, gegen den Strom zu schwimmen und dürften nicht ängstlich auf Beifall oder Mißfallen achten. An die polnischen Freunde appellierte er, die Friedensarbeit nicht ganz den weltanschaulich entgegengesetzten Gruppen zu überlassen und erklärte, daß der F.D.K. die Verständigung mit Polen unter allen Umständen suchen und gegebenenfalls auch mit nichtkatholischen Gruppen zusammenarbeiten werde[4].

---

1) Brief des Deutschen Generalkonsulats, Kattowitz, vom 19.7.1929 (Politisches Archiv des Auswärtigen Amtes Po 18, Pol, Nr.009).

2) STRATMANN, Deutsch-polnische Verständigungsversuche, S. 322.

3) ebd. S. 322.

4) ebd. S. 323.

An der Zurückhaltung der Polen, bzw. an den fehlenden öffentlichen Manifestationen ihres Verständigungswillens waren aber auch die Repressionen, z.B. die Pressezensur, durch die polnischen Behörden mit schuld. So brachte H. Hoffmann im FK eine Erklärung des Krakauer akademischen Pazifistenbundes zum Abdruck, die in der polnischen Presse nicht hatte erscheinen dürfen, weil sie eine Verurteilung der polnischen Ausschreitungen gegen die deutsche Minderheit enthielt[1].

Nach einer kurzen Verbesserung der Beziehungen durch den Abschluß des deutsch-polnischen Handelsvertrages im Frühjahr 1930 spitzte sich die Lage im Winter 1930/31 wieder zu. Als der deutschen Beschwerde beim Völkerbund über die Benachteiligung der deutschen Minderheiten in Polen stattgegeben und Polen verurteilt wurde, befürchtete man im F.D.K. sowohl eine Verschlechterung des bilateralen Verhältnisses als auch eine Verschärfung der innerpolnischen Situation, in deren Folge auch die Arbeit des seit 1930 bestehenden polnischen Friedensbundes zusätzlich erschwert werden würde[2].

---

1) HOFFMANN, Polen sind gegen die Gewalt, S. 82.

2) Vgl. DIRKS, Notizen zum Tage. Im neuen Jahr, S. 7 f.; Politische Notizen (o.Verf.), in: FK 6 (1930) Nr.4, S.7; Erfolg in Genf (o.Verf.), in: FK 7 (1931) Nr.2, S.25.

5. Die zweite katholische deutsch-polnische Konferenz, 1931

In dieser angespannten Situation fand Ende März 1931 in Köln die zweite katholische deutsch-polnische Konferenz statt, die vom F.D.K. zusammen mit dem Internationalen Versöhnungsbund und der Katholischen Weltjugendliga organisiert worden war[1]. Sie wurde in viel bescheidenerem Rahmen durchgeführt als die erste in Berlin. Schon die Zusammensetzung der Teilnehmer zeigt, daß sie keinen offiziösen Charakter hatte. Außer dem polnischen Redner Dembinski, der zu dieser Zeit mit K. Mayr eine Vortragsreise durch Westdeutschland unternahm, nahmen nur zwanzig in Deutschland lebende Polen und doppelt soviele Deutsche teil.

Die Diskussion kreiste vorwiegend um die Korridorfrage und um Probleme Oberschlesiens. Die Situation der polnischen Minderheit in Deutschland, die ursprünglich als Diskussionsgegenstand vorgesehen war, kam nicht zur Sprache. Das geplante Referat des deutschen Polenseelsorgers Bernhard Wachowski[2] über praktische Erfahrungen aus der Polenseelsorge wurde wegen Bedenken des Kölner Generalvikariats nicht erstattet[3]. Wachowski war auf seine Anfrage, ob Bedenken bestünden, mitgeteilt worden, daß sein "Name nicht unter den Rednern einer Veranstaltung genannt wird, in der höchst umstrittene politische

1) LENZ, Paulus, Die II. Deutsch-polnische Konferenz, S.77- 81.

2) Wachowski war Mitglied des F.D.K.

3) Vgl. Brief Wachowskis an das Kölner Generalvikariat vom 25.3.1931, (mit Antwortschreiben). (Historisches Archiv des Erzbistums Köln, Gen. 23,59).

Probleme behandelt werden"[1]. Für Wachowski sprach dann der Düsseldorfer Jesuit Horstmann über das unverfängliche Thema der religiösen Grundlagen katholischer Verständigungsarbeit[2].
Immerhin wurde die Problematik der polnischen Minderheit in Deutschland doch in dem Referat des Vorsitzenden des polnischen Minderheitenverbandes in Deutschland angeschnitten.

Der Einseitigkeit und Bescheidenheit der Konferenz wegen, wertete sie der F.D.K.-Berichterstatter auch nur als "ersten Akt" einer Gesamtkonferenz, deren "zweiter Akt" in Polen stattfinden müsse. Dazu freilich kam es nicht mehr. Als sie für das Frühjahr 1933 fest in Aussicht genommen war, wurde sie durch die nationalsozialistische Machtergreifung unmöglich gemacht[3].

Nach dieser Konferenz trat in den katholischen deutsch-polnischen Beziehungen Stillstand ein. Berichte über Kinderaustausch (durch andere Wohlfahrtsorganisationen)[4] und über deutsch-polnischen Kinder-Briefwechsel, der um einiges schlechter florierte als der deutsch-französische, können darüber ebensowenig hinweg täuschen wie die wenigen Notizen

---

1) Vgl. Brief Wachowskis an das Kölner Generalvikariat vom 25.3.1931, (mit Antwortschreiben), (Historisches Archiv des Erzbistums Köln, Gen. 23,59). Die kirchlichen Stellen nahmen damit auch Rücksicht auf die massiv vorgetragenen Bedenken der Preußischen Regierung. s. oben S. 221.

2) Vgl. LENZ, Paulus, Die II. Deutsch-polnische Konferenz, S.79.

3) Vgl. HOFFMANN, Erinnerungen, S.239.

4) Vgl. STEINBACH, S.112-115.

zu politischen Ereignissen[1] oder die Kritik an der reaktionären Polenpolitik der 'Germania'[2].

Die nationalistische Politik der letzten Weimarer Jahre machte die ersten zaghaften Ansätze (katholischer) deutsch-polnischer Verständigung wieder zunichte. In den wenigen Jahren, in denen sie überhaupt angegangen werden konnte, war es doch mehr die politische Atmosphäre, die sie ermöglichte, als daß sie selbst eine Atmosphäre zur Ermöglichung einer besseren Politik geschaffen hätte.

Aufgrund der Aussichtslosigkeit, zu einer bilateralen Bereinigung der Streitigkeiten zu kommen, setzte der F.D.K. seine Hoffnungen auf gesamteuropäische Entwicklungen, auf eine europäische Ordnung. "Europa" war aber nicht nur Mittel zu diesem Zweck, sondern auch eine grundsätzliche politische Forderung der Friedensbewegung.

---

1) z.B. zum Besuch deutscher Kriegsschiffe in Danzig und zum polnischen "Fest des Meeres" und dem dabei geschehenen Flaggenzwischenfall in der deutschen Gesandtschaft Danzig, der in Deutschland einige Aufregungen auslöste. Polen-Danzig (o.Verf.), in: FK 8 (1932) Nr.7, S.148; P.L. (P.Lenz), Randbemerkungen zur Aussen- und Militärpolitik, in: FK 8 (1932) Nr.9, S.181; vgl. dazu Keesings Archiv 1931/32, Nr.431 c.

2) Vgl. Polen - Deutschland (o.Verf.), in: FK 9 (1933) Nr.2, S.43.

IX. Europäische Einigung und Völkerbund

Seine europapolitischen Vorstellungen entwickelte der F.D.K. hauptsächlich in Auseinandersetzung mit dem bekannten Pan-Europa-Plan des Grafen Coudenhove-Kalergi[1]. Dieser ging aus von der Kritik am Völkerbund und an jeglicher weltweiter Konföderation. Die einzige Chance zur Überwindung des überkommenen mechanistischen Bündnissystems sah er in der Schaffung regional begrenzter Integrationen, politisch-geographischer Staatengruppen. "Europa" stellte sich ihm als solche Einheit dar.
Coudenhove-Kalergi konzipierte dieses Europa unter Ausschluß Englands, das wegen seiner Überseebesitzungen eine eigene Gruppe bilde, und ohne Rußland, das - nicht zuletzt aus ideologischen Gründen - als Hegemonialmacht gegenüber den kleineren europäischen Staaten zu fürchten sei[2]. Der Ausschluß Englands sollte aber nicht zu einem Antagonismus zwischen Europa und England führen. Aufgrund der Interessengemeinsamkeiten und des Aufeinander-angewiesen-seins glaubte Kalergi Kooperation und beidseitiges Einvernehmen sichergestellt.

---

1) Coudenhove-Kalergi gründete 1923 die Pan-Europa-Bewegung, für die er bei unzähligen politischen Institutionen in allen europäischen Ländern und in Amerika warb. In einer behördlichen Liste pazifistischer Vereinigungen wird diese Bewegung unter der Rubrik "realpolitischer Pazifismus" aufgeführt, welcher folgendermaßen charakterisiert wird: "Diese Verbände stehen durchaus im Einklang mit der von der Reichsregierung vertretenen Richtung der auswärtigen Politik und sind in ihrem öffentlichen Auftreten, nach Kräften diese Politik zu unterstützen." (Politisches Archiv des Auswärtigen Amtes, Po 18, "Pazifismus", Bl.109); vgl. auch COUDENHOVE-KALERGI, Paneuropa, Lebenserinnerungen; HELLPACH, S.475: er sprach vom "Zauber des Projekts", hielt aber die konkreten Pläne für unannehmbar; LIPGENS, S.46-89 und 316-363.

2) Vgl. HINZ, Völkerbund und Paneuropa, S.5.

Der F.D.K. begrüßte diese Pläne und Bemühungen in ihrer allgemeinen Zielrichtung auf einen europäischen Zusammenschluß hin. In den konkreten Vorstellungen über Strukturen und Maßnahmen gingen die Meinungen jedoch beachtlich auseinander. Bedenken hegte der F.D.K. besonders gegen das Konzept "Klein-Europa", d.h. Europa ohne England und Rußland. Englands Teilnahme hielt er für unverzichtbar, weil der Kontinent, zumal in Bezug auf die deutsch-französische Verständigung, auf England angewiesen sei[1]. Friede in Europa könne nur gesichert werden mit einem "allseits ehrlich gemeinten und loyal durchgeführten Dreimächtepakt Englands, Deutschlands und Frankreichs"[2].
Jeder Versuch einer Zweimächtefront gegen eine dritte Macht gefährde das europäische Gleichgewicht und den Frieden. Als ersten Schritt zum Zusammenschluß ganz Europas hielt der F.D.K. "Klein-Europa" aber durchaus für akzeptabel. Von der Eingliederung "Klein-Europas" in den Völkerbund erwartete er dann die endgültige Lösung[3].

Über den Sinn und Zweck der europäischen Einigung bestanden zwischen Coudenhove-Kalergi und dem F.D.K. grundsätzliche Meinungsverschiedenheiten. Schon Coudenhove-Kalergis massive Kritik am Pazifismus hatte das deutlich werden lassen[4]. Ihm ging es nämlich nicht um den Frieden überhaupt, sondern nur um den europäischen Frieden, im Sinne von Sicherheit, Stabilität und Prosperität. Pan-Europa

1) SODEN, von, Das Problem des europäischen Friedens, S.4.

2) ebd. S.4.

3) Vgl. HINZ, Völkerbund und Paneuropa, S.6.

4) s. oben S. 54.

war nicht gedacht als Element weltweiter Friedenspolitik, sondern als eine starke politische Einheit zur bestmöglichen Durchsetzung gemeinsamer europäischer Interessen gegen die übrige Welt. Diese Zielrichtung widersprach den Grundintentionen des F.D.K. "Das vom pazifistischen Standpunkte aus Bedenkliche liegt darin, daß auch Coudenhove zu sehr mit dem Machtgedanken rechnet, mit machtpolitischen Gruppierungen, nur daß der Kreis derselben sich um einen größeren Radius bewegt"[1]. Dies richtete sich gegen Coudenhove-Kalergis Befürwortung der Kolonialherrschaft, die "vom katholischen Standpunkte aus" abzulehnen sei. Rassendiskriminierung, wirtschaftliche Ausbeutung und politische Bevormundung sind, nach Auffassung des F.D.K., sittlich unzulässig. Vielmehr müsse allen Völkern, auch den Kolonialvölkern, das Selbstbestimmungsrecht zugebilligt werden[2].
Wegen der materialistischen und imperialistischen Tendenz nannte die Zeitschrift 'Vom frohen Leben' "Klein-Europa" ein "unpazifistisches Gebilde", das folglich nicht als Friedensmittel angesehen werden könne. Argwöhnisch registrierte man dort die plötzliche Europa-Emphase sonstiger Nichtpazifisten[3].
Ein weiteres Argument für die zunehmende Zurückhaltung gegenüber der Pan-Europa-Bewegung waren auch Coudenhove-Kalergis neomalthusianische Ideen über Geburtenkontrolle, die für Katholiken selbstverständlich nicht akzeptabel waren[4].

---

1) HINZ, Völkerbund und Paneuropa, S.6.

2) Vgl. MÜLLER, Franz, Material zur Arbeit in den Ortsgruppen, S.10; Demgegenüber versuchte beispielsweise das 'Hochland' den Kolonialismus zu verteidigen; vgl. HAGEMANN, Kolonialpolitik und christliches Ethos, S.225-245.

3) GOTTSCHALK (i.e.:E. Thrasolt), Panterra oder Klein-Paneuropa, S.217.

4) Vgl. DOKA, S.192 f.

Noch auf dem Höhepunkt der Pan-Europa-Diskussion verabschiedete die F.D.K.-Bundestagung in Münster, 1926, Leitsätze für die Erörterung der Paneuropafrage in den Ortsgruppen als Vorbereitung für eine Stellungnahme der darauffolgenden Bundestagung[1].

"Betreffend Pan-Europa werden den Ortsgruppen und Arbeitsgemeinschaften folgende Leitsätze zur Durchsprache und Stellungnahme für den nächsten Bundestag überwiesen:

1. Der F.D.K. stimmt Coudenhove-Kalergi zu, daß der europäische Friede als Vorstufe und Vorbedingung zum allgemeinen Weltfrieden unbedingt erstrebt werden muß.
2. Die von C.-K. aufgezeigten Wege zur Befriedung Europas scheinen dem F.D.K. gangbar.
3. Der F.D.K. hält das von C.-K. geforderte Verhältnis Pan-Europas zum Völkerbund für richtig und fordert mit ihm den Ausbau des Völkerbundes auf föderalistischer Grundlage.
4. Pan-Europa nicht neben, sondern im Völkerbund hält der F.D.K. für ein brauchbares pazifistisches Programm.
5. Der F.D.K. hält das von C.-K. vorgeschlagene Bündnissystem sowie sein Liebäugeln mit dem Machtgedanken alten Stils für gefährlich und überlebt.
6. Der F.D.K. bedauert, daß C.-K. bei seinen Bestrebungen nur politische, wirtschaftliche und kulturelle Beweggründe zu kennen scheint, die religiösen Motive jedoch außer Betracht läßt.
7. Der F.D.K. weist die von C.-K. befürwortete Kolonialherrschaft der europäischen Völker zurück, begrüßt vielmehr die Emanzipationsbestrebungen der gelben und schwarzen Rasse.
8. Der F.D.K. lehnt die von C.-K. geforderte englische Sprache als Muttersprache für Pan-Europa ab und schlägt statt dessen die viel leichtere und zweckmäßigere Weltverkehrssprache Esperanto vor.
9. Der F.D.K. hält trotz einiger Bedenken die paneuropäische Bewegung des Grafen C.-K. für außerordentlich beachtenswert, nimmt ihr gegenüber zunächst eine wohlwollend neutrale Stellung ein und wird zur Beobachtung und Berichterstattung einen Vertreter zum 1. Paneuropäischen Kongreß nach Wien (Oktober 26) schicken.

Den Mitgliedern wird der Beitritt zur Paneuropäischen Union empfohlen"[2].

---

1) Dazu kam es offenbar nicht.

2) Zit. in: FK 2 (1926) Nr.7/8, S.14.

Quantitativ halten sich Zustimmung und Ablehnung die Waage. Beim näheren Blick auf die Beanstandungen entsteht allerdings eher der Eindruck, daß mit der Kritik gerade zentraler Punkte letztlich der gesamte Plan in Frage gestellt wurde. Wirkliche Gemeinsamkeit bestand nur in der vagen Europaidee eines irgendwie gearteten Zusammenschlusses Europas. Daß dieses - pazifistische - Anliegen in die politische Diskussion mit Nachdruck eingebracht wurde, war für den F.D.K. aber Grund genug, trotz aller Bedenken der Pan-Europa-Bewegung gegenüber eine "wohlwollend neutrale" Haltung einzunehmen.
Von der Notwendigkeit eines europäischen Zusammenschlusses war der F.D.K. fest überzeugt. Vor der Bundestagung in Münster führte Kuenzer dazu u.a. aus: "Wir stehen an einer Wegscheide, der eine Weg heißt Europa, der andere Ruin. ... Alle größeren Fragen, der Dawesplan, die Schulden an Amerika, die wirtschaftliche Annäherung usw. sind ein einziger zusammenhängender Komplex und können nur gemeinsam gelöst werden." Als ersten praktischen Schritt schlug er eine Zollunion zwischen Frankreich und Deutschland vor sowie "eine gegenseitige Kontrolle der chemischen Industrie aller Länder durch eine neutrale Instanz (eventuell des Völkerbundes)"[1].
Gute Chancen für die Einigungsbestrebungen wurden auch auf währungspolitischem und sozialpolitischem Gebiet gesehen[2]. Vordringlich hielt man die Förderung der internationalen Sozialpolitik als Komplement und Korrektiv zu den internationalen Wirtschafts- und Industrieabkommen und zur Kartellierung der internationalen Industrie und Finanz[3].

---

1) Zit. in: RUSTER, Die Tagung des Friedensbundes deutscher Katholiken in Münster, S.954.

2) SODEN, von, Das Problem des europäischen Friedens, S. 4.

3) ebd. S. 5.

Alle bilateralen Abkommen, die Spannungen verminderten und intensivere Kooperation ermöglichten, wurden als Schritte auf dem Weg zur Verwirklichung des Europagedankens begrüßt. Darüberhinaus forderte man den Ausbau des Völkerrechts und der Schiedsgerichtsbarkeit.
Um die Sprachbarrieren abzubauen, die die Verständigung der Völker erschweren, setzte sich der F.D.K. für das Esperanto als europäische Sprache ein. In der Entschließung der Bundestagung in Münster wurde den Mitgliedern nachdrücklich das Erlernen dieser Sprache empfohlen. Der FK räumte sprachunterrichtlichen Ausführungen regelmäßig einigen Raum ein[1].

Nach dem Aufschwung der Jahre 1925/26, der seinen Höhepunkt in dem 1. Pan-Europa-Kongreß in Wien mit seiner großen propagandistischen Aufmachung und Wirkung[2] hatte, ebbte die Woge der Europa-Begeisterung und -Diskussion bald wieder ab. Der F.D.K. behandelte das Thema nur noch einmal, auf seiner Frankfurter Bundestagung 1929. Der Hauptreferent, der ehemalige österreichische Bundeskanzler, Ignaz Seipel, der u.a. Präsidiumsmitglied der Pan-Europa-Union war, stellte zwar kein konkretes Modell "Europa" vor, plädierte aber dafür, sofort mit dem Einigungswerk zu beginnen, auch wenn sich noch nicht alle Länder beteiligten; sie würden mit der Zeit diesem Zusammenschluß folgen[3].

---

1) Vgl. Aus unserer Bewegung und für unsere Bewegung, in: FK 4 (1926) Nr.7/8, S.14.

2) Vgl. KNOPF, Eindrücke vom I. Paneuropa-Kongress in Wien, S.8 f.

3) SEIPEL, Der Weg nach Europa, S.10; vgl. ders., Der Friede. Zur Politik Seipels vgl. Klemens von Klemperer, Ignaz Seipel.

Während sich H. Krone gegen programmatische Festlegungen in der Europafrage aussprach, weil er befürchtete, daß dann neuen politischen Situationen nicht genug Rechnung getragen werden könne[1], forderte der F.D.K. konkrete Anfänge.

Bloßen Willenserklärungen - so wertete er beispielsweise den Briand-Kellogg-Pakt - maß er keine sonderliche Bedeutung bei und hielt sie für ungeeignet, die schwierigen europäischen Probleme zu lösen[2]. Trotz solcher Forderungen nach konkreten Schritten auf dem Weg nach Europa kann man den F.D.K. nicht etwa als Zweig der Europa-Bewegung betrachten. Denn ihm ging es primär um Verständigung und Versöhnung mit den ehemaligen Feindstaaten und um die Ausschaltung des Krieges überhaupt; Europäische Einigung war nur ein Teil bzw. ein Mittel dazu[3].

Größere Aufmerksamkeit widmete der Friedensbund deswegen auch dem Völkerbund als einem allgemeineren Friedensziel und -mittel. Das Bekenntnis zum Völkerbund hatte er bereits in den Richtlinien verankert: "Unter Berufung auf die Worte Papst Benedikts XV., daß "es andere Mittel gibt, verletzte Rechte unter den Völkern wiederherzustellen" als Gewalt und Vernichtung sehen wir im Völkerbund trotz seiner augen-

---

1) KRONE, Die Überwindung der Kriege, S.44.

2) COUDENHOVE-KALERGI, Kriegsächtung und Paneuropa, S.11.

3) Nicht Europa, wie Riesenberger schreibt (S.197), sondern der Völkerbund wurde vom F.D.K. als dringendste Aufgabe betrachtet. W. Dirks' 1926 vertretene Meinung, daß Pazifismus als Paneuropa-Bewegung auftreten müsse, ist, schon aus der Zeit heraus, in der sie geäußert wurde, nämlich auf dem Höhepunkt der Europabegeisterung, zu relativieren (vgl. RIESENBERGER, S.197).

blicklichen Mängel ein Mittel zur friedlichen Erledigung zwischenstaatlicher Rechtsfragen und fordern daher den Eintritt Deutschlands in den Völkerbund."
Nach 1926 änderte man diesen Artikel dann so: "... und fordern daher eine tatkräftige Mitarbeit Deutschlands an den Aufgaben und an der Reform des Völkerbundes"[1].

Die Richtlinien verstanden den Völkerbund also als ein - juristisches - Instrumentarium zur Friedenssicherung, nicht als eine wie auch immer geartete politische Konföderation.
Die Forderung nach aktiver Mitarbeit Deutschlands entsprach nicht nur der pazifistischen Grundhaltung, sondern war durchaus auch 'politisch' motiviert im Sinne der internationalen Rehabilitation Deutschlands.
Gegen die im deutschen Katholizismus verbreitete Abneigung gegen den Völkerbund[2] versuchte der F.D.K. immer wieder Verständnis für die Unzulänglichkeiten und Rückschläge zu wecken.
"Für uns Katholiken ist die Bejahung des Völkerbundes nur eine logische Konsequenz, die auch durch keine noch so zahlreichen Unvollkommenheiten außer Kurs gesetzt werden kann, eine Konsequenz aus unserem Glauben heraus an die Einheit des Menschengeschlechtes, an die Universalität der Menschheit. Wir Katholiken sagen auch heute trotz des Genfer Mißerfolges Ja zum Völkerbund, weil wir Glieder einer Universalkirche sind, die von Christus den universalen Missionsbefehl erhalten: hinauszugehen in alle Welt und allen Völkern sein Evangelium zu verkünden. Die Kirche als größte religiöse Menschheitsinstitution, ein wahrer religiöser Völkerbund kann sich niemals einem politischen Völkerbund versper-

1) Richtlinien Punkt 4.

2) Vgl. MAIER, Hans, Der politische Weg, S.212, s. oben S. 72.

ren, eben so wenig der einzelne Christ, der ihr angehört"[1].
Den Völkerbund zu vervollkommnen und allen gegenteiligen Tendenzen entgegenzuwirken[2], sei daher die Hauptaufgabe der Pazifisten.

Trotz aller Enttäuschung und Skepsis bejahte der F.D.K. den Völkerbund grundsätzlich, und er ließ sich darin auch von den katholischen Kritikern, die im Völkerbund eine Institution des Freimaurertums bzw. ein Machtinstrument der Siegerstaaten sahen[3], nicht irritieren. Man wies nicht nur die Freimaurerpsychose[4], der selbst die dem Friedensbund nahestehende 'Allgemeine Rundschau'[5] erlag, zurück[6], sondern auch die Forderung nach Beteiligung des Vatikans am Völkerbund oder der Übertragung des Schiedsgerichts an den Papst[7].
"Denn so sehr auch für die oberflächliche Betrachtung Völkerbund und Völkerkirche als Parallelerscheinungen oder gar als konzentrische Kreise auf derselben Ebene erscheinen, so gewaltig ist der Niveauunterschied bei genauerem Zusehen.
... Die Kirche ist kein politisches Gebilde, so sehr sie auch mit den politischen Wirklichkeiten rechnen muß. Die Kirche kann deshalb auch nicht

---

1) HINZ, Völkerbund und Paneuropa, S. 4.

2) Als solche beurteilte man u.a. den "Berliner Vertrag" von 1926 (vgl. HINZ, Völkerbund und Paneuropa, S. 4 f.).

3) Vgl. SCHREIBER, Deutschland und Österreich, S.82; CZEMPIEL, Die Christen und die Auswärtige Politik, S. 37.

4) HOLZAMER, S. 11; GRUBER, Das Problem des zeitgemäßen Ausbaus, S. 33; KEMMER, Nationalismus, S. 339; SCHRÖRS, Nationalismus, S. 433; EBERLE, Plutokratischer Imperialismus, S. 396. (Hier ist die Freimaurerpsychose verbunden mit Antisemitismus).

5) Vgl. SCHWEIZER, S. 153-156; dennoch würdigte die 'Allgemeine Rundschau' den Völkerbund als im Prinzip katholische Idee. Vgl. RISS, S. 50-53. So hatte sich auch Kardinal Faulhaber geäußert. (Vgl. KV vom 21.8.1926).

6) STRATMANN, Der Stern von Locarno, S. 262.

7) Vgl. SCHWEIZER, S. 155; KATANN, Aufbau, S.147 ff.

als internationale Erscheinung angesprochen werden, die etwa in der Reihe der Nationen ihren Platz und ihre Vertretung suchen müßte. Würde die katholische Kirche nur diesen Anspruch (geltend) machen, dann würde sie sich ungeheuer viel vergeben. Es wäre ein Herabsteigen auf eine mindere Ebene, ein Aufgeben ihres eigentümlichen Vorzuges. Dieser eigentümliche Vorzug ist ihre Übernationalität, wenn wir hier in unserem Vergleichsgebiet bleiben. Die katholische Kirche braucht deswegen keinen Platz im Völkerbund der verschiedenen Nationen zu beanspruchen und darf dies auch aus ihrer inneren Wesensbestimmung nicht tun, weil sie 'über den Nationen' und darum auch über dem Völkerbund steht und stehen soll"[1].

Die langjährige Zurückhaltung bzw. Weigerung der deutschen Regierung, dem Völkerbund beizutreten[2], mußte demnach beim F.D.K. auf Kritik stoßen. Nach erfolgtem Beitritt wurde die deutsche Völkerbundpolitik im FK mit einigem Sarkasmus kommentiert:

"Auch heute ist der Völkerbund noch genau so mangelhaft organisiert wie 1920 und 1921 auch heute sind seine organisatorischen und tatsächlichen Mängel groß, auch heute entspricht der Völkerbund ebenso wenig dem Ideal wie im Jahre 1924 - und doch, damals konnte sich Deutschland nicht entschließen, in den Völkerbund einzutreten, erst 1926 hat uns diesen Eintritt gebracht. ... Wie sehr wir einerseits also auch den immerhin stark verspäteten Eintritt Deutschlands in den Völkerbund begrüßen, so können wir andererseits hinsichtlich der Art des Eintritts wirklich ob der Sicherung des Völkerfriedens nicht optimistisch sein. Denn auch durch Deutschlands Eintritt ist das Prinzip der Einteilung zwischen Großmächten und Kleinstaaten im Völkerbund nicht aufgehoben, sondern nur noch bestärkt worden und damit die Handhabung einer neuen Rechtsordnung sehr in Frage gestellt. Trotz Locarno, Völkerbund und Thoiry ist also der Geist der alten Diplomatenschule noch lebendig, hüben und drüben, und Völkerbundspolitik bedeutet noch keineswegs pazfistische Politik und unbedingte Friedenssicherung"[3].

---

1) KELLER, Völkerbund und katholische Kirche, S.940, teilweise gesperrt.

2) Vgl. SPENZ, Die diplomatische Vorgeschichte des Beitritts Deutschlands zum Völkerbund; SCHLOCHAUER, Die Idee des Friedens, S. 39 ff.

3) HINZ, Völkerbund, Friedenspolitik und Friedenssicherung, S. 6.

Die Kritik galt also nicht nur der deutschen Völkerbundpolitik, sondern auch dem Völkerbund selbst. Angesichts des Bemühens, den Völkerbund zu verteidigen und ihm Sympathien zu werben, erstaunt diese deutliche Kritik an seinem faktischen Zustand.
An dieser Zwiespältigkeit änderte sich auch in den folgenden Jahren nichts. So resumierte beispielsweise 1927 eine Bilanz im FK: "Was hat der Völkerbund bisher geleistet?", daß er "auf allen Gebieten zur Erleichterung der Völkerverständigung und der Versöhnung gewirkt" und somit "einen wichtigen Schritt auf dem Wege zum Völkerfrieden und zur Pflege der internationalen politischen Beziehungen"[1] geleistet habe.
Nach dem Scheitern der Abrüstungskonferenz von 1932 und dem Versagen des Völkerbundes im chinesisch-japanischen Konflikt[2] aber fiel der Kommentar negativ aus: "Es fehlt diesem Bunde das, was für ein 'gemeinsames Vorgehen' die Grundlage bildet: die Gemeinsamkeit. Die Völkerbundsatzung ist in ihren wichtigsten Bestimmungen der Reife ihrer Untergebenen vorausgeeilt, die Völkerbundmitglieder haben sich im Jahre 1920 ein Kleid angezogen, das ihnen nicht auf den Leib geschnitten war, und in das sie auch in 12 Jahren noch nicht hineingewachsen sind. Die Satzung zeigt schön, was sein sollte, und auch, was sein könnte, wenn die derzeitigen Regierungen reif dafür wären. So gut ist diese Satzung, daß sie, wenn sie bloß angewandt würde, eine besondere Völkerbundarmee entbehrlich machte. ... Zu einer gut funktionierenden Völkerbundarmee gehört ein gut funktionierender Völkerbund. Ein solcher ist der jetzige bekanntlich nicht. Er hat sich nicht einmal in lebensgefährlichen Krisen aufgrund schon vorliegender Bindungen einigen können. Wie soll er sich einigen, wenn jedes seiner Mitglieder,

---

1) E.B. (?), Was hat der Völkerbund bisher geleistet?, S. 7.

2) STRATMANN, Das Problem einer überstaatlichen Polizei, S. 62 f.; vgl. auch KUNZ, Das Wirken des Völkerbundes für Abrüstung, S.7-14.

rechtlich völlig ungebunden, vor die Aufgabe gestellt wird, ein neues, überaus schwieriges Werk, wie es die Schaffung einer gemeinsamen Armee ist, im Einvernehmen mit allen zustande zu bringen?"[1]

Während der F.D.K. trotz allem den Völkerbund akzeptierte und seinen Ausbau forderte, war sich die pazifistische Jugendbewegung - aller Schattierungen - in der Ablehnung des Völkerbundes einig. Die Linken betrachteten ihn als imperialistisches Gebilde; eine positive Entwicklung hielten sie nur dann für möglich, wenn die Mitgliedsstaaten selbst, also die kapitalistische Welt, sich änderten[2].
Die Rechten fanden nur noch bittere und vorwurfsvolle Worte. Für sie war Genf nichts anderes mehr als "Theater, Leerlauf, lebenstötende Wissenschaft, erstarrter internationaler Parlamentarismus, Parteiengeschäft, nicht Werk aufrechter Männer." Ihren "Glauben an Genf" hatten sie deswegen verloren[3].

Diesen Glauben gab der F.D.K. nicht auf, da er überzeugt war, daß nur auf dem Wege des Rechts und der internationalen Verständigungspolitik der Friede und Zusammenschluß der Völker - auch die Lösung der

---

1) STRATMANN, Das Problem einer überstaatlichen Polizei, S. 62 f., teilweise gesperrt.

2) Vgl. KOBLER, Handbuch, S. 297; dort wird ein demilitarisierter Völkerbund gefordert; vgl. GEYER, Jugend und Friedensidee, S. 400; SCHELER, Die Idee des Friedens, S. 49. Scheler betrachtete Kapitalismus und Imperialismus als Hindernis für eine erfolgreiche Völkerbundarbeit.

3) MAIER, Joh., Jugend und Friede, S. 320.

deutschen Probleme - möglich sein werde[1]. Voraussetzung für deren Erfolg war, nach Auffassung des F.D.K., die Überwindung des Nationalismus und der absoluten Staatssouveränität.

---

1) Vgl. SCHÜCKING, Die nationalen Aufgaben unserer auswärtigen Politik, S. 15 und 21; METZGER, Der Völkerbund; vgl. SEIPEL, Internationale Zusammenarbeit, S. 131 f.; MÜLLER, Franz, Weltpolitische Etappen zu Völkerrecht und Völkerbund, S. 264 - 267. Müller vermerkte allerdings kritisch, daß das Völkerrecht bislang hauptsächlich im Dienste der Nationalstaaten gestanden habe.

X. Patriotismus und Nationalismus

In der Ablehnung des Nationalismus als übersteigertem Patriotismus und als übersteigerter Staatsgewalt konnte es für Katholiken keine Zweifel geben, da die Päpste und Bischöfe den Nationalismus als Häresie verurteilt hatten[1]. An der Problematik des (übertriebenen) Patriotismus änderte das freilich nichts. Denn die Begriffe Patriotismus und christliche Vaterlandsliebe ließen unterschiedlichste Interpretationen zu und eigneten sich damit besser als 'Nationalismus' zur Verschleierung und Verharmlosung dessen, was die Bezeichnung 'nationalistisch' verdient hätte[2].
Auch dem F.D.K. gelang keine eindeutige Positionsbeschreibung, die ihn unmißverständlich gegen andere abgegrenzt hätte; auch er konnte sich vom überkommenen nationalen Pathos, von Ultramontanismus und Inferioritätskomplex nicht lösen.
Indem der Friedensbund Nationalismus als übertriebene Vaterlandsliebe definierte, verlagerte er die Problematik ganz auf die Ebene der Ethik und ließ die ideologischen, politischen, wirtschaftlichen usw. Aspekte außer Acht[3].

---

1) Vgl. z.B. den Hirtenbrief des deutschen Episkopats vom August 1923, a.a.O.; vgl. HILDEBRAND, von, S.182.

2) Vgl. BUCHHEIM, Karl, Ultramontanismus; KLEMPERER, von, Konservative Bewegungen; MOHLER; HEER: "Allüberall ... waren und sind die europäischen Christen die Ladenhüter der Fetische des Nationalismus ..." (S.61).

3) Solche Aspekte wurden aber in anderem Zusammenhang durchaus berücksichtigt, z.B. beim Thema Staat und Militarismus; s. oben S. 129 f.

Die Richtlinien behandelten Patriotismus bzw. Vaterlandsliebe ausschließlich in diesem Sinn. "Das wahre Wohl des Staates verlangt Befolgung der christlichen Grundsätze auch in den Beziehungen der Staaten untereinander." Christliche Vaterlandsliebe erschien schließlich als Bedingung des Friedens: "Durchdrungen von der Überzeugung, daß der Friede nur erhalten bleibt, wenn das künftige Geschlecht in christlicher Vaterlandsliebe heranwächst, fordern wir Erziehung der Jugend ... im Geiste der Völkerversöhnung"[1].
Daß 'das Wohl des Staates' und 'die Vaterlandsliebe' als wahr bzw. christlich postuliert wurden, deutet bereits die pejorative Einschätzung dieser Begriffe als solcher an. Die ihnen innewohnende Problematik erläuterte Stratmann[2]. Er beschrieb 'Vaterland' als ein Konglomerat von Heimat, Volk und Nation. In der ihnen inhärerierenden Emotionalität und Tendenz zur Übertreibung[3] liege die Gefahr für den Frieden. Dieser Gefahr enthoben glaubte er die "ideale Vaterlandsliebe", die er pathetisch der Kindesliebe verglich und als christliche Tugend - d.h.: selbstkritisch und maßvoll - apostrophierte. Zur Veranschaulichung der geforderten Haltung erinnerte er an das Wirken der Propheten, deren Dienst an ihrem Volk meist in harter Kritik der unhaltsamen Zustände bestanden habe[4].
Durch sein Pathos und die religiöse Begründung der Vaterlandsliebe geriet Stratmann allerdings selbst

---

1) Vgl. Richtlinien, Punkt 1 und 5, a.a.O.
2) STRATMANN, Weltkirche, S.215-252.
3) ebd. S. 223.
4) ebd. S. 233.

in die Nähe nationalistischer Terminologie[1]. Daß gerade die Aura des Religiösen, mit der die Vaterlandsliebe umgeben wurde, den Ansatz zu ideologischem Mißbrauch barg, erkannte er offenbar nicht. In Anlehnung an Kant[2] schlug er als politische Orientierung, die die Extreme vermeidet, die "Idee des Weltvaterlandes" vor. Sie bilde das Fernziel, das zur leitenden Idee allen politischen Handelns werden müsse. Die konfliktverursachenden Divergenzen von Heimat, Nation und Staat könnten im Weltvaterland aufgehoben werden[3], nämlich durch ein föderalistisches System, das nationale Eigentümlichkeiten respektiert. "Die ideale politische Einheit wird also immer einen starken föderalistischen Charakter haben müssen"[4].

Der einzige Versuch, auch die ideologischen und soziologischen Aspekte des Nationalismus aufzuarbeiten[5], mißlang und endete ebenfalls im Pathos, jedoch in dem der Abendland- und Reichsromantik. Der Autor dieses Aufsatzes, Franz Müller, sah im Nationalismus nur noch eine "entartete Ideologie"[6] und "nur noch eine Maske, hinter der sich der ökonomische Imperialismus und Überimperialismus des politisch immer unbedeutender werdenden Abendlan-

1) Dort wurde Vaterlandsliebe z.B. als "gottgesetzte Pflicht" und Verneinung des Deutschtums als "Sakrileg gegen den Schöpfungswillen Gottes" bezeichnet. (Vgl. SCHMIDT, Die Weltanschauung des Pazifismus, S.104).

2) KANT, Zum Ewigen Frieden, zit. in: STRATMANN, Weltkirche, S.224.

3) STRATMANN, ebd. S. 224.

4) ebd. S. 225.

5) MÜLLER, Franz, Zur Wissenschaft der Friedensbewegung, S.9-11.

6) ebd. S. 10.

des verbirgt." Müller führte den Nationalismus auf die "romanische Nationsidee" zurück und lehnte beide ab, weil sie deutschem Denken nicht entsprächen. Seiner Überzeugung nach war dagegen "der volkhafte, föderalistische, heimattreue, germanisch-genossenschaftliche Gedanke allein berufen ... das Reich zu sichern, das Deutschtum zu garantieren"[1].

Diese Terminologie, volkhaft, föderalistisch usw. ist Benedikt Schmittmann entlehnt, dem Führer des Reichs- und Heimatbundes deutscher Katholiken[2]. Er identifizierte seine föderalistische Idee gern mit der Friedensidee und erklärte den Föderalismus zur Bedingung des Friedens. Es lag also nahe, daß Schmittmann beim F.D.K. um Unterstützung für seine Idee und seine Bewegung warb. Obwohl einige F.D.K.-Mitglieder des rechten Flügels den Gründungsaufruf vom 2.9.1924 mit unterzeichnet hatten[3], fand Schmittmann im F.D.K. nicht das erwünschte Echo[4]. Die Gemeinsamkeit in den Grundgedanken Friede und Föderalismus konnte doch nicht über die Unterschiede in den konkreten Vorstellungen hinwegtäuschen. Für Schmittmann bedeutete Föderalismus "nicht nur ein

1) MÜLLER, Franz, Zur Wissenschaft der Friedensbewegung, S. 11.

2) Zu Leben und Werk Benedikt Schmittmanns vgl. KUHLMANN; BREUNING, Die Vision, S. 48 ff.; DEMPF, Der großdeutsche Gedanke, S.209; SCHULZ, Zwischen Demokratie und Diktatur, S.481.

3) z.B. O. v. Soden, Pfr. Maxen, O. Kunze; vgl. BREUNING, Die Vision, S. 49.

4) Vgl. Föderalismus und Friedensbewegung, (o.Verf.), in: KFW 1 (1924/25) Nr.9/10, S.5.
Seinem Referat vor der Bundestagung des F.D.K. in Beuron wurde kaum Beachtung geschenkt; während des Internationalen Demokratischen Friedenskongresses in Würzburg kam es zur offenen Kontroverse mit Prof. Ude, Graz, einem bekannten katholischen Radikalpazifisten (vgl. 'Frankfurter Zeitung' vom 10.9.1927, Nr.672).

staatsrechtliches System, sondern eine zusammenschauende Gesellschaftslehre"[1], der der Reichsgedanke zugrunde lag.
Die Schwärmerei einiger katholischer Pazifisten für das vornationalstaatliche System des Mittelalters zielte dagegen durchaus nicht auf eine Restauration des Reiches mit seinen Sozial- und Machtstrukturen, sie galt vielmehr seinen transnationalen und freiheitlichen Strukturelementen als Gegensatz zu nationalistischer Isolation und autoritärer Verabsolutierung der Staatsgewalt. Föderalismus war für den F.D.K. kein Gegenbild zur Weimarer Republik, sondern eine Parole gegen die Auswüchse des Nationalstaatsystems und gegen hegemoniale Tendenzen[2]. Der von den Föderalisten oft vertretenen Abendlands- bzw. Deutschtumsromantik erlag der F.D.K. nicht. Er propagierte keine deutschrechtliche Ideologie, sondern reklamierte mehr Rechte für den Menschen, mehr Freiheit, mehr Mitverantwortung, kurz: mehr Demokratie[3]. Föderalismus bedeutete ihm nicht großdeutsche Ideologie, sondern politisches Prinzip antizentralistischer, demokratischer Staats- und Staatenorganisation[4].
Der F.D.K. stand damit ganz in der von den spanischen Moraltheologen entwickelten Völkerrechtslehre, die den einzelnen Staat als Glied der universellen Weltordnung betrachtete[5].

1) KUHLMANN, S. 176; vgl. SCHMITTMANN, Preußen-Deutschland oder deutsches Deutschland?.

2) s. oben S.234.

3) s. unten S.260 f.

4) s. oben S.236.

5) so Franz von Vitoria und Francisco Suarez; vgl. VERDROSS, S. 107.

Daß es im Friedensbund dennoch einige Stimmen gab, die sich Schmittmanns Gedanken - zumindest vorübergehend -[1] anschlossen, zeigt einmal mehr die relativ große Bandbreite politischer Vorstellungen im F.D.K. Sie dokumentiert gleichzeitig die Unsicherheit in der theoretischen bzw. programmatischen Standortfindung[2].

Noch krasser bestimmten Pathos und Begriffsunsicherheit die Haltung der pazifistischen Jugendbewegung. Während bei Stratmann vaterländisches Pathos zu einem gewissen Teil apologetischen Bemühungen zuzuschreiben ist[3], muß man es bei der Jugendbewegung als adäquaten Ausdruck ihres Selbstgefühls werten[4]. Nicht die Friedensliebe, sondern die Vaterlandsliebe war ihr primäres Handlungsmotiv[5]. Sie lehnte selbst den Nationalismus nicht völlig ab, sondern sah in ihm eine notwendige Ergänzung zum Pazifismus[6]. Diese Affinität der Jugendbewegung zum Nationalismus bewirkte schließlich ihre weitgehende Bereitschaft, am nationalsozialistischen "Aufbau des Reiches" mitzuwirken[7]. Viele kamen erst zur Einsicht, als das wahre Gesicht des Nationalsozialismus voll zu Tage getreten war[8].

---

1) Nach 1928, dem Jahr, von dem an sich der Reichsgedanke zur Ideologie verfestigte, finden sich im FK dafür keinerlei Beispiele mehr.

2) s. oben S.34.

3) Pazifismus wurde ja immer in die Nähe von Vaterlandsverrat gebracht; s. oben S.31.

4) Mit Recht zählt daher auch Mohler die "Großdeutsche Volksgemeinschaft" (Ehlen) zur "Deutschen Bewegung" (S.94).

5) Vgl. FORMANNS, Katholische Jugendbewegung und Pazifismus, S. 335.

6) Vgl. MAIER, Johannes, Jugend und Friede, S. 323.

7) Vgl. SCHELLENBERGER, Katholische Jugend und Drittes Reich.

8) Vgl. WEISENBORN, Der lautlose Aufstand, S. 107, BREUNING, Die Vision, S. 81 ff.

Mit dem Nationalismusproblem stellte sich zwangsläufig die Frage des Internationalismus. Schon unmittelbar nach dem Krieg ertönte - und verhallte - der Ruf nach einer "Christlichen Internationalen"[1] als Pendant zur sozialistischen bzw. liberalistischen. Auch beim F.D.K. spielten solche Gedanken anfangs eine Rolle[2]. Die von konservativen katholischen Kreisen gebrauchte Formel vom "christlichen Universalismus"[3], als einer der Struktur der Kirche vergleichbaren übernationalen Gemeinschaft, tauchte im F.D.K. in den Jahren der Völkerbunddiskussion gelegentlich auf[4]. Da mit ihr die Ablehnung des Völkerbundes verbunden war, wurde sie vom Friedensbund jedoch nicht übernommen.

---

1) Vgl. STAAB, Her mit der christlichen Internationale, S.114-118; Staab forderte vor allem die Zusammenarbeit der christlichen Parteien Europas; vor allem M.J. Metzger propagierte die katholische Internationale (vgl. METZGER, Der Völkerbund).
Internationale katholische Vereinigungen konnten nur dann auf die Zustimmung des Vatikan rechnen, wenn sie erklärtermaßen nicht politisch waren (vgl. DOKA, S.175 und 188 f.); vgl. auch die Berichte der bayerischen Gesandtschaft beim Päpstlichen Stuhl über die Gründungsschwierigkeiten der "Union catholique d'études internationales" und des Internationalen Sekretariats der katholischen Jugendvereinigungen, 1921 (Geheimes Staatsarchiv München, MA 104 441 vom 8.2., 19.9. und 13.9.1921). Der Versuch, für die einzige mehr politisch orientierte Vereinigung, die katholische Arbeiterinternationale eine päpstliche Empfehlung zu erhalten, scheiterte im Oktober 1929, obwohl in den Jahren zuvor durchaus Wohlwollen gezeigt worden war. (Vgl. Bericht der bayerischen Gesandtschaft vom 31.10.1929, in: Geheimes Staatsarchiv München, B.Ges.Päpstl.Stuhl 1024; und JOOS, Die KAB); vgl. auch PICHT, S. 54.

2) s. oben S. 2.

3) Er wurde hauptsächlich von der "Wiener Richtung" vertreten; vgl. SPANN, Gesellschaftsphilosophie und Hauptpunkte der universalistischen Staatsauffassung; APPONYI; HICKMANN; DEMPF, Demokratie und Partei.

4) Vgl. STRATMANN, Weltkirche, S. 252 ff.

Eindeutig und unstrittig verurteilte der F.D.K. den verabsolutierten Nationalstaat. So schrieb z.B. Dirks im Dezember 1928: "Der Nationalstaat ist unser Gott nicht mehr. Wir glauben nicht mehr an ihn. Er gilt uns nicht mehr 'absolut'. Er ist etwas Relatives, Bedingtes, Begrenztes geworden, dem wir mit Liebe, aber kritisch gegenüberstehen. Von außen her und von innen her ist seine absolute Geltung in Frage gestellt"[1]. Hier wurde 'Nationalismus' zur Frage des Staates, seiner Souveränität überhaupt.

1) DIRKS, Das "Wehrproblem", S. 8.

XI. Das Staatsverständnis des F.D.K.

Die Bedeutung des Staates und der staatlichen Souveränität wurden vom F.D.K. in Auseinandersetzung mit Carl Schmitts "Begriff des Politischen"[1] diskutiert.

In den Mittelpunkt der recht polemischen Diskussion rückte die Kritik an Schmitts Hypostasierung des Staates zu Lasten der Rechte der Einzelnen, an der Abwertung des Ethischen und der Normativität in Staat und Politik, sowie an den außenpolitischen Konsequenzen der Feindtheorie. Stratmann belegte Schmitts Theorie mit dem Verdikt "objektive Immoralität" bzw. "unchristlich", weil Schmitt den "Staat als autonom, als auch moralisch souverän, als Quelle und Norm des Rechts, ja der Sittlichkeit betrachtet (hat)"[2]. Er verurteilte diese Auffassung, weil sie gleichermaßen der katholischen Lehre wie dem modernen politischen Denken und Handeln widerspreche, das durch Vertragspolitik und Schiedsgerichtsbarkeit die Maxime der Feindbestimmung bereits prinzipiell überwunden habe. Nicht in dissoziierender Konfliktlösung, zugunsten der einen oder anderen Seite, sondern in kommunikativer Konfliktbewältigung bestehe die Aufgabe von Po-

---

1) SCHMITT, Carl, Der Begriff des Politischen, in: Politische Wissenschaft, H.5, 1928; im Vorwort zum Neudruck der Auflage von 1932 (Berlin 1963) sprach Schmitt im Blick auf die theologische Kritik von "außerordentliche(n) Schwierigkeiten gegenseitigen Verstehens..., so daß eine überzeugende Encadrierung der gemeinsamen Problematik fast unmöglich wird." (S.15). In den Hinweisen dazu wurden Stratmann und Becker als Diskussionsteilnehmer namentlich erwähnt (S.117).

2) STRATMANN, Carl Schmitts "Begriff des Politischen", S. 5.

litik, die die (Existenz)Rechte der Beteiligten respektiert. "Von Haus aus ist der eine Staat nicht die Verneinung, sondern die Ergänzung des anderen"[1]. Über bloße Kompromißfindung und Gewährleistung 'friedlicher Koexistenz' hinaus bestehe die Aufgabe der Politik darin, "weitgehende Kooperation auf allen Gebieten" herbeizuführen[2].

Schmitts Feindtheorie hielt Stratmann ferner deswegen für bedenklich, weil das Recht zur willkürlichen Feindbestimmung eine unnatürliche und gefährliche Situation voller Nervosität und Gespanntheit schaffe, die das gesamte politische Leben belaste.

Eingehend behandelte er das Verhältnis von Religion bzw. Moral, Normativität und Politik. Für ihn konnte es Politik und politische Theorie nicht ohne Normativität geben, und Normativität bedeutete ihm Moralität[3]. Seine These lautete: "... Politik (steht) nicht neben dem Moralischen, sondern im Moralischen." Höher als das Sein schätzte er das Sollen ein: "Auch das Sollen ist eine politische Wirklichkeit, eine geistige freilich, aber ebenso wie die bloß seinsmäßige Wirklichkeit eine Macht!"[4].

1) STRATMANN, Carl Schmitts "Begriff des Politischen", Nr.5, S.5, teilweise gesperrt; Zu diesem Aspekt der Schmitt-Diskussion vgl. BUCHHEIM, Hans, Totalitäre Herrschaft, S. 81 f.

2) STRATMANN, Carl Schmitts "Begriff des Politischen", Nr.5, S.6.

3) Stratmann wendet sich damit gegen den Ansatz Schmitts, nur die "seinsmäßige Wirklichkeit und die reale Möglichkeit dieser Unterscheidung"(Freund-Feind) erfassen zu wollen. (SCHMITT, S. 28 f.).

4) STRATMANN, Carl Schmitts "Begriff des Politischen", Nr.5, S.7.

Mit der theologischen Untermauerung des Feindbegriffs[1] rührte Schmitts Theorie an eine zentrale Frage des katholischen Pazifismus. Stratmann nahm Schmitts Exegese, die er "schlechte Theologie" nannte[2], zum Anlaß, erneut die Bedeutung des christlichen Liebesgebotes für den politischen Bereich herauszuarbeiten. Im Vergleich mit dem alttestamentlichen Vorbild charakterisierte er den neutestamentlichen Begriff des Nächsten. Dieser zeichne sich dadurch aus, daß er alle religiösen, rassischen und politischen Grenzen aufhebe. Feindschaft, zumal politische Feindschaft, die auf Vernichtungswillen basiert, sei demnach "vor dem Evangelium nicht zu retten"[3]. Vor der universalistischen katholischen Völkerrechtslehre könne Schmitts Theorie insgesamt nicht bestehen, weil sie den Staat und nicht den Menschen zum Ausgangs- und Zielpunkt aller Politik mache[4]. Politik muß aber, Stratmanns Ansicht nach, der Menschheit insgesamt Rechnung tragen. Die Gemeinsamkeiten zwischen den Völkern - als der erlösten Völkerfamilie - zu fördern und durch überstaatliche Ordnungen zu konsolidieren, erachtete er als eine wesentliche Aufgabe von Politik[5].

1) Vgl. SCHMITT, S. 29 f.; vgl. KODALLE, S. 25 ff.

2) STRATMANN, Carl Schmitts "Begriff des Politischen", Nr.6, S. 1 f.

3) ebd. S. 2.

4) ebd. S. 2 f.

5) Vgl. ebd. S 4; Stratmann berief sich dabei auf die Staatslehre Leo XIII. Diese Auffassung geht zurück auf Franz von Vitoria, der erstmals "den Gedanken ausgesprochen hat, daß jeder Staat nur ein Glied der universalen Weltordnung bildet", (VERDROSS, S. 107).

Die internationale Verantwortung der Politik bzw. des Staates stellte das 'Theologische Gutachten über die sittliche Erlaubtheit des Krieges'[1] noch deutlicher heraus. Es führte dazu aus: "... daß die Staatshoheit nach außen hin nicht schlechthin gleichbedeutend ist mit unbedingter Unabhängigkeit, sondern daß sie auch in dieser Beziehung nur insoweit freie Verfügungsgewalt bedeutet, als die verschiedenen staatlichen Maßnahmen auf den verschiedenen Gebieten zugleich das gemeinsame Wohl aller Völker fördern"[2].

In der sich anschließenden Auseinandersetzung zwischen Werner Becker auf der einen und P. Stratmann sowie Dietrich v. Hildebrand[3] auf der anderen Seite wurde gegen die Hypostasierung des Staates hauptsächlich die Bedeutung der Menschenrechte herausgestellt, denen damit im Staatsverständnis des F.D.K. eine zentrale Rolle zukommt.

Becker appellierte an die Pazifisten, die Sorge um den Staat ernster zu nehmen. "Wir müssen wieder lernen, was Staat ist, was Selbstwert des Staates, seine zentrale Notwendigkeit für das personale Leben, was seine Hoheit ist, seine Ehre"[4].

---

1) s. oben S.117.Da Stratmann und Keller zu den Verfassern des Gutachtens gehörten, kann man diese Aussage durchaus als die des F.D.K. betrachten.

2) Zit. in: FK 8 (1932) Nr. 3, S. 51 ff.

3) Dietrich von Hildebrand, Professor in München, gehörte sowohl dem F.D.K. als auch der DFG an. 1933 mußte er Deutschland verlassen und gab in Wien die Zeitschrift 'Der Ständestaat' heraus; vgl. BOBERACH, S. 241.

4) BECKER, Nochmals zu Carl Schmitts "Begriff des Politischen", S. 2.

Der Maßstab politischen Handelns war für Becker nicht der Mensch, sondern der Staat, den er die "societas perfecta" nannte. Politik bestand dann konsequenterweise nicht mehr im "Dienst am Gemeinwohl", sondern im "Dienst am Wohl des Staates"[1].
Wesentliche Elemente von Staat und Politik waren, Beckers Meinung nach, Zwang und Willkür. Krieg bedeutete ihm deswegen nicht unbedingt eine tragische Möglichkeit von Politik, "sondern unter Umständen ... eine Fortsetzung der auf die Beseitigung einer noch weniger erträglichen Unordnung gerichteten Politik ..."[2].
Gegen Beckers Theorie, die klar der katholischen Staatslehre widersprach, polemisierten Stratmann und v. Hildebrand, wobei sie die Würde und die Rechte des Menschen erneut unterstrichen.
Viel wichtiger als den Staat bzw. "das Politische" zu retten, erachtete Stratmann die Rettung des Religiösen in der Politik, d.h. die Wahrung der "Gottes- und Menschenrechte gegen überspannte Staatsforderungen"[3]. Dem Willkürprinzip stellte er erneut die katholische Lehre von der Unterordnung des Staates unter vorgegebene Werte, unter das Gebot Christi, entgegen und charakterisierte das Verhältnis Staat - Individuum folgendermaßen: "... höher als der Bestand eines Großstaates, ... (steht) das Heil der Seele - und zwar nicht nur ihr letztes ewiges Heil, sondern auch ihr zeitliches Wohl, ihre Gesundheit, ihre Harmonie, ihre Unbeflecktheit und ihr sittlicher Fortschritt"[4].

---

1) BECKER, Nochmals zu Carl Schmitts "Begriff des Politischen", S. 3.

2) ebd. S. 5.

3) STRATMANN, Entgegnung, S. 6; ders., Der Hl. Vater als unser Vorbild, S. 130.

4) ders., Zur Überwindung der doppelten Moral, S. 8.

Auch v. Hildebrand stellte den Wert des individuellen Lebens höher über den des Staates[1]. Er unterschied zwischen Staatlichkeit - im Sinne von Verfaßtheit, Ordnung - und Eigenstaatlichkeit im Sinne territorialer Integrität. Der Eigenstaatlichkeit maß er für die Verwirklichung personaler Existenz keine Bedeutung bei, denn die Zugehörigkeit zu einem bestimmten Staat berühre nicht die private und soziale Existenz des Individuums[2]. Der Hypostasierung des Staates als "societas perfecta" stellte Hildebrand den "Sinnbereich der Menschheit" als höchsten Wert entgegen, der "ganz im Metaphysischen, in der großen objektiven Verbundenheit vor Gott, in der gemeinsamen Aufgabe und Bestimmung aller Menschen und ihrer tiefen Schicksalsgemeinschaft durch Erbsünde, Leiden und Tod" begründet ist[3]. Deswegen bilde die Menschheit die allgemeine umfassende Gemeinschaft, in die die Staaten nur eingebettet sind. Staaten hätten als Einzelgebilde einen Wert nur, "soweit sie der Menschheit dienen"[4]. Aufgrund ihrer Einordnung in die Menschheit und Unterordnung unter die allgemeine Sittlichkeit[5] könnten die Staaten im Verhältnis zueinander folglich nicht über das volle Maß an Autorität verfügen wie etwa in ihrem "eigentlichen Sinnbereich, im innerstaatlichen Bereich." Untereinander falle ihnen lediglich die Rolle von Privatpersonen zu, d.h. die Staaten un-

---

1) HILDEBRAND, von, Zur Begrenzung des Staates, S.8-16.

2) ebd. S. 11.

3) ebd. S. 14; vgl. HINZ, Völkerbund und Paneuropa, S. 4-6; s. oben S.107.

4) HILDEBRAND, von, Zur Begrenzung des Staates, S. 15.

5) ebd. S. 14.

terstehen "genau so einer möglichen, objektiven, autoritativen Rechtsentscheidung ... wie die ... einzelnen Staatsbürger der Rechtsentscheidung des Staates unterstehen"[1].

Sieht man von der Polemik dieser Diskussion ab, kann man positiv das Staatsverständnis des F.D.K. folgendermaßen zusammenfassen: Sinn und Aufgabe des Staates liegen im Dienst an den Menschen bzw. an der Menschheit. Der Staat besitzt keine Verfügungsgewalt über den Menschen und die grundlegenden Menschenrechte, vielmehr unterliegt er dem allgemeinen Sittengesetz und muß die vorgegebenen Grundrechte respektieren. Die Funktion des Staates besteht in der Sicherstellung eines geordneten öffentlichen Lebens und des äußeren Friedens. Der einzelne Staat trägt mit Verantwortung für die gesamte Völkergemeinschaft, die organisatorisch zu einen, Aufgabe moderner Politik ist. Die territoriale Abgrenzung ist für den Wert des Staates unerheblich.
Im großen und ganzen stimmte der F.D.K. darin mit dem Staatsverständnis des 'Solidarismus' überein, wie es Pesch, Lechtape, Tischleder und Jostock vertreten hatten[2]. Mit der Hervorhebung der individuellen Menschenrechte nahm der F.D.K. jedoch Auffassungen vorweg, die erst seit dem Zweiten Weltkrieg fortschreitend von Pius XII., Johannes XXIII., Paul VI., vom Konzil und von der 'politi-

1) HILDEBRAND, von, Zur Begrenzung des Staates, S. 13.

2) Vgl. PESCH, Neubau der Gesellschaft; LECHTAPE, Der christliche Sozialismus; TISCHLEDER, Die Staatslehre Leos XIII. und Staatsgewalt und katholisches Gewissen; JOSTOCK, Der deutsche Katholizismus und die Überwindung des Kapitalismus.

schen Theologie' weiterentwickelt wurden[1]. Relative staatliche Souveränität, föderative Staatenorganisation, wirtschaftliche Kooperation, internationale Solidarität sowie Respektierung und Entfaltung der Menschenrechte und Persönlichkeitsrechte waren bereits für den F.D.K. zentrale friedenspolitische Forderungen.

Die Unterschiede zu den damals landläufigen Vorstellungen kommen besonders deutlich bei Franz Keller zum Ausdruck, der in seine scharfe Kritik an der Staatsgewalt auch die Kirche mit einbezog[2]. Er konstatierte generell eine "Gewissensvergewaltigung" der Menschen durch die Machthaber, die seit dem Mittelalter von der Kirche durch den Mystizismus vom Gottesgnadentum unterstützt worden seien. Der Kampf gegen den Geist der französischen Revolution habe das Bündnis von Thron und Altar erneut stabilisiert. Jede "schöpferische Gewisseneinstellung zum Staate, die den Staat als Aufgabe ... faßt, für die der Staat nicht fertig ist, sondern durch Lebenseinsatz seiner Volksgenossen sich ständig erneuert ... (wird als) Gipfelpunkt politischer Häresie gewertet"[3]. Gegen die erwachenden politi-

---

1) Vgl. Pius XII, Aufbau und Entfaltung des gesellschaftlichen Lebens (UG Nr.4198 f.); Johannes XXIII, Mater et magistra und Pacem in terris; Paul VI, "Populorum Progressio", Konstitution XIII "Kirche und Welt"; METZ, Theologie der Welt, und Friede und Gerechtigkeit; vgl. auch RAUSCHER, Personalität, Solidarität, Subsidiarität; LANGNER, Menschenrechte;VERDROSS, S. 111 ff. Wie wenig allerdings diese Auffassung bislang katholisches Allgemeingut geworden ist, belegt anschaulich die Diskussion der Enzyklika 'Populorum Progressio'; vgl. dazu den Sammelband: Rauscher (Hrsg.), Ist die katholische Soziallehre antikapitalistisch?.

2) KELLER, Politik und Gewissen.

3) ebd.; Keller polemisierte hier gegen Kiefl (Regensburg), der der äußersten katholischen Rechten angehörte. Ihm warf der Autor vor, "toten Gegebenheiten ... den Mantel göttlicher Unvergänglichkeit" umzulegen, um sie zu retten.

schen Gewissen und gegen alle Erneuerungen werde mit Macht angegangen. Keller dagegen forderte eine "ganz andere Teilnahme des Volkes an der Verantwortlichkeit für die öffentlichen Angelegenheiten ..."[1], was er mit dem unveräußerlichen Recht des Gewissens vor der Staatsgewalt begründete. Bei aller Polarität von Staat und Individuum dürfe jedoch die Wechselwirkung zwischen beiden nicht außer Acht bleiben. "Das Verhalten des Einzelmenschen in seinem Privatleben beeinflußt ohne weiteres das öffentliche Leben und umgekehrt das Verhalten der öffentlichen Verbände untereinander zum Sittengesetz beeinflußt wesentlich das private Verhalten und die private Sittlichkeit der in den öffentlichen Verbänden stehenden Einzelpersonen"[2]. Deswegen erachtete Keller beispielsweise die unterschiedliche Handhabung von Recht und Gewalt im privaten bzw. im öffentlichen Leben als schädlich und hinderlich für die Erhaltung des Friedens. Die Einheit der Sittlichkeit müsse auf jeden Fall respektiert werden. Andernfalls huldige man der Theorie der Staatsraison[3], die den Staat als autonomes Individuum mißverstehe und seinen Zweck ausschließlich in der Erhaltung der Macht bestimme. Der Nutzen für die Macht werde dort zum Kriterium der Entscheidung über Recht und Unrecht. So gelte beispielsweise der erfolgreiche Krieg als gerecht und Recht schaffend. Den Krieg zum rechtschaffenden "Kraftmesser" zu erheben ist aber, nach Kellers Überzeugung, ebenso unmoralisch wie die gesamte Theorie der Staatsraison[4].

---

1) KELLER, Aufgaben einer katholischen Friedensbewegung, S.536; vgl. TISCHLEDER, Staatsgewalt und katholisches Gewissen.

2) KELLER, ebd. S.534.

3) Keller wendet sich hier ausdrücklich gegen F. Meinecke, Die Idee der Staatsraison, 1929, (ebd. S.535).

4) ebd. S.535.

XII. Nationalsozialismus

1. Theoretische Auseinandersetzung und Konfrontation bis 1933

Nationalsozialismus und Pazifismus standen einander diametral entgegen[1]. Die Folgen dieser Gegnerschaft bekam der F.D.K. bereits vor der Machtergreifung zu spüren. Störungen von Veranstaltungen[2], vor allem aber Verleumdungs- und Hetzkampagnen gaben dem Friedensbund einen Vorgeschmack dessen, was er im Dritten Reich zu erwarten hatte[3].

Als Ende 1931 in Hessen politische Versammlungen verboten wurden, kündigte der FK seinen Mitgliedern die Marschroute für den Fall längerer Unterdrückung an. "Wir erinnern darum rechtzeitig daran, daß wir selbstverständlich auch solche Staatsgesetze achten werden, aber wo solche Verbote für die Dauer bestehen, wird es Pflicht derer, die für die Friedensidee zu leben und zu opfern bereit sind, Vorträge in Privathäusern abhalten zu lassen. ... Diesen Ausweg können wir wählen, so lange es noch Privathäuser gibt, und wir hoffen, daß wir sie über den Fieberwahn der europäischen

---

1) Vgl. NOLTE, Theorien über den Faschismus, S.49.

2) z.B. bei dem deutsch-französischen Treffen in Westfalen; vgl. Deutsch-französische Friedensarbeit in Westfalen, (o.Verf.), in: FK 7 (1931) Nr.11, S. 203.

3) Vgl. "Papst, Kardinal, Bischof, Prälat und Pfarrer im Dritten Reich vogelfrei?", in: FK 8 (1932) Nr.4, S. 77 ff.

Diktaturen hinwegretten können"[1]. Dieser Ausweg blieb im Dritten Reich nicht lange offen.

Ein eklatantes Beispiel für die Verleumdungskampagnen gegen den F.D.K. stellten die Angriffe auf Prälat Lichtenberg dar. Als Repräsentant der Berliner F.D.K.-Gruppe hatte Lichtenberg im Juni 1931 die Einladung an die katholischen Vereine zu geschlossenen Vorführungen des für öffentliche Aufführungen verbotenen Remarque-Films 'Im Westen nichts Neues' unterzeichnet. Dies trug ihm eine im 'besten' NS-Jargon überschäumende Pressehetze ein, die hauptsächlich von Goebbels' Zeitung 'Der Angriff' geführt wurde. Die Schlagzeile plakatierte: "Viehische Totenschändung! Prälat Lichtenberg verhöhnt unsere Gefallenen! Separatisten-Zentrum für den Remarque-Film"[2]. Am Ende der Hetztirade stand schließlich die Frage, "... warum Herr Lichtenberg noch heute in Berlin amtieren darf? Wir fragen das Bischöfliche Ordinariat, ob es bereit sei, sofort von dem famosen "Friedensbund Deutscher Katholiken" abzurücken?!"[3].
Die ungeheuerlichen Verleumdungen gegen seine Person und den F.D.K. konnte Lichtenberg nicht auf sich beruhen lassen. Er reichte deswegen Klage ein und nutzte dann die Gerichtsverhandlung zur Verteidigung des Friedensbundes. Das Urteil belegte die Autoren des 'Angriff' mit Geldstrafen und verpflichtete die Zeitung u.a. zum Abdruck des Urteils[4].

---

1) "Friedensbewegung in den Katakomben?" (o.Verf.), in FK 7 (1931) Nr.12, S.226.

2) "Der Angriff" vom 26.6.1931, zit. in: FK 8 (1932) Nr.4, S.79.

3) ebd. zit. in: Ogiermann, S.74.

4) Vgl. ebd. S. 75.

Interessant ist die Anmerkung des FK zu solchen Vorgängen: "... Irrende gibt es in Menge nur, wo man sich ihrer nicht annimmt. ... Tragen auch wir Schuld daran?"[1] Schon zu diesem Zeitpunkt tauchte also der Gedanke der Mitschuld auf. Sich selbst der "frechen Irrenden" anzunehmen, fiel dem F.D.K. nicht leicht. Es kostete Überwindung, überhaupt "mit dem Nationalsozialismus ernsthaft zu streiten. Diskussionslose Ablehnung liegt einem näher als Lust zu einläßlicher Auseinandersetzung"[2]. Dennoch versuchte man, eine sachliche Auseinandersetzung anzubahnen. So wurden z.B. Nationalsozialisten zu Veranstaltungen eingeladen. Als 'Erfolg' galt dann bereits, wenn es zu keinen brachialen oder verbalen Ausbrüchen der Nationalsozialisten gekommen war[3].

Die theoretische Auseinandersetzung mit dem Nationalsozialismus begann der F.D.K. 1931[4]. Nach dem Sturz der Regierung Brüning und noch rechtzeitig vor den Reichstagswahlen vom 31.7.1932 widmete der FK dem Nationalsozialismus ein ganzes Heft[5]. Alle Beiträge fragten hauptsächlich nach den Ursachen für die Massenanziehungskraft des Nationalsozialismus. Einzelheiten seines Programms zu disku-

---

1) "Papst, Kardinal, Bischof, Prälat und Pfarrer im Dritten Reich vogelfrei?", in: FK 8 (1932) Nr.4, S.78.

2) STRATMANN, Der Nationalsozialismus, S.125.

3) "Ein politischer Zweikampf". Auseinandersetzung zwischen katholischen Friedensfreunden und Nationalsozialisten (o.Verf.), in: FK 8 (1932) Nr.7, S.143.

4) Vgl. "Aus unserer Bewegung" (o.Verf.), in: FK 7 (1931) Nr. 2, S.31; so vor allem die Berliner F.D.K.-Gruppe. Im April 1932 empfahl der FK Literatur zur kritischen Auseinandersetzung mit dem Nationalsozialismus.

5) FK 8 (1932) Nr. 7.

tieren, hielt man schon deswegen für überflüssig, weil er als Weltanschauung eo ipso abzulehnen sei.

In dem totalen Anspruch der Weltanschauung erkannte Stratmann dessen 'Tiefe', den Grund für seine Anziehungskraft. "Denn das "Dritte Reich" ist ein Mythos, ein deutsches Paradies, das wie eine Insel in der Völkerwelt liegt, und darum ein Land Utopia. Aber mit messianischer Zuversicht wird es umfaßt, und in dieser Hingabe liegt die Tiefe der nationalsozialistischen Bewegung"[1].

Als weitere Gründe für die Anziehungskraft nannte er die Unzufriedenheit mit dem bisherigen Parteiensystem, das "die Seelen kaum zu berühren vermochte" und die allgemeine ideelle Orientierungslosigkeit. Das Verführerische dieses (Irr-)Glaubens liege darin, daß er auch "die niederen Elemente unter und in den Menschen stark (anspreche)", daß alle, die "höchste Ideale" suchten, aber auch "niedrigsten Instinkten folgen" wollten, in dieser Bewegung mitschwimmen könnten. In die Zukunftsvision des Nationalsozialismus passe alles hinein, und schon auf dem Weg dorthin könne man sich "förmlich austoben ..., weil dem Haß, der Gewalttat, der Macht- und Raffgier, dem Wortrausch jeden Tag ein Fest gefeiert wird, weil Ziel und Zweck hier jedes Mittel heiligen, weil jeder Gegner Freiwild ist, dessen Ehre und Leben zu zertreten gesinnungstüchtig ist, weil die Gewissen durch nichts anderes gebunden werden als durch den Befehl eines Führers, "des" Führers, des nationalsozialistischen Messias, ...". In diesem Freiwerden des Primitiven in Ver-

1) STRATMANN, Der Nationalsozialismus, S. 126.

bindung mit "höchsten Idealen" liege "das Geheimnis der nationalsozialistischen Erfolge, aber auch ihr dämonischer Kern"[1].

Auch die Gefahren der nationalsozialistischen 'Ethik' wurden hervorgehoben. Nicht mehr Recht und Moral bestimmten das Handeln, sondern allein das "Gefühl", das "Sittlichkeits- und Moralgefühl der germanischen Rasse". Nach diesem Gefühl werde über Vollbürgerschaft oder Minderwertigkeit im Dritten Reich entschieden, und für den F.D.K. bestand kein Zweifel, daß danach die Pazifisten neben den Juden zu den "höchst Minderwertigen" zählten[2].
Ein weiterer Grund für den Erfolg der Nationalsozialisten wurde in ihrem großen persönlichen Einsatz gesehen, eine Tatsache, die Stratmann dazu veranlaßte, die mangelnde Einsatzbereitschaft des Friedensbundes und seiner Mitglieder sowie des gesamten Katholizismus zu kritisieren und für den nationalsozialistischen Erfolg mit verantwortlich zu machen. In der Friedensbewegung, die zwar noch grössere Bereitschaft und mehr Mut verlange, weil sie von keiner Massenbewegung getragen sei, habe es bislang offenbar an Intensität des Glaubens und der sittlichen Kraft gefehlt[3], denn der F.D.K. führe noch immer ein klägliches Schattendasein. Dem deutschen Katholizismus insgesamt warf er vor, durch seine "Resignation, Schlappheit, Leisetreterei und sein(en) Opportunismus" mit daran Schuld zu tragen, daß insbesondere so viele Jugendliche

---

1) STRATMANN, Der Nationalsozialismus, S. 127.

2) ebd.

3) Das dürfe selbstverständlich nicht verwechselt werden mit Draufgängertum.

dem Hitlertum verfielen. Es sei daher zu fragen, ob der Nationalsozialismus nicht "auch ein Gericht über die 'schlafende Kirche' sei"[1].
W. Dirks ging auf die Zusammenhänge von Nationalsozialismus und Faschismus ein[2]. Den Nationalsozialismus betrachtete er als "Erben der deutschen Wehridee der Vorkriegszeit"[3].
Das Bürgertum, das diese Ideen getragen hatte, könnte nun seine, durch die schwere ideelle wirtschaftliche und soziale Krise verursachte Existenzgefährdung nicht anders als den gewohnten Denkschemata entsprechend deuten, nämlich zunächst nationalistisch, "vom äußeren Feind her"[4]. In dieser angespannten Situation müsse sich die faschistische Idee des Kampfes um des Kampfes willen[5] äußerst bedrohlich auswirken. Denn der faschistische Gedanke, der Krieg und Soldatentum zu höchsten Werten erhebe, gebe den betroffenen Menschen die Möglichkeit, ihre soziale Deklassierung "durch eine Steigerung des Selbstgefühls wett zu machen: als heldischer kriegerischer Träger des höchsten Wertes der deutschen Nation kann sich auch der verarmte, der ungesichert gewordene, der von der sozialen Deklassierung bedrohte Bürger selber noch für höher halten als die, die ihn seiner Deutung nach deklassiert haben: die Franzosen, die Plutokraten und die Marxisten"[6].

---

1) STRATMANN, Der Nationalsozialismus, S. 129.

2) DIRKS, Zur Wehridee, S.130-133; vgl. auch BENNECKE, S.117; WINKLER, S.186.

3) DIRKS, Zur Wehridee, S.130.

4) ebd. S.132.

5) Vgl. BUCHHEIM, Hans, Glaubenskrise, S.27 ff.

6) DIRKS, Zur Wehridee, S.132; teilweise gesperrt.

Um dieser Haltung und Entwicklung entgegenzutreten, forderte W. Dirks von der Friedensbewegung, durch Aufklären zu einer nüchternen Situationsanalyse beizutragen. Erfolg versprach er sich davon aber nur dann, "wenn wir die Existenzsorgen selbst, aus denen diese Ersatzidee entstanden ist, ernst nehmen und uns mit jenen um einen realen Ausweg bemühen"[1].

Die nationalsozialistische Umwertung ethischer Begriffe wurde von Rüther herausgearbeitet[2]. Er skizzierte die ideologischen Verzerrungen der Begriffe, wie Ehre, Streit, Macht und Volk, die mit zum Massenerfolg des Nationalsozialismus beigetragen hätten und empfahl, bereits im Schulunterricht auf diese Manipulationen hinzuweisen[3].

Aufgrund seines Selbstverständnisses und seiner Stellungnahmen zu Staat, Nationalismus, Europa, Völkerbund usw. stand die außenpolitische Gegnerschaft des F.D.K. zum Nationalsozialismus von vornherein fest. Die friedensgefährdende Tendenz des Nationalsozialismus legte Paulus Lenz noch einmal zusammenfassend dar[4]. Für den Fall einer nationalsozialistischen Regierungsbeteiligung oder -bildung befürchtete der F.D.K. einen Krieg mit Polen[5].

---

1) DIRKS, Zur Wehridee, S.133.

2) RÜTHER, Nationalsozialismus und Friedenserziehung, S.141-143.

3) ebd. S.142.

4) LENZ, Paulus, Zur nationalsozialistischen Außenpolitik, S.134-137.

5) Vgl. DIRKS, Zur Wehridee, S.133.

Durch den Abdruck zweier Beiträge ausländischer Autoren zur Beurteilung des Nationalsozialismus aus französischer[1] bzw. aus polnischer[2] Sicht, die an Offenheit und Einsicht in das nationalsozialistische Unwesen nichts zu wünschen übrig ließen, unterstrich der FK seine außenpolitische Ablehnung des Nationalsozialismus.

Die theoretische Auseinandersetzung des F.D.K. mit dem Nationalsozialismus zeichnet sich durch eine Bandbreite und Tiefenschärfe aus, wie sie sonst keine der damaligen Faschismustheorien aufweist[3]. Stichpunktartig lassen sich folgende Themen zusammenfassen:

Der Nationalsozialismus

- ist Utopie und (Ersatz-)Glaube,
- rührt ans Archaische (primitive Leidenschaftlichkeit, Destruktionswillen),
- ist in seiner Weltanschauung anarchisch (alles kann hineingepackt werden, jeder kann mitschwimmen, religiöse und ethische Werte werden umgedeutet in Dienst gestellt),
- stellt eine totale Weltanschauung dar,
- vertritt einen Führergedanken, der die Gewissensfreiheit des Einzelnen aufhebt,
- ist Erbe des preußischen Militarismus und des Nationalismus,
- macht sich die Krise des Bürgertums zunutze (falsches Heldenideal),
- gefährdet den Frieden durch sein Gewaltprinzip und seinen irrationalen Pangermanismus.

Diese Faktoren ergänzen einander; es besteht keine einseitige Kausalbeziehung zwischen ihnen: Messianische Utopie und fanatischer Irrglaube entfesseln

---

1) DELATTRE, Der Nationalsozialismus von Frankreich gesehen, S.137-141.

2) DEMBINSKI, Der Nationalsozialismus von Polen gesehen, S.194-196.

3) Vgl. dazu NOLTE, Theorien über den Faschismus, S.18-62.

stets gefährliche Archaismen; und wirtschaftliche Not und soziale Bedrohung bilden einen Nährboden für irrationale und gewalttätige Ideologien.

Aufgrund der Vielschichtigkeit dieser Nationalsozialismusanalyse kann Riesenbergers These, der F.D.K. habe sich der "generischen", also sozialistisch-kommunistischen Faschismustheorie angeschlossen,nicht aufrecht erhalten werden[1].

---

1) Vgl. RIESENBERGER, S.264; Riesenberger interpretiert außerdem Dirks falsch, wenn er schreibt, Dirks habe "den eigentlichen Kern des Nationalsozialismus in dem Bündnis von Industrie und Militär" gesehen. (DIRKS, Im neuen Jahr, S.7-9). Dirks hatte das nicht vom Nationalsozialismus, sondern vom Faschismus gesagt, die er nämlich deutlich unterschied. Das kann folgendes Zitat belegen: "Die Nationalsozialisten sind nicht die größte Gefahr, aber sie können dazu dienen, sie heraufzubeschwören. ... Denn nicht die Nationalsozialisten sind die mächtigste Gruppe, sondern ein mögliches und sehr naheliegendes Bündnis zwischen den Wirtschaftsmächten und dem Heer wird mächtiger sein als sie, und das ist eine Allianz,welche die nationalsozialistische Ideologie wohl als Fassade und den nationalsozialistischen Stil für das Straßenleben wird gebrauchen können, die aber im Sachlichen dafür sorgen wird, daß die sozialistischen und nationalsozialistischen Neigungen der Nationalsozialisten auf ein genehmes Maß beschnitten werden. ... Versagt die indirekte Machtausübung (von Kapitalismus und Militarismus, d.Verf.) durch das demokratische System, so muß man zur direkten Ausübung der Macht übergehen, und dazu braucht man, - das ist die Verbeugung vor der öffentlichen Meinung, die dann noch übrig bleibt, - eine verhüllende Fassade von antidemokratischen Werten: Rasse, Nation, Ordnung, Disziplin. Das ist der Faschismus, ... Die stärkste Gefahr des Nationalsozialismus ist, daß er ... wahrscheinlich durch das Chaos, das er heraufführen wird, auch den 'Vorwand zur Machtergreifung' liefern wird, wahrscheinlich sogar unter bequemen legalen Formen." (DIRKS, Politisierung der Reparationen, S.391, teilweise gesperrt). Riesenberger kommt deswegen zu dieser einseitigen Beurteilung, weil er nur nebengeordnete Texte für seine Interpretation heranzieht (z.B. nicht das hier besprochene NS-Heft des FK) und dabei u.a. einen Beitrag eines Vertreters des linken F.D.K.-Flügels von dem sich die FK-Redaktion ausdrücklich distanzierte (vgl. BROBEIL, Krieg und Kapitalismus, DIRKS, Notizen zum Tage, S.9).

Man wird die Faschismustheorie des F.D.K. dagegen jenen philosophischen, sozialistischen bzw. sozialdemokratischen Theorien zuordnen müssen, wie sie beispielsweise von Labriola, H. Heller und - nach 1933 - von E. Bloch vertreten wurden[1], jedoch ist dabei ihr spezifisch katholisches Element[2] - die Einsicht in den totalen Anspruch der Weltanschauung - nicht zu vergessen.

Nachdem die Nationalsozialisten an die Macht gekommen waren, mußte sich der F.D.K. hauptsächlich mit praktischen Fragen seiner Situation im Dritten Reich beschäftigen.

Die Machtergreifung wurde vom FK zunächst noch ironisch kommentiert: "Endlich ist Hitler Reichskanzler. Wir hätten diese Tatsache lieber am 14. September 1930 verzeichnet, dann wäre er heute schon nicht mehr Kanzler. Dann könnten wir heute schon wieder auf dem Weg zur zweiten Republik sein. ... Gut, daß er jetzt wenigstens Kanzler ist. Das wird Klarheit bringen. Das wird die Republikaner wach trommeln oder aber ihre verdiente Sterbestunde sein"[3].

"Das Programm der Regierung Hitler können wir übergehen. Der außenpolitische Teil war zwar sachlicher gehalten, aber angesichts ... (anderer Äußerungen) ..., trauen wir diesem Teil auch nicht mehr als den früher gemachten Versprechungen. Wir hören nur Worte, Worte, Worte"[4].

---

1) Vgl. NOLTE, Theorien über den Faschismus, S.20 f., 33 f. und 38 f.; BLOCH, Der Faschismus, S.182 - 204.

2) vgl. NOLTE, S. 43 f.

3) LENZ, Paulus, Randbemerkungen zur Aussen- und Militärpolitik, S. 32, teilweise gesperrt.

4) ebd. S. 33.

Erste Repressionen im März 1933 und die Haltung der führenden Repräsentanten des deutschen Katholizismus, die ihre ursprüngliche Zurückhaltung gegenüber dem Nationalsozialismus aufgaben[1], brachten den F.D.K. in eine immer bedrängtere Lage. Angesichts der durch die Zustimmung des Zentrums zum Ermächtigungsgesetz und durch die bischöfliche Erklärung vom 28.3.1933[2] entstandenen Verunsicherung im deutschen Katholizismus, war der F.D.K. gefordert, den eigenen politischen Standpunkt und Standort in Kirche und Staat erneut zu beschreiben und seine Mitglieder zu unerschütterlicher Treue und Standfestigkeit zu ermutigen.

Die Öffnung des Zentrums zum Nationalsozialismus hin wurde vom FK mißbilligt. Es "... schwenkten auch die katholischen Parteien in die Front des Gegners ein (als Bundesgenossen nicht als gleichartige Bestandteile). Der Friedensbund Deutscher Katholiken ist keine Gruppe des Zentrums, aber eine Gruppe der katholischen Kirche"[3].

An der Kirche und ihren Gruppen wurde hier bereits Kritik laut: es gebe auch unkatholische politische Auffassungen in der Kirche. In dieser schwankenden Umgebung wurde der F.D.K. dem Fels Kirche vergli-

---

1) Zur Situation des deutschen Katholizismus 1933 vgl. BECKER, Josef, Das Ende der Zentrumspartei; BUCHHEIM, Hans, Der deutsche Katholizismus im Jahr 1933; BUSSMANN, Der deutsche Katholizismus im Jahre 1933, BÖCKENFÖRDE, Der deutsche Katholizismus im Jahre 1933 und Stellungnahme; DEUERLEIN; JUNKER; LEWY; MORSEY, Die deutsche Zentrumspartei 1928-1933, S.350 ff.; SIEGELE-WENSCHKEWITZ.

2) Vgl. VOLK, Zur Kundgebung des deutschen Episkopats vom 28. März 1933, S.431-456; MIKAT; MÜLLER, Hans, Die Fuldaer Bischofskonferenz vom 30.5.1933.

3) STRATMANN, Unser Friedensbund im Dritten Reich, S.66.

chen, da er "unverfälscht und unbeirrt" die klassische kirchliche Lehre und die der letzten Päpste vertrete. Die Grundsätze des F.D.K. seien folglich "wirklich die der katholischen Kirche". Von diesem "katholischen Felsengrund" dürfe der F.D.K. in unruhigen und unsicheren Zeiten erst recht nicht abweichen. "Wir haben uns theoretisch und praktisch so zu verhalten, daß ein Angriff auf den Friedensbund, etwa durch ein polizeiliches Verbot, jedem als ein Angriff auf das katholische Christentum erscheinen muß"[1]. Geradezu überrascht wurde registriert, daß ein solcher Angriff noch auf sich warten ließ.

Die verbleibende Zeit nutzte Stratmann zur Verteidigung der bisherigen F.D.K.-Arbeit. Er wehrte die möglichen Vorwürfe ab, indem er auf die Abrüstungs- und Verständigungsdeklarationen in der Regierungserklärung Hitlers hinwies. Sein Urteil, daß Hitlers Rede pazifistisches Gedankengut beinhalte, ist allerdings taktisch zu werten. Stratmann war überzeugt, daß die Negativa des Nationalsozialismus den "Friedenswillen" letztlich ad absurdum führen.

"Pazifismus ist etwas sehr Geistiges, ist mehr als verschwommene, unverbindliche Friedensgeneigtheit, es ist ein wohldurchdachtes System gesellschaftlicher Ordnung, an dem die Wissenschaft des Internationalen Rechts unaufhörlich baut und das von internationaler Kultur untrennbar ist. Religiöser, christlicher, katholischer Pazifismus vollends vertieft das alles bis in die letzten Gründe des menschlichen Gewissens. Es ist nämlich nicht möglich, einen Oberbau, wie es die internationale Rechts- und Staatenordnung wäre, aufzuführen, ohne daß in den einzelnen Menschen die Fundamente dafür gelegt würden. Innerste Zucht, Reinheit, Gerechtigkeit und Liebe ist dazu nötig"[2].

---

1) STRATMANN, Unser Friedensbund im Dritten Reich, S. 67.

2) ebd. S. 70 f.

Der neuen Regierung gegenüber stehe der Christ zwar in der Pflicht des christlichen Gehorsamsgebotes, aber nur solange sie nicht unerlaubte Dinge fordere und "Gottes Gebot nicht widerstreitet". Unter der Bedingung, daß die Regierung ihrer Pflicht nachkomme, "unseren Willen auch dann nicht zurückzustoßen oder einzuengen, wenn er auf eigenen, ihr selbst nicht geläufigen Wegen dem Ziele des Wiederaufstiegs zustrebt"[1], war der F.D.K. bereit, "am Neubau des Reiches" mitzuarbeiten. Damit wollte er die Gefahr bannen helfen daß, wenn sich die von einem Großteil der Bevölkerung mit der Machtübernahme verbundenen Hoffnungen nicht erfüllten, Enttäuschung und Verzweiflung zu noch größerer Bedrohung führten[2].

Auf die Erklärung der Bischöfe vom März 1933 reagierte der FK, indem er unter der Überschrift "Unser Gebot" auf der Titelseite seiner Aprilausgabe den Text der Bergpredigt abdruckte und in der zugehörigen Fußnote erklärte: "Um den unzerstörbaren und stets gleichbleibenden Hintergrund der bekannten Kundgebung unserer Bischöfe vom 28.3.1933 in unserem Kreise in dieser uns aufgegebenen Situation noch einmal jedermann ins Gedächtnis zu rufen, stehen hier die Seligpreisungen und die Worte über die wirklichen Jünger Christi aus Matth. 5,1-16. Hier brauchen wir dann nur noch zitieren, daß die Bischöfe erneut auffordern, 'stets wachsam und opferfreudig einzutreten für den Frieden'."[3].

---

1) STRATMANN, Unser Friedensbund im Dritten Reich, S. 71.

2) ebd. S. 70 f.

3) Zit. in: FK 9 (1933) Nr. 4, S. 1.

Aus diesen Zeilen spricht die Bestürzung über die bischöfliche Erklärung. In einem Brief an Faulhaber brachte Stratmann die verbreitete Verstimmung zum Ausdruck:

"Die Seelen der Gutgesinnten sind durch die nationalsozialistische Gewaltherrschaft aufgewühlt, und ich spreche nichts als eine Tatsache aus, wenn ich sage, daß die bischöfliche Autorität durch die Quasi-Approbation der nationalsozialistischen Bewegung bei zahllosen Katholiken und Nichtkatholiken ins Wanken geraten ist. Ich selbst habe mehrfach Geistlichen und Laien gegenüber den Erlaß der Fuldaer Bischofskonferenz von Ende März, der die früheren bischöflichen "Verbote und Warnungen" als "nicht mehr notwendig" bezeichnet, verteidigt, weil dieser Erlaß keine Verleugnung der bisherigen Grundsätze enthält und auch gewisse Sicherungen für die Zukunft aufweist. Aber man antwortet mir regelmäßig, daß das Gros der Gläubigen "nichts damit anfangen" könne und "sich nicht mehr auskenne". Die Fuldaer Kundgebung stützt sich auf die Worte des jetzigen Herrn Reichskanzlers, das Volk sieht auf die Taten seiner Partei, die zum Teil von einer unerhörten Rücksichtslosigkeit allem gegenüber sind, was bisher als recht und billig galt. Insbesondere tritt die Personalpolitik und die Judenverfolgung jedes Rechtsgefühl mit Füßen. Eine barbarische, nie erlebte geistige und materielle Enteignung wird gegen Zehntausende Unschuldige, Wehr- und Rechtlose durchgeführt, und keine autoritative Stimme erhebt sich in der Öffentlichkeit dagegen. Man sagt: die Bischöfe haben gegen die Fürstenenteignung protestiert; warum schweigen sie zu dieser weit schlimmeren Enteignung?
Sodann: eine Flut von Haß und Herzlosigkeit gegen alle, die nicht Parteigänger der Regierungsgruppe sind, wälzt sich durch Deutschland. Furchtbare wirtschaftliche, körperliche und seelische Mißhandlungen hauptsächlich gegen Juden und Judenabkömmlinge kommen Tag für Tag vor. Was als "Hetz- und Greuelpropaganda" des Auslandes bezeichnet wird, richtet sich wohl zu 80 % gegen wahre Greuel. ...
... Die Wut dieses Nationalbolschewismus richtet sich nicht gegen eine nachweisbar schlechte Tat oder Gesinnung, sondern unbesehen gegen die jüdische Rasse. ... Aber niemand protestiert wirksam gegen diese unbeschreibliche deutsche und christliche Schmach. Selbst Priester fühlen ihre antisemitischen Instinkte durch dieses sündhafte Treiben befriedigt. ... Wir

wissen, daß ein ungewöhnlicher Mut dazu gehört, jetzt für die Wahrheit Zeugnis abzulegen, aber wir wissen auch, daß nur so Menschlichkeit und Christentum gerettet werden können. Am Opportunismus geht das Christentum zugrunde. Nur das Entschiedene, Unbeirrte gewinnt heute Achtung, Gefolgschaft und Begeisterung, wofür gerade der Nationalsozialismus das beste Beispiel ist. Nur durch Bekennertum und Martyrertum kann die darniederliegende Christenheit wieder hochkommen"[1].

Die Loyalität zu den Bischöfen hinderte Stratmann freilich nicht, im FK unmißverständlich an der bischöflichen Erklärung und an jeder Anpassungstendenz Kritik zu üben[2]. Durch die Wahl der indirekten Methode, das Zitieren entsprechender Bibelstellen, versuchte Stratmann nicht nur seiner Meinung Nachdruck zu verleihen, sondern er unterstrich damit zugleich die grundsätzliche, weltanschauliche Bedeutung dieser Entscheidung.

"Es ist etwas Herrliches um die Klarheit und Sicherheit des Christen, der dem Wort folgt: 'Einer ist euer Lehrer, Christus.' Kein Lehrer und Führer, der mit ihm nicht übereinstimmt, kommt in Frage, er wird als Irrlehrer und Irrlicht diskussionslos abgelehnt. 'Niemand kann zwei Herren dienen.' 'Wer nicht für mich ist, ist gegen mich.' 'Wer nicht mit mir sammelt, der zerstreut.' Manchmal tritt der Irrtum in äußerst bestechender Gestalt auf, so daß viele ihm anheimfallen. 'Mich wundert', schreibt Paulus an solche Christen, 'daß ihr euch so schnell abwendig machen laßt und euch einem anderen Evangelium zuwendet ... und doch gibt es kein anderes. Nur machen gewisse Leute euch irre und wollen das Evangelium Christi fälschen'."[3].

Gegen solche falsche Evangelien, gegen jeden weltanschaulichen Irrtum gebe es nur "kompromißlose Ablehnung". Die einzige Möglichkeit, den politischen

---

1) Brief Stratmanns an Faulhaber vom 10.4.1933, zit. in: VOLK, Akten Kardinal Faulhabers, Nr. 304, S.710 f., teilweise unterstrichen.

2) STRATMANN, Der Christ und sein politischer Gegner, S. 89-92.

3) ebd. S. 90, teilweise gesperrt.

Irrtum zu überwinden, sah Stratmann im glaubwürdigen Leben und Handeln jedes einzelnen. Dabei helfe überlegene christliche Lehre allein nichts, vielmehr komme es auf die "überlegene christliche Persönlichkeit" an[1]. Das Verhalten, das Stratmann von dieser Persönlichkeit fordert, ist kennzeichnend für seine Einschätzung politischen Handelns überhaupt[2].
"Dieses in Lehre und Leben spezifisch christliche "Auftreten" unterscheidet sich bemerkenswert von dem in Auseinandersetzungen sonst üblichen Auf- und Entgegentreten. Es ist werbend und gewinnend. Es ist, weil demütig, frei von abstoßender Überhebung, und, weil gütig, erfüllt mit jener einzigen Kraft, die die Gespanntheit des Gegners entspannt, seine Versperrtheit aufschließt und seinen Trotz löst"[3].

Es ist bemerkenswert, daß Stratmann in dem Brief an Faulhaber gar nicht so sehr die "katholischen" Bedenken vortrug, sondern die Judenfrage in den Mittelpunkt stellte. Sein Appell, die Nationalsozialisten mehr nach ihren Taten als nach ihren Worten zu beurteilen und gegen die Judenverfolgung öffentlich zu protestieren, verhallte aber wie der vieler anderer erfolglos[4].
Auch der Vorsitzende der "Arbeitsgemeinschaft der Konfessionen für den Frieden", Oskar Wassermann, hatte sich Ende März in einem Gespräch mit Kardinal

1) STRATMANN, Der Christ und sein politischer Gegner, S. 91.

2) s. unten S. 303 f.

3) STRATMANN, Der Christ und sein politischer Gegner, S. 91, teilweise gesperrt.

4) Vgl. VOLK, Der Bayerische Episkopat, S. 77.

Bertram für eine Intervention des Episkopats zugunsten der Juden eingesetzt. Zwar erfolgten daraufhin Beratungen mit den fünf Erzbischöfen, aber das Ergebnis der Gespräche war negativ. Denn der Episkopat befürchtete eine Verschlimmerung der Situation und, daß sich der Judenhetze die Jesuitenhetze anschließen könnte[1].

Mit der Judenfrage beschäftigte sich Stratmann auch in den folgenden Jahren seines römischen Exils. In zwei Aufsätzen in der Österreichischen Zeitschrift 'Die Erfüllung' analysierte er den Hintergrund der Judenverfolgung[2]. Er beschrieb die religiösen und soziokulturellen Entwicklungen, die Mechanismen und Manipulationen, mit denen der Judenhaß geschürt wurde und übte rückhaltlos Kritik am (un-)christlichen Verhalten gegenüber den Juden. Er verurteilte alle hybriden religiösen, ethischen, gesellschaftlichen und politischen Vorurteile. Da er "die Judenfrage als Friedensfrage" betrachtete, stellte er besonders den humanitären Aspekt und die Bedeutung der Menschenrechte heraus. Die Gemeinsamkeit des Menschseins und die damit naturrechtlich gegebenen Menschenrechte waren für Stratmann die unveräußerliche Basis jedes menschlichen Miteinander, eine Basis, die vor allem auch in Problemfällen nicht verlassen werden darf.

Zur Abgrenzung gegen die atheistischen und aufklärerischen Auffassungen der Menschenrechte übernahm Stratmann die Definition des LThK: "Menschenrechte

---

1) Vgl. VOLK, Der Bayerische Episkopat, S. 77f.; vgl. auch ders., Zwischen Geschichtsbeschreibung und Hochhuthprosa, S. 30.

2) STRATMANN, Die Judenfrage als Friedensfrage, S.98-108; und ders., Die Juden und wir Christen, S.61-89.

(sind) jene im Naturrecht verankerten Grundrechte und Befugnisse, die jedem Menschen auf Grund seiner körperlich-geistigen Natur und seiner Lebenszwecke zukommen, die darum durch jeden Mitmenschen anzuerkennen und durch die Gesellschaft zu schützen sind. Natur und Offenbarung fordern besonders das Recht auf Leben und Selbsterhaltung (im Notfall durch Unterstützung), auf Freiheit, Unverletzlichkeit und Sicherheit der Person, auf Streben nach Glück und Eigenwohl (unbeschadet des Gemeinwohls), auf Erwerbsmöglichkeit, Wahrung des redlich erworbenen Besitzes, das Recht auf menschenwürdige Erziehung und Elementarunterricht, Schutz der Ehre, genügende Freiheit in Standeswahl und sonstiger Selbstbestimmung, auf private und öffentliche Religionsausübung, ... auch das Recht auf Denk-, Rede-, Presse- und Koalitionsfreiheit, auf politische Mitverantwortungen und Rechte. Diese naturgesetzlichen subjektiven Grundrechte müssen Voraussetzungen jedes positiven Rechts bilden und auch von Staats wegen gesichert werden"[1].

In der Tatsache, daß die Bischöfe "nicht zu den Verletzungen der auch von der Kirche anerkannten Menschenrechte ... ausdrücklich und sie beim Namen nennend Stellung genommen (haben)" und statt dessen versuchten "zu einem Ausgleich mit dem Staat zu kommen, wenigstens einen kleinen ungestörten Bereich für das Glaubensleben der deutschen Katholiken und die religiöse Jugenderziehung zu retten", sahen "die Deutschen Briefe" "die Tragödie des deutschen Episkopates"[2]. Dieses Urteil entsprach zweifellos der Auffassung des F.D.K.

---

1) Zit. in: STRATMANN, Die Juden und wir Christen, S. 64 f.

2) 'Deutsche Briefe' vom 2.7.1937, Nr.145, S.764; vgl. auch OTT, S.318 f.

2. Das Schicksal des F.D.K. im Dritten Reich

Dem endgültigen Verbot des F.D.K., vom 1.7.1933, gingen mehrere Einzelaktionen voraus. Ab Mitte März wurden öffentliche Versammlungen verboten[1]. Besonders schmerzlich empfand der F.D.K. das Verbot einer lang vorbereiteten Großveranstaltung mit katholischen Vereinen in München, an der Kardinal Faulhaber teilnehmen wollte[2].
Wie der F.D.K. es sich für den Ernstfall vorgenommen hatte, veranstaltete er nun "Stubenversammlungen"[3]. Zu einer Versammlung besonderer Art luden die Kapläne Kremer und Dr. Rossaint[4] für den 2. April 1933 in das Düsseldorfer St. Anna Kloster ein. Ca. 100 Vertreter katholischer Verbände konferierten dort über die weiteren Möglichkeiten katholischer Vereinsarbeit im Dritten Reich. Allgemein herrschte die Überzeugung, sich auf ein langes 'Untergrunddasein' einstellen zu müssen[5]. Der Zusammenschluß zur "Großdeutschen Kampfgemeinschaft" erfolgte, allerdings ohne daß deren Zweck und Ziel näher definiert wurden[6].

Im Juni 1933 kam es zu weiteren Treffen in Altenberg und Leutersdorf[7]. Zu den Teilnehmern gehör-

---

1) z.B. in Essen am 15.3.1933, vgl. W.H.A. (=Allmang), Friedensarbeit in Essen, S. 84.

2) Vgl. Brief von Panholzer an J. Weissthanner vom 28.3.1933, (Nachlaß Faulhaber).

3) Vgl. W.H.A. (=Allmang), Ortsgruppe Essen, S.107.

4) Dr. Rossaint war Vorsitzender der Oberhausener F.D.K.-Gruppe. Ihm wurde später der große Schauprozeß gemacht (vgl. WEISENBORN, Der lautlose Aufstand, S.56, 72, 355 f.; MAMMASCH, S.150 f.).

5) Persönliche Auskunft von Prof. Lenz-Medoc, Paris.

6) Vgl. "In Düsseldorf" (o.Verf.), in: FK 9 (1933) Nr. 4, S. 84.

7) Persönliche Auskunft von Prof. Lenz-Medoc, Paris.

ten u.a. Johannes Maaßen und Waldemar Gurian[1]. Diese Kontakte wurden für den F.D.K. in der Folgezeit wichtig. Durch die gemeinsame Gegnerschaft gegen den Nationalsozialismus fand der F.D.K. in ihnen Gesinnungsfreunde, die nach seiner Auflösung seine Anliegen mit wahrnahmen[2]. So wurde die von Maaßen herausgebene Zeitschrift 'Die Junge Front'[3] für viele F.D.K.-Mitglieder zu 'ihrem' neuen Blatt[4].

Das "Gesetz zur Wiederherstellung des Berufsbeamtentums" vom 7.4.1933[5] betraf nicht wenige, z.T. führende Persönlichkeiten des Friedensbundes so Antz[6], Dessauer[7], Ehlen[8], Fritsch (Neisse), Goehle (Bensheim), Gunst[9], Miller[10], Moser (He-

---

1) Vgl. HÜRTEN, Waldemar Gurian.

2) z.B. die 'Deutschen Briefe' , die W. Gurian in der Schweiz herausgab. (Vgl. 'Deutsche Briefe', Bd. 1, S.381 (vom 24.5.1935), Bd. 2, S.672 ff., "Der antikatholische Schauprozess von Berlin" (vom 30.4.1937).).

3) Vgl. GOTTO.

4) Persönliche Auskunft von Prof. Lenz-Medoc, Paris.

5) Vgl. HOFER, Die Diktatur Hitlers, S. 23.

6) Vgl. Nachlaß Antz; Antz gehörte zum Bundesausschuß des F.D.K. (vgl. Bundesvorstandssitzung (o.Verf.), in: FK 8 (1932) Nr.10, S.204).

7) Der Prozeß gegen ihn, 1935, endete mit Freispruch, vgl. Nachlaß Dessauer; SPAEL, S.276 f.

8) Er konnte noch bis 1937 seine Zeitschrift 'Die Lotsenrufe' herausgeben.

9) Dr. Gunst war von 1929-1932 Vorsitzender des F.D.K.

10) Miller war bis 1929 Vorsitzender des F.D.K.; zu seiner Situation im Jahr 1933, s. seine Briefe an den Bischof von Rottenburg (Diözesan-Archiv Rottenburg).

chingen), Kolvenbach[1] und Rüther[2]. Die Beurlaubungen wurden zwar wieder rückgängig gemacht, ein Jahr später aber verfügte ein Erlaß des Reichsinnenministeriums, daß "Beamte, die am 30. Januar 1934 noch dem F.D.K. angehört haben, ... nicht mehr angestellt oder befördert werden (können)"[3]. Das bedeutete Entlassungen bzw. vorzeitige Pensionierungen[4].

Zu einer ersten Polizeiaktion kam es am 16.Mai 1933 in München. Die angeordnete Vermögensbeschlagnehmung stellte sich zwar als Schlag ins Wasser heraus - da kein Vermögen vorhanden war -, das absolute Versammlungsverbot dagegen traf den F.D.K. schwer[5].
Bereits wenige Tage später fühlte sich auch die Geschäftszentrale des F.D.K. in Frankfurt/M. bedroht. Paulus Lenz wandte sich an Kardinal Faulhaber mit der Bitte, ihm aus Sicherheitsgründen Akten des F.D.K. überstellen zu dürfen, da die Beschlagnahme der Dokumente und ihr Mißbrauch zum Schaden vieler Persönlichkeiten zu befürchten war[6].
Im gleichen Schreiben ersuchte Lenz um die Zustimmung, die internationale "Eucharistische Liga für den Frieden"[7] in Deutschland organisieren zu dürfen. Für den

---

1) Kolvenbach war Vorsitzender der "Katholischen Weltjugendliga" und Leiter der Landesstelle Rheinland des F.D.K.; er wurde 1933 aus dem Staatsdienst entlassen (Nachlaß Kolvenbach).

2) Studienrat Rüther (Brilon) gehörte dem F.D.K.-Arbeitskreis "Friedenspädagogik" an.

3) Zit. in: 'Deutsche Briefe', Bd.II, S.856.

4) Vgl. Nachlaß Antz; davon betroffen waren auch Kolvenbach und Rüther.

5) Brief Panholzer an das Erzbischöfliche Ordinariat München, vom 17.5.1933 (Nachlaß Faulhaber).

6) Brief P. Lenz an Kardinal Faulhaber, vom 27.5.1933 (Nachlaß Faulhaber).

7) Vgl. dazu HINZ, Eucharistische Friedensliga, S.227, s. auch: Anhang zu Brief Lenz, vom 27.5.1933 (Nachlaß Faulhaber).

Fall der Ausschaltung des F.D.K. könne wenigstens diese Liga eine gewisse Friedensarbeit leisten.

Die Korrespondenz spiegelt die - gegenüber früheren Verhältnissen - außergewöhnlich guten Beziehungen des F.D.K. zu Kardinal Faulhaber wider, der seit 1932 Protektor des Friedensbundes war. Bei den Gesprächen, zu denen P. Lenz im Winter 1932/33 mehrmals vom Kardinal empfangen wurde, ging es u.a. um die Errichtung einer internationalen Friedensakademie[1]. Diese Idee, von Faulhaber selbst eingebracht[2], hatte ihr Vorbild in dem Projekt der Stresemann-Stiftung, die Ende 1930 die Gründung einer "Akademie für zwischenstaatliche Beziehungen" in Angriff genommen hatte[3]. Aufgrund der neuen politischen Lage konnte dieses katholische Vorhaben in Deutschland nicht mehr realisiert werden. In Absprache mit den österreichischen Bischöfen wurde Salzburg zum Standort für die geplante Akademie bestimmt.
Dort fanden seit 1931 die internationalen Salzburger Hochschulwochen statt. Zur Gründung dieser Akademie kam es jedoch nicht; auch Versuche nach dem Zweiten Weltkrieg scheiterten[4].

---

1) Vgl. Briefe von P. Lenz an Faulhaber vom 13.2. und 22.2.1933 (Nachlaß Faulhaber).

2) Persönliche Auskunft von Prof. Lenz-Medoc, Paris.

3) "Vertraulicher Bericht über die Entwicklung der Friedensakademie" vom 24.12.1930. (Bundesarchiv Koblenz, R 431,513, 100 f.) Ernst Jäckh an Min. Dir.Friedr.Gaus. (vgl. auch ebd. Nr. 160 f.).

4) Vgl. GOLDMANN,Hochschulverzeichnis; SPAEL, S. 231 ff.

Am 1. Juli 1933 wurde die folgende Mitteilung des Amtlichen Preußischen Pressedienstes verbreitet:

"Das Geheime Staatspolizeiamt hat im Laufe des heutigen Tages in ganz Preußen die Geschäftsstellen folgender Verbände geschlossen und deren Schriftenmaterial und sonstiges Vermögen sichergestellt:

Friedensbund Deutscher Katholiken,
Windthorst-Bund
Kreuzschar,
Sturmschar,
Volksverein für das katholische Deutschland und
Volksvereins-Verlag G.m.b.H.,
Katholischer Jungmännerverband sowie
Personenvereinigungen, die als Fortsetzung
der genannten Organisationen anzusehen sind.

Diese Maßnahmen waren notwendig, da sich herausgestellt hat, daß die genannten konfessionellen Hilfsverbände des Zentrums sich staatsfeindlich betätigt haben und durch eine systematische Hetze die natürliche Eingliederung großer Teile des katholischen Volkes in das nationale Deutschland zu sabotieren suchten. Durch diesen Mißbrauch religiöser und kirchlicher Einrichtungen für parteipolitische Zwecke mußte das Verhältnis zwischen dem nationalen Staat und der Katholischen Kirche ernstlich gefährdet werden.
Nicht berührt von den Maßnahmen bleiben die rein kirchlichen Vereine, die sich von einer parteipolitischen Einmischung fernhielten und lediglich sozialen und caritativen Zwecken dienten"[1].

Die Begründung der "Maßnahmen" war gleichermaßen kurios wie geschickt: kurios, weil sich der "nationale Staat" quasi zum Schützer der Kirche aufspielte, der sie gegen den "Mißbrauch religiöser und kirchlicher Einrichtungen für parteipolitische Zwecke" schützte; geschickt, weil nur politisch orientierte Vereinigungen, deren Gegnerschaft zum neuen System offenkundig war, verboten wurden, nicht aber die unpolitischen Gruppen.

---

1) W.T.B. (= Wolffsches Telegraphenbüro) vom 1.7.1933, Nr. 1596.

Mit diesem Punkt jedoch trafen die Nationalsozialisten genau die schwache Stelle der kirchlichen Behörden, nämlich ihren Argwohn gegenüber selbständigen, erst recht gegenüber politischen Laienorganisationen[1].
Der Verlust einiger unbequemer Gruppen wurde von der kirchlichen Leitung nicht schwer genommen. Auf der Liste der Vereine, die die Bischöfe nach Abschluß des Konkordates mit der Regierung verhandelten, war der F.D.K. nicht mehr aufgeführt[2]. Noch vor Abschluß dieser Verhandlungen brachte das 'Wolffsche Telegraphenbüro' die Meldung: "Bereits jetzt kann mitgeteilt werden, daß eine Reihe von Verbänden nicht mehr zugelassen oder freiwillig aufgelöst werden, wie z.B. der Volksverein für das katholische Deutschland, der Friedensbund deutscher Katholiken und andere mehr". Zufrieden kommentierte die Meldung: "Damit ist der Friede auch im katholischen Vereinsleben wieder hergestellt und gesichert"[3].

Wenige Tage nach dem Verbot vom 1.7.1933 wurden führende Persönlichkeiten des F.D.K. sowie der RMV verhaftet: P. Stratmann, P. Lenz, W. Dirks, F. Dessauer und H. Knecht.
Am 4.7., einen Tag vor seiner Verhaftung, hatte Stratmann noch schriftlich gegen das Verbot und die Beschlagnahmungen protestiert sowie die Vorwürfe gegen den F.D.K. zurückgewiesen[4].

---

1) Man denke nur an die Vorliebe für die "Katholische Aktion", die ja völlig unpolitisch war.

2) Vgl. Stasiewski (Hrsg.), Akten deutscher Bischöfe, S.320 ff.; vgl. BAUER, Clemens, Erzbischof Gröber, S.291.

3) W.T.B. (= Wolffsches Telegraphenbüro) vom 18.7.1933, Nr.1740.

4) Vgl. STRATMANN, In der Verbannung, S.26.

Paulus Lenz, der Generalsekretär des F.D.K., erfuhr von der Versiegelung des F.D.K.-Büros auf einer Vortragsreise. Am 2.7.1933 richtete er ein Schreiben an mehrere deutsche Erzbischöfe und Bischöfe, in dem er den F.D.K. gegen die Anschuldigungen verteidigte[1]. Er stellte dabei besonders die Übereinstimmung des F.D.K. mit der päpstlichen Lehre und den bischöflichen Verlautbarungen heraus und wies den Vorwurf parteipolitischer Bindung und Betätigung entschieden zurück. Lenz erbat den Schutz und "das Eintreten" der Bischöfe "für den Weiterbestand" des F.D.K.. Der Bund selbst wolle nichts unternehmen, stelle sich aber den Polizeibehörden freiwillig zur Verfügung.
Nach bevor Lenz den Brief unterzeichnen und absenden konnte, wurde er verhaftet; er blieb bis zum 17. November 1933 in Schutzhaft.

Der erhoffte Schutz für den F.D.K. blieb aus. Die Enttäuschung über diese Situation läßt der Brief des ehemaligen F.D.K.-Vorsitzenden, Schulrat Miller, an den Bischof von Rottenburg erkennen: "Nicht verschweigen will ich, daß unter uns katholischen Pazifisten, die wir wirtschaftlich und beruflich bedroht sind, ein Gefühl grenzenloser Verlassenheit und einer dementsprechenden Erbitterung Platz gegriffen hatte, weil von all den Bischöfen, die wir angerufen hatten, ein großer Teil überhaupt keine Antwort gab, wie selbst Eminenz Bertram (...) - oder aber mit einigen kalten Worten des Kanzleitrostes abfertigten"[2].

---

1) Brief von Paulus Lenz, an mehrere deutsche Bischöfe, vom 3.7.1933 (Nachlaß Faulhaber).

2) Bistumsarchiv Rottenburg. Ähnlich äußerte sich auch Kl.M.Faßbinder in einem Brief an Kardinal Faulhaber vom 30.8.1933. "...in weiten katholischen Laienkreisen (herrscht) das bittere Gefühl, man habe im Konkordat zwar an den Klerus gedacht und an die katholischen Vereine, aber nicht an die katholischen Laien, die doch auch zur katholischen Kirche gehören und ein Recht auf ihren Schutz haben." (Nachlaß Faulhaber)

Der Vorsitzende der Berliner F.D.K.-Gruppe, Dr. Franz Kloidt[1], hoffte, durch persönliche Vorsprache bei Erzbischof Gröber wenigstens "eine Anerkennung des Friedensbundes und seiner Bestrebungen von höchster Stelle" erreichen zu können[2]. In dem Empfehlungsschreiben schrieb der Berliner Generalvikar u.a.: "Ob Kardinal Pacelli das zum Gegenstand einer Aussprache mit Herrn von Papen bei dessen nächster Anwesenheit in Rom machen kann, wollen Ew. Exzellenz gütigst erwägen".

Nachdem im Fall Stratmann im August 1933 zu befürchten stand, daß Anklage erhoben und Untersuchungshaft angeordnet werden könnte[3], wandten sich Prälat Lichtenberg und P.M. Vetter O.P., als Vertreter der Dominikanerprovinz, mit einem Bittschreiben an den deutschen Episkopat. Sie baten die Bischöfe, "sich der Angelegenheit des früheren Friedensbundes Deutscher Katholiken (FDK) und besonders seines ehemaligen Bundesführers P. Franziskus M. Stratmann O.P. annehmen zu wollen"[4]. Sie äußerten die Hoffnung, daß im Rahmen der Konkordatsnachfolgeverhandlungen eine befriedigende Lösung möglich sein werde. (Daß der F.D.K. gar nicht zur Diskussion stand, wußten sie nicht)[5]. Wegen der "im ganzen Reiche (umlaufen-

---

1) Vgl. KLOIDT, Verräter oder Martyrer?

2) Stasiewski (Hrsg.), Akten deutscher Bischöfe, Nr. 52, S. 264.

3) Vgl. Brief Stratmann an seinen Ordensprovinzial, vom 30.8.1933 (Historisches Archiv des Erzbistums Köln).

4) Brief vom 6.9.1933 (Historisches Archiv des Erzbistums Köln 382 I/33, teilweise gesperrt).

5) s. oben S.285. HOFER, Die Diktatur Hitlers, S.77: "Das Verbot der parteipolitischen Tätigkeit von Geistlichen und Ordensleuten hat Hitler selbst als "conditio sine qua non für das Zustandekommen des Reichskonkordats " bezeichnet". Vgl. BAUER, Clemens, Erzbischof Gröber; BRACHER, Nationalsozialistische Machtergreifung.

den) falschen Gerüchte, Irrtümer und Mißverständnisse" sahen sich die Verfasser des Briefes veranlaßt, die Anklagen gegen den F.D.K. eingehend zu widerlegen. In Bezug auf die Verhafteten machten sie darauf aufmerksam, daß die Annahme, die "verhängte Schutzhaft (würde) nach gewisser Zeit ohne weiteres aufgehoben ..., ... sich mehr und mehr als irrig (erweist)"[1].

Bereits zu diesem Zeitpunkt waren also die Praktiken der NS-Justiz bekannt. Daß in diesem Schreiben so nachdrücklich darauf hingewiesen wurde, muß als Indiz für die fehlende Erkenntnis und die Gutgläubigkeit der Bischöfe gewertet werden[2].

Es muß dann doch zu Verhandlungen gekommen sein[3], denn P. Stratmann sollte, nachdem im November 1933 seine Haft in Hausarrest verwandelt worden war, "im Einvernehmen mit der Gestapo" die Stelle des deutschen Pönitentiars in St. Maria Maggiore, Rom, antreten[4]. Einer erneuten Anklage konnte er sich durch vorzeitige Abreise nach Rom entziehen. Als ihm dann 1938 sein Paß nicht verlängert wurde, ging er nach Holland, wo er sich während der deutschen Besatzung im Kloster Venlo versteckt hielt[5].

Auch in den folgenden Jahren blieben F.D.K.-Mitglieder der nationalsozialistischen Verfolgung ausgesetzt. 1934 wurden Antz, Rüther und Kolvenbach endgültig aus dem Staatsdienst entlassen. Im gleichen

---

1) Brief von Prälat Lichtenberg und P.M.Vetter O.P., vom 6.9.1933 (Historisches Archiv des Erzbistums Köln).

2) Vgl. LEWY, S. 352;er spricht von naivem Vertrauen und Wunschdenken.

3) Belege dafür konnten jedoch nicht ausfindig gemacht werden.

4) Vgl. STRATMANN, In der Verbannung, S. 31.

5) Vgl. ebd. S. 27 - 31.

Jahr konnte P. Lenz noch legal nach Frankreich auswandern; Fr. Müller emigrierte in die USA. 1937 fand der große Schauprozeß gegen Kaplan Dr. Rossaint statt[1]. P. Ohlmeier O.F.M. wurde 1941 vorübergehend verhaftet.
Richard Kuenzer schloß sich der Widerstandsbewegung an. Er gehörte zum Kreis um Goerdeler und zum Solfkreis[2]. Im September 1944 wurde er zusammen mit Graf Bernstorff, dem früheren Oberbürgermeister von Berlin, Elsas, dem Gesandten Otto Kiep und Elisabeth v. Thadden hingerichtet[3]. Das Schicksal M. J. Metzgers ist hinlänglich bekannt[4]. Sein Todesurteil wurde am 17. April 1944 vollstreckt. Im KZ Sachsenhausen kam am 30.1.1945 Reichsarchivrat Dr. K.H. Schäfer, Mitglied der Berliner F.D.K.-Gruppe, ums Leben.
In den Propaganda-Prozeß gegen Dr. Rossaint war auch Prälat Lichtenberg verwickelt[5]. Als Vorstandsmitglied der "Arbeitsgemeinschaft der Konfessionen für den Frieden", der auch Juden angehörten, und als Leiter der Hilfsstelle für getaufte Juden, war Lichtenberg über die "Judenfrage" genau informiert und "befand sich ... unaufhörlich im Kampf"[6]. Nachdem er mehrfach öffentlich für die KZ-Häftlinge und die Juden gebetet hatte, wurde er am 23. Oktober 1941 verhaftet. "Bei der gleichzeitigen Haus-

---

1) Vgl. WEISENBORN, Der lautlose Aufstand, S. 72; Rossaint wurde zu elf Jahren Zuchthaus verurteilt.

2) Vgl. ebd. S. 128, 131, 155 und 207.

3) Vgl. ebd. S. 131.

4) Vgl. MÖHRING; DROBISCH; BECKER, W., Max Josef Metzger; OTT, S. 330.

5) Vgl. WEISENBORN, Der lautlose Aufstand, S. 56.

6) ebd. S. 56; vgl. ERB, Bernhard Lichtenberg, S. 30.

suchung fanden die Schergen den Entwurf einer für den nächsten Sonntag vorgesehenen Kanzelverkündigung gegen die Judenhetze, die gerade in jenen Tagen ... bis aufs höchste gesteigert worden war"[1]. Die Vermeldung hatte folgenden Wortlaut:

"In Berliner Häusern wird ein anonymes Hetzblatt gegen die Juden verbreitet. Darin wird behauptet, daß jeder Deutsche, der aus angeblich falscher Sentimentalität die Juden irgendwie unterstützt, und sei es auch nur durch ein freundliches Entgegenkommen, Verrat an seinem Volke übt. Laßt Euch durch diese unchristliche Gesinnung nicht beirren, sondern handelt nach dem strengen Gebot Jesu Christi: "Du sollst deinen Nächsten lieben wie dich selbst"."[2].

Im Mai 1942 wurde Lichtenberg zu zwei Jahren Gefängnis verurteilt. Am 23. Oktober 1943 entließ man ihn aus dem Gefängnis, um ihn ins KZ Dachau zu überführen. Durch die Haft schwerkrank überstand er den Gefangenentransport nicht mehr[3].

Zu erinnern ist hier auch an das Schicksal Bischof Sprolls von Rottenburg - der als einziger Bischof den F.D.K. von Anfang an befürwortet und unterstützt hatte -, der 1938 aus Rottenburg vertrieben wurde und erst 1945 dorthin zurückkehren konnte[4]. Mit der offenen Kritik und unerschütterlichen Standfestigkeit gegen den Nationalsozialismus, die er in dem beherzten Schritt der Wahlverweigerung von 1938 nur einmal mehr bewies, hat Sproll ein - für seine Position - einmaliges Zeugnis katholischen Widerstands gegeben.

---

1) ERB, Bernhard Lichtenberg, S. 30.

2) Zit. nach WEISENBORN, op.cit. S. 59.

3) vgl. ebd. S. 60.

4) Vgl. KOPF und MILLER, Die Vertreibung des Bischofs Joannes Baptista Sproll von Rottenburg 1938-1945; SPAETH, Bischof Joannes Sproll.

Umso unverständlicher ist es, daß sein Beispiel in der - katholischen - Historiographie bis vor kurzem fast völlig ignoriert wurde. In monographischen Werken über Katholizismus und Nationalsozialismus oder in biographischen Sammelwerken sucht man seinen Namen meist vergebens[1].

1) z.B. ZIPFEL, Kirchenkampf in Deutschland 1933-1945; STEINERT, Hitlers Krieg und die Deutschen; SIEGELE-WENSCHKEWITZ, Nationalsozialismus und Kirchen; MORSEY (Hrsg.), Zeitgeschichte in Lebensbildern; ZAHN, Die deutschen Katholiken und Hitlers Kriege; LEWY, Die katholische Kirche und das Dritte Reich; ADOLPH, Die katholische Kirche im Deutschlands Adolf Hitlers; JUNKER, Die deutsche Zentrumspartei und Hitler 1932-33; SPAEL.

XIII. Schlußbetrachtung: Zur Theorie der Friedenspolitik

Abschließend sollen die politischen Vorstellungen des F.D.K. zusammengefaßt und auf ihre politiktheoretischen Implikationen hin untersucht werden.

Zwei Aussagen erscheinen mir als Kernsätze,die den Schlüssel zum politischen Verständnis des F.D.K. beinhalten:
Die Konferenz von Locarno hat "den Versuch gewagt, den Frieden mit den Mitteln des Friedens zu organisieren ..."[1)]
"Wahre Landesverteidigung besteht einzig ... in einer von christlichem Geist beseelten Außenpolitik"[2)].

Wie der F.D.K. dies verstanden wissen wollte, lassen folgende Grundgedanken seiner Stellungnahmen erkennen.
Die Forderungen nach unkriegerischer Konfliktlösung, Nächstenliebe auch in den internationalen Beziehungen und Völkerversöhnung sind als Gerüst des außenpolitischen Verständnisses des F.D.K. bezeichnet worden[3)].
Angelpunkte seines Friedensbegriffs und Staatsverständnisses waren die Hervorhebung der Menschenrechte, als Recht auf Leben sowie als Vorrecht des Gewissens vor allen kollektiven Autoritäten. Kennzeich-

---

1) s. oben S. 178.
2) s. oben S. 153.
3) s. oben S. 161.

nend war ferner, daß der Friedensbund den Frieden nicht durch bestimmte Ordnungsmuster bzw. Friedenspläne, sondern durch Interaktionsmodelle - Gemeinschaft und Familie - beschrieb. Seine wiederholten Forderungen nach neuem Geist, neuen Methoden und Einstellungen in der Politik und in der öffentlichen Meinung zielten ebenfalls auf die Art der Interaktion des politischen Handelns.

Die in diesen Grundgedanken enthaltenen Ansätze zu allgemeineren Aussagen über Politik entfaltete der F.D.K. nicht. Welche politiktheoretische Substanz seinen Stellungnahmen und Postulaten zukommt, welche Gültigkeit und Relevanz sie noch heute beanspruchen können, ist m.E. aber von einigem Interesse, zumal da diese Fragestellung, in der 'politischen Theologie' beispielsweise, noch immer zur Diskussion stehen[1]. Zwar soll und kann hier keine politische 'Theologie' betrieben werden, wohl aber eine politische Theorie, die sich den religiösen und theologischen Inhalten und Forderungen stellt und sie auf ihre allgemeine, 'politische' Bedeutung hin untersucht[2].

---

1) Vgl. METZ, Zur Theologie der Welt; und ders., Friede und Gerechtigkeit; Zur Kritik der 'politischen Theologie' vgl. MAIER, Hans, Kritik der politischen Theologie.

2) Vgl. CZEMPIEL: "Die Lehre der Evangelien läßt sich - wenngleich natürlich nicht vollständig - fugenlos in die Begriffe Friede und Einheit übersetzen, denen man noch die Wohlfahrt hinzufügen kann. Sie könnten zum Ausgangspunkt einer Theorie der Auswärtigen Politik werden, in der sich Antriebe aus dem Glauben und politische Interessen treffen, in der, verkürzt ausgedrückt, der Glaube dazu beiträgt, politische Interessen zu formulieren" (S.39).

Als Ansatz und politiktheoretische Orientierung sollen hierbei Hannah Arendts Ausführungen über das politische Handeln dienen[1].

1. Die politische Dimension des christlichen Liebesgebots

Hannah Arendt hat das Verzeihen zur grundlegenden Kategorie menschlichen Handelns - im Sinne der Autorin also öffentlichen, politischen Handelns - erklärt, da Verzeihen von den unwiderruflichen und unabsehbaren Folgen menschlicher Taten entbindet und so die fortfolgenden Verstrickungen der Schuld löst. Durch Verzeihen wird Vergangenheit 'bewältigt' und zu neuer Zukunft befreit[2]; erst Verzeihen ermöglicht Handeln. Da Handeln seinerseits öffentlichen Raum überhaupt konstitutiert, gehört Verzeihen unabdingbar in den Bereich öffentlichen, d.i. politischen Handelns.
Die Wirkungen des Verzeihens für "den Bereich menschlicher Angelegenheiten" sieht die Autorin exemplarisch realisiert in den "Aspekten der Predigt Jesu von Nazareth, ... die nicht primär auf die christliche Heilsbotschaft bezogen sind, sondern vielmehr den Erfahrungen entsprachen, die die Urgemeinde der Jünger in ihrem Konflikt mit den öffentlichen Behörden in Israel gemacht hatte, und die als solche keineswegs ausschließlich religiöser Natur sind". Sie hält diese politischen Erfahrungen von "so elementarer Natur, ... daß man den politischen Bereich

1) Vgl. ARENDT, Vita activa, vor allem S. 231 ff.
2) Vgl. ebd. S. 236.

schwerlich auch nur im Rohen abstecken kann, ohne ihnen Rechnung zu tragen"[1].

Das Verzeihen aus der 'eigentlichen' Heilsbotschaft auszuklammern und irgendeinem (welchen?) peripheren Bereich einzuordnen, erscheint jedoch fragwürdig[2]. Verzeihen - und mehr noch Versöhnung - ist vielmehr als Ausdruck und Kennzeichen der Heilsbotschaft Jesu und damit zugleich als Ausdruck der Liebe, dem eigentlichen Inhalt seiner Botschaft, zu verstehen.
Obwohl H. Arendt die politische Bedeutung des Verzeihens am Beispiel Jesu darlegt, hält sie den eigentlichen Grund dieses Handelns, die Liebe, nicht für eine notwendige Bedingung des Verzeihens[3]. Diese m.E. nicht einsichtige Schlußfolgerung braucht hier nicht diskutiert zu werden, da für unseren Zusammenhang nur der Kern dieser Theorie entscheidend ist, nämlich,daß Verzeihen Bedingung öffentlichen, politischen Handelns ist, sowie die Tatsache, daß am Handeln Jesu "elementare" politische Erfahrungen abzulesen sind. "Elementare politische Erfahrungen" ausfindig machen bedeutet nicht, Rezeptieren bestimmter Verhaltensmaßregeln, wohl aber Erkenntnis der Wesensmerkmale, der 'Struktur' dieses Handelns.

---

1) Vgl. ARENDT, Vita activa, S. 234.

2) Schon die Bezeichnung als 'Lehre' ist fragwürdig, denn Jesu Botschaft zeichnet sich gerade dadurch aus, daß sie gelebtes Zeugnis, daß sie Beispiel ist; (s. unten S.298).

3) Vgl. ARENDT, Vita activa, S. 237 f.

Vergegenwärtigt man sich Jesu öffentliches Wirken, so kann man zweifelsohne eine Reihe typischer Beispiele und Aspekte seines Handelns herausfinden, denen allgemeine und politische[1] Bedeutung zukommt.

Eminent politisch war, daß er den öffentlichen Raum wieder für alle geöffnet hat[2], auch und gerade für die, die sonst öffentlich nicht existierten, nämlich für die 'Armen' (die Eigentumslosen, die Sklaven, die Frauen), für die 'Barbaren' (die Fremden, die Unreinen), für all die, die nicht zum Tempel, zum auserwählten Volk (nicht zur 'Polis') gehörten. Sowohl im Zorn gegen die 'Gerechten', weil sie meinen, des Neu-Anfangs[3] nicht zu bedürfen, als auch in der Gnade gegen die 'Ungerechten', die sich allein nicht helfen können, beweist sich das Prinzip seines Handelns: die Sorge um das "Wer des anderen"[4], das sich manifestiert in der Sorge um das "Wie" seines Lebens.

Dieses Handeln lenkte den Zorn der Herrschenden auf ihn. Die Anklage betraf sein Königtum, nicht seine Gottessohnschaft. Nicht wegen religiöser oder theologischer Verfehlungen, sondern wegen öffentlichen, politischen Ärgernisses wurde er verurteilt. - Bei Lukas heißt es: "Wir haben festgestellt, daß dieser unser Volk aufwiegelt und es abhält, dem Kaiser

---

1) 'Politisch' ist hier stets im Sinne Hannah Arendts als öffentliches Miteinander-Handeln zu verstehen.
Die im folgenden angeführten Beobachtungen und Beispiele beanspruchen selbstverständlich keine Vollständigkeit.

2) Vgl. METZ, Zur Theologie der Welt, S. 13.

3) Im Sinne Hannah Arendts also 'des Verzeihens' als der Bedingung des Handelns.

4) Mit diesem Begriff bezeichnet Hannah Arendt den eigentlichen 'Gegenstand' der Liebe (vgl. ARENDT, Vita activa, S. 237).

Steuern zu zahlen, und sagt, er sei der Messiaskönig"[1].

Jesu Handeln ist gekennzeichnet von dem Versuch, die Menschen und ihre separierten nationalen, religiösen und sozialen Öffentlichkeiten aus ihrer Separiertheit und Isolation wieder herauszulösen, um sie wieder zu sich selbst und zueinander finden zu lassen und um wieder die Einheit des Allgemeinen herzustellen.
Wenn diese Allgemeinheit wirklich gewährleistet werden soll, dann muß sich Vergeben auf alle erstrecken, dann muß es auch und gerade dem 'Feind' gelten. Gemeinsames, allgemeines Handeln kann glaubhaft nicht geschehen, wenn bewußt Teile des Allgemeinen ausgeklammert werden. Allgemeinheit ist erst dann erreicht, wenn auch dem 'Feind' die vollen 'Bürgerrechte' eingeräumt sind, wenn er nicht ausgeschlossen bleibt. In der Feindesliebe bewährt sich die bewußte Anerkennung und Realisierung der Unteilbarkeit des Menschseins, die Annahme des anderen als eines Teils des Allgemeinen und als das Korrelat des eigenen Selbst.

Ausgesprochen 'politisch' am Handeln Jesu ist ferner die Tatsache, daß Jesus sich der Öffentlichkeit entzog, sobald diese ihn aus sich, aus dem Unter-den-Menschen-sein, entlassen, ihn über sich erheben und damit wieder eine Separation, einen Gegensatz zwischen sich und ihm aufbauen wollte[2]. Es hätte aber die Allgemeinheit, die freie Gemeinschaft-

---

1) Lk. 23,2; zit. nach: Deutsche Ausgabe der Jerusalemer Bibel.

2) Z.B. als das Volk ihn zum König machen wollte; vgl. Jo 6,15.

lichkeit der Öffentlichkeit sowie die Freiheit des einzelnen zerstört, wenn Jesus dem Ansinnen, seine Macht zur Herrschaft zu gebrauchen, stattgegeben hätte. Indem er der Versuchung der Macht widerstand, hat er freies menschliches Handeln weiter ermöglicht und nicht abgeschnitten. Er setzte sich nicht 'über' die Menschen, sondern blieb 'unter' ihnen. Er respektierte ihr Urteil und lieferte sich ihm aus. Als der "neue Adam" gab er der Versuchung "wie Gott sein" (auftreten) zu wollen, nicht nach: Obwohl ihm Macht wesentlich eignete, machte er sie sich nicht zu Diensten, 'gebrauchte' er sie nicht zur eigenen Verherrlichung, sondern sie ereignete sich unter den Menschen, im Dienst an ihnen.
Jesu Herrschaft (Königtum) bewies sich darin, daß er nicht wie die Machthaber seine Macht ausspielte - "seine Diener" für sich kämpfen ließ -, um sich zu retten, sondern daß er dieser Gewalt, diesem Denk- und Interaktionsschema ('dieser' Welt) widerstand, sie nicht mit ihren Mitteln 'besiegte', sondern sie durch sein Zeugnis von der Wahrheit (Jo 18,37), vom wahren Leben, überwand.

Von diesem menschlichen Handeln 'unter' den Menschen Beispiel gegeben zu haben[1], darin liegt die allgemeine, politische Bedeutung des Handelns Jesu, darin besteht auch seine unvergleichliche

---

1) Über die Bedeutung des Beispiel-Gebens als Zeugnis der Wahrheit vgl. ARENDT, Wahrheit und Politik, S. 70 f.; "Nietzsche hatte ganz recht, wenn er sagte: 'Ich mache mir aus einem Philosophen gerade so viel, als er imstande ist, ein Beispiel zu geben'."

Einmaligkeit[1]. Denn während sonst jegliches Handeln sich verdinglicht, nie ganz seiner Wahrheit identisch wird, ist das Handeln Jesu greifbar (Fleisch-)gewordene Wahrheit, Gestalt gewordene Liebe.
Während aus der Idee der Wahrheit nur die "Idee des wahren Lebens" abgeleitet werden kann, kann die (vor-)gelebte Wahrheit Beispiel geben zum Metanoeite, zum Ändern verfestigter, noch nicht wahrer menschlicher Situation.

Handeln nach diesem Beispiel schließt, wie Jesu Handeln, eo ipso öffentliches politisches Handeln ein. Es vollzieht sich im freien, allgemeinen mit -menschlichen Miteinander-Umgehen, das Macht nicht aus der allgemeinen Interaktion herauslöst und dadurch Freiheit respektiert. Es geschieht aus der Sorge um das "Wer des anderen" - und der vielen anderen -, die zugleich die Sorge um sein "Wie" ist. Es ist deswegen ein Handeln, um zu dienen, nicht um zu herrschen.
Dieses Beispiel und Handeln nach ihm, "aus der Wahrheit" (Jo 18,37), ist nicht 'regulative Idee',

---

1) Das Leben und Handeln des Sokrates unterlag der Dialektik, dem kritischen Hinterfragen. Nur so konnte es verfälschender Verdinglichung entgehen. Sokrates mußte sich der konkreten Situation immer wieder entziehen, mußte sich in politicis ironisch verweigern, weil er nichts endgültig wußte, weil er wahr von der Wahrheit nur in Zweifel und Negation, nur dialektisch Zeugnis geben konnte (vgl. KIERKEGAARD, Über den Begriff der Ironie, S.163 ff. und 179 ff.). Seine Aussage, daß es "besser ist, Unrecht zu leiden als Unrecht zu tun", konnte er erst durch seinen Tod bezeugen (vgl. ARENDT, Wahrheit und Politik, S.70). Christus dagegen hat mit seinem Leben, d.h. mit seinem öffentlichen Handeln, von der Wahrheit Zeugnis gegeben.

sondern 'regulative Praxis'[1].
In diesem hier angedeuteten Sinn hat das Postulat von der allgemeinen und politischen Gültigkeit der christlichen Nächstenliebe seine volle Berechtigung.

2. Völker-Versöhnung

Ausdruck der christlichen Nächstenliebe sind Verzeihen und Versöhnung. Sie überwinden Schuld, machen Neu-Anfang möglich. Verzeihen ist jedoch ein einseitiger Akt, ein Handeln des Subjekts am Objekt. Versöhnen dagegen verlangt ein beidseitiges Miteinander-Handeln zweier Subjekte.
Verzeihen allein, ohne Zutun des 'Schuldigen', beläßt diesen in einer Abhängigkeit und Unterwürfigkeit der Dankespflicht für empfangene Gnade, löst ihn nicht aus Passivität und Unfreiheit heraus.
Die Möglichkeit des Schuldigen, von sich aus einen Anfang neuen Handelns zu setzen, liegt in der Sühne. Indem er frei - nicht oktoyiert - Sühne leistet, erweist er sich als 'gleichberechtigtes' Sub-

---

1) Sie ist nicht "Orthopraxie" (um den polemischen Begriff von Hans Maier, - Kritik der politischen Theologie, S.38, - aufzugreifen), weil "Orthopraxie" wie Orthodoxie eo ipso auf Abgrenzung zielen, Nicht-Orthodoxes ausschließen. "In der Wahrheit leben" heißt nicht, Unfehlbarkeit für konkrete Realisationen beanspruchen. Denn mit dem Operationalisieren zu einem System von Verhaltensweisen, 'Methoden', wird das Prinzip immer 'kanalisiert', also eingegrenzt und dezisionistisch in eine bestimmte Richtung geleitet. Bei aller Notwendigkeit zum Operationalisieren heißt "in der Wahrheit leben", sich der Begrenztheit, Vorläufigkeit und Schuldhaftigkeit allen Handelns bewußt bleiben und dies durch Offenheit, Bereitschaft zum Verändern nach Maßgabe des Beispiels wahren Lebens zu verifizieren.

jekt, das wie der Verzeihende Möglichkeit zu handeln hat. Zwar kann der Schuldige durch Sühne Verzeihen nicht erzwingen, aber er kann es provozieren.
Verzeihen allein, das nicht akzeptiert wird, bleibt fruchtlos. Zu wirklich freiem Handeln befreit also erst Versöhnung, als schuldüberwindendes Miteinander-Handeln freier Subjekte.
Da immer wieder neu Schuld geschieht, kann Versöhnung nicht endgültig und unverlierbar 'erreicht' werden[1] - ebenso wenig wie Freiheit -, dennoch hat sie ihre Wirklichkeit und gehört - wie Freiheit - konstitutiv zum menschlichen, zum politischen Handeln.

Versöhnung für das politische Handeln zu fordern, ist demnach durchaus berechtigt. Wenn man Politik als allgemeines Miteinander-Handeln, als Integration widerstrebender Interessen und Meinungen versteht, dann erscheint Versöhnung geradezu als eine verdichtete Möglichkeit von Politik, weil sie die durch Schuld gestörte Gemeinschaft des öffentlich Miteinander-Umgehens wieder herstellt.

Bezogen auf Außenpolitik bedeutet das beispielsweise: Wo Schuld zwischen Völkern bzw. Staaten vorliegt und das Verhältnis zweier Staaten belastet, ist Wiedergutmachung (Sühne) geboten, sind Vergebung und glaubhafte Zeichen guten Willens nötig, um das zerstörte gute Verhältnis wiederherzustellen. Wie im individuellen Bereich kann Versöhnung auch zwischen Kollektivindividuen nicht durch einen ein-

---

1) Positiv wäre Versöhnung, nach Adorno, zu umschreiben als "Identität des nicht länger feindselig Vielen" (Negative Dialektik, S. 18).

zigen Akt, z.B. einen Vertrag erreicht werden, vielmehr bedarf sie der Anstrengung einer kontinuierlichen Aktualisierung durch unmißverständliche Gesten in allen wesentlichen Bereichen, die dieses Kollektivindividuum konstituieren.
Völkerversöhnung kann demnach kein generelles Postulat von Politik sein, weil sie eben nur unter bestimmten Bedingungen erforderlich wird. "Versöhnungspolitik" ist also nicht synonym mit "Friedenspolitik" zu verwenden. Der F.D.K. hat das offenbar gesehen, in den späteren Jahren sprach er nicht mehr von Versöhnungs-, sondern von Verständigungspolitik.

Obwohl die F.D.K.-Forderungen nach (außen)politischer Gültigkeit des christlichen Liebesgebots und nach Völkerversöhnung also berechtigt sind, erwecken sie im konkreten Kontext mitunter doch den Eindruck unpolitischen Moralisierens, vordergründiger Übertragung religiöser bzw. moralischer Maximen auf das Politische.
Dennoch lag diesem 'Moralisieren' eine allgemeine Erkenntnis zugrunde, nämlich die von der Unteilbarkeit der Moralität, von der Interdependenz öffentlicher und privater Moral. Am Beispiel des Militärischen zeigte der F.D.K. die Interdependenz von öffentlicher und privater Moralität auf[1].

Das Militärische, in der Politik ultima ratio, in der öffentlichen Meinung Feld der Ehre und des He-

1) s. oben S. 142 ff.

roismus, in der Gesellschaft Reputation usw. sei von solcher Ubiquität, seine Stabilität ruhe auf solch multipler Verflochtenheit, daß das gesamte öffentliche und private Bewußtsein, Verhalten und Handeln davon mitgeprägt werde[1]. Einer Änderung dieser Verhältnisse räumte der F.D.K. nur dann eine Chance ein, wenn zugleich auf mehreren Ebenen Änderungen einträten.
Impulse dazu erwartete er sowohl von der verantwortlichen Regierungspolitik, weil sie maßgeblich Prozesse in Gang setzen bzw. halten und dabei positive Ergebnisse erzielen könne, als auch noch mehr von der öffentlichen Meinung und der wachsenden Demokratie.
Er war überzeugt, daß freie Diskussion und Konsensbildung in Sachen Krieg und Frieden eindeutig zu Gunsten des Friedens ausfallen würden.
Die Praktizierung solcher Kommunikation betrachtete er als teilweise Verwirklichung des Friedens. Größere Partizipation aller und breiter gestreute Machtverteilung hielt er für Voraussetzungen des Friedens.

3. Gewaltloses Handeln

Den Frieden mit den Mitteln des Friedens zu organisieren, diesen Grundgedanken des F.D.K. hatten die Richtlinien formuliert als Überzeugung, "daß es andere Mittel gibt als Gewalt und Krieg", um Konflikte zu lösen[2].

---

1) s. oben S. 145 f. und 292 f.

2) Richtlinien Punkt 4.

Radikal 'anderes' Mittel war das gewaltlose Handeln bzw. der 'passive Widerstand'. Die Formen und Methoden solchen Handelns waren damals noch nicht sonderlich entwickelt[1]. Praktische Beispiele gab es nur in der Gandhi-Bewegung, in der englischen und amerikanischen Kriegsdienstverweigerungsbewegung und in den Erfahrungen des Generalstreiks infolge des Kapp-Putsches. Soziale gewaltlose Aktion zur Durchsetzung politischer Rechte und sozialer Gerechtigkeit gab es damals noch nicht.

Der F.D.K. erörterte dieses Thema deswegen auch ausschließlich im Hinblick auf eine äußere Invasion.

In seiner Denkschrift an den Reichsparteitag der Zentrumspartei in Köln, im Dezember 1928, erklärte er: "Die Friedensbewegung intendiert darum (wegen der Unbrauchbarkeit der kriegerischen Notwehr, - d.Verf.) im allgemeinen bei einem notwendig werdenden Abwehrkampf auf die Durchführung eines passiven Widerstandes hin"[2].

Die Resolution der Frankfurter Bundestagung, 1929, forderte: "Ausgestaltung anderer und besserer Verteidigungsmittel. Erziehung dazu, wie Generalstreik gegenüber fremder Willkürherrschaft, passiver Widerstand"[3].

---

1) Einen Eindruck vom damaligen Stand der Diskussion vermittelt das 'Handbuch der Gewaltlosigkeit', hrsg. von Franz Kobler, 1928.

2) Denkschrift des F.D.K. an den Reichsparteitag der Zentrumspartei in Köln, 1928, a.a.O., S. 3, teilweise gesperrt.

3) Aus Punkt 6. der Resolution der Frankfurter F.D.K.-Bundestagung, zit. in: FK 5 (1929) Nr.9/10, S. 24.

Dazu seien "ganz neue Manöver" nötig, die ebenso generalstabsmäßig geplant und geübt werden müßten wie die militärische Verteidigung. Über die notwendigen und möglichen Strategien herrschte allerdings weitgehend Unklarheit bzw. Unkenntnis. Als Methoden erwog man

auf politischer Ebene, die Anrufung des Völkerbundes und die damit verbundene moralische Disqualifizierung des Angreifers,

auf ökonomischer Ebene, den totalen Wirtschaftsboykott und

auf gesellschaftlicher Ebene, die totale Verweigerung gegen die Okkupanten.

Abgesehen von den geringen Erfolgsaussichten wegen der immensen Schwierigkeiten seiner Realisation, krankt dieses Konzept auch an seinem Grundgedanken: der totalen Verweigerung, dem totalen Abbruch der Kommunikation - außer auf höchster politischer Ebene, wo sie allerdings auch nicht direkt, sondern nur über dritte vorgesehen war.

Ein solches Konzept widerspricht kommunikativem politischem Handeln, erst recht widerspricht es einem ausdrücklich auf Frieden gerichteten Handeln, das gerade auch in einer gewalttätigen Situation nicht mit gleichen bzw. ähnlichen Mitteln reagiert, das sich eben nicht zum völligen Abbruch der Kommunikation provozieren läßt, das vielmehr Unrecht und Feindschaft (nicht den 'Feind') durch Kommunikation zu überwinden sucht. Das heißt, erforderlich ist ein Handeln, das trotz allem die Person des anderen, sein"Wer", nicht negiert, das vielmehr dessen falsches Handeln kritisiert und

zu überwinden trachtet. Es versucht dies, indem es das Unrecht und den Schaden vor Augen führt, den der 'Aggressor' in seinem Tun aufgrund der gemeinsamen Situation auch sich selbst zufügt. Eingedenk eigener Schuldhaftigkeit sucht es den Schuldigen von der Nutzlosigkeit und der ihn selbst treffenden Nachteiligkeit und Destruktivität seines Tuns zu überzeugen. Es muß ihm aber dabei zugleich seine eigene nicht-aggressive nicht feindselige, sondern an der Gemeinsamkeit interessierte Absicht glaubhaft versichern. Die Zeichen, die zu setzen sind, um den anderen, vermeintlich Stärkeren - in seiner inneren Konstitution und Kommunikationsfähigkeit Schwächeren - zurückzugewinnen, kosten einen Preis, kosten Kraft und Opfer. Sie sind nicht vergebens, wenn die Absicht, nicht das Abträgliche (Böse), sondern das Förderliche (Gute) für den anderen zu wollen, glaubwürdig unter Beweis gestellt wird.
Der Beweis besteht darin, in freier Tat "auch die andere Wange" hinzuhalten, dem anderen durch diese kühne Tat, den sinnfälligen Beweis des Verzeihens zu geben, ihn somit zu entwaffnen, ihm dadurch zugleich Grund und Legitimation seines Tuns zu nehmen. Nur so wird auch dem 'Aggressor' die Chance gegeben, aus der Eigengesetzlichkeit der Gewalt ("Fluch der bösen Tat") auszubrechen, einen neuen Anfang, freies Handeln zu wagen und nicht länger nur zu reagieren. Die christliche Forderung, auch die andere Wange hinzuhalten, ist also durchaus nicht absurd, wie Hannah Arendt meint[1], sondern sie faßt konzentriert die ganze Wahrheit des

---

1) ARENDT, Vita activa, S. 72.

Verzeihens, das unbegrenzt gilt[1].

Die totale Verweigerung, das Zurückweichen vor der Gewalt, das sich-der-Situation-entziehen und unter-die-Fittiche-einer-höheren-Gewalt-flüchten, wie der F.D.K. passiven Widerstand intendierte[2], durchbricht nicht die Kette der Gewalt, weil es neues aggressives Potential im Betroffenen selbst anstaut und auch den 'Aggressor' erneut provoziert durch die 'Demütigung' einer autoritativen Konfliktentscheidung durch Dritte. Gewalt überwinden kann nur das unerschrockene sich-der-Gewalt-entgegenstellen, das im Anbieten des Opfers den Beweis des Verzeihens erbringt. Inanspruchnahme (stellvertretende) Mächtigerer und totale Verweigerung sind Demonstrationen ohnmächtigen Macht-ausüben-wollens; sie halten am Freund-Feind-Schema fest, sie sollen den 'Feind' in die Knie zwingen. Das Hinhalten auch der anderen Wange dagegen verzichtet darauf, sich über den anderen zu erheben, Macht auszuspielen, und es gewinnt eben dadurch die Macht, zu handeln und zu befreien. Indem der 'Schwächere' seinem erklärten gewaltlosen Anspruch entsprechend zu handeln wagt, entlarvt er die 'Stärke' der (Gewalt-)Tat als Ohnmacht des Handelns, realisiert er Macht, die nur ist "wenn Worte und Taten untrennbar miteinander verflochten erscheinen, wo also Worte nicht leer und Taten nicht gewalttätig stumm sind, wo Worte nicht mißbraucht werden, um Absichten zu verschleiern, sondern gesprochen wird, um Wirklichkeiten zu enthüllen und wo Taten nicht mißbraucht werden, um zu vergewaltigen und zu zerstören, sondern um neue Bezüge zu

---

1) H. Arendt dagegen hält schwere Vergehen, Verbrechen für unverzeihbar (vgl. Vita activa, S. 236).

2) s. oben S. 119 f.

etablieren und zu festigen, und damit neue Realitäten zu schaffen"[1].
Passiver Widerstand, der nur negiert, ist also weder politisch, noch wirklich gewaltlos, d.h. befreiend; er reproduziert nur die gegebenen Machtverhältnisse. Passiver Widerstand als gewaltlose Aktion, als freies und befreiendes Handeln verstanden, gehört dagegen "zweifellos zu den aktivsten und wirksamsten Formen des Handelns, die je ersonnen worden sind, und zwar gerade weil er sich nicht einem Kampf stellt, dessen Resultat die Niederlage oder der Sieg wäre, ..."[2].
Gewaltlose Aktion bricht die gemeinsame Situation nicht ab, sondern bemüht sich, sie zu erhalten und zu verbessern. Sie ist auf das "Wer" des anderen und sein "Wie" gerichtet und bezieht dies in die eigenen Interessen mit ein. Sie ist demnach - und kann nicht anders sein - ein Handeln aus Liebe[3]. Darin liegt ihre einzige 'ratio', auch ihre 'ultima ratio'[4], die - im Gegensatz zu der des Krieges, die zu Lasten des anderen und aller Handeln abbricht - in Selbstentäußerung Zeichen gibt vom wahren Leben. So kann sie aus der ausweglosen, verfahrenen, end-haften Situation (des 'Todes') befreien zu neuem Handeln zu neuem mit-menschlichen Miteinander - für das 'Leben' der Welt. Im Beispiel-geben realisiert dieses Handeln Liebe und Wahrheit und hat darin seine Macht. Es erreicht dann nicht nur

1) ARENDT, Vita activa, S. 194.

2) ebd. S. 194 f.

3) Vgl. GOSS-MAYR, S. 49 ff.; und Handbuch der Gewaltlosigkeit, S. 49 f.

4) s. oben S. 119.

den "Schein der Versöhntheit"[1], sondern Versöhnung, weil es sich nicht gezwungenermaßen das sich Fremde zu eigen machen muß, sondern weil es aus freiem Entschluß das andere, Fremde, Feindliche zu seiner eigenen Sache macht.
In der Stringenz und Kraft, gemeinsames Handeln nicht abzubrechen, sondern dennoch zu wagen und durch dieses Beispiel Hoffnung zu geben auf die reale Möglichkeit wahren Lebens, darin übersteigt 'gewaltloses Handeln' 'politisches Handeln', das den Abbruch der Interaktion im äußersten Fall von vornherein vorsieht, das dadurch aus der Verstrickung der Schuld nicht herauskommt und das Rad der Gewalt nicht aufhält[2].

---

1) Vgl. ADORNO, Negative Dialektik, S. 306.

2) Vgl. SPAEMANN, Moral und Gewalt, S. 241: "Gewalt perenniert den Charakter der Geschichte als eines naturwüchsigen Prozesses. Als ultima ratio bezeichnet sie jedesmal das Scheitern der Vernunft. Gewalt als Geburtshelfer des Neuen, das kann in Wirklichkeit nur heißen, daß das Neue auch wieder nur eine Spielart des Alten ist."

Abkürzungsverzeichnis

AR	=	Allgemeine Rundschau
BVP	=	Bayerische Volkspartei
CSRP	=	Christlich-soziale Reichspartei
DDP	=	Deutsche Demokratische Partei
DFG	=	Deutsche Friedensgesellschaft
DNVP	=	Deutschnationale Volkspartei
F.D.K.	=	Friedensbund Deutscher Katholiken
FK	=	Der Friedenskämpfer
FW	=	Die Friedens-Warte
GWU	=	Geschichte in Wissenschaft und Unterricht
Hl	=	Hochland
HlF	=	Das Heilige Feuer
Ika	=	Internacio Katolica (Internationale Katholische Liga)
KFW	=	Katholische Friedenswarte
KV	=	Kölnische Volkszeitung
LThK	=	Lexikon für Theologie und Kirche
NR	=	Das Neue Reich
NS	=	Nationalsozialismus
RMV	=	Rhein-Mainische Volkszeitung
SchZ	=	Schönere Zukunft
StdZ	=	Stimmen der Zeit
VFL	=	Vom frohen Leben
Z	=	Zentrum

Quellen- und Literaturverzeichnis

I. Ungedruckte Quellen

1. Akten aus staatlichen Archiven

Politisches Archiv des Auswärtigen Amtes

Bestand: Po 5 (Innere Politik)
Po 18 (Pazifismus/Polen)
Po 27 (Katholische Vereinigungen)

Bundesarchiv Koblenz

Bestand: R 43 I 159, 510-514, 557-559, 563, 2198-2201

R 43 II 1405 b

R 55 1272

Landeshauptarchiv Koblenz

Bestand: Abt. 403

Hauptstaatsarchiv Düsseldorf

Bestand: No. 16837, Regierung Düsseldorf (Friedensbund Deutscher Katholiken)

No.15590 ff., (Pazifistische Organisationen)

Akten der Gestapo(leit)stelle Düsseldorf

Bayerisches Hauptstaatsarchiv II (Geheimes Staatsarchiv)

Bestand: MA 93 657, 101 233,
103 199 (Pazifistische Bewegung)
104 441 (Bericht der B.Ges.Päpstl.Stuhl)

B.Ges.Päpstl.Stuhl
956 (Zeitungsausschnitte)
1014 (Berichte)
1024, 1038, 1041 (Schriftwechsel)

Hauptstaatsarchiv Stuttgart

Bestand: E 130 IV 20 (Deutsche Friedensgesellschaft)

J 150 (Flugschriften)

Q 1/2 I 47 (Nachlaß Haußmann)

Stadtarchiv Köln
Nachlaß Wilhelm Marx

Bestand: Bde. 53-55, 1070

2. Akten aus kirchlichen Archiven

Historisches Archiv des Erzbistums Köln
Gen. 53,29 (Pazifismus - Friedensbund Deutscher Katholiken)

Mappen: Seelsorge der Slawen, besonders der Polen

Akten über den Krieg 1914-18, acta belgica

Diözesanarchiv Rottenburg

Registratur Nr. C 16.1 m (Friedensbund Deutscher Katholiken)

Erzbischöfliches Archiv Freiburg

Mappen: Vereine - Weltfriedensbund vom Weißen Kreuz, Internationale Katholische Liga

Die Christlich-Soziale Reichspartei und ihr Organ 'Das Neue Volk'

Münchener Kardinal-Faulhaber-Archiv

(Nachlaß Faulhaber)

Archiv Deutscher Caritasverband

Bestand: CA XXIII 11 (Friedensbund Deutscher Katholiken)

CA I 237 (Maria Siebert)

CA I 113 (Keller-Schilling-Kontroverse)

Archiv des Christkönig-Instituts, Meitingen
Zeitschriften und F.D.K.-Denkschrift

II. Zeitgenössische Zeitschriften

Abendland, 1. Jg. 1925 ff.

Allgemeine Rundschau, 16. Jg. 1919 ff.

Caritas, 34. Jg. 1929 ff.

Das Heilige Feuer, 11. Jg. 1923/24 ff.

Das Junge Deutschland. Überbündische Zeitschrift des Reichsausschusses der deutschen Jugendverbände, 23. Jg. 1928

Das Junge Zentrum, 2. Jg. 1925

Das Neue Reich, 3. Jg. 1921 ff.

Der Angriff, 1931

Der Friedensfreund, 1. Jg. 1929

Der Friedenskämpfer, 2. Jg. 1926 ff. (1. Jg. = Katholische Friedenswarte)

Der Volksverein, 35. Jg. 1925 ff.

Die Friedens-Warte, 19. Jg. 1919 ff.

Die junge Tat. Stimmen der Jugend, 4. Jg. 1925 ff.

Die Katholische Friedenswarte, 1. Jg. 1924/25

Die Schildgenossen, 4. Jg. 1924 ff.

Erwachende Jugend. Werkorgan der Katholischen Weltjugendliga, 1. Jg. 1927 ff.

Gelbe Hefte, 1. Jg. 1924 ff.

Hochland, 15. Jg. 1919 ff.

Johannesminne, 1. Jg. 1923

Johannisfeuer. Werkblatt des Jungborn/Jugendbewegung des Kreuzbündnisses, 15. Jg. 1927 ff.

Schönere Zukunft, 1. Jg. 1925 ff.

Stimmen der Jugend. Blätter südostdeutscher Katholiken, 1. Jg. 1933

Stimmen der Zeit, 51. Jg. 1921 ff.

Süddeutsche Monatshefte, 21. Jg. 1924

Vom frohen Leben, 1. Jg. 1921/22 ff.

III. Zeitungen

Augsburger Postzeitung

Bayerischer Kurier

Der Deutsche Weg

Der Reichsbote

Deutsches Tageblatt

Eichsfelder Volksblatt

Frankfurter Zeitung

Freiburger Tagespost

Germania

Kölnische Volkszeitung

Rhein-Mainische Volkszeitung

Stuttgarter Volksblatt

Vossische Zeitung

Presse Agenturen :

Presse-Agentur Krauss

Wolffsches Telegraphenbüro

IV. Gedruckte Quellen und Literatur

Abrüstungskonferenz (o.Verf.), in: FK 8 (1932) Nr. 4, S. 79

ADOLPH, Walter, Hirtenamt und Hitler-Diktatur, Berlin 1965 (zitiert: ADOLPH, Hirtenamt)

- Die katholische Kirche im Deutschland Adolf Hitlers, Berlin 1974

ADORNO, Theodor W., Negative Dialektik, Frankfurt/M. 1975

Akten zur Deutschen Auswärtigen Politik 1918-1945. Aus dem Archiv des deutschen Auswärtigen Amtes, Serie B, Bde. IV-VI, Göttingen 1970, 1972, 1974

ALBRECHT, Alfred, Das Martyrium der deutschen Katholiken in Polen, in: NR 8 (1925/26) Nr. 48, S. 979-981, NR 9 (1926/27) Nr. 4, S. 76 - 77, Nr. 5, S. 92 - 95, Nr. 6, S. 111 - 115

W.H.A. (=Allmang), Friedensarbeit in Essen, in: FK 9 (1933) Nr. 4, S. 84

- Ortsgruppe Essen, in: FK 9 (1933) Nr. 5/6, S. 106 - 107.

ALTMEYER, Karl Aloys, Der Episkopat und die katholische Presse im Dritten Reich, in: Herder Korrespondenz 14 (1959/60), S. 374 - 381

AMERY, Carl, Die Kapitulation oder der deutsche Katholizismus heute, Hamburg 1963

Amtsblatt der Erzdiözese Breslau, Stück 14, vom 28.8.1928

ANDRÉ, Hans, Die Kirche als Keimzelle der Weltvergöttlichung

ANTWEILER, Bruno, Das Ende der Reparationen - Der Anfang der deutsch-französischen Verständigung, in: FK 8 (1932) Nr. 10, S. 196 - 200

ANTZ, Joseph, Unpopuläre Zeitgedanken, in: H1F 1923 Nr. 1/3, S. 27 - 31

- Negativer Pazifismus, in: H1F 17 (1929) Nr. 2, S. 90 - 92

APPONYI, Albert, Katholizismus und Internationalismus, in: Der Katholizismus und moderne Politik, hrsg. vom Akademischen Verein 'Logos', Wien 1925, S. 57 - 76

ARENDT, Hannah, Vita activa oder Vom tätigen Leben, München o. J. (Stuttgart 1960) (zitiert: ARENDT, Vita activa)

ARENDT, Hannah, Wahrheit und Politik, in: dies., Wahrheit und Lüge in der Politik, München 1972

Atomare Kampfmittel und christliche Ethik. Diskussionsbeiträge deutscher Katholiken, München 1960

Atomare Rüstung. Eine Erklärung von führenden katholischen Moraltheologen, in: Bulletin des Presse- und Informationsamtes der Bundesregierung, Nr. 83, 7.5.1958, S. 823 - 824

Aufruf des Friedensbundes Deutscher Katholiken, in: FK 8 (1932) Nr. 11, S. 209 f.

Aus dem Bericht der Gruppe Brilon, in: FK 2 (1926) Nr. 1/2, S. 15

Aus der Friedensbewegung. Bundespräsident Dr. Gunst in Holland (o.Verf.), in: FK 7 (1931) Nr. 11, S. 202 f.

Aus unserer Bewegung und für unsere Bewegung, in: FK 2 (1926) Nr. 7/8, S. 14

Aus unserer Bewegung, in: FK 6 (1930) Nr. 5, S. 13

Aus unserer Bewegung (o.Verf.), in: FK 7 (1931) Nr. 2, S. 31 - 32

E. B. (?), Was hat der Völkerbund bisher geleistet?, in: FK 3 (1927) Nr. 5/6, S. 7

- Von französischer Friedensarbeit und Friedensgesinnung, in: FK 3 (1927) Nr. 5/6, S. 15 f.

BARKELEY, Richard, Die deutsche Friedensbewegung 1870-1933, Hamburg 1948

BAUDRILLART, Alfred (Hrsg.), La guerre Allemande et le Catholicisme, Paris 1915

BAUMEISTER, Walter Wilhelm, Max Josef Metzger. Ein Herold Christi des Königs, Meitingen 1951

BAUER, Clemens, Erzbischöf Gröber und das Reichskonkordat, in: Alemannisches Jahrbuch 1970 = Festschrift für Wolfgang Müller, Bühl 1970, S. 287 - 331

BAUR, Hugo, Mein politischer Lebenslauf, Konstanz 1929

BÉAUPIN, E., Wir und der Völkerbund (Ein internationaler Bund katholischer Intellektueller), in: NR 8 (1925/26) Nr. 51, S. 1048 - 1050

BECKER, Josef, Das Ende der Zentrumspartei und die Problematik des politischen Katholizismus in Deutschland, Ergänzter Neudruck, in: Jasper, Gotthard (Hrsg.), Von Weimar zu Hitler, Köln 1968, S. 344 ff.

BECKER, Werner, Nochmals zu Carl Schmitts "Begriff des Politischen", in: FK 5 (1929) Nr. 1, S. 1 - 6

- Max Josef Metzger, in: Ökumenische Menschen, hrsg. von Werner Becker und Bruno Radom, Leipzig 1970, S. 39 - 59 (zitiert: BECKER, Max Josef Metzger)

- Zum Eisernen Priesterjubiläum Professor Hermann Hoffmanns, in: Ökumenische Menschen, hrsg. von Werner Becker und Bruno Radom, Leipzig 1970, S. 92 - 104 (zitiert: BECKER, Hermann Hoffmann)

BENNECKE, Heinrich, Wirtschaftliche Depression und politischer Radikalismus 1918-1938, München, Wien 1970

BERGHAHN, Volker (Hrsg.), Militarismus (Neue Wissenschaftliche Bibliothek 83, Geschichte), Köln 1975

Bericht über die Generalversammlung der Deutschen Friedensgesellschaft (28.-31. September 1925 zu Dortmund), in: FW 25 (1925) H. 10, S. 312 - 315

BERTON, Pierre, Zum Verständnis Frankreichs, in: FK 7 (1931) Nr. 11, S. 192 - 196

BIRNBAUM, G., Eine Zusammenkunft deutscher und polnischer Jugendvertreter, in: FW 26 (1926) H. 11, S. 371

Bischof Schreiber und die französischen Katholiken (o.Verf.), in: AR 28 (1931) Nr. 48, S. 755 f.

BLOCH, Ernst, Der Faschismus als Erscheinungsform der Ungleichzeitigkeit, in: Nolte (Hrsg.), Theorien über den Faschismus, Köln 3. Auflage,1972, S. 182 - 204

BOBERACH, Heinz (Hrsg.), Berichte des SD und der Gestapo über Kirchen und Kirchenvolk in Deutschland 1934-1944 (Veröffentlichung der Kommission für Zeitgeschichte bei der Katholischen Akademie in Bayern, Reihe A, Band 14), Mainz 1971

BÖCKENFÖRDE, Ernst-Wolfgang, Der deutsche Katholizismus im Jahre 1933. Eine kritische Betrachtung, in: Hochland 53 (1960/61),S. 215 - 239

- Der deutsche Katholizismus im Jahre 1933. Stellungnahme zu einer Diskussion, in: Hochland 54 (1961/62), S. 217 - 245 (zitiert: BÖCKENFÖRDE, Stellungnahme)

- Zu einigen Neuerscheinungen über das Verhältnis der katholischen Kirche zum Dritten Reich, in: Zeitschrift für Politik, 1963, S. 225 - 238 (zitiert: BÖCKENFÖRDE, Zu einigen Neuerscheinungen)

BOHNER, H. und PFISTER, J., Bericht über den III. Internationalen Demokratischen Kongreß, Freiburg 1923, in: Schildgenossen 1923, H. 1, S.34 ff.

BREITENBORN, Konrad, Die Friedensbewegung deutscher Katholiken. Vor 40 Jahren vom faschistischen Regime verboten, in: Begegnung, Zeitschrift progressiver Katholiken (Berlin/Ost) 13 (1973) Nr. 9, S. 10 - 14

BREUCHA, Magnus Jocham, in: KFW 1 (1924/25) Nr. 1/2, S. 2 f.

BREUNING, Klaus, Die Vision des Reiches. Deutscher Katholizismus zwischen Demokratie und Diktatur (1929-1934), München 1969

BROBEIL, Wolfgang, Krieg und Kapitalismus, in: FK 6 (1930) Nr. 11, S. 1 - 5 und Nr. 12, S. 6 - 13

BRY, Karl Christian, Verkappte Religionen, Gotha 1925

BUCHHEIM, Hans, Glaubenskrise im Dritten Reich. Drei Kapitel nationalsozialistischer Religionspolitik, Stuttgart 1953 (zitiert: BUCHHEIM, Hans, Glaubenskrise)

- Der deutsche Katholizismus im Jahr 1933. Eine Auseinandersetzung mit Ernst-Wolfgang Böckenförde, in: Hochland 53 (1960/61), S. 497 - 515

- Totalitäre Herrschaft. Wesen und Merkmale, München 2. Auflage, 1962 (zitiert: BUCHHEIM, Hans, Totalitäre Herrschaft)

BUCHHEIM, Karl, Geschichte der christlichen Parteien in Deutschland, München 1953

- Der deutsche Verbandskatholizismus. Eine Skizze seiner Geschichte, in: Bernhard Hanssler (Hrsg.), Die Kirche in der Gesellschaft, Paderborn 1961, S. 30 - 83 (zitiert: BUCHHEIM, Karl, Der deutsche Verbandskatholizismus)

- Ultramontanismus und Demokratie. Der Weg der deutschen Katholiken im 19. Jahrhundert, München 1963 (zitiert: BUCHHEIM, Karl, Ultramontanismus)

BUSSMANN, Walter, Der deutsche Katholizismus im Jahre 1933, in: ders., Wandel und Kontinuität in Politik und Geschichte. Ausgewählte Aufsätze, zum 60. Geburtstag hrsg. von Werner Pöls, Boppard 1973

CHRIST, Herbert, Der Politische Protestantismus in der Weimarer Republik. Eine Studie über die politische Meinungsbildung durch die evangelischen Kirchen im Spiegel der Literatur und der Presse, Diss., Bonn 1967

Chronik der katholischen Friedensbewegung, in: KFW 1 (1924/25) Nr. 1/2, S.11 f.

CONZE, Werner, Die Krise des Parteienstaates in Deutschland 1929/30, in: Jasper, Gotthard (Hrsg.), Von Weimar zu Hitler, Köln, Berlin 1968, S.27 - 57

COUDENHOVE-KALERGI, Richard, Paneuropa, Wien 1923

- Pazifismus, in: "Pan-Europa" (1924) Nr. 4/5, (ganzes Heft)

- Kriegsächtung und Paneuropa, in: FK 4 (1928) Nr. 5, S. 10 - 13

- Ein Leben für Europa. Meine Lebenserinnerungen, 2. Auflage Berlin, Köln 1966

CURTIUS, Friedrich, Pazifismus, in: Hochland 22 (1924/25), S. 257 - 268

CZEMPIEL, Ernst-Otto, Die Christen und die Auswärtige Politik. Lehre vom gerechten Krieg oder Praxeologie des Friedens?, in: Civitas. Jahrbuch für christliche Gesellschaftsordnung 6 (1967), S. 20 - 45 (zitiert: CZEMPIEL, Die Christen und die Auswärtige Politik)

- Schwerpunkte und Ziele der Friedensforschung, München, Mainz 1972 (zitiert: CZEMPIEL, Schwerpunkte)

DANZIGER, Josef, Unsere Tagung in Münster, in: FK 2 (1926) Nr. 7/8, S. 3 - 5

DEBUS, Karl, Europäische Friedensbewegung und katholischer Gedanke, in: AR 24 (1927) Nr. 13, S. 194 - 196

DELATTRE, Pierre, La vie catholique en Allemagne, Paris 1932

- Der Nationalsozialismus von Frankreich gesehen, in: FK 8 (1932) Nr. 7, S. 137 - 141

DEMBINSKI, H. von, Referat auf der Essener Tagung des F.D.K. 1927. Zur Frage der deutsch-polnischen Verständigung, in: FK 3 (1927) Nr. 9/10, S. 5 - 6

- Der Nationalsozialismus von Polen gesehen, in: FK 8 (1932) Nr. 10, S. 194 - 196

DEMPF, Alois, Der großdeutsche Gedanke, in: Wiederbegegnung von Kirche und Kultur in Deutschland, Festschrift für Carl Muth, hrsg. von Max Ettlinger u.a., München 1927, S. 207 ff.

- Demokratie und Partei im Politischen Katholizismus, (Demokratie und Partei. Eine vergleichende Parteienkunde, H. 7), Wien 1933

Der deutsche Krieg und der Katholizismus. Deutsche Abwehr französischer Angriffe, Berlin 1915

Der polnische Primas in Deutschland (o.Verf.), in: AR 25 (1928) Nr. 6, S. 85

Der Youngplan und Europa (o.Verf.), in: FK 5 (1929) Nr. 7/8, S. 23 - 25

DEUERLEIN, Ernst, Deutscher Katholizismus 1933, Osnabrück 1963

Deutsch-französische Friedensarbeit in Westfalen (o.Verf.), in: FK 7 (1931) Nr. 11, S. 203

Deutsch-polnische Konferenz in Berlin (o.Verf.), in: FK 3 (1927) Nr. 3/4, S. 14

Deutsche Briefe, s. HÜRTEN

Die deutschen Katholiken wollen den Frieden, in: FK 7 (1931) Nr. 8, S. 125 - 27 (Aufruf des F.D.K. zur deutsch-französischen Verständigung)

Die Friedenssicherung im frühen Mittelalter (o.Verf.), in: SchZ 4 (1929) Nr. 35, S. 749

Die Kriegsschuldfrage (o.Verf.), in: Die Großdeutsche Jugend 9 (1924) Nr. 11, S. 70 f.

Die Meinungsverschiedenheiten innerhalb der Deutschen Friedensgesellschaft, in: FW 29 (1929) H. 9, S.279

Die Sprengung des deutschen Friedenskartells, in: FW 29 (1929) H. 8, S. 245 f.

DIRKS, Walter, Politik und Pazifismus, Frankfurt/M. 1927

- Panzerkreuzer-Politik, in: FK 4 (1928) Nr. 3, S. 1 - 6

- Das "Wehrproblem", in: FK 4 (1928) Nr. 12, S.2 - 9

- Katholische Arbeit für den Frieden. Die sechste Reichstagung des Friedensbundes Deutscher Katholiken, in: NR 11 (1928/29), S. 1036 f. (zitiert: DIRKS, Katholische Arbeit für den Frieden)

- Frei zum Werk! Zur Räumung des Rheinlandes, in: FK 6 (1930) Nr. 7, S. 1 - 5 (zitiert: DIRKS, Frei zum Werk)

- Notizen zum Tage. Im neuen Jahr, in: FK 7 (1931) Nr. 1, S. 7 - 9

- Politisierung der Reparationen. Zum Segen oder Fluch?, in: FK 7 (1931) Nr. 2, S. 37 - 40 (zitiert: DIRKS, Politisierung der Reparationen)

- Erbe und Aufgabe. Gesammelte kulturpolitische Aufsätze, Frankfurt/M. 1931

DIRKS, Walter, Zur Wehridee und Wehrpolitik der Nationalsozialisten, in: FK 8 (1932) Nr. 7, S.130 - 133 (zitiert: DIRKS, Zur Wehridee)

- Die Gefahr der Gleichschaltung, in: Frankfurter Hefte 13 (1958) H. 6, S.379 - 391

DOKA, Carl, Kirche und Völkergemeinschaft, (Kirche und Gesellschaft. Soziologische Veröffentlichungen des Katholischen Akademikerverbandes, 3.Bd.), Augsburg 1930

Dokumente der Friedensbewegung. Deutscher Friedenstag in Nürnberg am 6. und 7. Oktober 1928, in: FW 28 (1928) H. 12, S.370 ff.

DROBISCH, Klaus, Wider den Krieg. Dokumentarbericht über Leben und Sterben des katholischen Geistlichen Dr. Max Josef Metzger, Berlin (Ost) 1970

DÜLMEN, Richard von, Katholischer Konservativismus oder die "Soziologische" Neuorientierung, in: Zeitschrift für bayerische Landesgeschichte 36 (1973), S.254 - 303

EBERLE, Joseph, Plutokratischer Imperialismus ... Und die Reaktion der Christenheit dagegen? Die Fortdauer der Pariser Friedensdiktate und die französische Ruhraktion vom Standpunkte des Christentums, in: NR 5 (1922/23) Nr. 19, S.393 - 397

ECKARDT, J., "Der Versöhnungsbund in Brüssel", in: KFW 1 (1924/25) Nr. 5/6, S.11 f.

- Die tieferen Ursachen der sogenannten Schuldlüge, in: FK 2 (1926) Nr. 1/2, S.12 f.

EHLEN, Nikolaus, Moralische Abrüstung. Rede vor dem III. Internationalen Demokratischen Friedenskongreß in Freiburg 1923, Freiburg 1923

- Kriegsschuldfrage, in: Großdeutsche Jugend 9 (1924) Nr. 11, S.70 f.

- Friede, in: Großdeutsche Jugend, Oktober 1925, S.18 - 24

- Jugendbewegung und Pazifismus, in: HlF 13 (1925/26), S.352 - 358

- Die "unbedingte" Kriegsdienstverweigerung, in: FK 2 (1926) Nr. 11/12, S.4 f.

- Entscheidung in der Frage der Verständigung, in: FK 7 (1931) Nr. 10, S.175 - 176

Ein deutsch-französisches Grenz-Friedenstreffen (o.Verf.), in: FK 8 (1932) Nr. 12, S.245 f.

Ein politischer Zweikampf. Auseinandersetzung zwischen katholischen Friedensfreunden und Nationalsozialisten (o.Verf.), in: FK 8 (1932) Nr. 7, S. 143

Eine Friedenswoche Marc Sangniers in Baden (o.Verf.), in: FK 7 (1931) Nr. 10, S.182 f.

EINSTEIN, Albert, Über den Frieden. Weltordnung oder Weltuntergang?, hrsg. von Otto Nathan und Heinz Norden. Vorwort Bertrand Russell, Bern 1975

Episkopat und Frieden (o.Verf.), in: KFW 1 (1924/25) Nr. 3/4, S.6 f.

ERB, Alfons, Bernhard Lichtenberg. Domprobst von St. Hedwig zu Berlin, Berlin 1947

Erfolg in Genf (o.Verf.), in: FK 7 (1931) Nr. 2, S.25 - 27

ERZBERGER, Matthias, Der Völkerbund. Der Weg zum Weltfrieden, Berlin 1918

ESCHENBURG, Theodor, Carl Sonnenschein, in: ders., Die improvisierte Demokratie. Gesammelte Aufsätze zur Weimarer Republik, München 1963, S.110 - 142

EWALD, Oskar, Über wahren und falschen Pazifismus, in: FW 23 (1923) H. 3, S.78 - 81

EXNER, Fritz, "Katholischer Pazifismus"?, in: Gelbe Hefte 7 (1931) 2. Bd., S.565 - 575

FAULHABER, Michael Kardinal, Vom Frieden auf Erden. Silvesterpredigt 1928, in: "Aus Welt und Kirche", Beilage des Bayerischen Kuriers und des Neuen Münchener Tagblatts (1929) Nr. 1

- Ansprache vom 7.2.1932 in der St. Bonifatius-Basilika, München, in: Bayerischer Kurier, Nr.39, vom 8.2.1932

FAßBINDER, Klara Maria, Zum Würzburger Friedenskongreß, in: HlF 1927/28, S.106 - 113

- Zur Zusammenarbeit der deutschen und französischen Katholiken, in: FK 6 (1930) Nr. 4, S.1 -5

- Begegnungen und Entscheidungen. Blätter aus einem Lebensbuch, Darmstadt 1961

FERBER, Walter, Kleine Geschichte der katholischen Bewegung, Würzburg 1959

FLEISCHER, Johannes, Das fünfte Gebot und der christliche Friedensauftrag, Donaueschingen 1955

Föderalismus und Friedensbewegung (o.Verf.), in: KFW 1 (1924/25) Nr. 9/10, S. 5

FORELL, Wolfgang, Verständigung zwischen Frankreich und Deutschland, in: FK 8 (1932) Nr. 1, S.5 - 12

FORMANNS, Egon, Katholische Jugendbewegung und Pazifismus, in: Johannisfeuer, Werkblatt des Jungkreuzbundes 1927, H. 12, S.334 - 335

Frankreich und Deutschland (o.Verf.), in: FK 7 (1931) Nr. 2, S. 41

Franzosen wollen Frieden (o.Verf.), in: FK 7 (1931) Nr. 5, S. 81 f.

FRIED, Alfred, Friedensfreund, Föderalist, Pacifist?, in: FW (1901), S. 118 ff.

- Handbuch der Friedensbewegung, Wien, Leipzig 1905

- Deutschland und Frankreich (Kultur und Fortschritt Nr.143), Gautsch bei Leipzig 1908

- Die Grundlagen des revolutionären Pazifismus, Leipzig 1908

Friedensbewegung in den Katakomben? (o.Verf.), in: FK 7 (1931) Nr. 12, S.226

Friedensfahrt Beuthen - Krakau (o.Verf.), in: FK 4 (1928) Nr. 11, S.16 f.

FRINGS, Manfred, Zur Idee des Friedens bei Kant und Max Scheler, in: Kant-Studien. Philosophische Zeitschrift der Kant-Gesellschaft 66 (1975) H. 1, S.85 - 101

FÜLSTER, Hans, Der Weg zum Weltfrieden, Leipzig 1924

- Weltkrieg und Weltfriede, Leipzig 1924

le FUR, Louis, Verständigung zwischen Frankreich und Deutschland?, in: FK 7 (1931) Nr. 11, S.186-192

GAEDE, Reinhard, Kirche, Christen - Krieg und Frieden. Die Diskussion im deutschen Protestantismus während der Weimarer Zeit. Diss., Münster 1972

GANTZEL, Klaus Jürgen, KRESS, Gisela, RITTBERGER, Volker, Einführung, in: dies., Konflikt - Eskalation - Krise. Sozialwissenschaftliche Studie zum Ausbruch des Ersten Weltkrieges, Düsseldorf 1972, S.13 - 35

GERHART, Walter (Waldemar Gurion), Um des Reiches Zukunft. Nationale Wiedergeburt oder politische Reaktion?, Freiburg 1932

GERLACH, Hellmuth von, Deutsch-polnische Verständigungs-Bestrebungen, in: FW 29 (1929) H. 6, S.174-177

GEYER, Wilhelm, Jugend und Friedensidee, in: Das Junge Deutschland (1928) H. 10, S.396 - 411

GOLDMANN, Karlheinz, Verzeichnis der Hochschulen, Neustadt a.d.Aisch 1967

GOSS-MAYR, Hildegard, Der Mensch vor dem Unrecht. Spiritualität und Praxis gewaltloser Befreiung, hrsg. von der Katholischen Sozialakademie Österreichs, Wien 1976

GOTTO, Klaus, Die Wochenzeitung Junge Front / St. Michael (Veröffentlichung der Kommission für Zeitgeschichte bei der Katholischen Akademie in Bayern, Reihe B, Band 8), Mainz 1970

GOTTSCHALK (Ernst Thrasolt), Panterra oder Klein-Paneuropa. Randbemerkungen zur großpolitischen Weltbefriedungsarbeit, in: VFL 1926 H. 8, S.217 f.

GREBING, Helga, Geschichte der deutschen Arbeiterbewegung. Ein Überblick, München 7.Auflage, 1976

GROSCHE, Robert, Der Weg aus dem Ghetto, Köln 1955

GROSS, Leo, Pazifismus und Imperialismus, Leipzig und Wien 1931

GROSSMANN, Kurt, Das Ausnahmegesetz gegen die Pazifisten, in: FW 31 (1931) Nr. 9, S.257 - 259

GRUBER, Hermann, Das Problem des zeitgemäßen Aufbaus der katholischen Weltorganisation, in: StdZ 102 (1922), S.16 - 34

GRÜNTHAL, Günther, Reichsschulgesetz und Zentrumspartei in der Weimarer Republik, Düsseldorf 1968

GRUNDEI, Hans, Locarno und die deutsche Friedensbewegung, in:KFW 1 (1924/25) Nr. 11/12, S.5 - 7

GUMBEL, E.J., Vom Fememord zur Reichskanzlei. Geheime Rüstung und politische Morde in der Weimarer Republik, in: Erich Fromm und Hans Herzfeld (Hrsg.), Der Friede. Idee und Verwirklichung. The search for peace. Festgabe für Adolf Leschnitzer, Heidelberg 1961, S.205 - 280

GUNDLACH, Gustav, Sillon, in: LThK 1960 Bd. 9, Sp.753

HAGEMANN, Walter, Kolonialpolitik und christliches Ethos. Zur Reform der Kolonialmethoden, in: Hochland 1928 H. 1, S.225 - 245

- Die Europa-Idee bei Briand und Coudenhove-Kalergi, in: Alfons Herrmann (Hrsg.), Festschrift zum 70. Geburtstag von Ludwig Bergsträsser. "Aus Geschichte und Politik", Düsseldorf 1954

HANSSLER, Bernhard, Die Kirche in der Gesellschaft. Der deutsche Katholizismus und seine Organisation im 19. und 20. Jahrhundert (Schriftenreihe der Arbeitsgemeinschaft katholischsozialer Bildungswerke in der Bundesrepublik Deutschland, Paderborn 1961

HARTMANN, Hans, Der Versöhnungsbund, Sonnefeld 1928

HÄUSSER, Philipp, Rezension zu Stratmanns "Weltkirche und Weltfriede", in: Gelbe Hefte 2 (1925/26) Band 2, S.794 - 796

HEER, Friedrich, Christsein am Morgen des Atomzeitalters, in: Robert Grosche (Hrsg.), Der Weg aus dem Ghetto, Köln 1955, S.35 - 78

HEERING, G.J., Der Sündenfall des Christentums, Gotha 1930

HEFELE, Hermann, Der Katholizismus in Deutschland, Darmstadt 1919

HEILER, Joseph, Internationale Friedensbewegung und katholische Stellungnahme, in: Literarischer Handweiser, hrsg. von Gustav Keckeis, Freiburg 59 (1923) H. 8, Sp.457 - 470

HELLPACH, Willy, Politische Prognose für Deutschland, Frankfurt/M. 1928

HENRICH, Franz, Die Bünde katholischer Jugendbewegung. Ihre Bedeutung für die liturgische und eucharistische Erneuerung, München 1968

HERZFELD, Hans, Die Pariser Friedensschlüsse von 1919/1920 und das Problem der dauernden Friedensordnung, in: Erich Fromm und Hans Herzfeld (Hrsg.), Der Friede - Idee und Verwirklichung - The search for peace. Festgabe für Adolf Leschnitzer, Heidelberg 1961

HEYDTE, Friedrich August Frhr. von der, Friedensbewegung, in: Staatslexikon 1959, 3.Band, Sp.602 - 605

HICKMANN, Anton, Nationalismus, Internationalismus, Universalismus, in: NR (1924/25) S. 981 - 983 und S. 1015 - 1017

HILDEBRAND, Dietrich von, Zur Begrenzung des Staates, in: FK 5 (1929) Nr. 1, S. 8 - 16

HILLER, Kurt, Das neue Programm der revolutionären Pazifisten, in: FW 29 (1929) H. 6, S.172 - 174

HINZ, Felix, Zwei Weltfriedenstagungen, in: VLF 3 (1923) H. 3, S. 74 f. (zitiert: HINZ, Zwei Weltfriedenstagungen)

- Vom Wachstum des Friedensbundes deutscher Katholiken, in: KFW 1 (1924/25) Nr.1/2, S. 2 (zitiert: HINZ, Vom Wachstum)

- 2. Reichstagung des Friedensbundes Deutscher Katholiken,in: FW 25 (1925) H. 10, S.308 - 310 (zitiert: HINZ, 2. Reichstagung)

- Vom Stande der Friedensbewegung, in: Das Junge Zentrum 2 (1925) H. 12, S.272 - 277

- Völkerbund und Paneuropa, in: FK 2 (1926) Nr.3/4, S.4 - 6

- Völkerbund, Friedenspolitik und Friedenssicherung, in: FK 3 (1927) Nr.1/2, S.5 - 7

HINZ, Felix, Essen, in: FK 3 (1927) Nr. 7/8, S. 4 f.

- Charakter. Weg und Aufbau des Friedensbundes Deutscher Katholiken, in: FK 4 (1928) Nr. 8, S.17 - 22 (zitiert: HINZ, Charakter)
- Der Friedensbund 1927/1928. Aus dem Jahresbericht, in: FK 4 (1928) Nr. 9, S.12 - 17 (zitiert: HINZ, Der Friedensbund)
- Die Entwicklung des Friedensbundes Deutscher Katholiken, in: AR 15 (1928) Nr. 35, S.552 f. (zitiert: HINZ, Die Entwicklung)
- Pfingstkonferenz deutscher und polnischer Katholiken in Berlin, 21.-24. Mai, in: FK 5 (1929) Nr.5, S.1 - 2 (zitiert: HINZ, Pfingstkonferenz)
- Deutsch-Polnische Konferenz, in: FK 5 (1929) Nr.6, S.1 - 7
- Leben, Wirken, Hemmungen und Einfluß des Bundes seit München 1928. Aus dem Geschäftsbericht, in: FK 5 (1929) Nr. 9/10, S.18 - 24 (zitiert: HINZ, Leben, Wirken)
- Die VI. Tagung des Friedensbundes Deutscher Katholiken, in: FW 29 (1929) H. 10/11, S.344 - 346 (zitiert: HINZ, Die VI. Tagung)
- Friedensbundarbeit und Katholische Friedensbewegung 1929/30. Wertung und Bestimmung, in: FK 6 (1930) Nr. 10, S.5 - 13 (zitiert: HINZ, Friedensbundarbeit)
- Eucharistische Friedensliga, in: FK 7 (1931) Nr. 12, S. 227

Hirtenbriefe des Deutschen Episkopats, Sammelband, Paderborn 1923

HOCKS, Else, Von Belgien - August 1926, in: FK 2 (1926) Nr. 7/8, S.11 - 12

HOEBER, Karl (Hrsg.), Die Rückkehr aus dem Exil. Dokumente der Beurteilung des deutschen Katholizismus der Gegenwart, Düsseldorf 1926

HOEGNER, Wilhelm, Die verratene Republik. Geschichte der deutschen Gegenrevolution, München 1958 (zitiert: HOEGNER, Die verratene Republik)

HÖLZLE, Erwin, Idee und Ideologie. Eine Zeitkritik, Bern, München 1969

HOEPKE, Klaus Peter, Die deutsche Rechte und der italienische Faschismus. Ein Beitrag zum Selbstverständnis und zur Politik von Gruppen und Verbänden der deutschen Rechten, hrsg. von der Kommission für Geschichte des Parlamentarismus und der politischen Parteien, Düsseldorf 1968

HÖRLE, Pazifismus und christlicher Friedensgedanke, in: Kölnische Volkszeitung vom 22.9.1923

HOFER, Walther, Die Diktatur Hitlers bis zum Beginn des Zweiten Weltkrieges 1933-1939, Konstanz 3. verbesserte Auflage, 1971

HOFFMANN, Hermann, Der Versöhnungsbund in Brüssel, in: KFW 1 (1924/25) Nr. 3/4, S. 16 (zitiert: HOFFMANN, Der Versöhnungsbund)

- Deutsch-polnische Verständigung, in: FK 2 (1926) Nr. 3/4, S. 9

- Ein pazifistischer Kongreß und eine pazifistische Untersuchungsfahrt, in: FK 2 (1926) Nr. 9/10, S.9 - 11 (zitiert: HOFFMANN, Ein pazifistischer Kongreß)

- Friedenstagung in Polen, in: FK 3 (1927) Nr.3/4, S.12 f.

- Deutsch-polnische Verständigung, in: AR (1927) Nr. 36, S.562 - 563

- Zur deutsch-polnischen Verständigung, in: AR (1927) Nr. 49

- Polen sind gegen die Gewalt, in: FK 7 (1931) Nr. 5, S.82 f.

- Ein Franzose reist ins katholische Deutschland, in: FK 9 (1933) Nr. 3, S.49 - 51

- Die Kirche und der Friede. Von der Friedenskirche zur Friedenswelt, Wien 1933 (zitiert: HOFFMANN, Die Kirche)

- Im Dienste des Friedens. Erinnerungen eines katholischen Europäers, Stuttgart 1970 (zitiert: HOFFMANN, Erinnerungen)

HOLL, Karl und WILD, Adolf (Hrsg.), Ein Demokrat kommentiert Weimar. Die Berichte Hellmuth von Gerlachs an die Carnegie-Friedensstiftung 1922-30, Bremen 1973

HOLL, Karl, Pazifismus oder liberaler Neo-Imperialismus? Zur Rolle der Pazifisten in der Deutschen Demokratischen Partei 1918-1930, in: Imperialismus im 20. Jahrhundert. Gedenkschrift für George W. Hallgarten, Minden 1976, S.171 - 196 (zitiert: HOLL, Pazifismus)

HOLZAMER, Hugo, Die Politik des Kreuzes, Regensburg 2. Auflage, 1922

HUBER, Wolfgang (Hrsg.), Historische Beiträge zur Friedensforschung (Studien zur Friedensforschung Band 4), Stuttgart, München 1971

HÜRTEN, Heinz, Deutsche Briefe 1934-1938. Blätter der katholischen Emigration, Band 1, 1934-1935 (Veröffentlichung der Kommission für Zeitgeschichte bei der Katholische Akademie in Bayern, Reihe A, Band 6), Mainz 1969 (zitiert: HÜRTEN, Deutsche Briefe)

- Waldemar Gurian. Ein Zeuge der Krise unserer Welt in der ersten Hälfte des 20. Jahrhunderts (Veröffentlichung der Kommission für Zeitgeschichte bei der Katholischen Akademie in Bayern, Reihe B, Band 11), Mainz 1972 (zitiert: Waldemar Gurian)

Chr. I. (Christian Imboden = Ernst Thrasolt), Von Reparationen und Versöhnung, in: VFL (1924) H.8, S.202 f.

In Düsseldorf (o.Verf.), in: FK 9 (1933) Nr. 4, S. 84

III. Internationaler Demokratischer Friedenskongreß (o.Verf.), in: FW (1923) H. 9/10, S.330

III. Internationaler Katholischer Kongress, Deutsche Ausgabe, hrsg. von der Internationalen Katholischen Liga, Graz 1923

JANNASCH, Lili, Versöhnungsopfer des deutschen Volkes an das französische Volk, in: FW 23 (1923) Nr.9/10, S.314 ff.

JASPER, Gotthard (Hrsg.), Von Weimar zu Hitler, Köln 1968

JOCHAM, Magnus, Wir Christen und das päpstliche Friedensprogramm, Leipzig 1917 (zitiert: JOCHAM, Wir Christen)

- Papsttum und Weltfriede, in: Die neue Zeit 1920,H.1

- Wege zum Pazifismus. 1. Religiöse - Katholische Kirche, in: Lenz, Kurt und Fabian, Walter (Hrsg.), Die Friedensbewegung. Ein Handbuch der Weltfriedensströmungen der Gegenwart, Berlin 1922, S.54 - 66 (zitiert: JOCHAM, Wege)

JOOS, Joseph, Die politische Ideenwelt des Zentrums, Karlsruhe 1928 (zitiert: JOOS, Politische Ideenwelt)

- Am Räderwerk der Zeit. Erinnerungen aus der katholischen und sozialen Bewegung und Politik, Augsburg 1951 (zitiert: JOOS, Am Räderwerk)

- Die KAB in der Geschichte der christlichen Arbeiterbewegung Deutschlands, Köln 1963 (zitiert: JOOS, Die KAB)

JOSTOCK, Paul, Der deutsche Katholizismus und die Überwindung des Kapitalismus, Regensburg 1932

JUNKER, Detlef, Die deutsche Zentrumspartei und Hitler 1932/33. Ein Beitrag zur Problematik des politischen Katholizismus in Deutschland (Stuttgarter Beiträge zur Geschichte und Politik, Band 4), Stuttgart 1969

JUST, Ludwig, Verständigung zwischen Deutschland und Frankreich, in: FK 8 (1932) Nr. 5, S.85 - 89 (zitiert: JUST, Verständigung)

- Zum Thema "Tributzahlungen", in: FK 8 (1932) Nr.11, S.218 - 219

KANT, Immanuel, Zum Ewigen Frieden. Ein philosophischer Entwurf, Königsberg 1795

KATANN, Oskar, Aufbau. Bausteine zur sozialen Verständigung (Berichte zur Kultur- und Zeitgeschichte), Wien, Leipzig 1933

Keesings-Archiv der Gegenwart, 1931/32, Nr. 431 e

KELLEN, Tony, Der dauernde Friede. Aus der Geschichte der Friedensbestrebungen, Hamm 1919

KELLER, Franz, Völkerbund und katholische Kirche, in: NR 9 (1925/26) Nr. 46, S.939 ff.

- Der Kampf für den Frieden, in: HlF 15 (1927/28) S.423 - 427

- Politik und Gewissen, in: Freiburger Tagespost vom 20.III.1928

- Kriegsdienstverweigerung und christliche Moral, in: FK 4 (1928) Nr. 3, S.10 - 15

- Moralische Umstellung der Geister, in: Freiburger Tagespost 1928 Nr. 221

- Katholische Seelsorge und Friedensbewegung, in: HlF 17 (1929/30) Nr. 11, S.489 - 496

- Aufgaben einer katholischen Friedensbewegung, in: AR (1930) Nr. 31, S.534 - 537

- Kriegsächtung und Friedensrüstung, Freiburg i.Br. 1931

- Moralische Initiative zur Friedensrüstung, in: ders., Kriegsächtung und Friedensrüstung, Freiburg 1931

- Caritasfürsorge gegen Rüstungsfieber, in: Caritas 37/11 (1932) H. 2, S.49 - 52

KEMMER, Ernst, Nationalismus und Pazifismus, in: Hochland 21 (1924), S.337 - 344 (zitiert: KEMMER, Nationalismus)

- Pazifismus und deutsche Jugendbewegung, in: Süddeutsche Monatshefte 21 (1924) H. 9, S.161 - 172 (zitiert: KEMMER, Pazifismus)

KESSLER, Harry Graf, Tagebücher 1918-1937, Frankfurt/M. 3. Auflage, 1962

KIEFL, Franz Xaver, Die deutschen Katholiken und der Pazifismus, in: Süddeutsche Monatshefte 21 (1924) H. 9, S.172 - 178

KIERKEGAARD, Sören, Über den Begriff der Ironie. Mit ständiger Rücksicht auf Sokrates, Ausgabe: Frankfurt/M. 1976

KIMMERLE, Heinz, Bedingungen der Wirksamkeit der historischen Friedensforschung in der Gegenwart. Ein hermeneutisch-methodologisches Modell, in: ders., Die Bedeutung der Geisteswissenschaften für die Gesellschaft, Stuttgart, Berlin, Köln, Mainz 1971, S.64 - 106

KINDT, Werner (Hrsg.), Die deutsche Jugendbewegung 1920-1933. Die bündische Zeit. Quellenschriften. (i.A. des Gemeinschaftswerkes Archiv und Dokumentation der Jugendbewegung), Düsseldorf 1974

KIRCHESCH, Franz, Die Stellung der deutschen Katholiken zur Friedensbewegung vor dem Weltkriege, in: FK 2 (1926) Nr. 5/6, S.4 f.

Kirchliches Handbuch für das katholische Deutschland, 17. Band, 1930-1931, hrsg. von der amtlichen Zentralstelle für kirchliche Statistik des katholischen Deutschland, Köln 1931

KLEMPERER, Klemens von, Konservative Bewegungen zwischen dem Kaiserreich und dem Nationalsozialismus, München, Wien 1961

- Ignaz Seipel: Staatsmann einer Krisenzeit, Köln, Graz 1977

KLOIDT, Franz, Katholiken ringen um den Frieden, in: NR 14 (1931) Nr. 9, S.171 f.

- Verräter oder Martyrer?, Düsseldorf 1962

KLÜBER, Franz, Katholische Soziallehre und demokratischer Sozialismus, Bonn-Bad Godesberg 1974

KNECHT, Josef, Erziehung zum Frieden. Bericht über die 7. Reichstagung des Friedensbundes Deutscher Katholiken in Paderborn, in: FK 6 (1930) Nr. 9, S.7 - 14

KNEIP, Rudolf, Jugend der Weimarer Zeit. Handbuch der Jugendverbände 1919-1938 (Quellen und Beiträge zur Geschichte der Jugendbewegung, Band 11), Hofheim 1974

KNOPF, W., Eindrücke vom I. Paneuropa-Kongreß in Wien, in: FK 2 (1926) Nr. 9/10, S.8 - 9

KOBLER, Franz (Hrsg.), Gewalt und Gewaltlosigkeit. Handbuch des aktiven Pazifismus (i.A. der Internationale der Kriegsdienstgegner), Zürich und Leipzig 1928 (zitiert: KOBLER, Handbuch)

KOBLER, Franz, Ausdruck und Symbolik der Gewaltlosigkeit, in: ders., Gewalt und Gewaltlosigkeit. Handbuch des aktiven Pazifismus (i.A. der Internationale der Kriegsdienstgegner), Zürich und Leipzig 1928, S.319 - 324

KOCH-WESER, Erich, Deutschlands Außenpolitik in der Nachkriegszeit 1919-1929, Berlin 1929

KODALLE, Klaus M., Politik als Macht und Mythos. Carl Schmitts "politische Theologie", Stuttgart, Berlin, Köln, Mainz 1973

KOLVENBACH, H., Deutsch-französische Grenztreffen, in: FK 9 (1933) Nr. 2, S.37 f.

KOPF, Paul und MILLER, Max, Die Vertreibung des Bischofs Joannes Baptista Sproll von Rottenburg 1938-1945 (Veröffentlichung der Kommission für Zeitgeschichte bei der Katholischen Akademie in Bayern, Reihe A, Band 13), Mainz 1971

KRAL, Josef, Der christliche Sozialismus, Dillingen 1919

KREKELER, Norbert, Revisionsanspruch und Geheime Ostpolitik der Weimarer Republik. Die Subventionierung der deutschen Minderheiten in Polen (Schriftenreihe der Vierteljahreshefte für Zeitgeschichte 27), Stuttgart 1973

Kriegsdienstverweigerung (o.Verf.), in: Die Großdeutsche Jugend 9 (1924) Nr. 12, S.76 f.

KRIPPENDORFF, Ekkehard (Hrsg.), Friedensforschung, Köln, Berlin 1968

KRONE, Heinrich, Die Überwindung der Kriege, in: Religion und Weltfriede. Überwindung der Kriege. Sammelschrift, hrsg. von der Arbeitsgemeinschaft der Konfessionen für den Frieden, Leipzig 1930, S.41 - 47

KRÜGER, Peter, Friedenssicherung und deutsche Revisionspolitik. Die deutsche Außenpolitik und die Verhandlungen über den Kelloggpakt, in: Vierteljahreshefte für Zeitgeschichte 1974, H. 3, S.227-257

KUENZER, Richard, Deutschland und Frankreich, in: Das Junge Zentrum 2 (1925) H. 12, S.264 - 267

KUENZER, Richard, Die Außenpolitik des Zentrums, in: Karl-Anton Schulte (Hrsg.), Nationale Arbeit. Das Zentrum und sein Wirken in der deutschen Politik, Berlin, Leipzig 1929, S.75 - 118

KÜPPERS, Heinrich, Der katholische Lehrerverband in der Übergangszeit von der Weimarer Republik zur Hitler-Diktatur (Veröffentlichungen der Kommission für Zeitgeschichte bei der Katholischen Akademie in Bayern, Reihe B, Band 18), Mainz 1975 (zitiert: KÜPPERS, Der katholische Lehrerverband)

KUHLMANN, Alfred, Das Lebenswerk Benedikt Schmittmanns, Münster 1971

KUHN, Annette, Theorie und Praxis historischer Friedensforschung (Studien zur Friedensforschung, Band 7), Stuttgart, München 1971

KUNZ, J.L., Das Wirken des Völkerbundes für die Abrüstung. Referat vor der Berliner Bundestagung des F.D.K. 1931, in: Juristische Blätter (1932) Nr. 1/2, S.7 - 14

KUNZE, Otto, Die Münchener Reichstagung des Friedensbundes Deutscher Katholiken, in: AR 1928 Nr. 37, S.584 f.

KUPSCH, K., Einige Zahlen aus der deutschen Friedensbewegung (Zum Ortsgruppenverzeichnis der Deutschen Friedensgesellschaft), in: FW 25 (1925) H. 3, S. 87 - 91

LAMA, Friedrich Ritter von, Papst und Kurie in ihrer Politik nach dem Ersten Weltkrieg, Illertissen 1925 (zitiert: LAMA, Papst und Kurie)

- Der vereitelte Friede. Meine Anklage gegen Michaelis und den Evangelischen Bund, Augsburg 2.Auflage, 1926 (zitiert: LAMA, Der vereitelte Friede)

LANGNER, Albrecht, Katholizismus und freiheitlicher Sozialismus in Europa, Köln 1965 (zitiert: LANGNER)

- Menschenrechte, Staat und Solidarität (Katholische Soziallehre in Text und Kommentar, H. 3), Köln 1975 (zitiert: LANGNER, Menschenrechte)

LECHTAPE, Heinrich, Der christliche Sozialismus - die Wirtschaftsverfassung der Zukunft. Nach Heinrich Pesch SJ, Freiburg 1919

LEHMANN-RUSSBÜLD, Otto, Der Kampf der deutschen Liga für Menschenrechte für den Völkerfrieden 1914-1927, Berlin 1927

LENZ, Kurt und FABIAN, Walter (Hrsg.), Die Friedensbewegung. Ein Handbuch der Weltfriedensströmungen der Gegenwart, Berlin 1922

LENZ, Paulus, Die II. deutsch-polnische Konferenz auf deutschem Boden, in: FK 7 (1931) Nr. 5, S.77 - 81 (zitiert: LENZ, Paulus, Die II. deutsch-polnische Konferenz)

- Unsere Berliner Tagung, in: FK 7 (1931) Nr. 12, S.216 - 219

- Carl Sonnenschein, in: FK 7 (1931) Nr. 12, S.223

- VIII. Reichstagung, in: FK 8 (1932) Nr. 3, S.55 f.

- Rezension zu Schelers "Die Idee des Friedens und des Pazifismus", in: Hochland 1932 Band 1, S. 86 - 89

- Zur nationalsozialistischen Außenpolitik, in: FK 8 (1932) Nr. 7, S.134 - 137

- Randbemerkungen zur Aussen- und Militärpolitik, in: FK 8 (1932) Nr. 9, S.181 - 183

- Randbemerkungen zur Aussen- und Militärpolitik, in: FK 8 (1932) Nr. 10, S.200 - 203

- Der XII. Internationale Friedenskongreß, in: FK 8 (1932) Nr. 10, S. 205

LEWY, Guenter, Die katholische Kirche und das Dritte Reich, München 1964

LIPGENS, Walter, Europäische Einigungsidee 1923-1930 und Briands Europaplan im Urteil der deutschen Akten, in: HZ 203 (1966), S.46 - 89 und 313 - 363

LÖWENSTEIN, Karl, Beiträge zur Staatssoziologie, Band 2, Tübingen 1961

- Über die Verbreitung politischer Ideologien, 1956

LUCKNER, Gertrud, Katholischer Anteil an der Abrüstung, in: FK 8 (1932) Nr. 8, S. 161

LUTZ, Heinrich, Über die Verantwortung der Gläubigen im Zeitalter der Gewalt, in: Maier, Hans (Hrsg.), Deutscher Katholizismus nach 1945, München 1964, S.163 - 189 (zitiert: LUTZ, Über die Verantwortung)

- Demokratie im Zwielicht. Der Weg der deutschen Katholiken aus dem Kaiserreich in die Republik 1914-1925, München 1963 (zitiert: LUTZ, Demokratie im Zwielicht)

H.M. (?), Deutsch-französisches Jugendtreffen in den Ardennen (2. bis 9.Aug.1931), in: FK 8 (1932) Nr. 1, S.15 - 17

MAIER, Hans, Der politische Weg der deutschen Katholiken nach 1945, in: Maier, Hans (Hrsg.), Der Katholizismus nach 1945, München 1964, S.190 - 220 (zitiert: MAIER, Hans, Der politische Weg)

MAIER, Hans, Revolution und Kirche. Studien zur Frühgeschichte der christlichen Demokratie (1789-1901), Freiburg 2.Auflage, 1965

- Kritik der politischen Theologie, Einsiedeln 1970

MAIER, Johannes, Jugend und Friede, in: Johannisfeuer 16 (1927) H. 12, S.316 - 324

MAMMASCH, Klaus, Die deutsche antifaschistische Widerstandsbewegung 1933-1939, Berlin (Ost) 1974

Manifest der Großdeutschen Jugend "Zur Einschreibung der Kriegsdienstverweigerer", in: VFL 4 (1924/25) H. 9, S.202 f.

Manifest gegen die Auswüchse des Nationalismus, für Europa und für die Verständigung zwischen Frankreich und Deutschland, in: FK 7 (1931) Nr. 2, S. 27 - 30

Mater et Magistra. Die Sozialenzyklika Papst Johannes XXIII. Mit einem ausführlichen Kommentar und einer Einführung in die Soziallehre der Päpste von Leo XIII. - Johannes XXIII., von Eberhard Welty, 6. Auflage Freiburg 1965

MATTHIAS, Erich und MORSEY, Rudolf (Hrsg.), Das Ende der Parteien 1933, Düsseldorf 1960

MAYR, Kaspar, Ist die Verständigung zwischen Polen und Deutschland möglich?, (Zwischen Krieg und Frieden. Internationale Schriftenreihe No. 1), Wien 1931

- Friedensbewegung, in: LThK 1960 4. Band, Sp. 369 - 371

- Der andere Weg. Dokumente und Materialien zur europäisch-christlichen Friedenspolitik (Veröffentlichung des Arbeitskreises für Europäische Politik, Band 1), Nürnberg 1965

MAXELON, Michael-Olaf, Stresemann und Frankreich 1914-29. Deutsche Politik der Ost-West-Balance, Düsseldorf 1972

MEINECKE, Friedrich, Die Idee der Staatsraison, 3. Auflage, 1929

METZ, Johann Baptist, Zur Theologie der Welt, Mainz, München 1968

- Friede und Gerechtigkeit. Überlegungen zu einer "politischen Theologie", in: Civitas. Jahrbuch für christliche Gesellschaftsordnung 6 (1967), S.9 - 19

METZGER, Max Josef, Der Völkerbund und die katholische Internationale, Bochum o.J. (ca.1920) (zitiert: METZGER, Der Völkerbund)

MICHAELIS, Wilhelm, Der Reichskanzler Michaelis und die päpstliche Friedensaktion von 1917, in: GWU 7 (1956), S.292 ff.

MICHEL, Ernst, Zur Grundlegung einer katholischen Politik, Frankfurt/M. 1924 (zitiert: MICHEL, Grundlegung)

- Politik aus dem Glauben, Frankfurt/M. 1926

MIKAT, Paul, Zur Kundgebung der Fuldaer Bischofskonferenz über die nationalsozialistische Bewegung, vom 28. März 1933, in: Jahrbuch des Instituts für christliche Sozialwissenschaft, Band 3, Münster 1962, S.209 - 236

MILATZ, Alfred, Wahlen und Wähler in der Weimarer Republik (Schriftenreihe der Bundeszentrale für politische Bildung, H. 66), 2. Auflage, 1966

MÖHRING, Marianne, Täter des Wortes. Max Josef Metzger. Leben und Wirken, Meitingen, Freising 1960

MOHLER, Arnim, Die konservative Revolution in Deutschland 1918-1932. Grundriß ihrer Weltanschauung, Stuttgart 1950

MORSEY, Rudolf, Die deutsche Zentrumspartei 1917-1923, (hrsg. von der Kommission für Geschichte des Parlamentarismus und der politischen Parteien), Düsseldorf 1966 (zitiert: MORSEY, Zentrumspartei 1917-1923)

- Die deutsche Zentrumspartei 1928-1933, in: Matthias, Erich und Morsey, Rudolf (Hrsg.), Das Ende der Parteien 1933, Düsseldorf 1960, S. 281-453 (zitiert: MORSEY, Zentrumspartei 1928-1933)

MORSEY, Rudolf (Hrsg.), Protokolle der Reichstagsfraktion und des Fraktionsvorstandes der Deutschen Zentrumspartei 1926-1933 (Veröffentlichung der Kommission für Zeitgeschichte bei der Katholischen Akademie in Bayern, Reihe A, Band 9), Mainz 1969 (zitiert: MORSEY, Zentrumsprotokolle 1926-1933)

- Zeitgeschichte in Lebensbildern. Aus dem deutschen Katholizismus des 20. Jahrhunderts, Mainz 1973

MOSSE, Werner (Hrsg.), Entscheidungsjahr 1932. Zur Judenfrage in der Endphase der Weimarer Republik. Ein Sammelband, Tübingen 1965

MUCKERMANN, Friedrich, Nachdenkliches zu P. Stratmanns O.P. "Weltkirche und Weltfriede", in: Das Neue Ufer, Kulturelle Beilage der Germania 1925, Nr. 24 ff. (zitiert: MUCKERMANN, Nachdenkliches)

- Noch einmal: Nationalgefühl und Pazifismus, in: Das Neue Ufer (1925) Nr. 26 (zitiert: MUCKERMANN, Nationalgefühl)

MUCKERMANN, Friedrich, Nationalgefühl, Pazifismus und Zentrumspartei, in: Das Neue Ufer (1925) Nr.25 (zitiert: MUCKERMANN, Pazifismus)

- Kulturfragen der Gegenwart, in: Die Rückkehr aus dem Exil. Dokumente der Beurteilung des deutschen Katholizismus der Gegenwart, hrsg. von Karl Hoeber, Düsseldorf 1926, S.52 ff. (zitiert: MUCKERMANN, Kulturfragen)

- Im Kampf zwischen zwei Epochen. Lebenserinnerungen, bearbeitet und eingeleitet von Nikolaus Junk (Veröffentlichungen der Kommission für Zeitgeschichte bei der Katholischen Akademie in Bayern, Reihe A, Band 15), Mainz 1973 (zitiert: MUCKERMANN, Lebenserinnerungen)

MÜLLER, Franz, Nachwort zum 4. Internationalen demokratischen Kongreß in London, in: KFW 1 (1924/25) Nr. 1/2, S. 5 f. (zitiert: MÜLLER, Franz, Nachwort)

- Vom gegenwärtigen Stand der Organisation des Weltfriedens, in: KFW 1 (1924/25) Nr. 3/4, S.12 - 14 (zitiert: MÜLLER, Franz, Vom gegenwärtigen Stand)

- Material zur Arbeit in den Ortsgruppen, in: KFW 1 (1924/25) Nr. 11/12, S. 10

- Bücher- und Zeitschriftenschau, in: KFW 1 (1924/25) Nr. 11/12, S.10 - 12

- Weltpolitische Etappen zu Völkerrecht und Völkerbund, in: Das Junge Zentrum (1925) H. 12, S.264 - 267 (zitiert: MUELLER, Franz, Weltpolitische Etappen)

- Dringliche Fragen zur Besprechung an den Werkabenden in den Ortsgruppen, in: FK 2 (1926) Nr.1/2, S. 14 (zitiert: MÜLLER, Franz, Dringliche Fragen)

- Friedensbewegung und Ökumene, in: FK 2 (1926) Nr. 7/8, S.5 - 7

- Politik und Pazifismus, in: FK 2 (1926) Nr.9/10, S.5 - 7

- "Politik aus dem Glauben". Zu einem Adventsbuche, in: FK 2 (1926) Nr.11/12, S.9 f. (zitiert: MÜLLER, Franz, Politik aus dem Glauben)

- Zur Wissenschaft der Friedensbewegung. Ein Schlußwort an Heinrich Thöne, in: FK 3 (1927) Nr.5/6, S.9 - 11 (zitiert: MÜLLER, Franz, Zur Wissenschaft)

MÜLLER, Hans, Die Fuldaer Bischofskonferenz vom 30.5.1933, in: Werkhefte katholischer Laien 17 (1963) S.181 - 194 (zitiert: MÜLLER, Hans, Die Fuldaer Bischofskonferenz)

MÜLLER, Hans (Hrsg.), Katholische Kirche und Nationalsozialismus, München 1965 (zitiert: MÜLLER, Hans, Katholische Kirche)

MÜLLER, Joseph, Das Friedenswerk der Kirche in den letzten drei Jahrhunderten. Die Diplomatie des Vatikans im Dienste des Weltfriedens seit dem Kongreß von Vervin 1598, Band 1, Berlin 1927

Neues aus unserer Bewegung: in: FK 2 (1926) Nr.1/2, S. 15

Neues aus unserer Bewegung, in: FK 2 (1926) Nr.3/4, S. 11

Neues aus unserer Bewegung, in: FK 2 (1926) Nr.5/6, S. 10

NEUMANN, Ilse, Pazifismus, (Heft 3 von "Aus Deutschlands Not und Ringen"), Berlin 1928

NEUSS, Wilhelm, Ein Priester unserer Zeit. J. Stoffels, Weihbischof von Köln, Einsiedeln, Köln, Straßburg 1934

NICOLAI, Georg Friedrich, Biologie des Krieges, Zürich 1917

NIFFKA, Erwin, Abrüstung oder Aufrüstung, in: FK 3 (1927) Nr.11/12, S.4 -6

NOBEL, Alphons, Erste internationale Verständigungsversuche in Paris, in: NR 4 (1921/22) Nr.21, S.411 - 413

NOLTE, Ernst, Vierzig Jahre Theorien über den Faschismus, in: ders. (Hrsg.), Theorien über den Faschismus, Köln 3. Auflage, 1972 (zitiert: NOLTE, Theorien über den Faschismus)

NOPPEL, Constantin SJ, Im Kampf um den Frieden, in: StdZ 106/107 (1923) S.177 - 190 (zitiert: NOPPEL, im Kampf)

- Weiter auf dem Friedensweg, in: StdZ (1927) S.321 - 331

- Deutsche Jugend und Pazifismus. Referat auf der Münchener Reichstagung des F.D.K., 1928, zit. nach RMV Nr.211, 1928 (zitiert: NOPPEL, Deutsche Jugend)

- Wehrproblem oder Friedensproblem, in: StdZ (1929) S.401 - 412

- Friedensbewegung, in: Staatslexikon, 5.Auflage, 1927, Band II, Sp.226 - 273

OGIERMANN, Otto, Bis zum letzten Atemzug. Der Prozeß gegen Bernhard Lichtenberg, Leipzig 1973

OHLMEIER, Theophil, Friedenssonntage, in: FK 3 (1927) Nr. 1/2, S. 12

- Ist der christliche Pazifismus eine Utopie?, Linz (o.J.)

OPPENHEIMER, Ludwig, Pazifismus und Friedensbewegung, in: Frankfurter Zeitung vom 17.9.1928

OSSIETZKY, Carl von, Rechenschaft. Publizistik aus den Jahren 1913-1933, Frankfurt/M. 1972

OTT, Hugo, Möglichkeiten und Formen kirchlichen Widerstands, in: Historisches Jahrbuch 92 (1972) S.312 - 333

Pacem in terris. Die Friedensenzyklika Papst Johannes XXIII. Mit einer Einführung in die Lehre der Päpste über die Grundlagen der Politik und einem Kommentar von Arthur-Fridolin Utz, Freiburg 2. Auflage, 1965

PACIFICUS, P. (?), Sondertagung des Friedensbundes Deutscher Katholiken, in: Festblatt zur 68. Generalversammlung der Deutschen Katholiken, Freiburg/Br., Nr. 6, II. Bl., 2.9.1929

Papst, Kardinal, Bischof, Prälat und Pfarrer im Dritten Reich vogelfrei?, in: FK 8 (1932) Nr.4, S.77-79

Pastorale Konstitution über die Kirche in der Welt von heute, "Gaudium et spes", in: Rahner, Karl und Vorgrimmler, Herbert (Hrsg.), Kleines Konzilskompendium, Freiburg 5. Auflage, 1968

PESCH, Heinrich, Neubau der Gesellschaft (Flugschriften der Stimmen der Zeit) 1. Heft, Freiburg 2.Auflage, 1919

PFEILSCHIFTER, Georg (Hrsg.), Deutsche Kultur, Katholizismus und Weltkrieg. Eine Abwehr des Buches La Guerre Allemande et le Catholicisme, Freiburg 1915

PICHT, Werner, Jenseits von Pazifismus und Nationalismus, München 1932

PIUS XII., Aufbau und Entfaltung des gesellschaftlichen Lebens, UG Nr. 4198 ff.

- Weihnachtsansprache an das Kardinalskollegium, 1948, UG Nr. 4133-4157

- Weihnachtsbotschaft, 1954, UG Nr. 6307-6339

PLATZ, Hermann, Deutschland und Frankreich und die abendländische Idee, Köln 1924

PLESSNER, Helmut, Grenzen der Gemeinschaft. Eine Kritik des sozialen Radikalismus. 1924 (Neudruck, Bonn 1972)

Polen - Danzig (o.Verf.), in: FK 8 (1932) Nr.7, S.148

Polen - Deutschland (o.Verf.), in: FK 9 (1933) Nr.2, S. 43

Politische Notizen (o.Verf.), in: FK 6 (1930) Nr. 4, S. 5 - 8

Politische Notizen (o.Verf.), in: FK 6 (1930) Nr. 6, S.10 - 12

Populorum Progressio. Über den Fortschritt der Völker. Die Entwicklungsenzyklika Papst Paul VI. Mit einem Kommentar sowie einer Einführung von Heinrich Krauss SJ, Freiburg 1967

PROBST, Josef, Internationale Freundschafts- und Friedenstage in Bierville bei Paris, August 1926, in: AR 23 (1926) Nr. 39, S.611 f.

QUIDDE, Ludwig, Die Mitgliederzahl der europäischen Friedensgesellschaften, in: FW 26 (1926) S.216 f.

RAHNER, Karl und VORGRIMMLER, Herbert (Hrsg.), Kleines Konzilskompendium, Freiburg 5.Auflage, 1968

RAUMER, Kurt von, Ewiger Friede. Friedensrufe und Friedenspläne seit der Renaissance, Freiburg, München 1953

RAUSCHER, Anton (Hrsg.), Ist die katholische Soziallehre antikapitalistisch? Beiträge zur Enzyklika "Populorum progressio" und zur Offenburger Erklärung der Sozialausschüsse, Köln 1968

- Entwicklungslinien des deutschen Katholizismus (Beiträge zur Katholizismus-Forschung, Reihe B: Abhandlungen), München, Paderborn, Wien 1973 (zitiert: RAUSCHER, Entwicklungslinien)

- Personalität, Solidarität, Subsidiarität (Katholische Soziallehre in Text und Kommentar, Heft 1), Köln 1975

REGINEK, Th., Ein Beitrag zum Martyrium der deutschen Katholiken in Polnisch-Oberschlesien, in: NR 9 (1926/27) Nr. 5, S.90 - 92

REINEMANN, John Otto, Weltjugendliga, in: Die Deutsche Jugendbewegung 1920-1933. Die bündische Zeit. Quellenschriften hrsg. i.A. des "Gemeinschaftswerkes Archiv und Dokumentation der Jugendbewegung" von Werner Kindt. Mit einem Nachwort von Hans Raupach, Köln 1974

REPGEN, Konrad, Entwicklungslinien von Kirche und Katholizismus in historischer Sicht, in: Rauscher, Anton (Hrsg.), Entwicklungslinien, S.11 - 30 (zitiert: REPGEN, Entwicklungslinien)

RHEINFELDER, H., Einige Gedanken zu dem Aufsatz von Prof. Louis le Fur, in: FK 8 (1932) Nr. 6, S.110 - 117

Richtlinien des F.D.K., 1. Fassung, in: KFW 1 (1924/25) Nr.1/2, S. 3 f.

Richtlinien des F.D.K., 2. Fassung, in: FK 4 (1928) Nr. 8, S.15 - 17

RIECKHOFF, Harald von, German-Polish-Relations 1918-1933, Baltimore und London 1971

RIESENBERGER, Dieter, Die katholische Friedensbewegung in der Weimarer Republik, Düsseldorf 1976

RISS, Franz, Die deutschen Katholiken und der Völkerbund, in: NR 8 (1925/26) Nr. 3, S.50 - 53

RITTER, Emil, Friedenswille und Pazifismus, in: Der Deutsche Weg, Nr. 127 vom 1.8.1928 (zitiert: RITTER, Friedenswille)

- Katholische Einheitsfront im Friedenswerk, in: Der Deutsche Weg, Nr. 155 vom 2.9.1928 (zitiert: RITTER, Katholische Einheitsfront)

- Der Weg des politischen Katholizismus, Breslau 1934

- Die katholisch-soziale Bewegung in Deutschland im 19. Jahrhundert und der Volksverein, Köln 1954 (zitiert: RITTER, Die katholisch-soziale Bewegung)

ROMMEN, Heinrich, Weltfriede und Weltkirche, Mönchen-Gladbach 1930

ROSSAINT, Joseph, Zum Wehrsport und zur Wehrhaftigkeit, in: FK 9 (1933) Nr. 1, S.5 - 9

ROTH, Joseph, Katholizismus und Judenfrage, München 1923

- Katholischer Pazifismus? Gedanken über Eigenpersönlichkeit und Eigenrechtlichkeit des Staates, in: Gelbe Hefte 2 (1925/26), S.686 - 700 (zitiert: ROTH, Katholischer Pazifismus?)

RÜTHER, Josef, Artikel 231, in: FK 7 (1931) Nr. 9, S.155 ff.

- Nationalsozialismus und Friedenserziehung, in: FK 8 (1932) Nr. 7, S.141 - 143

RUGE, Wolfgang, Die Außenpolitik der Weimarer Republik und das Problem der europäischen Sicherheit, in: Zeitschrift für Geschichtswissenschaft XIII (1974) H. 3, S.273 - 290

RUSTER, Heinrich, Der Ruf zum Frieden (Kongresse in Oxford und Luxemburg), in: KFW 1 (1924/25) Nr.9/10, S.6 - 8 (zitiert: RUSTER, Der Ruf zum Frieden)

- Die Tagung des Friedensbundes Deutscher Katholiken in Münster, in: NR 8 (1925/26) Nr. 46, S.953 - 954 (zitiert: RUSTER, Münster)

- Die geistige Substanz des Pazifismus. Ein Rückblick auf die Herbstkongresse von 1925, in: AR 23 (1926) Nr.1, S.2 - 4 (zitiert: RUSTER, Die geistige Substanz)

- Der internationale Akt von Bierville, in: FK 2 (1926) Nr. 7/8, S.9 - 11 (zitiert: RUSTER, Bierville)

RUSTER, Heinrich, "Die gegenwärtigen Kriegsgefahren und der Kampf um den Frieden." Nach Marc Sangniers Friedenskongreß in Würzburg, in: FK 3 (1927) Nr. 7/8, S. 7-10 (zitiert: RUSTER, Die gegenwärtigen Kriegsgefahren)

- Die Reichsfriedenstagung deutscher Katholiken in München, in: FW 28 (1928) H.10/11, S.331-333 (zitiert: RUSTER, Die Reichsfriedenstagung)

- Marc Sangniers "Friedenskreuzzug" Deutscher Jugend durch Frankreich, in: FW 29 (1929) Nr.10/11, S.347 - 351

W.S. (?), Ein Friedensbund der holländischen Katholiken, in: FK 2 (1926) Nr. 3/4 S. 12

SÄGMÜLLER, J.B., Papst, Völkerrecht und Völkerfrieden. Ein Rückblick und ein Ausblick, Rottenburg 1924

SALEWSKI, Michael, Zur Deutschen Sicherheitspolitik in der Spätzeit der Weimarer Republik, in: Vierteljahreshefte für Zeitgeschichte 22 (1974), S.121 - 147

SANGNIER, Marc, Worte des Friedens. 3 Reden, mit Vorwort von Jos. Probst, Karlsruhe 1922

SCHARP, Heinrich, Reale Friedenspolitik I, in: KFW 1 (1924/25) Nr. 3/4, S.9 - 12

- Reale Friedenspolitik II, in: KFW 1 (1924/25) Nr. 7/8, S.3 - 7

- Der Friede von Locarno, in: KFW 1 (1924/25) Nr. 9/10, S.8 - 10

- Sicherheit und Abrüstung, in: FK 4 (1928) Nr. 3, S.15 - 18

SCHAUFF, Johannes, Das Wahlverhalten der deutschen Katholiken im Kaiserreich und in der Weimarer Republik, 1928, Neudruck (Veröffentlichung der Kommission für Zeitgeschichte bei der Katholischen Akademie in Bayern, Reihe A, Band 18), Mainz 1975

SCHEER, Friedrich Carl, Geschichte der deutschen Friedensgesellschaft, Diss., Bochum 1974

- Die deutsche Friedensgesellschaft (1892-1933). Organisation - Ideologie - Politische Ziele, in: "Forschung für den Frieden." Fünf Jahre Deutsche Gesellschaft für Friedens- und Konfliktforschung. Eine Zwischenbilanz,eingeleitet von Ernst-Otto Czempiel und Jost Delbrück (Veröffentlichungen der Deutschen Gesellschaft für Friedens- und Konfliktforschung e.V., Band 1), Boppard 1975, S.261-272 (zitiert: SCHEER, Die deutsche Friedensgesellschaft 1892-1933)

SCHELER, Max, Krieg und Aufbau, Leipzig 1916

SCHELER, Max, Der Genius des Krieges und der deutsche Krieg, Leipzig 3. Auflage, 1917

- Die Idee des Friedens und des Pazifismus, Berlin 1931

SCHELLENBERGER, Barbara, Katholische Jugend und Drittes Reich. Eine Geschichte des katholischen Jungmännerverbandes 1933-1939 unter besonderer Berücksichtigung der Rheinprovinz (Veröffentlichungen der Kommission für Zeitgeschichte bei der Katholischen Akademie in Bayern, Reihe B, Band 17), Mainz 1975

SCHLETTE, Heinz Robert, Ideologie, in: Handbuch Philosophischer Grundbegriffe, hrsg. von Hermann Krings, Hans Michael Baumgartner und Christoph Wild, Bd.II, München 1973, S.720 - 727

SCHLOCHAUER, Hans Jürgen, Die Idee des ewigen Friedens. Ein Überblick über Entwicklung und Gestaltung des Friedenssicherungsgedankens auf der Grundlage einer Quellenauswahl, Bonn 1953

SCHMIDT, Albert, Die Weltanschauung des Pazifismus im Lichte des christlichen Glaubens, Witten 1927

SCHMITT, Carl, Der Begriff des Politischen, in: Politische Wissenschaft, 1928, H. 5, Neudruck der Ausgabe von 1932, Berlin 1963

SCHMITTMANN, Benedikt, Preußen-Deutschland oder deutsches Deutschland?, Bonn 1920

SCHREIBER, Christian, Krieg und Frieden. Ansprache in der Eröffnungssitzung der 8. Reichstagung des F.D.K. am 8.11.1931, in: FK 7 (1931) Nr.12, S.211 - 216

- Abrüstung, Völkerfriede, Völkerbund. Rede vor der Deutsch-Französischen Gesellschaft in Berlin, am 30.4.1931, in: FK 7 (1931) Nr. 5, S.65 - 69

SCHREIBER, Georg, Christentum und Abrüstung. (Schriften zur deutschen Politik, H. 28), 1932

- Deutschland und Österreich. Deutsche Begegnungen und Österreichs Wissenschaft und Kultur, Köln, Graz 1956

SCHRÖRS, Heinrich, Deutscher und französischer Katholizismus in den letzten Jahrzehnten, Freiburg 1917

- Nationalismus und Religion, in: NR 3 (1921/22), S.432 - 435

SCHÜCKING, Walther, Der Weg des Pazifismus, in: ders., Die nationalen Aufgaben unserer auswärtigen Politik, Berlin 1926, S.17 - 23

SCHULTE, Karl Anton (Hrsg.), Nationale Arbeit. Das Zentrum und sein Wirken in der deutschen Politik, Berlin, Leipzig 1929

SCHULZ, Gerhard, Zwischen Demokratie und Diktatur. Verfassungspolitik und Reichsreform in der Weimarer Republik, Band I, Berlin 1963

SCHUMANN, Rosemarie, Initiativen deutscher Pazifisten gegen die reaktionäre Polenpolitik in der Weimarer Republik, in: Zeitschrift für Geschichtswissenschaft 22 (1974), S.1223 - 1232.

SCHWANN, Hans, Die Vorgänge in Oberschlesien, in: AR 26 (1929) Nr. 9, S.148 f.

- Das Minderheitenproblem in Oberschlesien, in: AR 26 (1929) Nr.16, S.285 ff.

SCHWEIZER, Karl, Der gegenwärtige Völkerbund. Seine Organisation und Bedeutung vom katholischen Standpunkt, in: AR 22 (1925) Nr.10, S.153 - 156

SEEGER, G. (Hrsg.), Der Fall Quidde, Berlin 1924

SEIDEL, Hildegard, Von der Arbeit der Breslauer Ortsgruppe, in: FK 8 (1932) Nr.8, S.159 f.

SEIDEL, Ina, Die Entwicklung der Friedensbewegung in Europa bis zur Entscheidungsstunde der Gegenwart. Sonderabdruck aus der Monatsschrift "Die Frau" (Jan.1932), Berlin 1932

SEIPEL, Ignaz, Internationale Zusammenarbeit, in: Abendland 1 (1925/26) H. 5, S.131 - 133

- Der Weg nach Europa. Referat vor der Frankfurter Bundestagung des F.D.K., in: FK 5 (1929) Nr.9/10, S.1 - 10

- Der Friede, ein sittliches und gesellschaftliches Problem, Innsbruck, Wien, München 1937

SENGHAAS, Dieter, Kompositionsprobleme in der Friedensforschung, in: ders. (Hrsg.), Kritische Friedensforschung, Frankfurt/M. 2.Auflage, 1971, S.313 - 361

SIEGELE-WENSCHKEWITZ, Leonore, Nationalsozialismus und Kirchen. Religionspolitik von Parteien und Staat bis 1935 (Tübinger Schriften zur Sozial- und Zeitgeschichte 5), Tübingen 1974

SIERP, Heinrich, Benedikt XV †, in: StdZ (1921), S.401

SODEN, Oskar von, Das Problem des deuropäischen Friedens und die Verständigung zwischen Deutschland und Frankreich, in: KFW 1 (1924/25) Nr.11/12, S. 1 - 5 (zitiert: SODEN, Das Problem des europäischen Friedens)

- Zum Problem der deutsch-polnischen Verständigung, in: FK 2 (1926) Nr.5/6, S.5 - 7

SODEN, Oskar von, Polnische Erinnerungen, in: AR (1927), S.99 ff., 118, 146, 164, 329, 344, 359, 374, 386

- Zur Frage der deutsch-polnischen Verständigung, in: FK 3 (1927) Nr.9/10, S.4 - 5

SOLZBACHER, Wilhelm, Vom Werden und Wirken der Katholischen Weltjugendliga, in: Erwachende Jugend 1 (1927) H. 1, S. 7 f.

- Die katholische Friedensbewegung, in: FW 9 (1929) H. 3, S. 91 und H. 4, S.119 - 120

SONTHEIMER, Kurt, Antidemokratisches Denken in der Weimarer Republik. Die politischen Ideen des deutschen Nationalismus zwischen 1918 und 1933, München 1962

SORETH, Swidbert M., Ziel und Arbeit einer Ortsgruppe des Katholischen Friedensbundes, in: FK 7 (1931) Nr. 7, S.115 - 118

SPAEL, Wilhelm, Das katholische Deutschland im 20. Jahrhundert. Seine Pionier- und Krisenzeit 1890-1945, Würzburg 1964

SPAEMANN, Robert, Moral und Gewalt, in: Manfred Riedel (Hrsg.), Rehabilitierung der praktischen Philosophie, Band 1, Freiburg 1972, S.215 - 241

SPAETH, Alfons, Bischof Joannes Sproll, Stuttgart 2. Auflage, 1963

SPAHN, Martin, Die päpstliche Friedensvermittlung, Berlin 1919

SPANN, Othmar, Gesellschaftsphilosophie, München, Berlin 1928

- Hauptpunkte der universalistischen Staatsauffassung (Die Bücherei des Ständestaates, H. 3), Berlin 1930

SPENZ, Jürgen, Die diplomatische Vorgeschichte des Beitritts Deutschlands zum Völkerbund 1924-1926, Göttingen 1966

STAAB, Heinrich, Her mit der christlichen Internationale, in: Christliche Politik Nr. 10 vom 5.9. 1920, S.114 - 118

STASIEWSKI, Bernhard, Akten der deutschen Bischöfe über die Lage der Kirche 1933-1945, Band I 1933/34 (Veröffentlichung der Kommission für Zeitgeschichte bei der Katholischen Akademie in Bayern, Reihe A, Band 5), Mainz 1968

STEINBACH, Sibylla, Deutsch-polnischer Kinderaustausch, in: FK 7 (1931) Nr.7, S.112 - 115

STEINERT, Marlis G., Hitlers Krieg und die Deutschen. Stimmung und Haltung der deutschen Bevölkerung im Zweiten Weltkrieg, Düsseldorf, Wien 1970

STEINITZ, Martha, Kriegsdienstverweigerung und organisatorischer Pazifismus, in: Kobler, Handbuch, S.290 - 298

STRATMANN, Franziskus Maria, Weltkirche und Weltfriede. Katholische Gedanken zum Kriegs- und Friedensproblem (Veröffentlichungen des Verbandes der Vereine katholischer Akademiker zur Pflege der katholischen Weltanschauung), Augsburg 1924 (zitiert: STRATMANN, Weltkirche)

- Die Kriegslehre der augustinisch-thomistischen Schule, insbesondere des Franziskus de Victoria, als Veto gegen den modernen Krieg. Vortrag vor dem 4. Internationalen Katholischen Kongreß in Lugano, 1924, in: Völkerrecht, Weltfriede, Internationale katholische Aktion. Bericht über den 4. Internationalen Katholischen Kongreß, zusammengestellt von Kaspar Mayr, Zug 1924 (zitiert: STRATMANN, Die Kriegslehre)

- Von der Kampfbereitschaft für den Frieden, in: KFW 1 (1924/25) Nr.3/4, S.1-3 (zitiert: STRATMANN, Kampfbereitschaft)

- Pseudo-Pazifismus. Kritisches zu einem "Hochland"-Aufsatz, in: KFW 1 (1924/25) Nr.5/6, S.4 f. (zitiert: STRATMANN, Pseudo-Pazifismus)

- Entgegnung an Friedrich Muckermann SJ, in: Das Neue Ufer, Kulturelle Beilage der Germania, Nr. 25 (1925)

- Der Weg über die Weltkirche. Zu P. Muckermanns zweitem Artikel, in: Das Neue Ufer, Nr. 28 (1925)

- Über politische Orientierung. Schlußwort, in: Das Neue Ufer, Nr. 30 (1925)

- Gedanken zu den Friedensreden Dr. Seipels, in: HlF 13 (1925/26) Nr. 2, S.49 - 59

- Richtlinien des Friedensbundes Deutscher Katholiken. Erläutert von P. Franziskus M. Stratmann O.P. (Der Friede Christi im Reich Christi, H. 4), München, Rom 1925 (zitiert: STRATMANN, Erläuterungen)

- Die Frage der Kriegsdienstverweigerung. Vortrag anläßlich der F.D.K.-Bundestagung in Beuron, in: KFW 1 (1924/25) Nr.9/10, S.2 - 5

- Der Stern von Locarno und der Stern von Bethlehem, in: Das Junge Zentrum (1925) Nr.12, S.260 - 263 (zitiert: STRATMANN, Der Stern von Locarno)

STRATMANN, Franziskus Maria, Die neue Papstenzyklika und unser Friedensbund, in: FK 2 (1926) Nr. 1/2, S. 8 f. (zitiert: STRATMANN, Die neue Papstenzyklika)

- Kampf gegen den katholischen Pazifismus, in: FK 2 (1926) Nr. 7/8, S. 1 - 3
- Zur Revision der Kriegsmoral, in: Abendland 2 (1927) Nr. 5, S.122 - 124
- Emmanuel von Ketteler und wir, in: FK 3 (1927) Nr.5/6, S.2 - 4 (zitiert: STRATMANN, Emmanuel von Ketteler)
- Die gesetzliche Ächtung des Krieges, in: FK 3 (1927) Nr. 7/8, S. 1 - 4
- Landesverrat und Sittengesetz, in: FK 3 (1927) Nr.11/12, S.1 - 3 (zitiert: STRATMANN, Landesverrat)
- Pazifismus - eine verkappte Religion?, in: FK 4 (1928) Nr.2, S. 1 - 7
- Carl Schmitts "Begriff des Politischen", in: FK 4 (1928) Nr. 5, S.1-7 und Nr. 6, S.1-7
- Martyrer des Gewissens, in: FK 4 (1928) Nr.7, S.1 - 9
- Unser Kriegsartikel, in: FK 4 (1928) Nr.8, S.1-8
- Zur Überwindung der doppelten Moral, in: FK 4 (1928) Nr. 9, S.1-9
- Friedenswille, Pazifismus und katholische Einheitsfront, in: FK 4 (1928) Nr.11, S. 1 - 12 (zitiert: STRATMANN, Friedenswille)
- Entgegnung, in: FK 5 (1929) Nr.1, S.6 - 8
- Pazifismus als Leitfaden?, in: AR 16 (1929) Nr. 31, S.601 f.
- Der Friedensbrief des Herrn Nuntius Pacelli, in: FK 5 (1929) Nr.7/8, S.1 - 9 (zitiert: STRATMANN, Der Friedensbrief)
- Das Wehrproblem, in: FK 5 (1929) Nr.9/10, S.11 ff.
- Das Echo der Frankfurter Tagung, in: FK 5 (1929) Nr. 11, S.1 - 6
- Der Katholizismus und der Weltfriede, in: Religion und Weltfriede. Überwindung der Kriege, hrsg. von der Arbeitsgemeinschaft der Konfessionen für den Frieden, Leipzig 1930, S.19 - 28
- Grundsätzliches zur Katholischen deutsch-französischen Konferenz in Berlin, in: FK 6 (1930) Nr. 2, S.1 - 8 (zitiert: STRATMANN, Grundsätzliches)

STRATMANN, Franziskus Maria, Bedingungsloser Gehorsam?, in: FK 6 (1930) Nr. 3, S.1 - 5

- Friedenseindrücke in Holland, in: FK 6 (1930) Nr. 7, S.5 ff.
- Deutsch-polnische Verständigungsversuche durch den Friedensbund Deutscher Katholiken, in: AR 27 (1930) Nr. 19, S.321 - 323 (zitiert: STRATMANN, Deutsch-polnische Verständigungsversuche)
- "Krieg gegen Rußland?", in: FK 7 (1931) Nr. 1, S.1 - 7 und Nr. 2, S.17 - 22
- "Der Sündenfall des Christentums", in: FK 7 (1931) Nr. 4, S.49 - 54 und Nr. 5, S.69 - 76
- Der Hl. Vater als unser Vorbild, in: FK 7 (1931) Nr. 8, S.129 - 133
- Konationale Erziehung, in: FK 7 (1931) Nr. 9, S.145 - 149
- Mars und Mammon auf der Abrüstungskonferenz, in: NR 14 (1932/33) Nr.19, S.357 - 358
- Christus auf der Abrüstungskonferenz, in: NR 14 (1931/32) Nr. 20, S.377 - 379
- Militarismus und Katholizismus, in: FK 8 (1932) Nr. 2, S.22 - 34
- Das Problem einer überstaatlichen Polizei, in: FK 8 (1932) Nr. 4, S.61 - 65
- Erziehung zum Frieden durch die Kirche, in: Jahrbuch des Verbandes der Renaissance-Gesellschaften, Band 10, Basel 1932, S.92 - 105 (zitiert: STRATMANN, Erziehung zum Frieden)
- Der Nationalsozialismus und wir, in: FK 8 (1932) Nr.7, S.125 - 130 (zitiert: STRATMANN, Der Nationalsozialismus)
- Die Friedensbewegung und die göttliche Weltordnung, in: FK 8 (1932) Nr.8, S.149 - 154 (zitiert: STRATMANN, Göttliche Weltordnung)
- Da Ja und Nein zum Wehrsport, in: FK 8 (1932) Nr. 11, S.211 - 216
- Unser Friedensbund im Dritten Reich, in: FK 9 (1933) Nr. 4, S.66 - 71
- Der Christ und sein politischer Gegner, in: FK 9 (1933) Nr. 5/6, S.89 - 92

F.St. (Stratmann), Wachsende Friedensbewegung im katholischen Frankreich, in: FK 9 (1933) Nr.5/6, S. 59 f. (zitiert: STRATMANN, Wachsende Friedensbewegung)

- Peace and the Clergy, London 1936

STRATMANN, Franziskus Maria, Die Judenfrage als Friedensfrage, in: Die Erfüllung 2 (1936) H. 3, S.98 - 108

- Die Juden und wir Christen, in: Die Erfüllung 3 (1937) H. 1/2, S.61 - 89

- Krieg und Christentum heute, Trier 1950

- Thesen zum gerechten und ungerechten Krieg, in: Atomare Kampfmittel und christliche Ethik. Diskussionsbeiträge deutscher Katholiken, München 1960, S.34 - 39

- In der Verbannung. Tagebuchblätter 1940-1947, Frankfurt/M. 1972 (zitiert: STRATMANN, In der Verbannung)

STRUKER, Arnold (Hrsg.), Die Kundgebungen Papst Benedikts XV. zum Weltfrieden, Freiburg 1917

STÜRMER, Michael, Koalition und Opposition in der Weimarer Republik, Düsseldorf 1967

Tageschronik (o.Verf.), in: VFL 4 (1924/25) Nr.5, S.7

Tätigkeitsbericht der DFG 1927, in: FW 27 (1927) H. 5, S.153

TEILHARD de Chardin, Pierre, Der Göttliche Bereich, Olten, Freiburg i.Br. 3. Auflage, 1963

Theologisches Gutachten über die sittliche Erlaubtheit des Krieges, in: FK 8 (1932) Nr.3, S.49 - 54 (zitiert: Theologisches Gutachten)

THIEME, Karl, Deutsche Katholiken, in: Werner Mosse (Hrsg.), Entscheidungsjahr 1932, Tübingen 1965, S.271 - 288

THÖNE, Heinrich, Zur Pädagogik der Friedensbewegung, in: FK 3 (1927) Nr. 5/6, S.7 - 9 (zitiert: THÖNE, Zur Pädagogik)

- Jugendbewegung und Friedensbewegung, in: VFL 3 (1924) H. 11, S.256 - 259 (zitiert: THÖNE, Jugendbewegung)

THOMAS, Christa, Sieg des christlichen Gewissens, Düsseldorf 1955

THORMANN, Werner, Flottenabrüstung? Zur Londoner Konferenz, in: FK 6 (1930) Nr. 2, S. 8 f.

- Gefährdung der deutschen Verständigungspolitik, in: KFW 1 (1924/25) Nr.5/6, S.5 - 7

THRASOLT, Ernst, Dr. Carl Sonnenschein, der Mensch und sein Werk, München 1931

TISCHLEDER, Peter, Die Staatslehre Leos XIII., Mönchengladbach 1927

- Staatsgewalt und katholisches Gewissen, Frankfurt/M. 1927

TÖPNER, Kurt, Der deutsche Katholizismus zwischen 1918 und 1933, in: Hans-Joachim Schoeps (Hrsg.), Zeitgeist im Wandel. Zeitgeist der Weimarer Republik, Stuttgart 1968, S.176 - 202 (zitiert: TÖPNER)

- Gelehrte Politiker und politisierende Gelehrte (Veröffentlichungen der Gesellschaft für Geistesgeschichte, Band 5) Göttingen, Zürich, Frankfurt/M. 1970 (zitiert: TÖPNER, Gelehrte Politiker)

Trierer Amtsanzeiger Nr. 5 vom 7.1.1926, S. 3

"Überlieferung und Neubeginn". Festschrift für Joseph Antz, Ratingen 1957

Unsere Bundes- und Gruppenarbeit. Resolution der Beuroner Friedenstagung, in: KFW 1 (1924/25) Nr.9/10, S. 6

Unsere Mitarbeit im F.D.K. (o.Verf.), in: KFW 1 (1924/25) Nr. 1/2, S. 12

VERDROSS, Alfred, Der Einfluß der Naturrechtslehre auf Theorie und Praxis der internationalen Beziehungen, in: Franz Martin Schmölz (Hrsg.), Das Naturrecht in der politischen Theorie, Wien 1963, S.106 - 116

VOGELSANG, Thilo, Die deutsche Außenpolitik der Weimarer Republik 1918-1933, München 1959 (zitiert: VOGELSANG, Außenpolitik)

VOLK, Ludwig, Zur Kundgebung des deutschen Episkopats vom 28. März 1933, in: StdZ 173 (1963/64) S.431 - 456

- Zwischen Geschichtsschreibung und Hochhuthprosa, in: StdZ 176 (1964/65) S.29 - 41 (zitiert: VOLK, Hochhuthprosa)

- Der Bayerische Episkopat und der Nationalsozialismus 1930-1934 (Veröffentlichung der Kommission für Zeitgeschichte bei der Katholischen Akademie in Bayern, Reihe B, Band 1) Mainz 1965 (zitiert: VOLK, Der Bayerische Episkopat)

- Kardinal Faulhabers Stellung zur Weimarer Republik und zum NS-Staat, in: StdZ 177 (1965/66) S.173-195

- Akten Kardinal Michael von Faulhabers 1917-1945, I 1917-1934 (Veröffentlichung der Kommission für Zeitgeschichte bei der Katholischen Akademie in Bayern, Reihe A, Band 17), Mainz 1975 (zitiert: VOLK, Akten Kardinal Faulhabers)

Von einer Polenfahrt (o.Verf.), in: Großdeutsche Jugend 12 (1927) Nr. 10, S.75 - 76

WACHTLING, Oswald, Joseph Joos - Journalist, Arbeiterführer, Zentrumspolitiker. Politische Biographie 1878 - 1933 (Veröffentlichung der Kommission für Zeitgeschichte bei der Katholischen Akdemie in Bayern, Reihe B, Band 16) Mainz 1974

Wahrer Pazifismus - Wahre Pazifisten (o.Verf.), in: VFL 5 (1925/26) H. 10, S.313 f.

WAIBEL, Katholischer Pazifismus, in: AR 21 (1924) Nr. 20, S.290 f.

- Ein Nachklang vom Katholikentag in Hannover, in: KFW 1 (1924/25) Nr.1/2, S. 4 f.

WEERTZ, Heinrich, Weihnachtsgedanken eines katholischen Pazifisten, in: FK 2 (1926) Nr.11/12, S. 2 f.

WEHBERG, Hans, Die Fortbildung des organisatorischen Pazifismus, in: FW 25 (1925) H. 2, S.33 - 35

- Grundsätzliche Erörterungen zur Politik der deutschen Friedensbewegung I, in: FW 27 (1927)H. 6, S.161 - 167 (zitiert: WEHBERG, Grundsätzliche Erörterungen I)

- Grundsätzliche Erörterungen zur Politik der deutschen Friedensbewegung II, in: FW 27 (1927) H. 7, S.193 - 199 (zitiert: WEHBERG, Grundsätzliche Erörterungen II)

- Der Erfurter Friedenstag, in: FW 27 (1927) H.11, S.317 - 329

- Deutschlands Verlangen nach gleicher militärischer Sicherheit, in: FW 31 (1931) H. 4, S.114 - 126

- Sollen wir uns Pazifisten nennen?, in: FW 33 (1933) H. 2, S.57 ff.

WEIDENFELD, Werner, Die Englandpolitik Gustav Stresemanns. Theoretische und praktische Aspekte der Außenpolitik, Mainz 1972

WEISENBORN, Günther, Der lautlose Aufstand. Bericht über die Widerstandsbewegung des deutschen Volkes 1933-1945, Frankfurt/M. 4. verbesserte Auflage, 1974

WELTY, Eberhard, Herders Sozialkatechismus II. Der Aufbau der Gemeinschaftsordnung, Freiburg 1953

WINKLER, Heinrich August, Extremismus der Mitte? Sozialgeschichtliche Aspekte der nationalsozialistischen Machtergreifung, in: Vierteljahreshefte für Zeitgeschichte 1972, S.175 - 191

WOLFGRUBER, Joh. B., Selig sind die Friedensstifter. Ein Aufruf an den Klerus (Zeit- und Streitschriften im Verlag "Volksheil", Nr. 19), Graz, München, Wien 1917

WOTHE, Franz Josef, Wilhelm Maxen. Wegbereiter neuer Großstadtseelsorge, Hildesheim 1962

ZAHN, Gordon C., Die deutschen Katholiken und Hitlers Kriege, Graz, Wien, Köln 1965

ZIMMERMANN, Ludwig, Die Außenpolitik in der Ära der Weimarer Republik, Göttingen 1958

ZIPFEL, Friedrich, Kirchenkampf in Deutschland 1933-1945, Berlin 1965

Zur Berichterstattung über die Berliner Bischofsrede (anonym), in: FK 7 (1931) Nr.12, S.220 - 222

DER FRIEDENSBUND DEUTSCHER KATHOLIKEN

CHRONIK

1917 Magnus Jocham gibt die Schrift "Wir Christen und das päpstliche Friedensprogramm" heraus. Deren sofortige Beschlagnahmung wird durch das Einwirken Matthias Erzbergers rückgängig gemacht.

Pfarrer Wolfgruber veröffentlicht einen Aufruf zur Gründung des Friedensbundes katholischer Geistlicher. Es kommt zu einer ersten Kontaktnahme mehrerer Geistlicher, u.a. Max Josef Metzgers und Kaplan Magnus Jochams.

1919 Am 14. Februar erscheint in der "Augsburger Postzeitung" der Gründungsaufruf des Friedensbundes deutscher Katholiken.
Am 2. Oktober erfolgt die erste, vorläufige Konstitution.

1923 Unter der Leitung des Kölner Weihbischofs Stoffels entsteht am Rande des III. Internationalen Demokratischen Friedenskongresses in Freiburg das "Freiburger Programm" des F.D.K.
In den folgenden Jahren sind diese jährlich stattfindenden Kongresse das wichtigste Forum (katholischer) deutsch-französischer Verständigungsarbeit.

1924 1. Bundestagung des F.D.K. in Hildesheim
Die "Richtlinien des F.D.K." werden verabschiedet.
Im Dezember erscheint das erste Heft der F.D.K.-Zeitschrift "Katholische Friedenswarte" - ab 1926: "Der Friedenskämpfer"

1925 2. Bundestagung in Beuron
Pazifismus-Diskussion im deutschen Katholizismus

1926 3. Bundestagung in Münster
Erstes katholisches deutsch-polnisches Treffen in Warschau; mehrere deutsch-polnische Kontaktnahmen durch führende Persönlichkeiten des F.D.K.

Der VI. Internationale Demokratische Friedenskongress in Bierville bringt einen Aufschwung in der deutsch-französischen Verständigung.

1927 4. Bundestagung in Essen
Zum ersten Mal spricht dort ein polnischer Referent.
Zur Änderung des von vielen F.D.K.-Mitgliedern als zu radikal empfundenen Kriegsartikels der Richtlinien wird eine Kommission eingesetzt, deren Vorschlag ein Jahr später angenommen wird.

Führende Vertreter des F.D.K. beteiligen sich an der Gründung des "Deutsch-Polnischen Komitees", das von verschiedenen kulturellen Gruppen getragen wird.

In Warschau tagt eine nicht-öffentliche katholische deutsch-polnische Konferenz.

1928 5. Bundestagung in München
Dabei kommt es zu heftigen Auseinandersetzungen über die Fragen der Abrüstung und der Kriegsdienstverweigerung.

Walter Dirks übernimmt die Redaktion des "Friedenskämpfers".

Die Beuthener F.D.K.-Ortsgruppe trifft sich erstmals mit Vertretern der "Akademisch-pazifistischen Vereinigung an der Universität Krakau".

Beim "Kleinen Katholikentag" in Magdeburg gerät der F.D.K. in die Schußlinie seiner Kritiker.

Die Sylvesteransprache Kardinal Faulhabers wertet der F.D.K. als Unterstützung seiner Position.

1929 6. Bundestagung in Frankfurt/M.
Die Münchner Kontroverse um Abrüstung und Kriegsdienstverweigerung wird hier fortgesetzt.

Erstmals besucht ein offizieller Vertreter der Bischofskonferenz, Bischof Sproll von Rottenburg, eine Veranstaltung des F.D.K. beim Freiburger Katholikentag.

In Berlin finden zwei beachtete Konferenzen statt:
die "Katholische Deutsch-Französische Konferenz", die vom Zentrum organisiert, vom F.D.K. aber wesentlich mitgetragen wurde, und die vom F.D.K. veranstaltete "erste deutsch-polnische Konferenz".

1930 Bundestagung in Paderborn
Sie wird zum ersten Mal vom Ortsbischof besucht.

1931 7. Bundestagung in Berlin
F.D.K.-Aufruf "Die deutschen Katholiken wollen den Frieden" als Antwort auf einen entsprechenden französischen Aufruf.
Breit angelegte Aussprache im "Friedenskämpfer" über die deutsch-französische Verständigung.

Zweite deutsch-polnische Konferenz in Köln

Massive Konfrontation mit den Nationalsozialisten in Berlin; Prälat Lichtenberg gewinnt einen Prozeß gegen NS-'Journalisten'.

Gründung der "Arbeitsgemeinschaft der Konfessionen für den Frieden", in der sich Katholiken, Protestanten und Juden zusammenschließen.

Unterschriftenaktion zur bevorstehenden Genfer Abrüstungskonferenz.

Paulus Lenz wird Generalsekretär des F.D.K.

1932 Keine Bundestagung

Anläßlich der Genfer Abrüstungskonferenz führt der F.D.K. mehrere Großveranstaltungen durch. Bei einem Gottesdienst in München hält Kardinal Faulhaber seine zweite - umstrittene - Friedenspredigt.

Eine internationale Theologengruppe, bei der Pater Stratmann maßgeblich beteiligt ist, gibt das "Theologische Gutachten über die sittliche Erlaubtheit des Krieges" heraus.

Im Herbst erscheint der Aufruf des F.D.K. gegen den Wehrsport.

F.D.K.-Jugendgruppen veranstalten mehrere "Grenzlandtreffen" mit Jugendlichen aus Belgien und Frankreich bzw. Polen.

1933 März: Die neuen Machthaber verbieten dem F.D.K. alle öffentlichen Veranstaltungen. Man stellt sich auf "Stubenversammlungen" ein.

In einem Gespräch bittet der Leiter der "Arbeitsgemeinschaft der Konfessionen für den Frieden" Kardinal Bertram um einen öffentlichen Protest der Bischöfe gegen die Judenverfolgung.

April: Vertreter mehrerer katholischer Verbände, darunter des F.D.K., treffen sich in Düsseldorf, um die neue Situation zu beraten.

Mai: Polizeiaktion gegen den F.D.K. in München: absolutes Versammlungsverbot und Vermögensbeschlagnahmung.

Juni: Folgetreffen der katholischen Verbände in Altenburg und Leutersdorf
"Die Junge Front", hrsg. von J. Maaßen, wird in der Folgezeit auch zum Blatt der F.D.K.-Mitglieder.

Juli: Durch Erlaß vom 1.7.1933, wird neben einigen anderen katholischen Verbänden auch der F.D.K. verboten. Sein Büro in Ffm. wird versiegelt.

In den Tagen zwischen dem 2. und 5. Juli werden die führenden Persönlichkeiten des F.D.K. verhaftet: Stratmann, Lenz, Dirks, Knecht, Dessauer. Am längsten bleibt Pater Stratmann in Haft, bis er im November nach Rom abgeschoben wird.

Opfer der NS-Todesherrschaft werden B. Schmittmann, Prälat Lichtenberg, Max J. Metzger und R. Kuenzer, der sich der Widerstandsbewegung angeschlossen hatte.

1949 Eine Neugründung des F.D.K. wurde nicht für sinnvoll erachtet. Die internationale katholische Friedensbewegung Pax Christi, die als Gebetsbewegung von Frankreich ausging, tritt mit ihrer Politisierung Mitte der 60er Jahre in die Spuren des F.D.K.

Pax Christi

VERÖFFENTLICHUNGEN DER
INTERNATIONALEN
PAX-CHRISTI-BEWEGUNG
DEUTSCHE SEKTION

Nr. 1: Erziehung zum Frieden – Grundsätzliches (vergriffen)
Nr. 2: B. Schultheiß: Der Beitrag zur Kirche zum politischen Frieden
Nr. 3: B. Schultheiß: Kirche und Kriegsdienstverweigerung (vergriffen)
Nr. 4: Friedensforschung – eine Basisinformation (vergriffen)
Nr. 5: Pax-Christi-Bewegung – Deutsche Sektion. Statuten, Chronik (Neuauflage mit neuer Satzung)
Nr. 6: Aktiver Friedensdienst – Kriegsdienstverweigerung
Neu bearbeitete 3. Auflage 1979
Nr. 7: Möglichkeiten gewaltfreier Aktionen (vergriffen)
Nr. 8: Frieden konkret
Nr. 9: Deutsch-polnische Begegnungen
Nr. 10: 25 Jahre Pax Christi (vergriffen)
Nr. 11: Modelle der Friedenserziehung (vergriffen)
Nr. 12: Was kann die Kirche für den Frieden tun?
Nr. 13: Zehn Jahre »Pacem in terris«
Nr. 14: Katholizismus in Polen
Nr. 15: Deutschland und Polen
Nr. 16: Auf dem Weg zur Versöhnung – Die Seminare zwischen Znak und Pax Christi: Auschwitz-Bendorf-Maków
Nr. 17: Begegnungen mit Menschen in der DDR
Nr. 18: Pax Christi-Friedensbewegung in der Kirche. Dokumente und Analysen zur Ostpolitik
Nr. 19: Wie schafft man ein Friedensklima?
Nr. 20: Gewaltfreie Aktion und Bürgerinitiativen
Nr. 21: Spiel Frieden – nicht Krieg – Aktion Kriegsspielzeug

Preis je DM 3.–

Herausgeber: Pax-Christi-Bewegung, Deutsches Sekretariat
Windmühlstraße 2, 6000 Frankfurt 1

Inhaltsverzeichnis des 11. Jahrganges (1976)

Inhaltsverzeichnis des 12. Jahroanoes (1977)

Inhaltsverzeichnis des 13. Jahrganges (1978)

Inhaltsverzeichnis des 14. Jahrganges (1979)

Beate Höfling
Katholische
FRIEDENS
BEWEGUNG
zwischen zwei Kriegen
Friedensbund
Deutscher Katholiken
1917-1933
Tübinger Beiträge zur Friedensforschung
und Friedenserziehung Band 5

DIETER S. LUTZ · HENNING SCHIERHOLZ
FRIEDENS- UND
ABRÜSTUNGSPOLITIK
BAUSTEINE FÜR DIE
POLITISCHE BILDUNGSARBEIT

AUTORENGRUPPE
DER INFORMATIONSSTELLE
FRIEDENSARBEIT
LEIDEN
UND
KÄMPFEN
ENTSCHEIDUNGSHILFEN
ZUR
FRIEDENSARBEIT

Achim Battke
Kooperation für den FRIEDEN
Friedenswochenarbeit als Testfall friedenspädagogischer Aktionsforschung
Tübinger Beiträge zur Friedensforschung und Friedenserziehung Band 6

THEODOR EBERT
GEWALTFREIER AUFSTAND
ALTERNATIVE ZUM BÜRGERKRIEG

UNSTLEBEN · KURZ · SANDHAAS · ZANOLLI
„...und ich geh' doch zur Bundeswehr!"
Planung, Dokumentation und Analyse eines Unterrichtsprojekts im Rahmen schulnaher Curriculumentwicklung
BINGER BEITRÄGE ZUR FRIEDENSFORSCHUNG UND
IEDENSERZIEHUNG BAND 3